KB214567

왜 기독교인은
예수를 믿지 않을까?

왜 기독교인은 예수를 믿지 않을까?

1판 1쇄 발행   2020년 8월 20일

지은이   김진

펴낸이   이미라
펴낸곳   도서출판 사도행전
주소   서울시 강남구 개포로 24길 36, 103호
전화   010-4765-5025
이메일   gbkorea38@gmail.com
등록번호   465-95-00163
공급처   (주)비전북 031-907-3927

ISBN   979-11-958016-7-1   03230
값 16,000원

왜 기독교인은 예수를 믿지 않을까?

김진 지음

도서 출판 사도행전

예수 믿음의 본질

이정구 신부(전 성공회대 총장)

한국의 기독교(교회)가 쇠퇴하고 있는 와중에 코로나 19의 창궐과 동시에 그 속도는 더욱 빨라지고 있다. 코로라 19로 인해 그동안 드러내지 못했던 한국 기독교의 고질적인 문제가 공론화되기 시작했다. 특히 공적 예배의 제한으로 말미암아 한국 교회의 공동체성이 얼마나 이기주의였는지 여실히 드러나고 있다. 이러한 상황에서 건강한 교회 회복을 위해 대안을 찾는 움직임들이 있는 것은 아직 한국 기독교에 희망이 있다는 증거다.

지금은 무엇보다도 교회와 신앙의 근원적인 정체성을 되돌아봐야 할 시점이다. 코로나 19로 인한 한국 기독교의 위기 속에서 김진 목사의 《왜 기독교인은 예수를 믿지 않을까?》의 재출간은 매우 의미가 있다. 이 책은 예수 믿음의 본질을 되새기게 하는 중요한 안내서적이다.

이 책은 '예수와 기독교'를 구분하고, '붕어빵 기독교'에서는 기독교가 '예수의 종교'로 거듭나야 한다고 강조한다. 예수'의' 믿음과 예수에 '대한' 믿음, 이 예수 믿음의 다른 두 차원이 교회 공동체 안에서 조화롭게 드러나야 한다고 주장한다.

—

이 책에 나오는 가상의 출연자 6명은 현재 한국 기독교인들의 자화상이기도 하다. 이들의 대화에서 현재 한국 기독교의 문제점과 대안이 새롭게 제시되고 있다. '포스트 코로나'를 살아가야 하는 기독교인들의 필독서임에 틀림없다.

예수에 대한 지독한 사랑 고백

정갑신(예수향남교회 담임목사, CTCK 이사장)

누군가의 절규가 다수에게 충격을 줄 때, 방어와 공격은 자연스럽다. 루이스C. S. Lewis 역시 기존의 성서비평이 가지고 있던 '연대에 관한 속물적 태도 : 현시대를 지배하는 성공적인 무엇이 과거의 어떤 것보다 우월하다는 식으로 생각하는 어리석음'의 오류를 발견하면서 기독교의 본질을 드러내고자 했을 때, 사방에서 찬사와 혐오를 동시에 받았다. 하지만 그는 "이런 반응들이 알려주는 새로운 정보는 없다"라고 대답했다. 그것은 늘 있던 반응들이기 때문이다.

《왜 기독교인은 예수를 믿지 않을까?》라는 책 제목과 내용에 대하여 반응할 수 있는 스펙트럼의 넓이를 짐작할 수 있다. 문제는 어떤 위치에서의 반응이건 충격의 순간이 지나간 후다. 충격이 더 이상 충격이 아닌 시간은 생각보다 빨리 찾아오기 때문이다. 표현에 대한 익숙한 적응 때문이기도 하지만, 표현의 실재성에 대한 거듭되는 확인 때문이기도 하다.

우리는 《왜 기독교인은 예수를 믿지 않을까?》라는 도발적인 책제목에서 충격을 받을 수 있지만, 그 후에는 이 제목의 현실적 실재성 때문에 충격을

—

받고, 더 나아가 놀랍게도 이 질문이 사회적 거대담론을 향한 질문을 지나 결국에는 나의 깊숙한 내면을 향한 질문이라는 사실로 인해 충격을 받는다. 하지만, 굳이 긍정적으로 보려고 애쓸 필요도 없이 우리는 이 물음이 절규라는 것을 안다.

내 친구 김진 목사가 이런 책을 쓰고 또다시 세상에 알리려는 이유는 그의 캐릭터에 도발을 통한 쾌감의 열망이 있기 때문이 아니라, 예수에 대한 지독한 사랑과 그 사랑을 담아내지 못하는 우리의 우상 숭배적 속성에 대한 마음 아픈 눈물이 있기 때문이다. 그와 가까워질수록 그것을 알게 된다.

기독교가 아닌 예수 그리스도를
믿는 이들을 위하여

이 책《왜 기독교인은 예수를 믿지 않을까?》가 출간된 지 벌써 10년이 되었다. 책이 처음 출간되었을 때 반응은 각양각색이었다. 책 제목에 공감을 표하는 사람들부터 시작해서, 흥분하며 비판하는 사람들에 이르기까지 논쟁도 뜨거웠다. 그리고 10년이 지났다.

서울시장 시절 '서울을 하나님께 바치겠다' 공언한 기독교인, 한국의 세 번째 장로 대통령은 현재 갖가지 죄목으로 유죄 판결을 받아 감옥에 갇힌 신세가 되어 기독교인의 얼굴에 먹칠을 하고 있다. 그를 입에 침이 마르도록 예찬한 한 대형 교회 목사는 온갖 탈법과 편법을 동원에 결국 주님의 교회를 자식에게 되물림하는 세습목사가 되어 한국 기독교의 치부를 드러냈다. 또한 '빤스 목사'로 잘 알려진 목사는 이제 대놓고 '하나님 죽어!'라는 막말을 서슴없이 하고 있다. 하나님 앞에서 간덩이가 부어도 이만저만 부은 것이 아니다. 이런 기독교인들을 향해 사람들은 여전히 묻는다.

"왜 기독교인은 예수를 믿지 않을까?"

이외에도 지난 10년 수많은 기독교인들과 사건들로 인해 한국 기독교는 오명
을 뒤집어쓰고 있다. 기독교인들의 수는 점점 줄어들고 있고, 청년들은 더 이
상 교회에서 신앙의 의미를 찾지 못한다. '가나안 교인'이 점점 늘어나고 있
고, 기성교회에 대한 불만과 비판은 계속되고 있다. 그 와중에 엎친 데 덮친
격으로 '코로나바이러스 19'가 교회를 강타했다.

인류가 처음 경험하고 있는 이 코로나 사태로 인해 예상치 못하게 기독교
와 교회의 민낯과 약한 부분이 적나라하게 드러나고 있다. 처음에는 '신천지'
가 공개적으로 드러나면서 사람들의 이목이 집중되었다. 초기 감염 전파자
로서 '신천지'에 대한 비난이 쏟아졌다. 그러자 기독교 또한 사이비 신천지에
대한 맹폭을 쏟아내면서 거리를 두었다. 그러나 시간이 갈수록, 사람들의 비
판은 일반 교회와 기독교로 옮겨갔다. '교리적으로는 이단이 아닐지 몰라도
하는 행태나 문화가 거기서 거기다'라는 말이 슬금슬금 나오기 시작하더니,
급기야는 일반 기독교 교회가 '신천지'보다 더 골칫덩어리처럼 여겨지고 있
다. 그것은 한국 교회가 코로나 감염 위험 속에서 하나의 사회 구성체로서

책임을 다하지 않고 '신앙의 자유', '주일성수'를 고집하는 모습이 일반 사람들에게 분노를 일으켰기 때문이다. 그런 몇몇 교회 때문에 한국 교회는 비이성적이고 무책임한 집단으로 치부되고 있다. 이런 한국 기독교를 향해 사람들은 다시 묻는다.

"왜 기독교는 예수를 믿지 않을까?"

이 질문을 멈출 수 없게 만드는 현실이 이 책을 다시 출간하는 이유다. 이 책이 바로 '나는 정말로 예수님을 믿고 있는지?' '내가 믿는 예수님은 진짜 예수인지 아니면 짝퉁 예수인지' 깊이 생각하는 동기가 되기 바란다.

2020년 8월
출간 10주년을 맞아 재출간을 자축하며
김 진

"오늘날 기독교와 교회의 모습은 예수를 제대로 믿는 것이 아니므로, 예수를 안 믿는 것과 같다고 말한다. 기독교인이라고 해서 다 구원받는다고 생각하는 것은 큰 오산이라고 강조한 책."

— 문화일보

"이 땅의 크리스천들이 애정 어린 마음으로 한국 교회 현실을 분석하고, 나아가 진짜 예수와 예수다운 기독교인들이 지녀야 할 가치와 핵심을 명쾌하게 보여주는 책."

— 뉴스앤조이

"이 책은 보수와 진보, 목회자와 평신도를 아우르는 100분 토론 형식으로 예수 믿지 않는 기독교인이 나타나는 현상에 대해 신랄하게 파헤친다. 나아가 예수 신앙이 살아 움직이는 교회다운 교회가 되기 위한 따뜻한 대안과 제안을 담아내고 있다."

— 아시아경제

"기독교가 왜곡되어 나타나는 이면에 있는 잘못된 신앙을 지적하면서, 동시에 온전한 참 예수님에 대한 신앙을 회복할 수 있도록 기독교 신앙의 핵심을 재조명하고 있다."

— 크리스챤북 뉴스

"'진품예수'는 없고 '짝퉁예수'를 숭배하고 있는 한국 기독교의 안타까운 현실을 예리하게 분석하는 책은 결과적으로 예수다운 예수를 따르는 참된 기독교인은 어떤 모습이어야 하는지 명쾌하게 보여준 책이다."

– 세계일보

"오늘날 기독교와 교회가 복음서에 나와 있는 온전한 참 예수님을 믿는 게 아니라 원하는 대로 할 수 있는 예수를 만들어 믿고 있으며, 기독교도 점점 본래의 정신을 잃고 있다고 지적한 책."

– 연합뉴스

"예수를 믿는다는 것은 쉬운 일이 아니다. 자신을 내려놓고 예수가 간 길을 따라가야 하는 고난의 길이다. 지은이의 용기 있는 펜의 힘은 믿음 안에 감춰져 있던 욕망과 무지, 교만을 드러나게 하고, 그 치유책을 제시한다."

– 매일종교신문

《왜 기독교인은 예수를 믿지 않을까?》 언론 보도

contents

신석기新碩基 : 방송인이며 비기독교인. 50대 초반의 남자. 기독교 집안에서 자라났지만, 현재는 비기독교인이다. 평소 기독교에 대해 비판적인 시각을 가지고 있었지만, 오늘은 토론 진행자로서 개인 의견을 자제하려고 노력한다. 그러나 기본적인 입장이 전혀 드러나지 않을 수 없다 보니 중립을 잃고 있다는 비판을 받기도 한다.

나정통羅正通 : 목사이자 교수. 70대 초반의 남자. 보수적인 신학대학에서 교수로 재직했으며, 틈틈이 목회 생활도 했다. 그는 복음주의 입장에서 기독교의 변화와 개혁을 주장하면서도 기독교와 예수님에 대한 깊은 사랑을 품고 있다. 오늘 토론에서는 정통 신학과 신앙의 입장에서 기독교와 교회를 나름대로 객관적으로 보려고 하면서 예수님의 본뜻에 충실히 하려고 노력한다.

이성공李聖公 : 목회자. 50대 중반의 남자. 미국 유학파로 현재 분당에서 '민망교회'를 목회하고 있으며, 소위 성공한 목회자다. 나름대로 목회 소신이 있는 뚝심 있는 목회자로서 성격은 괄괄하지만 뒤끝은 없다. 보수적인 신앙을 강조하며, 신념이 확고부동해서 남의 말을 잘 인정하지 않는 성격이다. 오늘 토론에서는 현실 기독교를 적극적으로 옹호하는 입장이다.

예신자藝新子 : 평신도이며 연예인. 60대 초반의 여자. 한국에서 이름만 대면 다 아는 유명한 배우다. 예수님을 믿는 신자로서 보수적인 교회에서 평범하게 신앙을 하는 권사다. 감성이 풍부하고 성격이 단순하며, 가끔 푼수 같은 웃음을 웃는다. 오늘 토론에서는 한국의 일반적인 기독교인을 대변하면서 솔직하게 자신의 신앙을 드러내며 대화를 나눈다.

남예혁南銳革 : 목사이자 교수. 40대 중반의 남자. 비교적 진보적인 신학대학에서 교수로 활동하고 있다. 현실 기독교에 대한 비판을 종종 하지만, 기독교와 기독교인을 존중하는 마음을 갖고 있다. 그러면서도 이 시대에 예수혁명 없이는 기독교의 변화가 불가능하다는 다소 과격한 견해가 있다. 오늘 토론에서는 비판적 견해를 주도적으로 이끌면서 기독교와 기독교인들의 변화를 촉구하는 발언을 많이 한다. 그의 발언이 때로는 현학적이라는 느낌을 받기도 한다.

조하나朝河那 : 목회자. 40대 초반의 여자. 홍대 앞 '작은 교회'에서 성실하게 목회하고 있는 여성 목회자다. 현실 교회의 변화를 희망하면서 실천하는 목사이며, 사람들에게도 매우 개방적이다. 성경과 신학에 대해 꾸준히 연구하고 있으며, 작지만 소신 있게 교회를 목회하려고 한다. 오늘 토론에서는 목회자로서 기독교와 교회의 현실적인 부분에 초점을 맞추어 대화한다. 기독교인들의 가슴에 호소하려는 기색이 역력하다.

여시민勵視民 : 평신도이며 사회비평가 겸 대학 강사. 40대 중반의 남자. 사회비평가로 활동하면서 특히 기독교 비평가로 유명하다. 평신도운동의 이론가로도 알려져 있고, 인문학과 신학에 대한 해박한 지식을 가지고 있다. 예수를 믿는 신앙의 색깔이 뚜렷하며, 현실 기독교와 교회를 무시하지는 않으면서도 강한 개혁의 필요성을 강조한다. 오늘 토론에서는 진보적인 태도에서 기독교 비판에 대한 많은 자료와 예화를 가지고 분위기를 이끈다.

왜 기독교인은
예수를 믿지 않을까?

강남에 있는 한 대형 교회의 문화관. 그 안에는 방청석에 일찌감치 자리를 잡은 시민논객들이 앉아 있고, 출연자들은 토론 책상 앞에 앉아서 자료를 뒤적이고 있다. 카메라 위치에 대한 마지막 점검이 진행되고, 출연자들은 옷매무새를 만지며 자세를 바로잡는다. 드디어 1번 카메라가 연출자의 사인에 따라 진행자를 클로즈업한다.

신석기 시청자 여러분, 지난 한 주 동안 안녕하셨습니까? 〈신석기의 100분 토론〉의 진행을 맡은 신석기입니다. 오늘은 조금 특별한 주제를 가지고 토론을 진행할까 합니다. 보통 토론 프로그램에서는 잘 다루지 않는 주제인데요, 종교 문제를 다뤄보려고 합니다. 저희 〈신석기의 100분 토론〉에서도 가끔 사회에서 문제가 되는 종교적 주제들을 다뤄본 적이 있습니다. 지난번에는 '성직자의 납세 문제'를 두고 토론하기도 했고요. 그런데 오늘처럼 특정 종교를 주제로 〈신석기의 100분 토론〉을 진행하기는 처음입니다. 종교에 대한 것은 늘 민감한 문제라 제작국

PD나 작가 그리고 제작진 사이에서 논란이 많았던 것도 사실입니다. 긁어 부스럼 만드는 것 아니냐는 의견도 있었고요. 종교 관련 보도가 나갈 때마다 어김없이 홍역을 치른 경험이 있어서 더욱 그랬습니다. 코로나 사태가 발생한 이후 한국 기독교에 대한 논란이 한층 더 많아졌고요. 꼭 한 번은 짚고 넘어가야겠다고 생각했습니다. 그래서 오늘은 특집으로 한국 기독교를 돌아보는 시간을 마련했습니다. 방송 예고가 나가자 각계각층에서 뜨거운 반응을 보여주셨고, 토론 주제를 두고 인터넷 게시판에는 벌써 격렬한 논쟁이 붙고 있는 것 같습니다.

오늘 토론의 전체 주제는 '왜 기독교인은 예수를 믿지 않을까?'입니다. 시청자나 출연자 모두 다소 자극적이고 도전적인 제목이라고 생각하실 것 같은데요. 아마도 지금 한국의 기독교와 교회 그리고 기독교인들의 현실을 돌아보는 아주 흥미진진한 토론이 될 것 같습니다. 그리고 오늘 토론은 딱딱한 방송국 스튜디오가 아니라 특별히 토론 분위기를 위해 교회 문화관에서 진행합니다. 저도 여기 와서 보고는 깜짝 놀랄 정도로 모든 시설과 분위기가 잘 꾸며진 곳이라 한국 교회의 새로운 면을 보는 듯했습니다.

그럼 오늘 토론자를 소개해드리겠습니다. 제 오른쪽에 앉아 계신 분부터 소개하지요. 먼저 촌신대학교 명예교수로 계신 나정통 교수님입니다. 그 옆에 '민망교회'를 담임하고 계신 이성공 목사님 나오셨고요. 그리고 여러분들도 잘 아시는 배우인 예신자 선생님 나오셨습니다. 그리고 제 왼편에는 헌신대학교 교수로 계신 남예혁 교수님, 그리고 여성 목회자이자 작은 교회를 담임하고 계신 조하나 목사님입니다. 마지막으로 한국 사회의 대표적인 논객이신 여시민 선생님께서 이번에는 기독교 비평가로 자리를 함께하셨습니다. 이렇게 신학자, 목회자 그리고 평신도를 각각 두 분씩 모시고 앞으로 100분 동안 진행하도록 하겠습니다. 그리고 양옆으로는 시민논객 여러분들이 함께 참석했는데, 한쪽은 기독교인들이고 다른 한쪽은 안티-기독교인들입니다. 시민논객분들이 토론을 좀 더 풍요롭게 이끌어주시리라 생각합니다. 광고 듣고 잠시 후에 만나뵙겠습니다.

광고가 시작된다. 그런데 이번 광고는 예전 같지 않게 썰렁할 정도로 적다. 방송예고가 나간 후 광고주들 가운데 기독교인 CEO들이 돌연 광고를 취소해버렸기 때문이다. 카메라가 다시 토론장을 비추기 시작한다.

신석기 본격적인 토론에 들어가기 전에 오늘 토론의 큰 주제인 '왜 기독교인은 예수를 믿지 않을까'에 대한 의견을 나누면서 시작하는 것이 토론에 도움이 될 것 같습니다. 조금 전에도 말씀드렸지만 방송 예고가 나가자 시민들의 반응이 뜨거웠습니다. 방송국에 전화가 빗발쳐서 PD와 작가분들이 애를 먹었습니다. 협박 아닌 협박 전화도 있었고요. 벌써 뜨거운 감자가 되었는데요. 한 분씩 돌아가면서 말씀해주시죠? 남 교수님부터 시작하실까요?

남예혁 사실 이 질문을 처음 들었을 때 '이제 올 것이 왔구나' 하는 생각이 들었습니다. 한편으로는 한국 기독교가 왜 이런 질문을 받아야 하는 지경에 이르게 되었을까 하는 의문과 일종의 허탈감마저 느껴졌어요. 예수님을 믿는다고 하는 기독교인들이 어쩌다 이런 질문까지 받게 되었나 싶은 거죠. 그러면서도 이 질문은 하나님의 질문이자 계시啓示라는 생각이 들었습니다. 비록 이 질문이 많은 기독교인들에게 불쾌감을 줄지는 모르지만 이 질문의 배경 또는 원인을 되돌아보는 과정을 통해 기독교가 새롭게 변화되는 계기가 되었으면 합니다.

이성공 한 말씀 드리자면, 질문의 의도가 조금은 이해가 되긴 합니다. 이 질문을 문장 그대로 해석하기보다 목사나 기독교인들 가운데 사회적으로나 신앙적으로 물의를 일으키는 사람들이 간혹 있어서 이렇게 비판적인 질문이 있을 수 있다고 생각합니다. 그런데 생각하면 할수록 이 질문을 그렇게 너그럽게 지나칠 수만은 없어요. 이 질문은 예수님과 기독교 전체를 모독한 것처럼 느껴져요. 또 생각하기에 따라서는 기독교인의 신앙을 깡그리 무시한 질문이잖아요? 이 질문은 아예 처음부터 기독교인이 예수님을 안 믿는 사람들이라는 전제가 깔려 있는 겁니다. 아주 단정하고 시작하는 거예요. 이래서 무슨 건강한 토론이 되겠습니까? 그리고 말이 나왔으니까 말인데요. 아니, 기독교인이 예수님을 믿지 않으면 도대체 누가 예수님을 믿는다는 말입니까? 또 기독교인이 예수님을 안 믿으면 누구를 믿는다는 거죠? 방송 시청률을 고려해서 충격적인 표현을 쓰신 것 같은데, 듣기에 아주 거북한 질문이에요.

조하나 그렇다면 이 목사님은 기독교인이라면 당연히 예수님을 믿는 사람들이라고 생각하시나요? 무슨 근거로 그렇게 말씀하시는 거죠? 그건 기독교인 모두가 예수님을 안 믿는다고 주장하는 것보다 더 위험한 생각이에요. 구약시대의 이스라엘 백성들을 한번 보세요. 그들은 하나님이 택하신 족속이자 애굽에서도 하나님이 구원해주신 선택받은 백성이라고 생각했지만, 그렇다고 그들이 하나님을 믿었나요? 그들은 다른 신을 섬기면서 하나님을 끊임없이 배반하고, 또 그분의 말씀을 거역하면서 하나님을 믿지도 않았어요. 만약 유대교인이기 때문에 당연히 하나님을 믿는 백성이 아니냐고 말한다면, 그것은 정말 어리석은 말입니다. 예수님 시대에도 마찬가지예요. 바리새파, 율법학자, 사두개파 사람들이 과연 하나님을 믿은 사람들이었다고 말할 수 있을까요? 분명 그들은 하나님의 계명을 연구하고, 계율을 만들고, 또 성전을 관리하는 사람들이었습니다. 그렇다고 해서 하나님을 믿은 사람들이라고 할 수 없어요. 물론 입으로는 하나님을 믿는다 했지만, 마음으로는 믿지 않은 사람들이었어요. 그들은 눈이 있어도 보지 못하고, 귀가 있어도 듣지 못한 사람들이었어요. 지금도 마찬가지입니다. 고린도후서 4장 4절에서 바울은 비신자들이 "세상의 신神에 사로잡혀 복음의 빛을 보지 못한다고 말했는데, 지금은 기독교인들조차 '세상의 신' 때문에 예수님과 복음을 보지 못하고 있는 상황이에요. 기독교인이라고 해서 무조건 예수님을 믿는 사람이라고 생각하는 것은 똑같이 잘못 생각하는 것입니다.

예신자 사실 저는 아직도 어리둥절하네요. 제가 육십 평생을 기독교인으로 살아왔는데, 질문을 가만히 들여다보면 저더러 왜 예수님을 안 믿느냐고 묻는 것 같아서 좀 찔리기도 해요. 하지만 같은 질문이라도 질문하는 사람이 어떤 마음과 자세로 하느냐에 따라 그 뜻과 반응은 달라진다고 봐요. 만약 전혀 예수님을 모르는 사람이 이 질문을 한다면 저와 기독교인들의 신앙 전체를 비웃거나 무시하는 것으로 들릴 것 같아요. 그러면 저도 지지 않고 "기독교인이 예수님을 믿지, 왜 안 믿어?"라고 반발하면서 따질지 모르겠어요. 그런데 같은 기독교인으로서 자신의 신앙을 성찰하는 사람이 이 질문을 한다면 아주 진지하게 받아들일 수 있을 것 같아요. 또는 그냥 중립적인 입장에서 이 질문을 받는다면 저처럼 단순한 사람은 '그동안 예수님을 믿는다고 열심히 믿어왔는데, 그럼 지금까지 내가 믿었던 예수님은 누구지? 다른 예수님이신가? 예수님이 여럿 계신 걸까?' 등의 질문이 이어지겠죠. 저는 이 질문을 기독교인으로서 예수님을 사랑하고, 또 한국 교회를 걱정하는 사람들의 진지한 물음으로 받고 싶어요. 오늘 토론이 끝날 즈음에는 이 질문이 어떤 어감으로 다가올지 궁금하고, 또 기대가 되네요.

신석기 예상한 대로 이 질문에 대해 다양한 느낌을 갖고 계시는군요. 그렇다고 시청률 운운하시는 건 좀 지나친 속단 같고요. 우선 저희들도 오랜 숙고 끝에 결정한 것임을 말씀드리고, 다른 분 이야기를 듣겠습니다. 조 목사님?

조하나 저는 이 질문을 듣는 순간 저도 모르게 웃음이 먼저 튀어나왔어요. 누가 만든 질문인지 모르겠지만, 현실 기독교를 잘 꼬집었다는 생각이 들었거든요. 그러면서도 남의 이야기가 아니라 바로 나 자신에게 도전하는 질문으로 받아들이니까 가슴 아픈 질문이었습니다. 만약 기독교인이라면 이 질문이 어떤 이에게는 '걸림돌'이 될 것이고, 어떤 사람에게는 예수 신앙을 회복하는 새로운 '주춧돌'이 될 것 같아요. 즉 이 질문이 어떤 사람에게는 독약이 될 수 있고, 또 다른 사람에게는 아주 쓰지만 보약이 될 수 있겠죠.

예신자 이 질문은 그대로 두고요. 저는 질문 안에 '제대로'라는 말을 넣으면 훨씬 쉽게 와닿을 것 같아요. 아예 믿지 않는다고 하면 반성이고 뭐고 할 것 없이 그냥 말문이 막혀버리잖아요. '왜 기독교인은 예수님을 제대로 믿지 않을까'라고 바꾸면 저뿐만 아니라 많은 기독교인들도 자신을 돌아보고 신앙을 새롭게 하는 계기가 될 수 있지 않겠어요? 논의하다 보면 결국 그 방향으로 논의가 진행될 것 같기도 하고요.

조하나 그 질문도 나름 의미가 있다고 봅니다. 또 그렇게 질문하면 기독교인들이 핑계를 대며 피해 갈 구멍이 생기고요. 그런데 제대로 믿지 않는 것은 결과적으로 아예 안 믿는 것과 마찬가지 아닌가요? 믿음은 양이나 크기의 문제가 아니라 질의 문제잖아요. 겨자씨만 한 믿음이라 해도 꽉 차면 산을 옮길 수 있는 믿음이 되는 것이고요. 그런데 '제대로'라는 말 또한 믿음의 질을 지적하는 표현이기에 제대로 믿지 않는 것은 안 믿는 것과 크게 다를 바 없다고 봅니다. 예를 들어, 우리가 어떤 사람을 90퍼센트만 믿는다고 한다면 과연 그 사람을 믿는 것인가요? 결국 안 믿는 것과 다름없잖아요. 그 말은 100가지 중 90가지는 믿고 10가지는 못 믿겠다는 표현이니까요. 믿음은 절대의 세계이기 때문에 더욱 그렇다고 봅니다. '제대로'라는 말을 넣거나 빼더라도 그것은 뉘앙스의 차이일 뿐, 내용에는 그다지 변화가 없을 것 같아요.

남예혁 저는 오늘 주제를 듣고 다른 사람들에게도 "왜 기독교인은 예수를 믿지 않을까?"라는 질문을 던져보았습니다. 그랬더니 반응이 각양각색이더군요. 평소 기독교인에 대해 비판하는 태도를 지니고 있던 비기독교인은 동조하는 듯한 '큰 웃음'을 지었습니다. 평소에 그렇게 예수님을 안 믿는 기독교인들을 많이 봐왔다는 표정이었습니다. 한편 나름대로 진실된 그리스도인의 삶을 살아가려고 애쓰는 사람들은 창피하다는 듯 겸연쩍은 '쓴웃음'을 지었습니다. 자신들도 그런 부류에서 그리 멀지 않다는 겸손이 담겨 있는 웃음이었습니다. 반면에 보수적인 기독교인들은 당황하는 빛이 역력했어요. 그리고 인정하지 않으려는 듯 애써 '헛웃음'을 짓더군요. 몇몇 사람들은 그런 질문은 말도 안 되고 인정하기 싫다는 표정이었습니다. 대부분의 기독교인들은 이런 반응을 보일 것 같아요. 그럼에도 많은 사람은 이 물음을 뜻있는 질문으로 받아들이는 눈치였습니다. 그들의 반응을 보면서 이 질문이 결코 엉뚱한 질문이 아님을 분명히 알 수 있었습니다.

나정통 저는 '왜 기독교인은 예수를 믿지 않을까'라는 주제를 듣고 솔직히 충격 아닌 충격을 받았습니다. 평생 정통 신학을 연구하고 가르쳐온 신학 교수로서, 아니 그 이전에 한 사람의 기독교인으로서 당황스러웠습니다. 처음에는 논리적으로 모순되는 질문이라고 생각했습니다. 예수님을 믿는 사람을 보고 기독교인이라고 하는데, 기독교인을 보고 예수님을 왜 안 믿느냐고 하니까요. 그런데 이 질문을 문자 그대로 읽을 것이 아니라 기독교 신앙 전체를 들여다보기 위해 실타래를 풀어주는 질문이라는 느낌을 받았습니다. 불교에 화두話頭가 있지 않습니까? 어떤 진리의 깨달음이 있을 때까지 계속 집중하게 하는 자기 물음 같은 것 말이죠. 이 질문도 그런 화두 역할을 할 수 있다고 봅니다. 그렇다고 해서 이 질문의 내용 자체를 무조건 인정한다는 뜻은 아닙니다. 상징적 화두로 의미 있는 질문이라고 생각합니다. 그래서 이 질문에 대해 너무 실체적으로 접근하거나 감정적인 태도로 접근하기보다 하나의 안내 표지로 생각했으면 합니다.

신석기 벌써 의견이 갈리는군요. 여 선생님은 어떤 생각이 드셨나요? 사회비평가이면서 평신도운동을 활발하게 하고 계신다고 알고 있는데, 이 질문을 어떻게 받아들이셨습니까?

여시민 사실 제가 이 자리에 나오는 것이 적합한지 많이 고민했는데, 이 질문이 마음에 들어서 나왔습니다. 신앙생활을 하다 보면 너무 모순되고 이해되지 않는 모습들이 많거든요. 그런데 '왜 기독교인은 예수를 믿지 않을까'라는 질문이 제 가슴에 팍 꽂히면서 역설적이게도 그동안 이해가 안 되던 부분들이 조금 해소되었습니다. 그리고 앞서 말씀하신 분들의 이야기를 들으면서 평소에 제가 생각하던 부분들이 많이 틀리지 않았다는 생각을 하게 되었고요. 그런데 이 질문을 계속 생각하다 보니 다른 질문들이 꼬리를 물더군요. '기독교인들이 예수님을 안 믿으면 누구를, 또는 무엇을 믿는 것일까? 예수님을 안 믿어도 기독교인이 될 수 있는 걸까? 보통 기독교인들이 믿는 예수님과 성경의 예수님은 같은 분일까?'라는 질문이 자연스럽게 생각이 났습니다.

신석기 이 질문을 통해 어떤 부분이 해소되고 이해가 되던가요?

여시민 교회생활을 하다 보면 정말 기독교인 같지 않은 기독교인들을 많이 보게 되거든요. 이런 표현을 해서 죄송합니다만, 예수님을 믿는다면서 어떻게 저럴 수 있을까 싶은 사람들을 많이 경험했는데, 이 질문 때문에 그 사람들이 이해가 되더라고요. 너무 잔인한 판단인지 모르지만, '예수님을 안 믿는 기독교인들이니까 그렇게 행동할 수 있겠구나'라고 이해하게 되었습니다. 또 그렇게 생각하니 오히려 마음이 편해지더라고요. 겉으로 보기에는 기독교인이면서 예수님의 이름으로 기도하기도 하지만, 얼마든지 예수님을 안 믿거나 못 믿을 수 있다는 사실이 새롭게 다가왔어요. 기독교인이라면 무조건 예수님을 믿는 사람이라고 생각했는데 말이죠. 물론 저도 예외일 순 없다고 생각해요.

조하나 그런데 우리가 사용하는 용어 가운데 기독교인과 그리스도인을 구별해서 생각해야 한다고 봅니다. 성경을 보면, 예수님을 '그리스도로 믿고 따르는 사람들'이라는 뜻에서 안디옥에서 처음 '그리스도인'이라고 불렀잖아요. 기독교라는 종교가 생기기 훨씬 전의 일이죠. 그 별칭에는 긍정적인 의미가 담겨 있었고, 예수님을 따르던 사람들에게 명예로운 별명이 되었다고 봅니다. 그런데 2,000년이 지난 지금, 그리스도인이라는 말은 기독교인이라는 이름과 상당히 다른 느낌을 주고 있죠. '기독교인'이라고 하면 예수님을 어떻게 믿고 따르느냐에 상관없이 기독교라는 종교에 귀의한 사람, 종교적인 행위를 하는 사람, 교회에 다니는 사람이라는 일반적인 의미가 강하거든요. 이런 뜻에서도 보면 '왜 기독교인은 예수를 믿지 않을까'라는 질문은 결코 잘못된 것이 아니죠. 그런 기독교인들 가운데 예수를 안 믿는 사람들이 얼마든지 있을 수 있으니까요. 우리 주변에 형식적인 기독교인이 얼마나 많아요? 물론 예수님을 삶으로 따르는 그리스도인들에게는 이 질문이 필요 없겠죠. 그런 의미에서 저와 우리가 모두 그리스도인으로 살지 못한다면 예수님을 안 믿는 것과 큰 차이가 없는 것 아닙니까? 그러므로 이 질문에 크게 흥분할 필요가 없다고 봅니다.

이성공 좋은 말씀입니다. 하지만 잘못에 대해 지적할 것은 지적하더라도 너무 싸잡아서 비판하는 것은 옳지 않아요. "목욕물 버리다가 아기까지 버린다"라는 속담이 있지 않습니까? 기독교를 비판하는 일도 당연히 그럴 위험이 있어요. 기독교 안에는 진실한 믿음을 지닌 예수님의 제자들, 하나님께 헌신하는 사람들, 진실하게 그리스도의 몸을 이루는 교회들이 많습니다. 그들까지 싸잡아서 비판할 수 없는 것 아닙니까? 또 비판하거나 잘못을 지적할 때 주의해야 할 점은 근본적인 핵심인 믿음을 저버리지 말아야 한다는 것이죠. 가끔 제 주위의 친구 목사 중에도 현실 기독교를 비판하다가 결국 예수님을 믿는 것 자체에 대해 회의를 느끼는 사람들을 보게 됩니다. 그들도 처음에는 나름 진지하게 고민하면서 건설적인 방향으로 비판했어요. 그런데 계속 비판만 생각하다 보니 예수님을 믿는 것 자체가 의심스러워진 거예요. 그러다 보니 목회도 자신 있게 할 수 없고, 결국에는 이러지도

저러지도 못하고 방황하는 목사들을 여럿 봤습니다. 그러므로 비판은 하더라도 그 중심은 잊지 말아야 합니다.

나정통 어떤 종교를 비판할 때 자칫 잘못하면 하나의 종교로서의 모습을 비판하는 것과 그 핵심 내용에 대해 비판하는 것을 혼동할 수 있습니다. 종교는 인간이 만들어가는 역사적·문화적 산물입니다. 기독교에 대해서도 이러한 측면을 고려해야 합니다. 이 세상에 흠 없고 완전한 종교는 없습니다. 사람치고 흠 없는 사람이 없으며, 종교라는 것은 외형적으로 그 부족한 사람들이 모여서 이뤄가기 때문입니다. 즉 기독교를 비판할 때에도 하나의 종교로서의 부족함을 비판하는 것과 그 핵심 내용을 비판하는 것은 구별해야 한다고 생각합니다. 요즘 기독교 비평가들이 이 점을 구분하지 않는 잘못을 범하고 있습니다. 그런 면에서 기독교에 완벽함을 기대하는 것 자체가 잘못된 태도입니다. '왜 기독교인은 예수를 믿지 않을까'라는 질문도 기독교 신앙의 핵심을 만나게 하는 질문이 되어야지, 그저 기독교의 표피적인 부분을 비판하는 질문으로 삼기에는 너무나 중요한 질문이라고 생각합니다.

남예혁 좋습니다. 이 목사님, 그런데 현실 기독교가 안고 있는 문제가 단지 인간의 약점이나 부족함에 그치는 것이 아니라 예수님의 본래의 정신을 썩게 하고 신앙의 근본을 흔들어놓는 것이라면 간과할 수 없지 않나요? 만약 그렇게 내버려둔다면 기독교는 변질할 것이고, 또 이 사회에서 사라질 것입니다. 우리가 현실 기독교를 비판하는 지점은 바로 여기라고 생각합니다. 저는 기독교의 부족함을 말하고 싶지 않아요. 그러나 예수님을 도둑맞은 기독교, 예수님을 팔아먹는 장사꾼으로 변해버린 목사, 새로운 장사 소굴로 변한 교회에 대해 그냥 지나쳐서는 안 됩니다. 예수 믿음을 버리고 습관화된 예배나 교회 문화만 쫓아가는 교회와 기독교인을 보고도 모른 체할 수 없지 않습니까? 목욕물에 비유하셨는데요. 만약 기독교 안에 '아기 예수'는 버리고 그 목욕물에서 위선과 가식으로 즐겁게 뛰노는 기독교인들로 넘쳐난다면 어떻게 하시겠습니까?

이성공 그렇다고 잘못하고 있는 몇몇 사람들이 전체 기독교를 대변한다고 할 수는 없지 않습니까? 물론 그런 교회들과 목사들이 있어요. 인정합니다. 그런데 실제로는 그런 사람들보다 그렇지 않은 기독교인들과 목사들이 더 많아요. 그런데도 모두 싸잡아서 비판한다면 대다수 목사와 기독교인들마저 얼굴도 들 수 없는 파렴치한 신앙인이 되잖아요. 안 그렇습니까?

조하나 일부 기독교의 잘못된 모습을 두고 기독교 전체를 비판한다고 지적하시는 것 같은데요. 저는 그것도 감수해야 한다고 생각해요. 자신은 그렇지 않은데 나까지 욕먹고 있다고 흥분하면서 화를 내기보다 그 비판을 귀담아들을 필요가 있어요. 만약 가족 중 한 사람이 잘못해서 가족 전체가 욕먹는 것은 당연한 일이 아닌가요? 그럴 때 가족 구성원들은 비판에 대해 억울해하기보다 함께 통감痛感해야 할 것입니다. 그런 면에서 누군가가 기독교의 잘못을 지적할 때 같은 기독교인이라고 흥분하기보다 함께 아파하고 함께 새로운 길을 모색하는 것이 도리라고 생각합니다.

남예혁 또 한 가지 생각해야 할 것은, '왜 기독교인은 예수를 믿지 않을까'라고 질문할 때는 기독교의 작은 잘못이나 실수, 부족함, 또는 소수 기독교인의 잘못을 지적하는 것이 아니라 근본적인 문제를 제기하는 것입니다. 그래서 이 질문은 기독교가 치명적으로 잘못되어가고 있음을 날카롭게 지적하는 것입니다. 사람의 몸속에 아무리 적은 수의 암세포가 있다 해도 그 사람은 암 환자입니다. 그 암세포가 아주 적다고 해서 그대로 내버려둬도 괜찮을까요? 아니면 암세포는 어차피 나쁜 세포니까 관심 두지 말고, 건강하게 살아 있는 세포만 잘 챙기면 그만이라고 생각할까요? 특별한 치료를 하지 않으면 암세포는 급속하게 퍼지기 마련이고, 또 다른 세포들까지 죽여서 결국 생명 전체를 앗아갈 게 뻔합니다. 그런데도 암세포를 모른 체할 사람은 아무도 없어요. 지금의 기독교도 치명적인 암에 걸렸다고 생각합니다. 암세포와 같은 요인들이 기독교와 교회 가운데 건강한 예수님의 정신을 죽이면서 빠르게 번져가고 있어요. 또 그럴수록 교회에 등을 돌리는 사람들도 기하급수적으로 늘어나고 있고요. 그런데도 이런 현실을 인지하지 못하거나 인정하지 않으면서도 기독교 우월주의나 교회 성장 또는 대형 교회의 환상을 심어주는 것은 암세포가 번져가고 있는데 한쪽에서는 키 크라고 '성장호르몬'을 주입하는 것과 같습니다.

여시민 저는 거꾸로 이렇게 묻고 싶어요. 주위에 '저 사람이야말로 진짜 예수님 믿는 사람이야!'라고 생각되는 사람이 몇 명이나 있나요? 교회에서나 직장에서나, 혹은 집에서 말이죠. 또 우리가 만나는 기독교인들 가운데 진정으로 예수님 믿는 사람이라고 인정할 수 있는 사람이 몇 명이나 되나요? 안타깝게도 제 주위에는 별로 없어요. 사실 별로 없다기보다 한참을 생각해야 한두 명 손으로 꼽을까 말까 합니다. 여러분은 어떠세요? 셀 수 없이 많습니까? 없지는 않겠죠. 하지만 그렇게 선뜻 말할 수 있는 사람이 많지 않아요. 이것이 곧 기독교인 가운데 예수님 믿는 사람은 극히 소수라는 뜻으로 볼 수 있는 것 아닙니까? 그렇다면 '왜 기독교인은 예수를 믿지 않을까'라는 말이 엉뚱한 질문은 아닐 것입니다.

예신자 그러면 반대로 주변에 그렇게 못되고 악한 일까지 서슴없이 하는 기독교인들은 많나요? 제 주변에는 정말 똑 부러지게 예수님을 믿는 사람이 그다지 많진 않아요. 그렇다고 남들보다 못되게 굴거나 '저 사람 정말 예수 믿는 사람 맞아?'라고 반문케 하는 기독교인도 많지 않은데…… 과연 여 선생님이 질문하신 게 기준이 될 수 있을까요?

여시민 그건 말이죠. 나쁜 짓을 하는 사람도 겉으로 보기에는 다 착하고 순하게 보여요. 겉으로는 알 수 없어요. 가끔 흉악범이 잡혔을 때 주위 사람들에게 물어보면 하나같이 그렇게 대답하잖아요. "정말 착한 사람이었다. 평범한 회사원이었고, 아이들을 사랑하는 아버지였다." 마찬가지로 기독교인들도 겉으로는 자신이 교회 다니는 것을 주변 사람들이 알고 있기 때문에 쉽게 나쁜 행동을 못 하죠. 하지만 조금 떨어져 있는 세계에서는 체면 불고하는 기독교인들이 참 많아요. 그걸 아셔야 해요.

조하나 우리가 무엇으로 세상 사람들에게 예수님 믿는 사람임을 보여줄 수 있을까요? 오늘날 기독교인들이 다른 사람들을 위해 그들보다 더 많이 사랑합니까, 더 많이 희생합니까? 아니면 사고방식이나 가치관이 확실히 달라서 세상에서 모범이 되고 있습니까? 도대체 뭐가 다를까요? '왜 기독교인은 예수를 믿지 않을까'라는 질문에 흥분하지 말고, 왜 우리가 남이 볼 때 '예수님을 안 믿는 것처럼 믿는 사람들'이 되었는지 돌아봐야 하지 않을까요? 예수님은 지금 "너는 정말 나를 믿는 기독교인이냐?"라고 묻고 계세요.

chapter 1

기독교는
예수와 관계있다?
없다?

예수와 기독교의 관계 이해

신석기 여러분의 말씀 잘 들었습니다. 이 질문은 오늘 토론 내내 계속 나올
것 같습니다. 이 정도로 하고, 이제 본격적인 토론으로 넘어가겠습니
다. 이 문제를 좀 더 합리적으로 풀어보기 위해 토론할 주제를 잡아
봤는데요. 첫 번째 주제는 '예수와 기독교의 관계'입니다. 이것도 어
쩌면 기독교인들에게는 당연한 질문일 듯한데요. 기독교의 근본부터
돌아본다는 생각으로 '기독교라는 종교가 예수와 관계가 있느냐?'라
는 문제부터 시작해서 관계가 있다면 어떤 관계인지, 관계가 없다면
어떻게 해야 하는지 짚고 넘어갔으면 합니다.

나정통 제 생각에는 '기독교가 예수와 관계가 있느냐?'라는 질문도 '왜 기독
교인은 예수를 믿지 않을까'라는 질문과 같은 맥락에서 봐야 한다고
생각합니다. 즉 기독교가 예수와 밀접한 관계 가운데 탄생한 종교라
는 것은 사실이니까 질문 자체보다는 그것이 뜻하는 바를 추적해봤

으면 합니다. 만약 어떤 친구가 저와 저의 친어머니에게 "두 사람은 관계가 있느냐, 없느냐"라고 묻는다고 생각해보세요. 그것은 "너, 다리 밑에서 주워 온 것 아냐? 그렇지 않고서야 어떻게 두 사람이 그렇게 지낼 수 있어"라고 관계의 소원함을 꼬집는 질문이잖아요? 아들과 친어머니의 관계 자체를 의심하는 것이 아닙니다. 마찬가지로 이 질문도 현실 기독교와 예수의 관계를 묻는 실마리로 삼았으면 합니다. 기독교와 예수의 관계 자체를 묻기보다 오늘날 이 관계가 어떤 관계로 발전하거나 후퇴하고 있는지에 논의의 초점이 맞춰졌으면 합니다.

신석기 그 부분도 심도 있게 논의되리라 봅니다. 우선 이 질문에 집중해서 토론했으면 합니다. 남 교수님께서 말씀해주시죠.

남예혁 이 질문의 배경에는 현실 기독교에 대한 비판이 담겨 있습니다. 그러나 꼭 그런 이유만이 아니더라도 이 질문은 교회사 측면에서 한 번 짚어볼 필요가 있습니다. 예수님과 기독교의 관계를 새롭게 바라보고, 또 새로운 관계로 나아가기 위해서 말이죠. 일반적으로 예수님과 기독교의 관계를 다음 세 가지로 나눠서 생각할 수 있습니다. 첫 번째는 '예수님과 기독교는 떼려야 뗄 수 없는 밀접한 관계로 출발했으며, 지금도 그 관계는 지속한다'라는 이해입니다. 예수님과 기독교라는 종교는 처음부터 마치 한 몸처럼 떨어질 수 없는 관계였고, 지금도 마찬가지라고 주장하지요. 두 번째 주장은 '처음에는 기독교와 예수님이 밀접한 관계였지만, 기독교가 올바른 신앙의 모습을 상실하면서 지금은 거의 상관없는 관계가 되었다'라는 주장입니다. 기독교가 예수님을 그리스도로 믿고 신앙하는 그룹에서 출발했지만, 시간이 갈수록 예수님의 뜻과는 다른 방향으로 나가게 되었다는 것입니다.

그래서 지금은 예수님과 크게 상관없는, '예수 껍데기'만 남은 종교가 되었다는 주장입니다. 세 번째는 좀 더 급진적인 주장인데요. '역사적 예수님과 기독교는 애초부터 관계가 없었다'라는 견해입니다. 이 주장은 예수님께서 종교를 만들려고 하지도 않았고, 더욱이 기독교가 하나의 공인된 종교가 되는 시점에서는 이미 예수님의 정신이 왜곡되었기 때문에 예수님과 기독교는 관계없다는 견해입니다. 이는 '예수님은 하나님나라가 왔다고 주장하셨는데, 온 것은 교회요 기독교다'라는 주장과 일맥상통하는 이야기죠.

이성공 좋은 설명 감사한데요. 그런데 저는 신학을 공부한 지 좀 오래되어 자세하게 모르겠습니다만, 예수님과 기독교의 관계를 그렇게 복잡하게 생각하는 사람들이 있다니 참 의외네요. 저의 신념은 '예수님 없이 기독교 없고, 기독교 없이 예수님 없다'라는 것입니다. 아마 이 방송을 보고 계시는 시청자 여러분 중 기독인이라면 모두가 그렇게 생각할 겁니다. 안 그렇습니까? (방청객을 쳐다보며 동의를 구하는 눈치다) 아니, 기독교가 예수님을 믿어 태어난 종교가 아닙니까? 그런데 관계가 없다거나 지금은 관계가 별로 없어졌다는 생각이 도대체 말이 됩니까? 엄연히 오늘날 세계 인구의 3분의 1이 기독교를 믿고 있는데 말이죠. 그런 이야기는 기독교를 전혀 모르거나 예수님을 몰라서 하는 소리거나 둘 중 하나입니다.

남예혁 그것은 토론을 보시는 분들이 나름대로 판단할 일이고요. 이런 구분과 이해가 왜 중요하냐면, 관계에 대한 이 세 가지 이해 중 어떤 관점이냐에 따라 현실 기독교를 바라보는 태도뿐 아니라 기독교의 변화를 모색하는 데 있어 방향과 내용이 달라지기 때문입니다. 예를 들어보겠습니다. 애초부터 예수님과 기독교가 밀접한 관계였고, 지금도 그렇다고 생각하는 분들은 현실 기독교에 만족할 것입니다. 성경의 예수님과 기독교가 가르쳐준 예수님의 모습 사이에서 어떤 갈등도 없을 거예요. 그러면 기독교의 변화를 위해 아무런 노력도 할 필요가 없죠. 두 번째로, 예수님과 기독교는 비록 관계가 있었지만, 지금은 그 관계가 거의 사라졌다고 믿는 사람들은 기독교가 잃어버린 참 예수님의 모습과 신앙을 되찾으려는 노력으로 기독교와 교회의 개혁을 외칠 것입니다. 이러한 사람들은 현실 기독교는 싫어하지만, 예수님에 대한 사랑과 믿음을 놓지 않는 사람들이죠. 더 급진적인 사람들의 주장은 비록 소수이긴 한데요. 기독교라는 종교는 출발부터 잘못되었다고 보기 때문에 기독교 내적인 개혁으로는 변화될 수 없으며, 처음부터 다시 시작해야 한다는 태도에서 예수신앙운동을 시도할 것입니다. 이처럼 예수님과 기독교의 관계를 살펴보는 일은 굉장히 중요합니다.

조하나 제가 말씀드리죠. 지금 일반 기독교인들에게 "예수님과 기독교가 관계가 있나요?"라고 물으면 그들도 이 목사님처럼 당황하겠죠?

이성공 저는 당황한 것이 아니라 황당해하는 것입니다. '당황'과 '황당'은 단어만 바꿔놓은 것 같지만, 그 뉘앙스는 매우 다릅니다. 제가 잘못된 질문을 듣고 왜 당황합니까? 그저 말도 안 되는 질문을 하니까 황당해하는 것입니다. 애초부터 있는 것을 있냐고 물으니 황당한 것이죠. 우리 가족을 잘 아는 사람이 제 아내를 보면서 갑자기 "당신 아내 맞아?"라고 물어보면 황당한 거죠. 그것과 마찬가지 질문이라니까요!

예수는 기독교인 아니다

조하나 아무튼 좋습니다. 목사님! 황당이든 당황이든 충격을 받으신 건 사실인 것 같고요. 그런데 왜 사람들이 이런 충격을 받는가 하면, 오늘날 많은 기독교인이 예수님과 기독교의 관계를 너무도 당연한 관계로 생각하기 때문이에요. 비기독교인 중에서도 그렇게 보는 사람들이 많고요. 그래서 기독교를 믿는 것과 예수님 믿는 것을 구분하지 않아요. 심지어는 '기독교 믿고 구원받으세요'라고 전도합니다. 예수님을 믿어야 구원받지, 어떻게 기독교를 믿으면 구원을 받습니까? 그것은 아주 많이 잘못된 인식이에요.

예신자 저도 지금까지 '예수님을 믿는 것'과 '기독교를 믿는 것'이 크게 다르지 않다고 생각해왔어요. 물론 방금 말씀하신 것처럼 분석해보면 엄연히 다른 차원과 내용이 있겠지요. 그러나 믿음의 차원에서 보면 기독교라는 종교를 믿는 것과 예수님을 믿는 것이 그렇게 다르지 않거든요. 무슨 말이냐 하면, '기독교를 믿는다'라고 표현하지만, 실제로는 종교의 조직이나 시스템이나 문화를 믿는 것이 아니라 기독교가 말하는 핵심을 믿는다는 거예요. 그리고 기독교의 핵심은 결국 예수 그리스도잖아요? 그러니까 입버릇일 수도 있고, 생각 속에 기독교와 예수님을 일치시켜서 그렇게 말할 수도 있는 거죠. 어찌 되었든 내용 차원에서는 그리 다르지 않다고 보는데…….

조하나 바로 거기서 문제가 있는 거예요. 믿음의 차원에서 그렇게 이해할 수 있는데, 사실 그것이 발전하다 보면 생각보다 심각한 문제를 낳게 되죠. 조금 전에도 그런 말이 나왔는데, 기독교는 하나의 종교로서 인간이 만든 사회·문화적 실체입니다. 또 시대와 상황에 따라 계속 변하죠. 그런 종교를 신뢰하고 믿는 것과 예수님이라는 존재를 믿는 것을 동일시하게 되면 기독교를 좇아가다가 예수님 신앙을 잃을 수도 있어요. 또한, 반대로 기독교를 절대화시킬 수 있는 위험도 있고요. 그래서 기독교를 비판하는 것과 예수님을 비판하는 것을 혼동하고, 기독교를 모욕하는 것을 두고 마치 하나님을 모욕하는 것으로 착각하는 기독교인들도 많아요. 여기서 한 걸음 더 나아가 예수님을 아예 한 사람의 기독교인으로 만들어버리기도 하죠.

예신자 물론 역사적 흐름으로 볼 때 예수님을 기독교인이라고 말하는 것은 잘못이라고 봐요. 기독교라는 종교가 역사적 예수님 이후에 생긴 종교이니까요. 하지만 예수님을 기독교인들이 닮고 싶고, 또 닮아가야 할 모델로 삼는 것은 당연하고 좋은 것 아닌가요?

조하나 예수님을 신앙의 모델이나 신앙의 대상으로 삼는 것은 당연해요. 그러나 예수님을 기독교나 기독교인의 범주에 무리하게 집어넣으면 역사적 예수님의 모습과는 전혀 다른 기독교의 '예수 이미지'가 만들어질 가능성이 커지죠. 그렇게 되면 예수님이 기독교를 변화시켜가시는 분인데, 기독교가 예수님을 만드는 꼴이 되고 말아요. 역사적으로도 기독교가 예수님의 이미지를 일부러 조작하는 것을 자주 보았잖아요? 요즘 기독교에서는 예수님을 믿으려면 먼저 기독교인이 되어야 하고, 기독교인이 되지 않으면 예수님을 믿는 것이 아니라고 말하죠. 이런 어처구니없는 논리가 정당화되고 있어요.

여시민 제 생각에 그것은 기독교가 예수님을 독점하고 싶어 하기 때문이라고 생각해요. 그래서 예수님을 자꾸 교회 안에, 그리고 기독교 안에 가두려고 해요. 기독교인이 아니면 누구도 예수님을 믿지 못한다고 말한다면, 그것은 예수 그리스도의 구원의 역사를 축소하고 왜곡하는 것입니다. 하나님이 원하시면 기독교인이 아니어도, 또 교회를 안 다녀도 얼마든지 하나님의 역사로 예수님을 그리스도로 믿을 수 있는 거예요. 생각해보세요. 하나님은 기독교인들만의 하나님도 아니고, 예수님도 기독교만의 예수님이 아니에요. 지금도 하나님과 예수님은 기독교인들만을 위해 일하시고 역사하시는 분이 아니잖아요?

이성공 목회를 하는 같은 목사로서 조 목사님의 말씀을 듣고 있자니 우리가 같은 지구, 같은 한국 땅에서 같은 예수님을 믿으면서 목회를 하고 있는지 참 의심스럽네요. 죄송한 표현입니다만, 어떻게 목사로서 기독교를 안 믿고, 교회를 안 다녀도 예수님을 믿을 수 있다고 말할 수 있는지 저로서는 도무지 이해가 안 됩니다. 개인적으로 조 목사님의 신앙을 의심하지 않을 수 없네요. 예수가 기독교인이 아니라는 것은 그저 말장난에 불과합니다.

조하나 그러면 예수님을 믿으려면 꼭 기독교인이 되어야 합니까? 또 기독교인이 된다는 것이 교회에 와서 학습 받고, 세례받는 것을 의미하나요? 그러면 무조건 기독교인이 되는 겁니까? 예수님을 믿는 것이 우선이고, 기독교인이 되는 것은 나중 문제지요. 저는 이 둘을 동일하게 보거나 예수님을 믿기 위해서 먼저 기독교인이 되어야 한다고 생각하는 목사님의 신학이 의문스러운데요.

기독교는 예수에 '관한' 종교

신석기 잠깐만요. 인신공격에 가까운 발언은 삼가셨으면 합니다. 의견은 얼마든지 다를 수 있으니까요.? 논의를 조금 좁혀보겠습니다. 여러분 말씀을 들으니까 대체로 두 가지 의견으로 갈리는 것 같습니다. 한쪽분들은 '예수님과 기독교의 관계는 시작부터 밀접하고 지금도 그렇다'라는 입장이고요. 다른 한쪽분들은 '그 관계는 인정하지만, 지금 기독교인들이 생각하는 것처럼 그렇게 당연한 관계는 아니다'라는 입장인데요. 이 부분을 좀 더 규명해야 할 것 같습니다. 남 교수님? 기독교 역사를 전공하셨다고 알고 있는데, 역사적으로 예수라는 존재와 기독교가 어떻게 연결된 것입니까? 좀 설명해주시죠.

남예혁 짧은 시간에 초기 기독교 역사를 다 말씀드리기는 어렵습니다만, 기독교인이 아닌 분들도 이 방송을 보고 계실 테니까 짧게나마 말씀드리겠습니다. 약 2,000년 전에 이스라엘에서 예수라는 인물이 혜성처럼 나타납니다. 그는 30세 즈음에 공적인 생활을 시작해서 당시 유대교의 잘못된 하나님신앙과 종교문화 때문에 억압받던 민초들을 위해 신앙혁명과 사회혁명을 동시에 일으켰습니다. 신앙혁명은 하나님에 대한 바른 이해와 더불어 믿음의 회복운동이었으며, 사회혁명은 하나님의 자녀로서 인간의 가치에 기반을 둔 사회평화 운동을 의미합니다.

　예수님과 그 제자들의 말과 행동은 당시 유대 지도자들의 종교적 권위와 사회적 신분을 위협할 정도로 과격했습니다. 이 때문에 예수님은 소위 사회 불안을 조장하는 위험인물이 되었죠. 그러다가 더 이상 예수님의 말과 행동을 눈 뜨고 볼 수 없다고 판단한 유대의 기득권 세력들은 마침내 예수님을 십자가에 처형하게 됩니다. 그로 인해 이제 막 활기차게 퍼져나가기 시작했던 예수운동은 막을 내리는 듯 보였습니다. 제자들은 흩어졌고, 예수님이 바라셨던 삶과 세상은 바람처럼 사라지는 듯했습니다. 그러나 기적처럼 예수님이 지폈던 불씨는 꺼지지 않고 다시 피어올랐습니다. 기독교에서는 이것을 부활신 앙이라고 하지요. 그들은 서로 모임을 하게 되면서부터 서서히 하나 의 신앙 공동체로 발전해갑니다. 이런 예수신앙은 이스라엘 땅뿐 아 니라 그리스, 로마, 소아시아 지역으로 점점 널리 번져나갔습니다.

신석기 잠깐만요. 시간이 많지 않으니까 좀 더 요약해서 말씀해주시죠?

남예혁 알겠습니다. 이런 시기가 300년 가깝게 지속되었습니다. 초기 예수 공 동체는 많은 고난을 받았고, 배척을 받았습니다. 그러다가 외적으로 볼 때 기적같이 로마로부터 A.D. 313년에 정식 신앙 공동체로 인정을 받게 됩니다. 역사적 예수와 기독교의 관계에서 바로 이 시점이 중요 한데요, 공인 전 예수 공동체의 모습과 공인 이후, 특히 로마의 국교 가 된 이후에 드러난 기독교와의 차이입니다. 그 부분은 조금 뒤에 설 명하기로 하고요. 사실 초기 예수님의 제자들과 신도들은 예수님이 곧바로 재림하시리라 믿었고, 또 그렇게 소망했습니다. 그러나 그러한 바람과는 달리 예수님은 곧 다시 오시지 않았고, 기다림의 시간은 점 점 길어졌어요. 그러자 예수님을 따르던 사람들은 더 이상 시간이 지 나서 예수님에 대한 기억이 희미해지기 전에 그의 말과 행적을 기록 할 필요성을 느꼈습니다. 그 과정에서 예수신앙 공동체 안에는 예수 님에 대한 다양한 이해와 믿음, 신앙고백이 생겨났습니다. 또 교회 지 도자들과 신학자들 사이에서 이단과 정통에 대한 논쟁도 일어납니다. 이것은 로마가 이들의 신앙을 공인하기 전의 일이었습니다. 이 논쟁은 단순히 이론 논쟁에 그치지 않고 다양한 예수 공동체 사이의 분열을 초래했습니다. 이 논쟁에서 오늘 우리가 말하는 '정통orthodoxy' 그룹 과 그 이론이 승리하게 됩니다. 그리고 이 정통 그룹이 훗날 기독교 의 주도권을 잡게 되지요. 이때 이미 그동안 기독교가 보여준 불미스러운 역사의 씨앗이 심어지게 된 거죠.

신석기 구체적으로 어떤 씨앗을 말씀하시는 거죠?

남예혁 정통파들이 많은 이단 학설을 배격한 것은 좋았습니다. 그런데 예수님에 대한 긍정적인 의미의 다양한 이해와 믿음의 색깔조차 더불어 용납하지 않는 분위기가 생긴 것입니다. 정통학설을 통해 예수님에 대한 보다 명료한 이론과 이해가 정립된 것처럼 보였지만 다른 한편으로는 정통의 입장에서 예수님에 대한 다양한 이해와 표현들 또한 제한시켜버린 것입니다. '정통'이 예수님을 바라보는 기준을 제공하게 되었고, 그것이 잣대가 된 것입니다.

나정통 지금 짧게 정리하신 내용에 대해 대체로 동의합니다. 그런데 마치 예수님에 대한 올바른 신앙을 정립하게 했던 정통 그룹이 이단과 신학적인 주제에 대한 논쟁을 통해 기독교 전체를 잘못 만든 장본인처럼 보는 시각을 갖고 계신 것 같습니다. 그런데 거꾸로도 생각해볼 수 있지 않을까요? 비록 말씀하신 것과 같은 부작용도 있었지만, 만약 그런 정통 그룹이 없었다면 기독교가 로마의 공인을 받을 수 있었을까요? 또한, 신앙이론이 체계화되는 과정이 없었다면 기독교인들은 사분오열되거나 오합지졸이 되어 서로 싸우기 바빴을 것이라고 쉽게 예상할 수 있습니다. 사도 바울은 이미 이러한 조짐을 보면서 많은 서신서를 통해 경계하고 있습니다. 그것은 교회 안에 오랫동안 많은 이론과 갈등이 있었음을 의미합니다. 그렇게 분열된 신앙 공동체를 로마가 어떻게 대제국의 종교로 공인할 수 있었겠습니까? 그러므로 다른 각도에서 보면, 그 당시 다양하게 존재했던 학설들을 물리친 정통 그룹이야말로 기독교 공인에 있어서 큰 역할을 했다고 볼 수 있습니다. 기독교 공인의 배경에는 더 주요한 요인들이 작용했으리라고 봅니다만, 이 부분도 간과해서는 안 될 부분입니다. 기독교 공인 이후에 국교화가 이루어지기 전까지 빠르게 진행된 공의회도 그런 기여 중 하나라고 봅니다.

남예혁 몇몇 신학자들은 '기독교는 예수가 아니라 사도 바울가 만든 종교다'라고 주장합니다. 그리고 바울은 역사적 예수보다 그리스도에 집중했기 때문에 오늘날 기독교가 역사적 예수를 소홀히 여기는 종교가 되었다고 비판하는데, 저는 그런 주장에 동의하지 않습니다. 잘못이 있다면 그것은 바울이 아니라 3~4세기 신학자들의 잘못입니다. 그들은 당시의 많은 이단 학설에 대항하면서 예수님이 참 신이자 동시에 참 인간이라는 본성론에 모든 신학적 에너지를 집중하다 보니 역사적 예수와 그리스도의 구원사역을 등한시했습니다. 즉 '예수의 존재론'에만 관심을 두게 됨으로써 예수 그리스도의 역동적인 활동에 대해 소홀히 다룬 것이 기독교의 체질이 바뀌게 된 근본적인 원인입니다.

조하나 교회사를 보면 로마가 예수 공동체를 인정한 것은 종교로서의 체계를 갖추었기 때문이 아니었어요. 로마제국이 뭐가 아쉬워서 자신들의 법에 따라 극형으로 처형한 예수라는 사람을 따르는 사람들의 신앙을 합법적인 종교로 인정했을까요? 그만큼 예수 공동체가 예수님의 정신으로 살면서 로마 사회에 보이지 않는 영향력을 미치게 되었다는 것을 의미합니다. 물론 사회적·정치적으로 볼 때 기독교를 인정할 수밖에 없었던 그 무엇이 있었지만, 그것보다 더 중요한 것은 그리스도인들의 삶이었습니다. 로마제국 당시 그리스도 공동체가 핍박받을 때 로마 황제에게 보고한 보고서가 있는데요. 거기에는 이렇게 쓰여 있어요. "그리스도인들은 모든 사람을 사랑합니다. 그러나 모든 사람에게 환영을 받고 있지는 않습니다. 때로는 핍박도 받습니다. 그들은 가난하지만 다른 사람들을 부요하게 만듭니다. 그리스도인들은 이 세상 가운데 살지만, 이 세상을 넘어서 사는 무리들입니다." 이런 그리스도인들의 삶이 있었기에 A.D. 381년에 로마제국이 기독교를 국교國教로 삼는 기적이 일어나게 됩니다. 즉 당시 예수님을 따르던 대다수 사람의 삶이나 신앙이 로마 사회를 감동하게 하고 변화시킬 정도로 큰 힘을 가졌기 때문에 인정될 수 있었다는 것이지, 기독교가 어떤 세련된 종교였기에 인정된 것이 아니라고 봐요.

예신자 로마가 기독교를 인정하게 된 것은 뭐니 뭐니 해도 온갖 박해에도 불구하고 예수님에 대한 믿음을 놓지 않고 지킨 결과라고 생각해요. 저도 이탈리아에서 고대 원형경기장이었던 콜로세움에 가보았는데, 그런 곳에서 "사자의 밥이 되어도 예수신앙을 버리지 못하겠다" 하고 장렬하게 죽어간 성도들이 많잖아요? 그런 순교의 피가 로마가 기독교를 용납할 수밖에 없게 만든 가장 중요한 희생 아닌가요? 제가 그곳 원형경기장을 둘러보는데, 그 생각을 하니 가슴이 벌렁거리고 다리가 후들후들 떨리더라고요. 저라면 무서워서 그러지 못했을 거예요.

남예혁 역사적 예수와 기독교의 관계에 대안 논의이므로 한 가지 언급하고 싶은 것은 공인 전 예수 공동체의 상황과 로마의 국교로 공인된 이후에 드러난 기독교의 모습의 차이입니다. 예수신앙운동은 아주 생생한 삶의 운동이었고, 사회를 변화시키는 힘이었습니다. 그러나 소위 정통이 교회 공동체의 모든 기준이 되면서부터 교회 공동체의 모습과 체질이 변해버렸어요. 신앙 교리의 체계화는 이루어졌을지 몰라도 공동체의 힘이 빠져나가기 시작합니다. 저의 신학적 상상력으로 표현하자면 '불행인지 다행인지' 이 시점에 로마가 기독교를 공인하게 됩니다. 제가 '불행'이라는 표현을 쓴 것에 대해 지나치다고 말할 수도 있겠지만, 좀 더 건강한 공동체였을 때 기독교가 공인되었다면 지난 역사에서 기독교가 저지른 수많은 잘못과 죄악을 많이 줄일 수 있었을 텐데 하는 아쉬움 때문입니다. 사실 많은 기독교 역사가들이 주장하듯 로마의 기독교 공인을 통해 기독교는 로마제국을 얻었을 지는 몰라도 예수님의 영혼을 더욱더 잃어버렸습니다. 역설적이게도 기독교 공인 이후에 예수님의 정신에서 기독교가 한 발 더 멀어지게 된 것이죠. 그나마 다행이라고 표현한 것은 그때 로마가 예수신앙을 공인하지 않았더라면 아마도 예수 공동체는 자멸했거나 한 지역에만 머무는 소수 종교로 남았을 수도 있기 때문입니다.

신석기 좀 정리해보죠. 그러니까 남예혁 교수님은 '예수신앙 공동체가 기독교라는 종교로 변하는 과정에서 이미 예수신앙이 많이 변질되었다. 그런 면에서 로마의 기독교와 예수님의 관계는 우리가 생각하는 것처럼 그렇게 절대적으로 봐서는 곤란하다'라는 입장이신 것 같은데, 맞습니까?

남예혁 네, 그렇게 정리할 수 있겠습니다.

신석기 이에 대해 다른 의견은 없으십니까? 오랫동안 말씀하지 않으신 여시민 선생님께서 한 말씀 해주시죠?

여시민 워낙 열띤 토론이라 가만히 듣고만 있었습니다. 그런데 아까 예신자 선생님께서 박해를 받던 신앙 선조들의 모습을 이야기했는데, 그 부분에서도 기독교를 너무 이상적으로 뭉뚱그려 생각하고 있다고 보는데요. 저도 가끔 교회에서 로마 박해 때 신앙생활을 했던 사람들을 신앙의 모델로 하는 이야기들을 듣게 됩니다. 사실 온갖 고문과 고통에 죽어간 성도들의 이야기와 순교자들의 이야기는 매우 감동적이에요. 그런데 신앙 공동체 전체가 그렇게 온전한 공동체였을까 하는 의문이 드는데요. 예수님 이후로 300여 년이 지났다는 것은 정말 엄청난 시간이 흐른 거잖아요? 그러니 얼마나 많은 변화나 변질이 있었겠습니까? 아마 역사적 예수님이 말씀하신 뜻과 많이 달라졌으리라는 것도 상상할 수 있고요. 제가 이탈리아의 카타콤에 갔을 때 충격 아닌 충격을 받은 모습이 있는데요. 물론 그분들이 그렇게 열악한 지하 동굴에서 신앙을 지켜낸 것 자체는 위대한 모습이라고 말할 수 있습니다. 하지만 거기 무덤에 가보니 돈 많은 귀족이나 부자들의 무덤은 벽면에 잘 꾸며져 있고, 돈 없는 성도들의 뼈는 아무렇게나 나뒹그러져 있는 것을 보았습니다. 가난한 사람들은 그냥 한쪽에 시신을 묻어버린 것입니다. 그것을 보면서 '아무리 같은 예수님을 믿고 한 동굴에서 죽음의 위협을 느끼면서 살았지만, 노예제도나 빈부의 차는 어쩔 수 없었나 보다'라는 생각이 들었습니다. 제가 너무 지엽적인 문제를 가지고 비약하고 있는지도 모르지만, 아무튼 제가 말씀드리고 싶은 것은 예수 공동체가 기독교로 공인받을 때까지 흔히 생각하는 것처럼 예수님의 정신을 구현한 온전한 신앙 공동체로 볼 수만은 없다는 것이지요.

이성공 물론 그렇지요. 완전한 공동체가 어디 있겠습니까? 초기 예수 공동체도 부족한 사람들이 모인 곳이고, 또 사회적·문화적 제약도 많이 따랐을 테니까요. 저도 제법 큰 교회에서 목회합니다만, 교회는 이런저런 사람들이 다양하게 모인 곳입니다. 그렇다고 다양한 사람들의 생각이나 의견 하나하나까지 신경 쓰다가는 목회 제대로 하기 힘듭니다. 어차피 중요한 것은 예수님에 대한 그들의 신앙심 아니겠습니까? 그렇게 일부 부정적인 모습이 있다고 해서 그들의 신앙 전체를 평가

절하할 수 없다고 생각합니다. 또 한 가지 지적하고 싶은 부분은 아까 남 교수님께서 "로마의 기독교 공인을 통해 기독교는 로마제국을 얻었을지는 몰라도 예수님의 영혼을 더욱더 잃어버렸다"라고 말씀하셨는데, 표현은 그럴듯하지만 저는 동의할 수 없습니다. 로마 국교화 이후로 기독교가 세력을 얼마나 뻗어나가게 됩니까? 작은 갈릴리 마을에서 시작된 예수님을 믿는 신앙운동이 세계화되는 데 예수님의 도움 없이 가능했겠습니까? 예수님의 정신이 살아 있고, 그의 영혼이 더욱 강하게 움직이셨기에 오늘날의 우리도 복음을 듣게 된 것입니다. 한참 이후라면 모르겠습니다. 하지만 기독교 공인 이후로 얼마 되지 않아 예수님의 정신이 약해졌다는 말은 로마의 기독교 공인을 부정적인 사건으로만 보게 할 수 있다고 봅니다.

나정통 한 종교의 성장 과정이 그렇게 단순하게, 직선적으로 발전해가는 건 아니지 않나요? 초기 기독교도 그런 측면에서 바라보면 이해가 되리라 봅니다. 좀 더 신학적 상상력을 발휘해서 말씀드리자면, 로마의 기독교 공인이 A.D. 313년이라는 특정한 해에 발생한 사건이지만 그러기까지 많은 전조가 있었을 것입니다. 주류 기독교 역사는 콘스탄티노플 대제의 갑작스러운 종교적 체험과 회심에 강조점을 두고 있지만, 사회·역사적 측면에서 보면 많은 요인이 있었다는 것이 역사가들의 공통된 의견 아닙니까? 아무튼, 그런 전조가 있었고, 교회 공동체 지도자들은 이런저런 준비를 했겠지요. 하지만 로마라는 대제국을 감당하기에는 역부족이었을 것입니다. 막상 공인되고 보니 공동체 안팎으로 해야 할 일이 많았고, 또 적응도 해야 하지 않았겠습니까?

신석기 예를 들면 어떤 변화에 어떻게 적응해야 했을까요? 자세히 설명해주시겠습니까?

나정통 로마의 공인을 받았다고는 하지만, 기독교인들 주변은 기존의 이교 문화로 가득 차 있었습니다. 로마인들의 일상화된 다신론多神論의 문화가 하루아침에 사라질 수 있었겠습니까? 이제 막 공인받은 기독교는 그 문화에 적응하거나 일부 동화되는 과정에서 정신이 없었을 것입니다. 그럴수록 불가피하게 타협하는 때도 있었을 테고, 또 적극적으로 선택한 때도 있었을 것입니다. 그 과정에서 '우리가 믿는 예수님은 누구신가'라는 존재론적인 부분에 집중할 수밖에 없었을 것입니다. 이방인들에게 논리적으로 전해야 했으니까요. 그러면서 내부적으로는 신앙의 통일성을 위해 많은 작업이 필요했을 것입니다. 수많은 이단 사상과 신학적인 사투를 벌여야 했겠지요. 그러다 보니 이전보다 예수님의 삶, 사상, 뜻 또는 그분의 활동하심을 전하고 증언하는 일에 소홀하게 되었을 것입니다. 이것이 옳았다고 말하려는 것은 아닙니다.

남예혁 그런 측면도 있겠지요. 그러나 교회사를 볼 때 문제가 그렇게 단순하지 않습니다. 기독교가 공인된 이후에 생긴 가장 큰 변화는 그때부터 기독교가 로마의 국가 정책에 의해 철저하게 통제를 받게 되었다는 것입니다. 그러면서 교회는 전혀 새로운 체계와 문화에 적응해나가고, 또 변해갑니다. 구체적인 예로, 공인된 이후 성직자들은 세금이나 모든 공공근로에서 면제됩니다. 교회에 일종의 특혜가 주어진 것이지요. 그런데 이 정책 때문에 부작용이 일어나게 되는데, 부자들이 이 제도를 악용해 교회 사역자로 등록하게 됩니다. 세금을 포탈할 목적이었죠. 그리고 이때부터 교회가 국가로부터 돈을 받게 되자 점점 부자가 됩니다. 잘 아시다시피 중세시대에는 유럽 기독교 국가들의 땅 40%가 교회 소유였습니다. 또 교회 감독이 교회 법정뿐 아니라 세속 법정에서도 영향력을 발휘하는데, 점차 세속 권력까지 쥐게 된 것입니다. 이런 가운데 공인된 이후로 기독교와 교회에서 예수님의 정신이 급속도로 사라지고 신앙의 내용과 색깔도 변하게 됩니다. 이전에는 기독교인이 예수님을 신앙할 때 내면적이고 영적인 측면이 강했습니다. 예수님과 깊은 관계, 사랑의 실천과 나눔 등 실질적인 신앙이 중요했는데, 이제는 기독교나 교회의 겉모습에 치중하게 됩니다. 실제로 공인받기 전까지는 교회 건물 하나 번듯한 게 없었는데, 공인된 이후부터 A.D. 400년까지 로마 시내에만 이미 400개 가까운 큰 교회가 건축됩니다. 가정 교회church in house가 아니라 '제국의 바실리카 교회church of basilica'가 되었습니다. 으리으리한 교회 건물에 음악과 예술이 첨가되면서 예배 또한 예수님과 상관없이 그 자체로 즐길 수 있게 되었죠. 나아가 성경은 오직 성직자만 읽는 것이 되어버렸고요. 이것은 아주 단시간에 일어난 변화입니다. 일반 신자들은 도대체 어디서 예수님의 모습을 만날 수 있었을까요?

나정통 그것을 고려한다 해도 '예수님과 기독교의 관계를 그 뿌리부터 의심하거나 기독교 공인 이후 곧바로 예수님의 정신이 모두 사라졌다'라고 보는 견해는 역사를 너무 단순화시키는 것이 아닌가 하는 우려가 듭니다. 더욱이 애초부터 기독교와 예수님의 관계를 약하게 본다면, 현실 기독교를 예수님 정신으로 비판하거나 방향을 찾는 것은 더욱 무의미한 것이 되지 않겠습니까? 애초부터 관계가 희박했다면 현실 기독교에 이제는 미련을 가질 필요가 없지요.

남예혁 그래서 저는 로마의 공인과 국가 종교로서 시작한 기독교는 '예수의 종교the Religion of Jesus'가 아니라 '예수에 관한 종교a Religion about Jesus'였다는 견해에 동의합니다. 예수에 관한 종교라는 의미는 기독교가 하나의 종교로서 체계화하는 과정에서 예수님에 대한 기존 지식을 모으고 교리로 체계화시켰다는 점에서 그렇습니다. 그러나 그 과정에서 초대교회 공동체처럼 예수님의 정신과 뜻을 온전하게 담아내고 실천하는 '예수의 종교'는 되지 못했다고 생각합니다. 여기에서 나타난 문제점이 오늘날의 기독교와 예수님의 관계까지 계속되고 있는 것입니다.

신석기 네, 잘 알겠습니다. 남 교수님께서는 초기 기독교의 탄생 이후부터 교회와 기독교는 예수와의 관계가 약화되었다는 입장이고요. 나 교수님은 그렇게까지 평가하는 것은 역사를 너무 단순화시켜 보는 것이라는 의견을 주셨습니다. 혹시 이것과 다른 의견이 있으시면 말씀해주시겠습니까?

조하나 기독교라는 종교가 예수님과 밀접한 관계에서 출발한 종교라고 해도 기독교 자체가 예수님의 진리를 모두 포함할 순 없어요. 지금은 물론 예수님을 그리스도로 믿는 종교로서 기독교가 유일하지만, 예수님의 죽음과 부활 이후에 예수님에 대한 신앙고백과 실천은 매우 다양해서 하나의 종교로 통합할 수 없었어요. 이 말은 기독교가 예수 그리스도에 대한 유일한 종교라고 해서 예수님의 삶과 진리 전체를 아우르고 있다는 생각은 잘못이라는 말입니다. 어차피 진리가 종교보다 더 큰 영역이기 때문에 종교가 진리를 모두 담아낼 순 없어요. 마찬가지로 기독교도 예수 그리스도의 진리와 구원의 한 부분을 담고 출발한 종교임이 틀림없어요. 그렇다고 예수 그리스도를 기독교라는 종교의 범주에 가둬놓을 순 없습니다. '만물 위에 계시고, 역사 안에 계신 그리스도'를 하나의 종교 속 존재로만 유폐幽閉시켜버릴 수 있나요? 특히 오늘날같이 차별과 갈등과 전쟁이 난무하고, 종교 문화가 다양한 세계에서 예수님의 삶과 정신이 같은 역사적이고 실질적인 의미를 들춰내는 것이 중요합니다. 그러기 위해서 기독교는 하루빨리 자기 우물에서 나와야 해요.

예신자 이 주제와 관련해서 계속 머리에 맴도는 생각이 있는데요. '그럼 나는 예수님과 어떤 관계가 있지? 관계가 있긴 있는 것 같은데, 그 관계는 어떻게 지속하고 있지?' 기독교와의 관련은 둘째치고 나 자신과 예수님의 관계를 먼저 되돌아보게 되네요. 예수님과 기독교가 관련이 있다 해도, 나와 예수님이 관계가 없다면 아무 소용이 없잖아요. 지금 우리 각자가 가지는 예수님과의 관계 정도가 결국 예수님과 기독교의 관계를 보여주는 지표가 아닐까요?

chapter 2

붕어빵
기독교

난소가 제거된 기독교

신석기 네, 잘 알겠습니다. 현재 기독교에 대해서 논의하려고 했는데, 자연스
럽게 그 주제로 넘어가는 것 같습니다. 예수님과 현재의 기독교는 어
떤 관계를 맺고 있는지 대화를 나눠주시기 바랍니다. 이성공 목사님
부터 말씀해주시겠습니까?

이성공 저의 생각을 분명히 말씀드리겠습니다. 기독교가 비록 예수님이 창시
한 종교는 아니지만, 이전에도 예수님의 종교요, 지금도 그렇다고 믿
습니다. 단순히 예수님에 관한 종교가 아니라 예수님의 종교입니다.
지금의 한국 교회를 한 번 객관적으로 보시기 바랍니다. 솔직히 말씀
드려서 한국 기독교를 사랑하시는 예수님께 깊이 감사드립니다. 공중
파 방송에서 이런 표현이 좀 실례가 된다고 생각합니다만, 저는 예수
님이 한국 교회를 사랑하셔서 이렇게 부흥하게 하신 걸 생각하니 눈
물이 날 정도예요. 현재 세계 10대 대형 교회 중 5개 교회가 한국에

있습니다. 또 세계 기독교인들이 한국 기독교와 교회의 성장을 모델 삼아 배우기 위해 주시하고 있습니다. 그것뿐입니까? 현재 한국 교회 가 파송한 선교사가 17,000명이나 됩니다. 선교사 파송 국가로는 미 국에 이어 2위입니다. 이 얼마나 대단합니까? 기독교인들은 자랑스러 워해야 합니다.

남예혁 개인적으로 한국 기독교를 물량적으로 평가하는 것은 그만했으면 합 니다. 문제는 기독교의 양적 성장이 아니라 질적 성숙에 있지 않습니 까? 아무리 기독교인이 많으면 뭘 합니까? 만약 예수님과 전혀 상관 없이 사는 기독교인만 늘어난다면 말입니다.

이성공 아니, 왜요? 이것이 예수님과 현재 기독교의 모습을 잘 드러내주는 증 거 아닙니까? 예수님이 한국 기독교를 사랑하시지 않았다면 어떻게 이 조그만 나라에서 이렇게 성장할 수 있었겠습니까? 이런 모습들을 세세하게 열거하지 않아도 예수님은 한국 기독교를 정말 가슴으로 사랑하시면서 관계를 갖고 계십니다. 단편적인 예지만, 한국 사회에서 목사의 지위가 얼마나 올라갔습니까? 1960년대만 해도 목사는 처녀 들이 원하는 신랑감 순위에서 아래에서 두 번째였다고 합니다. 맨 아 래는 이발사였고요. 이발사분들을 비하하려는 것이 아니고요. 지금 은 어떻습니까? 조금 큰 교회에 가면 일류 대학을 나온 여자들이 목 사 사모가 되겠다고 줄을 섭니다. 조금 똑똑한 목사 후보생들은 자기 마음에 드는 사람을 고르는 처지가 되었습니다. 옛날에는 시집오려고 하지도 않았는데 말이죠. 말이 좀 비껴갔습니다만, 이렇게 한국 기독 교에 부어진 축복을 통해 예수님이 우리 기독교를 친밀하게 사랑하 신다는 사실을 체험할 수 있었다는 걸 말씀드립니다. 이것이 예수님 과 기독교의 관계를 바로 보여주는 증거가 아니겠습니까?

남예혁 그런 수준에서 예수님과 한국 기독교의 관계를 증명하려고 하시다니 참 어처구니없습니다. 지금 이 방송은 기독교인이 아닌 분들도 보고 계신다는 사실을 좀 인식해주셨으면 합니다. 저는 좀 다르게 보는데요. 기독교의 현실을 매우 심각하게 바라보고 있습니다. 몇 년 전부터 이에 공감하는 분들은 한국 기독교를 '붕어빵 기독교'에 물들어 있다고 표현합니다.

신석기 그렇지 않아도 그 부분을 두고 토론하려고 했는데요. 붕어빵 기독교라는 말이 재미있는 표현 같습니다. 우선 무엇을 말하는지 설명해주시겠습니까?

남예혁 한국 기독교의 모습을 '붕어빵 기독교'라고 이름 붙인 것은, 예수님과 기독교의 관계나 현실을 간명하게 표현하는 데 있어서 붕어와 붕어빵과의 관계가 매우 적절한 비유이기 때문입니다. 한번 생각해보세요. 붕어와 붕어빵은 관계가 있습니까, 없습니까? 관계가 있는 것 같기도 하고, 없는 것 같기도 합니다. 겉모양을 봐서는 관계가 있다고 말할 수 있는데, 그 내용물을 보면 물고기 붕어와 밀가루 붕어빵은 아무런 관계가 없습니다. 그런데 붕어빵이라는 이름을 붙인 것은 붕어를 닮은 겉모습 때문입니다. 그러니 붕어와 붕어빵은 분명 관계가 있긴 하지요. 하지만 그 관계는 내용으로 볼 때 서로 관계가 있는 게 전혀 아니에요. 예수님과 오늘날 기독교의 관계가 마치 붕어와 붕어빵의 관계처럼 유지되고 있다고 봅니다.

신석기 시청자들의 이해를 돕기 위해 붕어빵 기독교를 간단하게 정의해주시겠습니까?

남예혁 한마디로 말해 붕어빵 기독교는 '예수 없는 Jesusless 기독교' '예수님의 복음을 왜곡하는 기독교' 또는 '예수님의 뜻이 구현되지 않는 기독교'를 뜻합니다. 겉으로는 예수님과 관련이 있는 듯하지만, 실제 그 속을 들여다보면 예수님의 말씀과 뜻, 그리고 예수님의 정신은 사라져버린 기독교입니다. 어떤 측면에서는 기독교가 예수님을 내쫓아버렸다는 표현이 더 맞습니다. 그런 기독교는 예수님의 겉모양만 있을 뿐, 하나님의 사랑과 평화를 품어내는 생명의 자궁을 잃어버렸어요. 그래서 붕어빵 기독교는 예수님이 전한 진리와 생명의 씨앗을 받아 낼 '난소가 제거된 기독교spayed Christianity'입니다. 예수님 없는 기독교, 예수님과 상관없는 기독교, 이것이 붕어빵 기독교의 적나라한 모습입니다.

이성공 너무 심한 표현 아닙니까? 마치 기독교가 팥소 없는 찐빵처럼 예수님 없는 종교가 되어버렸다는 건데, 그 말이 목사 입에서 차마 할 말입니까? 말도 안 되는 이야기입니다. 아까도 제가 부드럽게 말씀드렸지만, 어떻게 예수님 없이 한국 기독교와 교회가 이처럼 부흥했겠습니까? 수많은 성도가 하나님과 예수님을 믿고, 또 축복을 받아서 그렇게 된 것 아닙니까? 그런 기독교를 마치 빈궁마마에게 비유하셨는데요. 그것은 기독교뿐만 아니라 예수님까지 모독하는 말입니다. 지금도 예수님께서 기독교를 통해 얼마나 많은 생명의 역사를 일으키고 계십니까?

신석기 이 목사님, 흥분을 좀 가라앉히시고요. 그런데 빈궁마마는 무슨 뜻입니까?

예신자 아, 그건 제가 설명해드릴게요. 요사이 여성분들 가운데 자궁에 문제가 생겨서 아이를 낳을 수 없거나 수술을 해서 자궁이 없는 여성분들을 그렇게 표현해요.

간판만 찍어내는 붕어빵 기독교

신석기 그렇군요. 제가 처음 들어보는 표현이라······. 계속 말씀 나누시죠.

남예혁 물론 예수님과 밀접하게 관계하면서 예수님의 정신을 구현하는 기독
교와 교회도 있습니다. 제 말은 그렇지 않은 교회와 기독교의 흐름이
더 강하게 일어나고 있다는 것이에요. 그래서 그런 기독교를 붕어빵
기독교라고 부를 수 있다는 것이고요. 제가 전체 기독교를 싸잡아서
도매금으로 비판한다고 생각하지는 마시기 바랍니다.

예신자 붕어빵 기독교라는 표현을 통해 남 목사님이 말씀하시고자 하는 내
용이 무엇인지 알겠어요. 그런데 말씀 중에 '예수님과 관계없는 기독
교'라는 표현을 쓰셨고, '예수님의 정신이 살아 있지 않은 교회'라는
표현도 쓰셨는데요. 그러면 예수님은 기독교가 예수님의 정신을 구
현하지 않거나 또한 못한다고 해서 지금 기독교와의 관계를 끊고 계
실까요? 제 말은 '예수님의 정신이 살아 있지 못하면 예수님과 상관
없는 종교다'라고 결론을 내려버리면 그런 기독교에는 더 이상 희망
이 없잖아요? 그리고 그것은 예수님이 기독교뿐 아니라 인류 역사나
인간 개인과 관계하는 방식도 아닌 것 같고요. 예수님은 우리를 끊임
없이 용납하시고 이해하시며, 관계해오시는 분이잖아요? 더욱이 예
수님 자신의 희생과 피 값으로 주고 산 사람들이 모인 교회인데, 예
수님과 더 이상 관계가 없다고 말씀하시면 그것이야말로 예수님을
교회에서 아주 내쫓아버리는 것 아닌가요?

남예혁 그 말씀도 충분히 이해됩니다. 물론 예수님의 입장에서 보면 긍휼과
자비를 베풀면서 기독교와 교회가 회개하고 돌아오기를 기다리시겠
죠. 그러나 호적에 부자^{父子} 관계라고 해서 아들이 아버지를 무시하고

아버지의 뜻을 저버리면서까지 잘못된 짓을 하더라도 '부자 관계는 여전히 부자 관계다'라고 한다면 할 말은 없습니다. 하지만 내용으로 보면 이미 부자 관계는 깨진 것 아닙니까? 물론 아버지의 마음으로 사랑하는 아들이라면 계속 관계를 놓고 있지 않으시겠죠? 여기서 중요한 논점은 현실의 붕어빵 기독교가 예수님과 전혀 관계없는 내용과 행동을 하고 있다는 것이죠.

조하나 붕어빵 기독교라는 말은 현실 기독교를 말해주는 참 적절한 표현이라고 생각해요. 물론 모든 기독교가 다 붕어빵 기독교라고 말하는 것이 아니니 앞에 계신 분들께서는 너무 흥분하지 않으셨으면 하고요. 지금 한국 기독교에 대해 누군가가 "참 예수, 참 구원을 보여주세요"라고 말해도 '살아 있는 예수'를 제대로 보여주지 못하잖아요. 더욱 심각한 것은 붕어빵 기독교가 예수님의 진리를 가로막는 걸림돌이 되고 있다는 점이에요. 많은 기독교인이 기독교에 대해 실망하고 교회를 떠나고 있어요. 기독교에서 살아 있는 예수님을 만날 수 없으니 이것은 당연한 현상이에요. 전체 기독교 안에 이런 붕어빵 기독교 현상은 점점 더 크게 스며들고 있고요.

여시민 이런 예화가 있는데요.

하루는 성 프란체스코가 움브리아 지방의 숲을 거닐면서 "오, 하나님! 당신은 누구시며 나는 누구입니까"라고 묻고 기도하다가 그만 길을 잃어버렸습니다. 그는 숲속에서 이틀을 헤맸지만 빠져나갈 길을 찾지 못했어요. 이틀이 지나자 배가 너무 고파 하나님께 간구했습니다. "오, 하나님! 배가 고프니 먹을 것을 주십시오!" 그 기도가 끝나고 얼마 되지 않아 집 한 채가 눈에 띄었고, 반가운 마음으로 달려갔습니다. 그 집 바로 옆에는 등불이 걸려 있고 큰 간판이 붙어 있었습니다. 그 간판에는 '이 집에서는 날마다 신선한 빵을 구워내고 있습니다'라는 글귀가 적혀 있었습니다. 허기져 있던 성 프란체스코는 달려가서 문을 두드렸고, 한 여인이 문을 열고 나왔습니다. 프란체스코는 "부인, 제발 부탁드립니다. 이 집에서 날마다 굽고 있는 신선한 빵 한 조각만 주십시오"라고 말했지요. 그러자 여인은 그를 뚫어지게 쳐다보며 말했습니다. "미안해요, 신부님! 우리 집에는 갓 구워낸 빵 따위는 없답니다." 프란체스코는 의아해하며 다시 물었습니다. "그러면 여기 이 간판은 무엇입니까?" 그 여인은 웃으면서 말했습니다. "우린 그저 '이 집에서는 날마다 신선한 빵을 구워내고 있습니다'라는 간판을 만들 뿐이죠."

방청석 여기저기 웃음소리가 튀어 나왔다.

지금 나누는 말씀과 연관시키자면 이 예화는 그냥 웃고 넘어갈 만한 우화가 아니죠. 이 우화는 예수님의 실상은 없고 '예수 구원' '예수 천당'이라는 간판만 만들어내는 기독교, 생생한 예수 체험과 구원과 치유는 일어나지 않고 '예수 믿으면 구원받는다'라는 소리만 난무한 붕어빵 기독교를 잘 표현하고 있는 우화가 아닐까요?

붕어빵 기독교 현상들

이성공 우리가 어떤 현상을 볼 때 주의해야 할 것은 한쪽으로만 치우쳐서 보면 안 된다는 점입니다! 지금 붕어빵 기독교라는 표현에 동조하는 분들은 한국 기독교의 부정적인 모습과 어두운 면만 일방적으로 부각하는 거예요! 긍정적인 측면에서 보면 같은 현상이라도 달라 보일 수 있습니다. 그리고 바울도 로마서에서 그렇게 고백하지 않았습니까? 죄가 많은 곳에 은혜가 많다고. 만약 그렇게 한국 기독교의 잘못이 심각하고 죄가 크다면 하나님께서 더 많은 은혜를 주실 것이 아닙니까? 물론 이것은 다소 비약입니다만, 그럴 정도로 너그럽게 봐주시면 좋겠습니다. 중세 때 그렇게 못된 짓을 많이 한 기독교이지만 하나님께서 용서하시기 때문에 지금까지 이렇게 유지되고 있는 것 아닙니까? 좀 더 하나님의 마음으로 기독교를 바라봅시다.

여시민 이 목사님의 말씀 들으니 정말 웃음이 나오려고 하네요. 아니 목사님이 어떻게 그 구절을 이런 상황에 대입해서 현실 기독교를 좋게 이해하라고 말씀하시는지 기가 막힙니다. 아직 교회 바깥의 사람들이 기독교를 어떻게 보고 있는지에 대해 전혀 현실 감각이 없으신 것 같습니다. 그래서 제가 여기 판을 하나 가지고 나왔습니다.

책상 아래에서 커다란 판을 들어 보인다. 카메라가 화면에 크게 잡는다.

몇 년 전부터 인터넷에 떠도는 이야기인데요. 기독교를 조직폭력배의 형태와 비교해서 아주 유사한 것을 모아놓은 것입니다. 알 만한 사람은 다 아는 이야기예요. 속어가 나오더라도 이해해주시기 바랍니다.[1]

---

1. 반기독교시민운동 연합 사이트에 올려진 글인데 《개독교를 위한 변명》, 꿈꾸는 터, 2007, p. 229~230에서 재인용

첫째, 세력 확장에 혈안

조폭: 세력 관할을 넓히기 위해 회칼을 휘두르며 설친다. 구역(なわばり)은 곧 돈이니까.

기독교 : 교회 신자를 늘리기 위해 '예수천당 불신지옥'을 외치며 설친다. 신자 수는 곧 돈이니까.

방청석 여기저기서 웃음소리가 들린다.

둘째, 타 조직원의 포섭

조폭: 조직의 세력 확장에 도움이 된다 싶으면 타 조직원들도 포섭한다.

기독교: 돈이 된다 싶으면 자기네 목사의 영빨이 최고라며 타 교회 신자도 포섭한다.

셋째, 기물 파괴와 폭력 및 방화

조폭: 관할 내 유흥주점 업자들이 상납을 안 하면 주점으로 쳐들어가 기물과 집기를 부수고, 영업장을 난장판으로 만드는 범행도 서슴지 않고 저지르면서 날뛴다.

기독교: 전도에 방해된다고 생각하면 단군상을 부수고, 길거리에 서 있는 장승을 전기톱으로 자르기도 하며, 사찰에 잠입해 불상을 파괴하고 방화하는 등의 범행도 서슴지 않고 저지르면서 날뛴다.

넷째, 길거리에서 시비 걸기

조폭: 조직된 지 얼마 안 되어 세력 관할이 변변치 못한 조폭일수록 궁박한 자금 조달을 위해 뒷골목 길거리에 진을 치고 지나가는 행인들 중 만만해 보이는 사람들을 골라 시비 걸고 금품을 갈취한다.

기독교: 개척한 지 얼마 안 되어 신자 확보가 변변치 못한 교회일수록 길거리에 떼거리로 몰려나와 '예수천당 불신지옥'을 외치며 지나가는 행인들에게 싫다는데도 억지로 지라시(ちらし)를 쥐여주는 등 공갈 협박을 한다.

신석기 여 선생님, 조직폭력배들에게 테러당하시는 것 아닙니까? 어떻게 감히 자기들을 기독교에 비교하느냐고 하면서 조폭을 모독했다고 그러겠는데요. 하하하~.

방청석에서 박장대소가 터져 나온다.

신석기 죄송합니다. 하도 비교가 강해 보여서 농담을 했습니다. 계속 토론하겠습니다. 이런 의견에 대해 반론이 있으실 텐데…… 이성공 목사님?

이성공 저런 유머가 나오게 된 데에는 일부 기독교인들의 잘못된 행동이 일조했음을 부인할 수 없습니다. 하지만 이것은 일부분을 두고 희화화한 것이지, 사실과는 거리가 있습니다. 교회도 하나의 조직이기 때문에 그 조직이 조폭이든 교회든 기업이든 성장시켜야 하는 것 아닙니까? 그러다 보면 부작용도 있을 수 있고요. 그렇다고 조폭과 비교한 것은 너무 심합니다. 같은 조직이라도 성공한 기업과 비교하거나 다른 관점에서 좋은 면을 비교할 수 있지 않을까요? 그냥 우스갯소리로 넘어갔으면 합니다.

나정통 그렇게만 보시지 말고, 좀 더 허심탄회하게 이야기했으면 합니다. 기독교가 이렇게까지 평가되고 있다는 것에 대해 냉정하게 인정해야 해요. 기독교가 예수님과 얼마나 상관없는 종교가 되었기에 조직폭력배들의 어둠의 문화에 비교되는 우스갯거리가 되었을까요? 반성해야 할 것은 반성해야 합니다. 그렇다고 조직폭력배와 비교될 정도가 되었다고 해서 기죽을 필요도 없습니다. 우스갯거리가 되었다고 해서 기독교 전체가 흔들리는 것도 아니니까요. 그런 부분이 있다는 것은 인정하고, 고칠 것은 고쳐나가는 마음이 중요합니다. 이런 것에 대해 흥분하거나 애써 무시하려 하는 태도 모두 문제 해결에 도움이 되지 않습니다.

남예혁 전체 기독교를 봤을 때 이런 잘못을 저지르는 기독교는 일부 목사나 평신도일 것입니다. 하지만 그렇다고 해서 일부 기독교인들만의 잘못이 아니에요. 그 일부는 곧 기독교의 곪아 터진 부분들을 드러낸 것이니까요. '기독교인은 위선적이다, 교만하다, 배타주의자다, 닫혀 있다' 등 온갖 부정적인 이야기는 어제오늘의 이야기가 아닙니다. 그리고 더욱 고약한 것은 이런 배타성이 애초에 예수님의 가르침을 따르는 것으로 포장되어 있다는 점입니다. 이게 말이 됩니까? 예수님께서 남을 배타하신 적이 없잖아요? 아시다시피 예수님은 올바른 하나님 신앙에 어긋나는 삶을 사는 사람들조차도 배척하지 않으셨어요. 그런데 붕어빵 기독교는 예수님의 뜻이 아닌 것을 버젓이 예수님의 이름으로 행하고 있어요.

신석기 여기서 잠깐 정리하고 넘어가죠. 지금 우리는 '기독교가 예수님의 정신이나 뜻과 관계있는 종교냐, 아니면 별로 관계없는 종교냐?'라는 주제를 다루다가 붕어빵 기독교에 관한 이야기가 나왔습니다. 그래서 여 선생님이 예를 들었고, 거기에 대한 반론이 있었습니다. 한쪽에서는 그렇다고 하고, 다른 쪽에서는 안 그렇다고 하시는데, 이제부터는 개인적인 느낌이나 주장 말고 좀 더 구체적인 사례들을 말씀해주시면 고맙겠습니다. 그래야 방청객이나 시청자 여러분이 이해하는 데 도움이 될 것 같습니다.

여시민 한 예를 들어보죠. 공영방송에서 특정인의 이름을 거론해서는 안 되겠지만, 이제 그 누구보다 유명한 사람이 되어서 상관없으리라 생각합니다. 다름 아닌 전 목사 이야기입니다. '목사'라는 직함을 붙이는 것이 다른 목사를 모독하는 것으로 생각해 그냥 '전 씨'라고 부르는 것을 이해해주시기 바랍니다. 그는 소위 '빤스 목사'로도 잘 알려진 사람입니다. 그 유명한 빤스 설교가 2005년도에 있었으니 벌써 15년이 지났습니다. 그 사건은 다 아시리라고 생각합니다만…….

신석기 잠깐만요. 방송에서 '빤스'라는 단어를 사용하는 것이 좀 어색합니다만, 모르는 시청자들을 위해서 잠깐 설명해주시겠습니까?

여시민 차마 제 입으로 말하기도 부끄럽지만, 그래도 말씀하라고 하시니 간단하게 말씀드리자면 2005년 1월 19일 대구 서현교회에서, 당시 전 씨가 원장으로 있는 청교도영성훈련원에서 목회자 집회가 열렸습니다. 전씨는 "우리 교회 집사님들은 나를 얼마나 좋아하는지 내가 빤스 벗어라 하면 다 벗어. 목사가 벗으라고 해서 안 벗으면 내 성도가 아니지"라고 정말 개 같은 소리를 합니다. '빤스를 벗으라면 벗어야 신도라니요?' 그게 말이 되는 소리입니까? 예를 들어도 어떻게 그런 말을 합니까?

예신자 저도 그 발언은 잘 알고 있고, 지금 다시 들어도 열이 확 올라오는데요. 제가 아무리 보수적인 신앙을 가진 사람이지만, 그게 목사가 할 말입니까? 이것은 성희롱적인 발언일 뿐 아니라 성도를 개인의 소유나 노예로 취급하는 저질적인 생각이 드러난 것입니다. 저 같은 평신도를 무시하고 조롱하는 것이지요.

이성공 저도 그 이야기를 잘 알고 있고, 나중에 전 목사가 진의를 해명한 것으로 알고 있는데, 본인은 불륜 행위를 한 목사가 그 책임을 다 여신도에 몰아붙이는 것을 보고 그러면 안 된다는 맥락에서 그런 발언이 나왔다고 하지 않았나요? 다 지나간 오래된 얘기는 더 언급할 필요도 없고요.

여시민 그렇지 않습니다. 이것이 지금 한국 기독교와 목사들의 수준이라고요! 지금 기독교가 얼마나 '붕어빵 기독교'가 되고 있는지를 바로 보여주는 사건입니다.

남예혁 제 생각에는 이런 흐름이 계속 이어지고 있다는 것이 더 큰 문제입니다. 전 목사만 하더라도 그렇습니다. 만약 그때, 전광훈 목사가 철저하게 회개하고 변화되었다면, 최근 벌어지는 '전 목사 현상'은 없었을 것입니다. 지금 전 목사로 인해 한국 기독교의 명예나 가치가 얼마나 땅에 떨어졌습니까? 그때 한국 기독교나 목사들이 그를 철저하게 비판하고, 권면했다면 오늘의 전 목사가 저렇게 미친 짓을 하고 돌아다니겠습니까? 결국 감옥에 갔지만요.

신석기 좀 흥분을 가라앉히셔야 할 것 같군요. 지금 '전 목사 현상'이라고 표현하셨는데, 요즘 전 목사가 우리 사회의 격렬한 논쟁과 문젯거리가 되고 있어서 좀 더 짚어보는 것이 좋을 것 같습니다. 특히 최근 "하나님 죽어!"라는 발언 때문에, 보수 기독교에서조차 흥분하고 있는 것으로 아는데요.

나정통 그것은 제가 듣기에도 참 민망하고 또 놀라기도 한 발언이었습니다. 그는 이렇게 말했어요. "대한민국은 누구 중심으로 돌아가는 것이냐. 전광훈 목사 중심으로 돌아가게 돼 있어. 기분 나빠도 할 수 없다. 앞으로 점점 더합니다. 앞으로 10년 동안의 대한민국은 전광훈 목사 중심으로 돌아가게 돼 있다니까요?"라고 공언했어요. 그는 이런 주장의 근거로 "나에게 '기름 부음'이 임했기 때문"이랍니다. 그는 말하기를 "나는 하나님 보좌(보자)를 딱 잡고 살아. 하나님 꼼짝하지 마! 하나님 까불면 나한테 죽어! 내가 이렇게 하나님하고 친하단 말이야. 친해." 나 참, 이거 완전 이단성 있는 발언입니다. 비판받아야 합니다.

이성공 그 발언은 저 같은 보수 목회자에게도 상당히 문제가 있는 말로 들렸습니다. 이것은 신성모독에 가까운 말입니다. 전 목사가 나가도 너무 나갔습니다. 하나님을 동급, 아니 자신의 하급으로 취급하는 것에 저도 불쾌합니다.

여시민 오죽하면 기독교에서 이단으로 취급하는 '신천지'가 다 비판하고 나서겠습니까? 이번에 코로나바이러스 사태로 신천지의 숨겨진 비리와 모순이 낱낱이 드러나고 있는 그 신천지마저 비판할 정도이니 말입니다. 그들이 말한 성명서를 보면 이것은 하나의 코미디 같아요. 신천지는 뭐라고 했느냐면, 전 목사가 '하나님 까불면 전광훈한테 죽어' 등의 발언은 하나님을 대적하는 것이며 신성모독, 성령 훼방 죄를 자행한 것이라고 말해요. 인용하면 이렇습니다. "예수님과 우리 신천지 성도들은 하나님의 씨로 난 하나님의 영적 자녀이며, 하나님은 우리 아버지다. 왜 우리 아버지를 죽이려 하는가"라고 말하는데, 웃음이 절로 나옵니다. 아무튼 이만희의 자리를 전광훈에게 빼앗길 것 같아 저러는 것인지 모르겠습니다만 한국 기독교의 치부를 그대로 드러내고 있는 모습임은 틀림없습니다.

나정통 그러나 다행히도, 그런 전 목사의 발언에 대해 한국 기독교 전체가 동조하는 것은 아닙니다. 오히려 그의 활동이나 발언에 대해 반대하는 사람들이 훨씬 많습니다. 최근 통계를 보면, 전광훈 목사의 최근 활동과 언행에 대해 "전 목사는 한국 교회를 대표하지 않고, 기독교의 위상을 심각하게 훼손하고 있다"라는 응답이 64.4%, "한국 교회와 기독교가 폐쇄적이고 독단적으로 비칠 것 같아 우려된다"라는 응답이 22.2%로 나타났어요. 부정여론이 총 86.6%에 달한 셈이지요. 한편 "일부 언행은 다소 지나치거나 그의 주장에 동의한다"가 10.1%, "한국의 좌경화를 저지하는 것은 교회 사명임으로 적극 지지한다"라는 대답은 3.3%에 불과했습니다. 이런 통계를 보더라도 '전광훈 현상'을 보고 기독교 전체를 폄하는 것은 문제가 있다고 봅니다.

남예혁 여기서 중요한 것은 전광훈 목사 혼자의 실언이나 잘못된 행동으로 그치지 않는다는 것입니다. 그의 정치 편향적인 사고나 이데올로기가 다른 사람에게 전염되고 있다는 것이 더 큰 문제입니다. 그것은 한국 기독교를 심각하게 오염시키고 있고요. 예를 들어 그의 비서실장 목사는 최근 보도에 따르면 "어제 여론조사를 발표했는데 전광훈 목사가 정치하는 것을 기독교인 80%가 반대한다고 한다. 여러분 그 말이 믿어지냐"며 "북한 통일전선부의 지령에 따라 언론이 발표한 것"이라는 허무맹랑한 주장을 펼쳤어요.

여시민 그러니까, 지금 한국 기독교는 구제 불능이에요.

이성공 한국 기독교에 문제가 없는 것은 아니지만, 그렇다고 모든 기독교를 싸잡아서 공격하는 것은 잘못이라는 말씀을 다시 드리지 않을 수 없군요.

조하나 한쪽이 너무 몰아붙이는 것 같아 제가 좀 미안해지네요. 오해하지 마세요. 우리는 지금 '나는 잘 났고, 당신들은 못났다'라는 논리로 말씀드리는 게 아니니까요. 현실 기독교를 비판하든 옹호하든 여기 나온 우리는 모두 한국 기독교의 영향 속에서 자란 사람들이라고 믿어요. 그래서 비판하는 것 자체에 목적이 있다고 생각하지 않습니다. 어떻게 하면 기독교가 좀 더 예수님 믿는 종교다운 종교이자 예수님 의 종교로 거듭날 수 있을까 하는 고민 속에서 이 토론을 한다고 생각해요. 그러니 앞에 계신 분들도 자신들을 공격한다 생각하지 마시고 더 넓게 생각하면서 허심탄회하게 길을 모색했으면 합니다.

코로나바이러스 19 이후의 한국 기독교

신석기 제가 할 말을 다 하시는군요. 정리가 좀 되는 것 같습니다. 붕어빵 기독교의 모습에 관해 이야기를 나누고 있는데요. 대화 중에 코로나바이러스에 관한 이야기가 나와서 잠깐 짚고 넘어가도록 하겠습니다. 지난 방역 과정에서 기독교와 교회가 적지 않은 문제를 노출했는데, 이것에 대한 여러분의 생각이 궁금합니다.

예신자 제 생각에는 대다수 교회가 잘 협조했다고 봅니다. 주일예배를 중단한다는 것은 생각보다 쉬운 결정이 아니었거든요. 물론 몇몇 교회가 물의를 일으킨 것도 사실이지만, 그래도 이 정도면 잘 대응한 것이 아닐까요?

남예혁 저도 대체로 많은 교회가 어려운 상황에서도 정부의 방침을 잘 따라서, 집단감염의 위험을 잘 극복했다고 봅니다. 그러나 그런 와중에도 좀 아쉬움이 남아 있습니다.

신석기 특별히 어떤 부분에서 그렇게 느끼고 계시는가요?

남예혁 지극히 개인적인 생각입니다만, 이왕 예배를 잠시 중단하는 것, 가톨릭이나 불교처럼 더 적극적이고 단호하게 결정하고 실천했으면, 이참에 기독교에 대한 이미지도 좋아졌지 않을까 하는 생각이 듭니다.

이성공 아이고, 너무 욕심이 과하신 것 아닙니까? 남교수님도 기독교, 특히 개신교에서 주일예배가 얼마나 중요한지 잘 아시지 않습니까? 그것을 중단하고 영상예배로 대체한 것은 정말 어려운 결정이었습니다. 그리고 가톨릭과는 달리, 개신교 교회는 개교회 중심이라 각기 사정이 다르므로 일사불란하게 움직일 수 있는 것도 아니었고요.

여시민 그래요, 한편 맞습니다. 그런데요, 누구를 위해서 집단예배를 드리지 말라 한 것인가요? 일차적으로는 교인들 자신들을 위한 것입니다. 예배드리다가 감염될 수 있으니까요? 제가 이 말씀을 왜 드리냐면, 몇몇 목사님들이 언론이나 방송에서 말씀하시는 모습이 마치 예배를 안 드리는 것이 다른 사람, 사회와 국가를 위해 엄청난 희생을 감내하는 것 같은 인상을 주었기 때문입니다. 그냥 교인들을 위해서 그렇게 권고한 것입니다.

이성공 거 참, 아직 평신도라 잘 모르시나 본데요, 교회 구조로 볼 때 주일예배는 거의 목숨과도 같은 것입니다. 기독교 역사상 예배를 이런 전염병 따위로, 전체적으로 중단 결정을 내린 적이 없어요. 이것은 우리에게는 거의 '멘붕'과 같은 사건입니다. 그렇게 가볍게 언급될 이야기가 아닙니다.

나정통 제가 보기에도 워낙 바이러스 감염 위험이 커서 그렇지, 만약 그렇지 않았으면 예배 중단 결정을 따르는 교회는 없었을 것입니다. 사스 때나 메르스 사태 때에도 이런 예는 없었으니까요.

조하나 앞서 말씀하신 분들의 의견에 동의하면서, 몇몇 교회와 목사가 보여준 태도는 코로나바이러스 이후 시대에 교회가 변화되어야 할 모습을 잘 드러내었다고 생각합니다.

신석기 구체적으로 어떤 것들이 있지요?

조하나 예를 들어, 성남의 모 교회에서 교인들 입 안에 분무기로 소금물을 뿌려서, 집단감염을 일으킨 사례가 있지요. 이것은 단순히 그 교회나 몇 사람들의 문제만이 아니라 한국 기독교가 고질적으로 가지고 있는 문제를 극명하게 드러낸 사건이라고 생각합니다.

신석기 예를 들자면요?

조하나 예를 들자면, 그동안 한국 기독교가 이성적이고 합리적이고 상식적인 생각과 판단에 얼마나 약한지 보여준다고 봐요. 물론 믿음의 세계에는 이성적인 영역으로 한정할 수 없는 세계가 있지요. 그러나 이성을 무시하거나, 합리적인 판단을 보류한 채 믿음을 강요하는 것은 잘못입니다. 위 교회가 소금물로 바이러스를 죽일 수 있다는 잘못된 뉴스에 대해 잠시라도 합리적으로 의심하고 주변에 문의해봤다면 그런 어처구니없는 잘못은 저지르지 않았을 것입니다. 기독교인이 된다는 것이 곧 뇌를 들어내는 것이 아니지 않습니까?

이성공 너무 비약하는 것 아닌가요? 그리고 그 교회가 문제가 없는 것은 아니지만, 같은 신앙인으로서 옹호할 수 있는 부분도 있지 않나요? 얼마나 예배를 드리고 싶었으면 그런 방법을 동원했겠습니까?

남예혁 아니지요. 그런 교회나 기독교인들의 모습이 하나둘 쌓이다 보니 기독교에 안 좋은 이미지만 쌓여서 전도나 선교에 전혀 도움이 되지 않습니다. 저는 이번 코로나 사태를 겪으면서, 한국 기독교의 취약점인 사회적 공공성이 그대로 드러났다고 생각합니다. 기독교는 하나의 종교로서 엄연히 사회 구성체의 한 일원입니다. 기독교인들은 외딴 섬에 따로 살아가는 것이 아니라 비기독교인, 이웃 종교인들과 연결되어 함께 공존하며 살아갑니다. 그렇게 기독교가 다른 사회 구성체와 연결되어 있다는 것은 기독교 또한 사회의 구성체로서 당연히 감당해야 할 '사회 공적인 책임'이 있다는 것을 의미합니다. 그래서 이번 기회에 기독교는 자신을 둘러싼 사회나 세계 공동체와 유리될 수 없다는 것을 절실하게 깨닫고 공공의 책임을 다하는 종교로 변화되어야 합니다.

여시민 우리에게 《사피엔스》,《호모데우스》라는 책으로 잘 알려진 유발 하라리 교수가 얼마 전 〈더 파이낸셜 타임스〉에 '코로나바이러스 이후의 세계The World after coronavirus'라는 기고문을 발표해 큰 반향을 일으켰습니다. 그는 우리가 국가나 기관이 주도하는 전체주의적인 감시체제를 선택할 것이냐, 아니면 시민에게 자율권을 줘서 스스로 선택하고 자발적으로 결정하는 사회를 만들 것인지 선택해야 한다고 합니다. 또한 세계 속에서 한 국가가 '국수주의적 고립'으로 갈 것이냐 아니면 '국제적인 연대'로 나갈 것이냐 하는 선택의 갈림길에 있다고 주장합니다. 이런 측면에서 보면 한국 기독교도 목사 중심이 아니라 평신도 중심의 민주적인 자율성이 보장되고, 한편에서는 사회와 더욱 열린 관계 속에서 연대하고 협력하는 교회가 되어야 한다고 봅니다. 아니면 사회에서 점점 도태되고 소외될 가능성이 큽니다.

예신자 저 개인적인 생각으로는 이번 코로나바이러스 사태 때, 우리 기독교인들이 좀 더 적극적으로 이웃에게 사랑을 베풀고, 희생하고, 배려하는 모습을 보여줬다면 얼마나 좋았을까 하는 생각이 들어요. 몇몇 교회들 때문에 교회가 마치 사회와 대치하는 이미지로 비쳤잖아요? 이번에 해외에서 큰 감동과 반향을 일으킨, 얼굴에 반창고를 붙인 한국 간호사들의 모습이 있잖아요. 그 반창고를 '영예로운 훈장'이라고 표현했는데, 저는 그 사진을 보면서 그들의 희생과 열정이 느껴져서 눈물이 날 정도였어요. 우리 기독교인들도 이렇게 어려울 때 사랑과 희생을 보여줬더라면, 기독교에 대한 이미지 쇄신에 많이 이바지했을 것이라는 생각은 듭니다. 앞으로는 이웃을 위해 기꺼이 희생하는 기독교가 되어야 하지 않을까요? 그것이 예수님의 정신이기도 하고요.

신석기 코로나 사태 이후의 한국 기독교가 변화되어야 할 부분까지 말씀을 나눴는데요. 그 주제는 여기까지 하고 잠시 열띤 토론을 쉬어가겠습니다. 마침 여기에 기독교를 반대한다는 입장에서 인터넷카페나 기타 모임에서 활동하고 있는 분들이 함께 자리해주셨는데요. 자칭 타칭 '안티기독교인'이라고 부르는 젊은이들이 시민논객으로 참여하셨습니다.

방청석 쪽을 바라보며 말한다.

혹시 이 부분에 대해 말씀하고 싶으신 분 있으신가요? 의견이든 질문이든 괜찮습니다. 네, 앞에 계신 안경 쓰신 분, 먼저 자기소개부터 해주시고요.

시민논객 1 대학에 재학 중인 학생입니다. 저 또한 한때는 기독교인이었습니다. 모태신앙이라고 하죠. 제가 그랬습니다. 그런데 갈수록 기독교, 더 정확하게는 목사님들, 교회 어른들, 교회 문화에 환멸과 회의가 들었어요. 그 이야기를 하자면 길어질 것 같네요. 오늘 토론을 보면서 마음 한편으로는 후련하면서도 답답하기도 하고 그렇습니다. 다른 한편으로는 우리와 비슷하게 생각하는 교수님이나 목사님이 계신 것 같아 반가웠고요. 토론을 들으면서 이번 코로나 사태에서 보여준 한국 교회의 모습은 보면, 일부의 모습이긴 하지만 절망스러워 보입니다. 코로나바이러스로 온 나라가 고통을 받고 있는데, 교회는 '주일성수', '신앙의 자유' 운운하며 예배를 강행하는 것을 보면, 상식적으로 이해가 가지 않습니다. 일반 사람들은 목사들이 '헌금'이 아까워서 그렇게 예배를 강행하려는 것이 아니냐는 의심의 눈길을 보냅니다. 거기에다 성남 모 교회에서 보여준 행태를 보세요. 예배 전에 사람들의 입에 분무기로 소금물을 뿌리는 모습에 사회가 경악할 뿐입니다. 그렇게 바이러스와 세균도 구분하지 못하는 지적 수준을 보면, 마치 한국 기독교와 교회의 무지無知 수준을 보는 듯했습니다. 왜 사회를 걱정하고 배려해야 할 한국 기독교가 온 국민의 걱정거리로 전락해버렸습니까? 예수님을 위해서라도 정말 이런 교회와 기독교가 빨리 사라져야겠고, 우리가 박멸해야겠다는 생각을 다시 하게 되었습니다.

동조하는 박수 소리가 들린다.

신석기 네, 많이 흥분하지는 않았지만, 표현은 과격하시군요. 그럼 이쪽 시민 논객분들 가운데 말씀하고 싶은 분, 계신가요? 참고로 이쪽에는 전통적인 기독교 신앙을 가지고 계신 분들을 모셨습니다. 저기 안경 쓰신 여자분에게 마이크를 갖다 주시죠. 네, 말씀하세요.

시민논객 2 사실 전 토론을 들으면서 마음 아파서 견딜 수 없었어요. (말끝이 흐려지면서 벌써 흐느끼려 한다) 우리가 다시 예수님을 십자가에 못 박는 것 같아서요. 지금 여기 계신 안티기독교인들과 패널로 참석하신 몇몇 분들도 하나님의 사랑을 너무 모르시는 것 같아요. (마침내 말을 잇지 못하고 눈물을 흘린다) 죄송합니다. 계속 들으면서 생기는 의문이 있는데, 오늘 토론이 무엇을 위한 것인지 잘 모르겠다는 거예요. 사회자분도 기독교인이 아니라서 그런지 중립적이지 않은 것 같고…….

신석기 네, 잘 알겠습니다. 궁금한 것 있으면 질문하시죠?

시민논객 2 한 가지 진짜 궁금해서 그러는데요. 외람된 질문이지만, 남 교수님과 조 목사님 그리고 여시민 선생님 모두 예수님 믿으시는 거 맞지요? 정말 궁금하고 이해가 안 가서 그래요. (세 사람 모두 쑥스럽고 좀 어색한 표정을 짓는다) 모두 예수님을 사랑하고 하나님을 믿는 분들이라고 믿겠습니다. 오늘 토론에 대해 말씀드리고 싶은 것은, 하나님은 기독교를 통해서 당신에게 구원을 베풀고 계신다는 것을 꼭 말씀드리고 싶어요. 기독교는 하나님의 사랑과 예수님의 진리를 전하는 도구로 지난 수천 년 동안 많은 역할을 해왔다고 봐요. 사실 기독교와 교회 바깥 어디에서 예수님의 이야기를 들으며, 그의 사랑을 만날 수 있나요? 교회 말고 어디에서 하나님을 예배하고 또 만날 수 있나요? 어디에도 없어요. 그러므로 기독교를 비난하는 것은 곧 하나님의 역사를 조롱하거나 우습게 만드는 것과 같다고 생각해요. 하나님께서 오늘 우리의 대화를 보시고 들으시면서 마음이 참 아프실 것 같아요. 그리고 저쪽 편에 계신 안티기독교인 여러분들, 그래도 하나님은 여러분들을 사랑하십니다.

개독교와 먹사

신석기 알겠습니다. 이 자리가 개인의 신앙고백을 하는 자리가 아니라서 그런 개인적인 질문은 적절치 않고요. 정말 궁금하시면 방송 끝나고 개인적으로 해주시기 바랍니다. 또 토론 진행자로서 편파적인 것 같다고 하셨는데요. 그런 것은 아닙니다. 구체적인 사실을 많이 아시는 분들에게 자연히 마이크가 많이 가게 되는군요. 아무튼, 중립을 지키도록 노력하겠습니다. 그리고 이 말씀은 안 드리려고 했는데, 제가 지금 기독교인이 아닌 것은 맞고요. 한데 제 이름이 왜 '신석기'인 줄 아십니까? 구석기, 신석기 할 때의 그 의미가 아니고요. 부모님이 모두 기독교 신앙을 가지고 계셨는데, 저를 낳고 빼어날 '석碩' 자와 기독교의 머리글자인 '기基' 자로 이름을 지으신 것인데요. 풀이하자면 빼어난 기독교인, 빼어난 신앙인이 되라는 의미에서 지으신 것입니다. 물론 지금은 이름값을 못 하고 있습니다만, 그런 배경이 있다는 정도로만 말씀드리고요. 계속 토론으로 넘어가겠습니다. 그러면 제 오른쪽에 계신 분들이 좀 더 적극적으로 말씀해주시지요.

이성공 아까 시민논객 중에 안티기독교인 분이 '기독교를 박멸해야겠다'는 표현을 하셨는데, 그거 너무 몰상식한 표현 아닙니까? 박멸하다니, 우리가 뭐 파리 새끼입니까, 모기 새끼입니까? 지난 2,000년 동안 온갖 고난을 겪고도 이겨낸 기독교가 그렇게 쉽게 박멸될 것 같습니까? 그리고 어떤 분들은 성경을 '똥경'이라고 하는데, 도대체 똥경이 뭡니까? 똥경이! 자신들은 성경을 안 믿는다면 좋아요. 그런데 전 세계 인구의 3분 1이 하나님 말씀으로 믿고 있고, 역사상 가장 많이 팔린 책 중의 책이기에 비기독교인들도 존중하는 책입니다. 그런 성경을 똥경이라고 말하는 것은 자신들의 무식함과 몰지각함을 드러내는 거 아닙니까? 저 좀 흥분했는데요. 이런 말을 듣고도 흥분 안 하면 기독교인이 아니지요. 우리의 잘못을 비판하는 것은 좋습니다. 물론 우리도 반성할 것은 반성해야지요. 그런데 아무리 좋은 의도가 있다 해도 그런 말을 쓰면 안 됩니다. 그러면 역반응이 일어나게 되고, 싸움이 되는 겁니다. 사실 우리 사회에서 기독교가 뭐 그리 심각한 잘못을 저질렀다고 그렇게 몰아붙이는지 참 억울한 심정입니다. 다른 종교나 다른 집단들은 그 정도의 잘못을 안 저지릅니까? 스님들은 비리 없어요? 정치하는 사람들 좀 보세요. 그러니까 안티기독교인들에 대해 사탄의 세력이라고 말하는 사람들이 생기는 것입니다.

여시민 이 목사님께서 '박멸'이라는 단어 때문에 너무 흥분하신 것 같은데, 이 문제를 좀 더 차분하게 생각해볼 필요가 있습니다. 우리가 다 아는 것처럼 몇 년 전부터 우리 사회에서 '개독교'라는 말이 유행한 지 꽤 오래 되었어요. 사실 그 말에 비하면 '붕어빵 기독교'라는 말은 그나마 애교스러운 표현이지요. 이 별칭이 기독교인들에게는 아주 불명예스러운 욕입니다. 기독교가 사람들에게 욕을 먹는다? 왜일까요? 그야 실제로 기독교인들이 욕먹을 말과 행동을 했기 때문이죠. 이것을 먼저 인정해야 합니다. 이제는 아예 기독교인들이 잘못만 하면 "역시 개독교인답네"라고 그럽니다. 오죽하면 "저 사람이 비록 기독교인이지만, 사람은 괜찮아"라는 말이 떠돌겠습니까? 이것은 사회가 점점 기독교인을 신뢰하지 않는다는 증거예요. 인정할 것은 인정해야 합니다. 그리고 이제는 '개독교'나 '개독교인'이라는 말은 안티기독교인뿐 아니라 기독교인들조차 자조 섞인 투로 말합니다. 많은 기독교인도 이런 모습을 스스로 인정하고 있어요.

남예혁 저도 개독교라는 말은 좋아하지 않습니다. 어느 목사가 그런 표현을 좋아하겠습니까? 그렇지만 그 표현에 담긴 사회적 함의含意는 들여다 봐야 합니다. 사실 '개'라는 말에는 여러 가지 뜻이 있습니다. 사람 노릇 제대로 못 하는 이들을 향해 '개새끼' 혹은 '개만도 못 한 놈'이라고 욕을 합니다. 또한 본래 '멍멍이' 개를 의미하지만, 변변치 못한 것을 말할 때도 단어 앞에 '개-'라는 접두어를 붙여 사용합니다. 개꿀, 개다래, 개떡, 개머루 등이 그것입니다. 기독교를 개독교라고 부를 때의 '개'라는 말에는 위의 두 가지 뜻이 다 내포되어 있다고 봅니다. 즉 이 표현은 현실 기독교를 제 노릇 못하는 가치 없는 기독교로 욕하고 있는 것입니다. 그리고 개독교라는 단어는 자연스럽게 기독교뿐 아니라 개신교를 연상시키고 있어요. 어감으로도 '개불교(불교)' '개슬람(이슬람)' '개도교(천도교)'는 발음이 어색하기 짝이 없는데, '개독교'는 너무도 자연스럽게 들립니다. 자연스럽다는 것이 단지 발음에만 해당하면 좋겠건만, 붕어빵 기독교의 목사나 기독교인들의 말과 행태를 보면 개독교라는 말이 너무도 자연스러워 보이는 게 더 큰 문제죠.

조하나 저는 개인적으로 개독교나 개독교인이라는 말도 가슴 아팠지만, 목사를 부르는 별칭인 '먹사'라는 말을 들을 때에도 가슴이 답답했어요. 사실 '먹'이라는 표현은 목사의 '목'이라는 글자와 발음이 비슷하지만, 우리가 흔히 '먹먹하다, 먹통, 먹구름' 등의 표현에 쓰잖아요? '먹-'이라는 접두어는 암울하고 답답한 모습을 담고 있어요. 안티기독교인들이 목사를 먹사라고 부를 때 그렇게 적확하게 의도했는지는 모르겠습니다. 다만 분명한 것은 사회에서 상식 이하의 말과 행동으로 빈축을 사는 목사, 다른 사람들과 제대로 소통하지 못하는 목사, 이웃 종교나 문화에 아주 배타적인 목사를 지칭하는 데 먹사만큼 적절한 별칭도 없을 것입니다. 또한 저를 포함해서 한국의 많은 목사가 그렇게 먹사에서 멀지 않다고 생각하는데, 잊을 만하면 한 번씩 먹사를 되새기게 하는 사건들이 벌어지잖아요?

여시민 그런데 재미있는 것은 개독교, 개독교인 또는 먹사라는 표현이 한국에만 있는 것이 아니더라고요. 예를 들어 '먹사'에 해당하는 단어로 'irrev'라는 용어를 씁니다.[2] 'irrev'라는 표현은 잘못을 지칭하는 접두어 'ir'와 목사인 'reverence'의 'rev'를 붙여 만든 용어인데, 그 뜻은 '먹사'와 똑같지 않습니까? 이제 '개독교, 개독교인, 먹사' 등 기독교를 비판하는 표현들이 세계화되고 있습니다. 이것은 표현은 달라도 예수님의 뜻과 무관하게 말하고 행동하는 붕어빵 기독교의 모습이 특정 지역이 아니라 전 세계적으로 일어나고 있음을 뜻하는 것 아니겠습니까?

신석기 붕어빵 기독교 현상이 한국 기독교뿐 아니라 세계적인 현상이라는 말씀은 시사하는 바가 크다고 봅니다. 어떤 종교든 국가를 떠나서 서로 영향을 주고받으니까요. 이 부분에 대해 말씀이 없으셨던 예신자 선생님도 한 말씀 해주시죠?

'안티기독교'와 '안티예수'

예신자 저는 들으면서 '내가 생각하는 것보다 밖에서 기독교를 바라보는 사람들의 시각이 참 심각하구나. 기독교가 정말 많이 비판받고 있구나'라는 생각에 충격 아닌 충격을 받고 있는데요. 저도 연예 활동을 하니까 다양한 사람들을 만나는데, 사람들이 기독교에 대해 이렇게 많은 말들을 하고 있는지 오늘 처음 알게 되었네요. 그런데 한 가지 의문은, 소위 '안티기독교'와 '안티예수'는 구별해야 하는 것 아닌가라

---

2. Robert S. McElvaine,《Grand Theft Jesus》, Crown, 2008 참조

는 생각이에요. 지금은 안티기독교인이지만 그중에는 한때 기독교인이었던 사람들도 많이 있다고 보는데요. 그렇다면 그 사람들이 비판하는 것은 기독교의 잘못된 모습이지, 예수님의 말씀이나 삶 자체를 비판한 게 아니라고 봅니다. 그런 면에서 안티기독교와 안티예수는 구별해야 하지 않을까요?

신석기 잠깐만요. 이 문제는 여기에 관계된 분들이 계시니까 직접 물어보는 것이 좋겠군요. 안티기독교인 여러분, 안티기독교와 안티예수를 구분합니까? 어느 분이 좀 말씀해주시겠습니까?

시민논객 3 제가 안티기독교인들의 대표도 아니고 해서 뭐라고 말씀드리기는 어렵지만, 안티기독교 그룹 안에도 비판 수준에 따라 다양한 사람들이 존재합니다. 일반적으로 기독교를 혹독하게 비판하는 사람일지라도 예수님의 정신이나 삶 자체를 비판하는 사람은 그렇게 많지 않아요. 기독교를 비판하는 사람은 대부분 예수님을 비판하기보다 배타적인 기독교인들의 모습과 목회자들의 위선, 교회 내 싸움이나 사회적으로 표출되는 기독교인들의 비이성적인 행동을 비판하지요. 예를 들어, 어떤 안티기독교 사이트에 가면 이런 문구가 있어요. "예수님이 지금의 기독교를 보았다면 아마 놀라 자빠졌을 겁니다. 예수님을 등친 기독교는 세계 최대의 사기극이죠. 이제 기독교를 올바로 비판해봅시다. 어설픈 사기극을 끝장냅시다!"[3]

안티기독교인 중에는 예수님이 실천한 삶을 존경하는 사람들도 많이 있습니다. 그들 또한 예수님의 사랑이 이 땅에 꽃피우기를 갈망합니다. 그래서 안티기독교인들 중 어떤 사람들은 "예수님이 말한 것을

---

3. 김태현, '클럽 안티 기독교의 인사말', 〈뉴스앤조이〉, 2004년 2월 2일

믿지 않는 기독교인들은 싫어하지만, 예수님은 사랑해"라고 말하는 친구들도 봤어요. 또 실제로 기독교인이면서 안티기독교 그룹에 들어와서 활동하는 사람들도 적지 않고요. 이것으로 대답이 됐는지 모르겠네요. (앉으면서 주위 사람들의 눈치를 살핀다)

신석기 네, 말씀 감사합니다. 그 부분은 조금 이해가 된 것 같습니다.

남예혁 사실 붕어빵 기독교니, 개독교니 하는 비판에 대해 억울해하는 기독교인들도 있다고 봅니다. 나름대로 건강하게 신앙생활 하는 기독교인들이나 예수님의 뜻에 따라 성실하게 목회하는 목사들일수록 섭섭한 마음을 가질 수 있어요. 그런데 제가 보기에는 역설적이게도 기독교인다운 기독교인과 목사다운 목사들일수록 이런 비판에 대해 더욱 가슴 아파하고 몸 둘 바를 모를 것 같아요. 실제로 소위 '개독교인'이나 '예수님을 안 믿는 기독교인' 또는 '먹사'일수록 이런 비판에 더 민감하게 흥분하면서 안티기독교인들에게 적개심을 갖는 것 같아요. 이것 또한 재미있는 현상 중 하나라고 생각합니다.

이성공 그 말씀은 꼭 저를 두고 하시는 말씀 같은데, 그렇게 말씀하시면 섭섭하죠!

남예혁 아닙니다. 그런 뜻은 없으니 오해 마시기 바랍니다. 한 가지 더 말씀 드리자면, 금방 안티예수를 언급하셨는데요. 보수적인 목사들이나 근본주의 기독교인들이 안티기독교를 안티예수로 둔갑시키면서 자신들에게 쓴소리하는 사람들을 흡사 적그리스도 대하듯 합니다. 안티기독교와 안티예수를 같은 것으로 선동하면 기독교인의 보수적인 신앙을 더욱 자극할 수 있기 때문이죠. 다시 말해 '기독교 비판'을 '예수 비판'으로 오도하고 선전하면 기독교 내부는 더욱더 결속하는 효과가 있습니다. 일종의 방어 전략이죠.

여시민 여기서 확실하게 분별하고 넘어가야 할 문제가 있습니다. 누가 진정 예수님을 반대하는 안티예수 집단인가 하는 문제인데요. 기독교 밖에서 기독교를 비판하는 사람들이 안티예수일까요? 아니면 기독교 안에 있지만, 예수님의 정신과 반대되는 말과 행동을 일삼는 목사와 기독교인들일까요? 누가 실질적인 안티예수인가요? 가장 위험한 적은 내부에 도사리고 있다는 말처럼 저는 정말 위험한 안티예수는 기독교와 교회 밖이 아니라 오히려 안에 더 많다고 생각합니다.

이성공 아니 안티예수들이 어떻게 기독교와 교회 안에 있습니까? 논리적으로 말이 안 되지 않습니까? 기독교를 박멸하려는 안티기독교인들의 첩자가 아니고서야 뭐하러 시간과 돈을 들여 예수님을 반대하기 위해 교회에 다닙니까? 안티예수를 부르짖는 사람들이 있다면 당연히 그들은 기독교 밖이나 교회 밖에서 예수님을 반대하는 사람들이지요.

여시민 제 말씀은 신앙의 실질적인 내용을 지적하는 것입니다. 예수님을 믿는다고는 하지만, 실제로 예수님의 뜻과 반대로 말하고 가르치고 행동하는 사람들은 말로는 '안티예수'를 외치지 않을지라도 실질적으로 예수님을 반대하는 것과 다름없다는 것이죠. 예를 들어볼까요? 교회에서 약자를 무시하고 강자에게 아부하는 목사들, 평화 대신 전쟁과 분열을 옹호하는 기독교인들, '빨갱이'를 운운하는 사람들, 하나님보다 돈의 신 맘몬Mammon을 섬기는 교회 문화, 가난한 자를 무시하고 부자들을 변호하는 기독교인들이야말로 진짜 안티예수들이죠. 예수님의 가르침은 내팽개친 채 오히려 세상 가치에 빌붙어 사는 교회들이야말로 가장 예수님을 반대하는 안티예수 무리가 모인 곳입니다. 입과 노래로는 침이 마르고 닳도록 예수님을 찬양하면서도 실제로는 예수님의 말씀을 믿지도 따르지도 않는 삶을 사는 기독교인들이야말로 이 시대 '안티예수'의 제자들이죠.

이성공 그렇게 따지고 판단하면 기독교인 중에 안티예수가 아닌 사람이 없을 것입니다. 우리가 예수님보다 부족하니까 믿고 따르는 것이지, 예수님처럼 똑같이 살아갈 수 있다면 왜 예수님을 믿겠습니까? 세상 살다 보면 때가 묻을 수밖에 없고, 그러다가 회개하고 다시 시작하면서 한 걸음씩 성장해가는 것이 기독교인의 삶 아닙니까?

여시민 지금 기독교인의 부족함을 두고 왈가왈부하는 게 아닙니다. 문제의 논점을 흐리지 마시기 바랍니다. 이것은 가치와 지향점의 문제예요. 즉 예수님에게는 십자가에서 죽으실 때까지 포기하지 않았던 가치와 믿음이 있었어요. 그것은 기독교 신앙의 아주 근본적인 것이고요. 예수님의 말씀에도 명백하게 나와 있습니다. 그런데 그런 기본조차 내팽개치고 다른 방향으로 가고 있는 목사들과 기독교인들을 두고 말하는 것이지요. 사두개인이나 바리새인들도 예수님을 반대했지만, 내부에 가룟 유다도 있었다는 것을 기억하셔야 합니다.

조하나 같은 맥락에서 말씀드리자면, 예수님은 거짓 예언자들을 조심하라고 말씀하면서 '양의 옷을 입고 너희에게 나아오나 속에는 노략질하는 이리'라고 하셨어요.[4] 이 시대의 거짓 예언자는 과연 누구입니까? 또 누가 이 시대의 노략질하는 이리들일까요? 비기독교입니까, 아니면 겉으로는 예수님의 이름을 말하면서 양의 모습을 하고 있지만, 속으로는 순진한 기독교인들을 잡아먹는 교회 지도자들입니까? 이리는 양을 잡아먹기 위해 양들이 있는 우리 안으로 들어가기 마련이에요. 마찬가지로 예수님의 양을 잡아먹으려는 이리 또한 대부분은 기독

---

4. 마 7:15

교 내부에 있을 가능성이 크지요. 이들이야말로 진정한 안티예수들이죠. 이런 안티예수 기독교인들은 '예수의 제자들followers of Jesus'이 아니라 '○○○의 제자들followers of ○○○'입니다.[5] 그들은 예수님이 걸어가신 길과는 정반대로 걸어가면서 예수 없는 붕어빵 기독교를 더욱 조장합니다. 예수님은 가시밭 고난의 길로 가는데, 그들은 찬란한 영광의 길을 좋아하고, 좁은 길을 가라 하신 예수님의 말씀과 달리 넓은 길을 더 좋아해요. 그리고 예수님은 낮고 천한 사람들에게로 가는데, 그들은 높은 사람 주위를 서성이고 있어요. 그러니 예수님을 제대로 따르려고 하는 사람일수록 이런 '붕어빵 기독교'를 반대할 수밖에 없는 거예요. 이 말을 바꾸면 붕어빵 기독교를 반대하며 예수님을 따르는 사람들이야말로 참 그리스도인인 셈이죠.

나정통 저 개인적으로는 붕어빵 기독교나 개독교 혹은 먹사라는 비난을 받아도 감수할 만해요. 실제로 그런 비난을 받을 만한 행동들이 벌어지고 있으니, 별로 억울하지도 않고 그저 부끄러울 뿐입니다. 그런데 안티기독교운동을 하는 분들에게도 문제가 있습니다. 너무 감정적이에요. 그들의 글이나 말을 보면 도저히 지성인이라고 볼 수 없는 비아냥거리는 태도는 옳지 않다고 봅니다. 그러면 그럴수록 스스로의 권위를 떨어뜨리고, 자신들이 비판하는 그 사람들과 똑같아지는 것입니다. 그런데 제가 가장 가슴 아파하는 것은 하나님과 예수님의 이름이 거룩하게 여겨지지는 못할망정 모독당하고 그 존재 가치가 땅에 떨어지는 것입니다. 솔직히 그것은 제 신학이나 신앙으로 감내하기 힘듭니다. 개독교의 모습이 정말로 있다면 얼마든지 모욕당해도

---

5. Robert S. McElvaine,《Grand Theft Jesus》, Crown, 2008, p. 5

좋습니다. 그것은 기독교의 잘못된 행동의 결과물이므로 당연히 책임져야 합니다. 그러나 우리의 잘못된 신앙과 행동 때문에 예수님의 삶과 진리가 쓰레기처럼 취급당하고 비아냥거림을 당하는 것은 받아들일 수 없습니다. 예수님이 무슨 죄가 있고 잘못이 있습니까? 세상과 인간에게 기쁜 소식을 전한 예수님의 말과 행동이 무가치하게 취급당하는 것은 인정할 수 없습니다. 예수님 또한 우리들 때문에 얼굴을 들 수 없을 것입니다. 과격하게 표현하자면, 우리가 예수님을 정말 믿고 따르지 않는 한 아예 '예수'라는 이름조차 입에 올려서는 안 됩니다. 그것이 예수님을 위하는 길입니다.

여시민 간디가 수십 년 전에 한 말 가운데 오늘날의 우리에게도 경종을 울리는 말이 있습니다. "먼저 기독교인들은 예수 그리스도처럼 살도록 하십시오. 그리고 예수의 가르침을 철저히 순종하시고 그 가르침의 품위를 떨어뜨리거나 저하시키지 마십시오. 사랑을 강조하고 그것을 추진력으로 삼으십시오. 그것이 기독교의 중심 사상이기 때문입니다. 그러면 기독교가 삽니다."[6] 우리가 새겨들어야 할 말씀이라고 봅니다.

---

6. 옥한흠 목사 설교, 〈뉴스앤조이〉, 2008년 1월 12일

chapter 3

붕어빵
기독교의
원인들

신석기 그런데 한 가지 더 토론하고 싶은 것은, 이런 붕어빵 기독교가 발생하게 된 원인이 있다고 보는데요. 그래서 자신들도 잘 인식하지 못하는 사이에 예수님의 뜻과 먼 신앙을 갖게 되는 것이 아닐까요? 그 원인과 대안에 관해서 토론했으면 합니다.

이성공 사회자님께서 말씀하시는 걸 보니 이제는 아예 한국 기독교 전체를 붕어빵 기독교로 보시는 것 같은데, 그것은 좀 곤란합니다. 붕어빵 기독교의 모습도 있지만, 어디까지나 주된 흐름은 나름대로 건강한 기독교와 교회로 인정하고 나가야 합니다. 다시 한번 말씀드리지만 부분적으로는 붕어빵 기독교의 모습이 있다고 봐요. 하지만 한국 기독교 전체 분위기와 흐름을 붕어빵 기독교로 보는 것에는 찬성하지 않습니다.

남예혁 맞습니다. 이 목사님께서 말씀하신 것처럼 저 또한 한국 기독교 전체를 붕어빵 기독교로 판단하는 건 아닙니다. 또한 붕어빵 기독교가 마치 하나의 교단이나 집단처럼 형성되어 있다는 것이 아니라 기독교 전반에 스며 있는 하나의 흐름이라고 말씀드리고 싶습니다. 다소 차이는 있지만, 세계 기독교 전체에 퍼져 있는 오염된 바이러스 같은 것입니다. 개인과 교회에도 퍼져 있습니다. 그리고 역사적으로 볼 때도 붕어빵 기독교의 모습은 기독교의 어제오늘의 문제가 아니며, 또 한국 기독교만의 문제도 아닙니다. 우리가 잘 아는 대로 중세 기독교의 십자군 전쟁 때 나타난 수많은 폭력이나 마녀재판, 그리고 18세기부터 20세기 초까지 선교사들이 서양 제국주의의 힘을 등에 업고 아프리카와 아시아에서 저지른 무수한 잘못 등은 일일이 열거할 수 없을 정도입니다. 그것 또한 예수님과 상관없는 기독교의 모습이라고 말할 수 있지요. 그런 모습이 시대와 역사와 문화 속에서 조금씩 변화됐고, 현대 기독교는 또 현대 기독교대로 붕어빵 기독교의 단면을 드러내고 있는 것입니다.

신석기 좋습니다. 붕어빵 기독교가 한국 기독교의 극히 일부라고 해도 좋습니다. 그런데 여러분들이 여러 가지 예를 들면서 말씀하셨듯이 그런 모습이 끊이지 않고 일어난다는 것은 결코 우연이 아닐 것입니다. 그런 모습을 가능하게 하는 원인이 있다고 보는데요. 그래서 그 부분을 좀 더 분석했으면 합니다. 물론 그것을 극복할 수 있는 대안에 대해서도 적극적으로 발언해주시기 바랍니다. 어느 분이 먼저 말씀해주시겠습니까?

남예혁 지금 사회자님이 지적하신 대로 붕어빵 기독교가 계속되는 데에는 원인이 있다고 봅니다. 몇 가지로 정리해보았는데요. 첫 번째 근본 원인은 기독교인들이 하나님과 예수님의 말씀을 스스로 읽을 수 있는 성경해독력이 사라지고 있다는 것입니다. 그래서 기독교가 하나님 말씀의 빈곤을 살아가고 있습니다. 두 번째 원인은 구원의 의미를 왜곡하거나 축소한다는 사실에 있습니다. 많은 기독교인이 구원을 죽어서 가는 천국으로만 이해하죠. 그러면서 한편에서는 그 신앙으로 남을 정죄하기도 하고요. '예수천당 불신지옥'이라는 표어가 그 대표적인 예입니다. 세 번째 원인은 예수님은 자신을 따르며, 자신과 함께 걸어가는 제자도discipleship, 십자가 신앙을 강조했는데, 기독교는 예수님을 믿는 것을 아주 쉬운 일로 둔갑시키고 있기 때문이고요. 네 번째 원인은 예수님을 이용하여 자신의 욕망을 이루려는 의도가 신앙화되어 있기 때문입니다. 그리고 마지막으로 붕어빵 기독교에는 자본주의 논리에 편승한 맘몬주의가 기독교 안에 강하게 작용하고 있다는 것입니다. 이러한 원인들이 복합적으로 작용해서 현대 기독교가 예수님의 뜻을 따르고 펼치는 게 아니라 오히려 점점 그것을 가로막는 모습을 보이는 것입니다.

성경해독력의 저하

신석기 이 문제는 중요하기 때문에 하나씩 점검해봐야겠네요. 우선 첫 번째 원인을 '하나님 말씀의 빈곤'이라고 표현하시면서 기독교인들이 하나님의 말씀을 읽고 해독할 수 있는 능력이 부족하다고 말씀하셨습니다. 이것에 관해 설명해주시고 의견을 나누었으면 합니다.

남예혁 '문자해독력'이라는 말이 있습니다. 즉 문자를 읽고 그 뜻을 이해할 수 있는 능력을 말합니다. 그런데 우리가 글자를 읽을 수 있다고 해서 그 뜻을 이해할 수 있는 것은 아닙니다. 이제 막 한글을 깨친 어린아이가 신문의 글자는 읽을 수 있지만, 그 뜻을 이해하기는 어렵습니다. 마찬가지로 오늘날 기독교인들은 성경을 문자로 읽을 수는 있지만, 거기에 담긴 하나님의 뜻과 예수님의 뜻을 듣거나 이해하지 못하고 있습니다. 이것은 예수님시대에 율법학자들이나 바리새인들이 구약성경을 보고도 하나님의 뜻을 읽어내지 못한 것과 같습니다.

조하나 기독교인들은 성경이 하나님의 말씀이라는 믿음을 가지고 있어요. 그러나 실제로 성경을 읽는다고 해서 그 말씀이 저절로 우리에게 생명의 양식이 되는 것은 아니에요. 성경은 하나님의 영감으로 쓰인 책이기 때문에 우리 또한 영으로 읽지 않으면 하나님의 살아 있는 말씀이 될 수 없어요. 그러니까 성경 말씀을 읽어도 의미를 잘 알지도 못하고, 재미도 없는 거예요.

이성공 목사들이 설교 때마다, 또 기회가 있을 때마다 성경을 읽어야 한다고 얼마나 많이 권면하는지 몰라요. 성경 통독과 성경공부도 하고, 성경 읽기표를 나눠주기도 했습니다. 또 한때 유행했던 성경 이어쓰기도 하는 등 성경 읽기에 대해서는 지나칠 정도로 강조합니다. 하지만 그때뿐이에요. 그런 과정을 통해 누가 말하지 않아도 생활 중에 스스로 성경 말씀을 읽고 은혜받으면서 말씀의 힘으로 살아가는 교인들이 그리 많지 않아요. 그래서 목사로서 답답하고 안타까울 때가 많습니다.

조하나 그런데 참 이상하죠? 우리는 누가 '밥을 먹어라, 먹어라' 해서 밥을 먹는 게 아니잖아요? 배고프면 먹게 되고, 또 맛이 있으니까 먹는 것이죠. 하나님의 말씀은 분명 우리 영혼의 양식이에요. 안 먹으면 우리 영혼이 배고파 죽는 것은 당연한 일이에요. 그런데 먹지 않아요. 더 정확하게 말하면 먹지 못하는 거예요. 성경의 맛을 모르는데 어떻게 먹겠어요? 그러니 저라도 죽을 맛이죠. 성경이 영혼의 양식이니까

먹긴 먹어야겠는데 맛도 없고, 또 실제로 양식이 되는 것 같지도 않고요. 그러지 이러지도 저러지도 못하고 창세기와 마태복음의 앞쪽 몇 장만 너덜너덜해지는 거죠.

예신자 그렇게 되는 데에는 목사님들의 책임도 큰 것 같아요. 목사님들은 성경을 읽으라고 강조하지만, 실제로 목사님 자신도 성경으로 하나님의 말씀을 읽어내는 모습을 교인들에게 보여주지 못하고, 또 인도하지도 못하는 것 같아요. 교회에 가면 비록 성경공부 시간이 있어서 성경에 기록된 배경이나 말씀의 내용은 전해주지만, 그것만으로는 충분하지 않잖아요?

조하나 우리가 영혼의 건강한 양식을 먹지 못하면 그것으로 끝나는 것이 아니라 우리 영혼은 만족을 채우기 위해서 다른 영적인 것을 찾게 마련이에요. 그래서 생명의 양식은 말씀 대신 영적으로 전혀 영양가 없는 싸구려 음식junk food을 먹게 되는 거예요. 기독교인이 하나님의 말씀을 품지 않으면서도 영적으로 배고픔을 못 느끼는 이유가 여기에 있어요.

나정통 우리가 성경을 하늘의 양식으로 받아먹지 못하는 원인 중 하나가 성경을 펼치는 순간부터 그 출발이 잘못되어 있기 때문이라고 생각합니다. 예를 들어봅시다. 우리가 시집을 읽을 때는 그 책을 시집으로 읽어야 하고, 소설을 읽을 때는 당연히 소설로 읽어야 하잖아요? 그런데 만약 시를 소설처럼 읽는다고 해보세요. 시에 함축된 상징이나 이미지들은 버리고 다만 이야기 줄거리만 찾으려고 할 것입니다. 마찬가지로 소설을 읽는데 마치 시처럼 읽는다고 생각해보세요. 그러면 표현 하나하나와 문장 하나하나에 담긴 의미를 찾다가 결국 한 장도 읽지 못하게 되고, 소설의 플롯이나 기승전결의 박진감은 느끼지 못할 겁니다. 시는 시로 읽어야 하고, 소설은 소설로 읽어야 하는 것처럼 성경은 성경으로 읽어야 합니다. 다른 종류의 책으로 읽는다면 맛도 못 느끼고, 뜻도 알지 못하기 때문에 생명의 양식이 될 수 없지요.

신석기 '성경은 성경으로 읽어야 한다'라는 말씀이 무슨 뜻입니까?

나정통 성경은 앞서 말씀드린 대로 하나님의 영감靈感, 즉 기록자들이 하나님의 영이 주시는 감동을 받아 기록한 책입니다. 그러니까 단순히 인간의 이성으로 쓰인 책이 아니라 영의 책입니다. 그러므로 성경은 하나님의 영의 도움을 받아 우리 영의 눈으로 읽어야 합니다. 영靈으로 쓰인 것을 육肉으로 읽으니 도대체 이해가 안 되고, 또 무미건조한 내용으로 끝나고 마는 것입니다. 영으로 읽는다는 것이 우리의 지성이나 감성을 배제한다는 것이 아닙니다. 그것을 총동원하되 우리의 영혼으로 받아들여야 합니다. 예수님께서도 이 차원을 아셨기 때문에 '진리의 영, 보혜사 성령'이 오신다고 말씀하신 것입니다. 진리의 영이 깨쳐주지 않고서는 성경은 결코 살아 있는 하나님의 말씀이자 예수님의 말씀으로 다가오지 않을 것입니다.

남예혁 성경을 하나님의 말씀으로 받아내는 것과 그 말씀이 지닌 하나님의 뜻을 알아내는 것이 가장 먼저 중요한 단계이고요. 그다음은 말씀을 통해 나 개인에게, 또 교회 공동체와 이 세상과 역사를 향한 하나님의 뜻이 무엇인지 들어야 합니다. 그러니까 사실 성경을 읽는 시간보다 성경을 통해 말씀하시는 하나님의 음성 듣는 시간을 더 많이 가져야 합니다. 성경 말씀에 마음을 집중할 때는 하나님께 계속해서 묻고, 성경에서 눈을 떼면 뭐라고 말씀하시는지 들어야 합니다. 이것이 곧 성경을 해독할 수 있는 능력인데, 이 능력이 부족하므로 하나님의 뜻을 드러내지 못하는 기독교가 되는 것입니다.

예신자 지금 말씀하시는 것은 교회에서 많이 활성화되어 있는 큐티^{Quite Time}와 크게 다를 바 없어 보이는데요.

남예혁 네, 큐티 또한 나름대로 의미가 있습니다만, 또한 한계도 있습니다. 큐티는 성경에 있는 말씀을 내 생활 속에 적용하고 실천하는 것을 강조하는데, 자칫하면 성경에 대한 자신의 이해로부터 출발해서 자신의 환경에 국한해서 적용하는 데 그칠 수도 있습니다. 다시 말해 말씀의 적용을 섣불리 찾으려고 하기보다 말씀을 '먹고 소화하는 시간'을 더 많이 가지면서 하나님과 대화하는 시간을 가져야 합니다. 그것이 영혼의 참 양식이 된다면 말씀의 실천은 저절로 드러나게 되거든요. 성경이 말하는 내용을 단편적이고 기계적으로 적용하게 되면 오히려 말씀이 또 하나의 율법으로 바뀔 수 있습니다. 먼저 그 말씀을 통해 하나님께서 나에게 하시고자 하는 말씀이 무엇인지 듣는 시간을 더 많이 가져야 한다고 봅니다.

문자는 뜻을 담는 그릇일 뿐

신석기 붕어빵 기독교의 원인을 분석하다가 성경에 대한 이런저런 이해가 나왔는데요. 무엇이 문제가 되고 있는지 좀 더 분명하게 말씀해주셨으면 합니다.

조하나 현재 기독교가 하나님의 뜻을 올바르게 실천하지 못하는 이유는 바로 하나님의 말씀과 뜻을 헤아릴 수 있는 능력이 약화했다는 데 있는데요. 한마디로 지금의 한국 기독교는 하나님 말씀의 빈곤 속에

허덕이고 있어요. 말씀이 없다기보다 제대로 듣지 못하고 있는 것이지요. 그러다 보니 예수님의 뜻과는 전혀 상관없는 말과 행동을 거리낌 없이 하고 있어요. 그런데 기독교인들은 그것을 감추려고 겉으로는 더욱 강하게 자신들이 하나님의 말씀을 믿는 사람들이라고 주장합니다. 그 증거로 "우리는 성경 말씀을 문자 그대로 하나님 말씀으로 믿는다"라고 말하는 것인데요. 이것이 소위 '성경문자주의'입니다. 이는 자기 안에 하나님 말씀이 없다는 것을 숨기면서 동시에 자신들은 하나님의 말씀을 믿는 사람들이라고 주장하는 두 가지 효과를 발휘하고 있어요. 생각해보세요. 누가 "나는 성경을 문자 그대로 하나님 말씀으로 믿는다"라고 하면 마치 그 사람이 성경 말씀을 굉장히 사랑하고 읽으면서 하나님의 말씀을 듣는 사람처럼 보이잖아요. 그것은 일종의 알맹이 없는 허세예요. 지금도 얼마나 많은 한국 기독교인들이 그렇게 말하는지 몰라요.

여시민 통계 자료를 보면, 한국 개신교인의 86%가, 가톨릭 교인의 58%가 성경을 문자 그대로 하나님의 말씀으로 믿는다고 응답했어요. 이 수치는 미국의 보수 기독교인들보다 훨씬 높은 수치입니다. 미국의 경우 2004년도 조사에서는 3분 1이 성경을 문자 그대로 믿는다고 했고, 2007년도 조사에 따르면 39%가 성경말씀, 더욱이 성경에 쓰인 과학적인 기록조차도 '확실한 진실이다definitely true'라고 응답했습니다.[7] 쉽게 말해 지구의 나이가 6,000년이라고 믿는 사람이 40%에 가깝다는 이야기예요. 우리가 생각하는 것보다 훨씬 높은 수치죠.

조하나 성경을 문자적으로 읽을 때 가장 큰 문제는 문자 너머에 말씀이 담

---

7. 《Grand Theft Jesus》, p. 7과 p. 201 참조

고 있는 깊은 뜻, 더 큰 진리를 보지 못하는 데 있어요. 문자는 뜻을 담고 있는 하나의 형식일 뿐이에요. 문자만 읽고 그 뜻을 읽어내지 못한다면 그 말씀을 기록하게 하신 하나님의 뜻을 지나치는 것과 마찬가지예요. 더욱이 성경을 문자적으로 읽는 사람들은 대부분 하나님 말씀이 성경에 문자로만 기록되어 있다고 믿지요. 그래서 모든 자연과 우주에 충만한 하나님 말씀과 지금도 우리 삶 속에서 말씀하시는 하나님의 말씀을 듣지 못하고 있어요. 하나님은 말씀으로 온 우주를 창조하셨는데, 그 말씀을 어떻게 문자 안에만 가둬둘 수 있을까요? 참 안타까워요. 그러면 그럴수록 기독교인은 점점 폐쇄적인 사람들이 되어가고 있어요.

여시민 한 예로 사회적으로 물의를 일으키는 배타적인 기독교인일수록 성경을 문자 그대로 하나님의 말씀이라고 믿는다고 말합니다. 사회·정치적으로 보수적인 성향을 띠는 대부분의 기독교인은 이런 성경문자주의자들이죠. 그들이 그렇게 말하는 것은 지금까지 교회에서 문자로 믿지 않으면 성경을 하나님의 말씀으로 믿는 것이 아니라고 배워왔기 때문입니다. 그런데 역설적이게도 성경문자주의자들을 가만히 살펴보면 자신들의 주장과는 달리 실제로 자신들도 그렇게 믿지 못한다는 것입니다. 제 경우를 보더라도 문자대로 믿고 따르는 것이 더 힘들어요. 그래서 성경을 문자 그대로 믿어야 한다고 주장하는 사람들은 잘못하면 자기모순에 빠지거나 성경 말씀을 자기 뜻에 따라 편의적으로 해석할 가능성이 더 크지요. 그리고 진짜 문자 그대로 믿어야 할 말씀, 즉 "원수를 사랑하라" "네 이웃을 네 몸과 같이 사랑하라" 등의 말씀은 지나치는 경우가 많아요.

이성공 성경을 문자적으로 믿고 읽는다고 할 때 성경의 문화적·사회적·역사적 배경까지 깡그리 무시하고 글자 한 자 한 자를 그렇게 무식하게 읽는다고 생각하면 곤란합니다. 지금 여러분들은 '문자적으로 믿는다'라는 말을 너무 문자적으로 이해하고 있어요. 그 말은 성경을 철저하게 하나님의 말씀으로 믿는다는 말의 다른 표현이라고 보시면 됩니다. 오히려 성경의 문자를 너무 무시하고 내용을 제대로 파악하지도 않은 채, '편집비평'이니 '역사비평'이니 하면서 성경의 말씀을 모두 토막 내다시피 하는 신학자들과 목사들이 얼마나 많습니까? 성경은 하나의 살아 있는 생명체로서 비유하자면 펄떡펄떡 뛰는 생선과 같습니다. 그런데 이것은 머리네 하면서 잘라버리고, 이것은 몸통이네 하면서 자르고, 여기는 꼬리네 하면서 자르다 보니 정작 다 죽어버린 말씀이 되는 것입니다. 누가 더 성경을 성경답지 않게 읽고 있을까요? 완곡하게 '문자적으로 믿는다'라는 표현은 그런 잘못된 결과를 지적하기 위한 것이에요.

예신자 우리가 문자 그대로 전부가 하나님 말씀이라고 믿지 않으면 어떻게 성경을 하나님의 말씀으로 믿고 읽을 수 있지요? 어떤 것은 하나님의 말씀이고, 어떤 것은 인간의 말이라는 식으로 생각하면서 읽어야 하나요? 그게 너무 어렵지 않나요? 저로서는 잘 이해가 되지 않아요. 그냥 성경을 통째로 하나님 말씀으로 믿고 읽고 소화하면 속 편할 것 같아요. 그리고 우리가 큐티를 할 때도 글자 하나하나를 주의 깊게 읽어야 그 말씀이 새겨지지, 그렇지 않고서는 대충대충 읽게 되잖아요. 그것을 보더라도 글자 하나하나에 관심을 두는 것은 올바른 성경 읽기라고 생각해요.

조하나 제 말은 '문자로만 읽지 말라'고 말씀드리는 것이지, 문자로 읽지 말라는 뜻이 아닙니다. 성경이 문자로 쓰였는데, 문자로 읽지 않을 수 있겠습니까? 모든 말씀이 하나님 말씀이지만 그 뜻이 문자로 모두 표현되지 못하기 때문에 문자 너머에 어떤 하나님의 뜻이 새겨져 있는지 잘 살펴야 한다는 말이지요. 그리고 성경은 그 당시의 역사와 문화와 종교의 언어로 쓰였기 때문에 언어적인 번역뿐 아니라 오늘 우리의 시대에 맞는 의미를 찾아야 합니다.

나정통 여기서 한 가지 더 말씀드리고 싶은데요. 문자에 매여서 그것을 마치 율법적으로 읽는 것은 성경을 잘못 읽는 것이지만, 글자나 문장 하나하나에 집중해서 읽어야 하는 것은 맞습니다. 그리고 글자를 자세히 새기지 않고 설렁설렁 읽는 것이 문자주의를 피하는 것이라는 생각도 잘못입니다. 문자에는 매이지 않되, 성경의 글자 하나하나가 기록되기까지 성령의 인도하심이 있었다고 믿고 그 뜻을 새겨야 한다고 봅니다. 진보주의 성경학자들은 이 점을 너무 간과한다는 생각이 듭니다. 그것은 아까 이 목사님께서 말씀하셨듯이 성경이 지닌 생명력을 떨어뜨리는 잘못을 범하는 거예요. 그러다 보면 아무래도 성경 읽기를 등한시 하게 되죠.

남예혁 제 생각엔 '예수님표 성경 읽기'가 오늘날 우리가 성경을 어떻게 읽어야 하는지 보여주는 좋은 모델이라고 생각합니다. 자 보세요. 아시다시피 예수님은 사두개파나 율법학자들이 성경을 잘못 읽거나 왜곡해서 적용하고 있음을 비판했습니다. 예수님은 하나님의 말씀을 문자적으로 해석하지 않고 '곱씹어' 읽으면서 거기에 담긴 '본래 뜻'과 '새로운 뜻'을 찾아냈어요. 낡은 문자적인 해석과 선입관을 버리고 새 뜻과 새 계명을 발견한 것이죠. 예수님은 '너희가 이렇게 들었으나 이제 너희는 이렇게 하라'는 식으로 율법을 새롭게 해석하셨잖아요? 그것은 당시 율법학자들 입장에서 보면 하나님의 말씀을 모독하는 중대한 범죄행위였어요. 그러나 예수님이 자신을 반대하는 사람들마저 말씀으로 이길 수 있었던 것도 성경 안에 담긴 진리와 뜻을 펼쳤기 때문입니다. 사람들이 예수님의 말씀에서 놀라운 '권위'를 체험한 까닭도 바로 여기에 있습니다. 그러니까 예수님은 죽은 문자에 생명력을 불어넣은 것이에요. 그런데 역설적이게도 그런 예수님을 믿고 따른다고 하는 현대 기독교인들이 예수님의 말씀을 다시 죽은 문자로만 읽는 웃지 못할 현실이 되어버렸습니다. 그러므로 예수님의 말씀이 지닌 놀라운 진리가 생활 속에서 드러나지 않는 거예요. 이제라도 예수님이 보여준 '예수님표 성경 읽기'를 따라야 합니다.

신석기 그렇다면 지금처럼 기독교인들이 일상의 삶에서 성경을 하나님의 말씀으로 읽을 수 있는 능력이 부족한 현실을 어떻게 극복해야 할까요? 이것이 그렇게 중요한 문제라면 말이죠.

예신자 기독교의 말씀 회복을 위해서는 일상에서 평신도들의 자발적인 말씀 읽기가 활성화되어야 해요. 그런데 평신도들에게는 성경을 의무적으로 읽어야 한다는 분위기가 오히려 부작용을 일으키는 것 같아요. 뭔가 의무감 때문에 해야 한다고 생각하면 그것에 얽매이게 되고, 그러면 그럴수록 더 못하게 된다고 생각해요. 성경은 강제적으로 읽는다고 읽히는 것이 아닌 만큼 천천히 성경을 읽는 맛과 재미, 그리고 말씀의 능력을 스스로 깨쳐 알도록 도와주고 안내해주었으면 해요. 같은 성경 말씀도 어떤 사람에게는 자신을 옭아매는 율법이 되고, 어떤 사람에게는 자유를 주는 진리가 되잖아요. 성경을 읽고 싶은 마음과 하나님의 뜻을 사모하는 즐거운 마음으로 읽어야 그 말씀에 마음이 열리고 복음으로 다가오리라 생각해요.

이성공 지금 여러분들이 보수 기독교인들의 성경문자주의를 지적했지만, 문제의 본질을 좀 비껴갔다고 생각합니다. 저는 문자주의가 문제가 아니라 성경을 아예 읽지 않는 문화가 더 문제라고 생각해요. 조금 전에 여러분들이 문자로 성경을 읽을 때의 문제점을 지적했지만, 저는 기독교인들이 제발 성경의 문자만이라도 읽었으면 하는 마음이 솔직한 심정입니다. 문자주의에 대한 폐해가 아주 심각한 것처럼 말씀하시는데요. 그나마 그것도 성경을 읽는 사람 중에서 파생되는 문제일 것이고요. 성경을 아예 읽지 않는 사람들에게는 문자주의를 이야기해 봤자 소용이 없는 것 아닙니까? 하루에 성경 한 줄도 읽지 않는 기독교인들이 태반이에요. 성경해독력은 둘째 치고, 성경 읽는 기독교인들의 비율도 바닥에서 밑돌걸요? 그러니 아예 읽지 않는 것보다는 그나마 나으니, 그저 문자로라도 제발 성경을 읽었으면 하는 거예요. 물론 거기에서 멈춰서는 안 되겠지만요. 그러다 보면 조금씩 성경 읽기에 재미를 붙일 수 있을 테니까요.

남예혁 그것도 중요한 지적이라고 봅니다. 그러나 저는 성경을 많이 읽는 것도 중요하지만, 한 구절이라도 '깊게' 읽는 것이 더 중요하다고 보는 입장입니다. 제가 앞서 말한 성경해독력이 낮다는 말은 다른 말로 기독교인들 가운데 성경문맹자가 많다는 이야기잖아요? 그러니까 그 문맹률을 낮춘다는 의미는 단순히 성경의 내용을 이해할 수 있는 능력을 말하는 것이 아니라 성경 말씀을 통해 하나님과 예수님의 뜻을 발견할 수 있는 능력을 키우는 것을 말합니다. 이 운동이 한국 기독교 안에서 광범위하게 퍼져나가야 합니다. 예를 들어, 현대 기독교인들이 레위기나 신명기에 기록된 제사에 관한 말씀을 문자 그대로 읽는 것이 무슨 의미가 있겠습니까? 그것보다는 그런 율법이나 규례에 담긴 하나님의 마음과 뜻을 읽어내고, 그 뜻을 오늘 우리의 삶에서 실천하는 것이 더 중요하죠. 이처럼 모든 성경을 '사실fact'은 사실대로 믿되, 그 사실이 담고 있는 '진리truth'를 깨쳐 알아가는 훈련이 필요합니다. 이것은 물론 성령의 역사와 인도하심을 믿고 따라야 가능한 것이고요.

나정통 성경 말씀을 진리로 깨닫지 못하는 이유 중 하나는 예수님의 말씀처럼 말씀을 듣고도 그 말씀대로 실행하지 않기 때문입니다. 예수님은 그것을 모래 위에 짓는 집과 반석 위에 짓는 집에 비유해서 말씀하셨습니다. 즉 말씀을 듣고도 행동으로 따르지 않는 사람은 자신의 집을 모래 위에 짓는 사람이요, 실천하는 사람은 반석 위에 짓는 사람이라는 것입니다. 사실 모래 위에 집을 지으려면 차라리 집을 안 짓는 것만 못하지요. 이 말씀은 기독교 안에서 같은 말씀을 들어도 어떤 사람은 모래 위에 집을 짓고 어떤 사람은 반석 위에 집을 짓는데, 같은 비바람을 맞았을 때 모래 위의 인생은 무너지고 반석 위의 인생은 든든하게 선다는 말씀입니다. 말씀대로 하지 않는데 어떻게 하나님과 예수님이 말씀하시겠습니다. 말씀에 순종하지 않으니까 성경 말씀을 읽어도 깨닫지 못하는 것이고, 말씀이 깨달아지지 않으니까 자기 마음대로 행동하는 것입니다. 그러므로 한국 기독교에서 말씀이 되살아나려면 지금 들려오는 하나님의 말씀을 단순하게 믿고 따르려는 변화가 일어나야 합니다.

조하나 지금 우리가 왜 한국 기독교가 예수님 없는 기독교로 전락해가는지 토론하다가 그 첫 원인으로 말씀의 부재와 말씀의 빈곤에 대해 이야기를 나눴는데요. 말씀을 깨닫지 못하니 예수님의 뜻과 상관없는 기독교가 되는 것은 당연해요. 그래서 한국 교회가 변화되려면 이 말씀의 회복 운동 또는 진리의 회복 운동이 일어나야 한다고 봐요. 그것은 설교를 많이 듣거나 성경공부를 많이 하자는 캠페인, 혹은 부흥사경회를 활성화하자는 이야기가 아니에요. 이 시대에 하나님께서 들려주시는 말씀을 듣고 실천하는 운동이 필요해요. 그래서 말씀을 깨닫는 것이나 실행하는 것과 관련해서 예수님께서 말씀하신 것 가운데 우리가 중요하게 들어야 할 말씀이 있어요. 예수님께서는 종종 "들을 귀 있는 자는 들어라"라고 말씀을 맺곤 하셨어요. 여기서 귀는 당연히 소리를 듣는 육체의 귀를 의미하지 않아요. 그것은 영혼의 귀나 마음의 귀입니다. 그런 귀가 없거나 발달하지 않은 사람은 성경을 읽어도 하나님의 음성을 듣지 못하는 것이죠. 그러니까 우리가 성경을 무턱대고 읽고 이해하려고 하기 전에 지금 내 영혼의 귀가 있는지, 또 열려 있는지를 먼저 돌아봐야 합니다. 그래서 말씀을 읽기 전에 침묵 가운데 번잡한 마음을 비우고, 자신의 귀를 하나님께 향하는 시간이 필요합니다. 또 성경을 읽고 나서 곧바로 일어나지 말고 말씀하시는 하나님께 가만히 귀를 기울이는 시간을 가져야 합니다. 이 시간이 없으면 성경을 읽어도 전혀 귀에 들어오지 않을 것이기 때문입니다.

남예혁 한국 기독교와 교회가 하나님의 말씀, 그리스도의 말씀이 우리 가운데 풍성히 거해야 할 때입니다. 그렇게 되려면 우리가 먼저 말씀 안에 거해야 합니다. 우리가 콩을 삶기 전에 물에 불려놓잖아요. 그래서 잘 익기도 하고 맛도 잘 배어들고요. 그것과 마찬가지로 먼저 우리가 말씀 속에 푹 젖어야 합니다. 성경 말씀을 한두 구절 찔끔찔끔 읽는 것에 그치는 것이 아니라 하나님 진리의 말씀에 나 전체가 푹 잠긴다는 생각으로 말씀 안에 있어야 합니다. 말씀의 단비에 온 영혼이 적셔지는 것을 상상해보세요. 그래야 그 말씀이 우리 삶에 배이게 되고, 또 풍성히 거하게 될 것입니다. 그러면 삶의 힘듦이나 고난 은 오히려 우리 안에 있는 말씀을 운동력 있게 만들어 지혜와 감사 의 삶을 살게 할 것입니다.[8]

하나님 구원의 축소

신석기 지금까지 예수님의 뜻과 멀어지는 붕어빵 기독교의 첫 번째 원인을 한국 기독교인이 가지고 있는 성경에 대한 이해 부족, 그것으로 말미 암은 하나님 말씀의 빈곤에서 찾았고, 그러면 성경을 어떻게 읽을 것 인가라는 문제에 관한 이야기를 나눠봤습니다. 이제 두 번째 원인으 로 넘어가죠. 현대 기독교인들이 예수님의 구원을 죽어서 가는 천국 으로만 축소한다는 말씀을 하셨고, 그 부작용의 예로 '예수천당 불신 지옥' 신앙이라고 말씀하셨는데요. 이것에 대해 어떻게 생각하는지요?

남예혁 만약 누군가가 기독교인에게 "기독교가 말하는 구원이 뭐냐"고 물어 보면 대부분 기독교인은 "예수님을 믿고 죽어서 천국 가는 것"이라 고 말할 것입니다. 그래서 기독교의 구원은 현실보다는 내세, 지금보 다는 미래의 어떤 시공간에서 이뤄지는 그것으로 생각하게 됩니다. 일면 틀린 표현은 아닙니다. 그러나 죽어서 천당 가는 것을 믿게 하 려고 예수님이 그런 고난에 찬 삶을 사셨을까요? 성경은 과연 기독 교인들에게 죽어서 천당 가는 것을 중요하게 말하고 있나요? 그렇지 않다고 생각합니다. 이것은 기독교가 예수님의 말씀을 곡해하고 축

---

8. 골 3:16

소하는 잘못을 저지르는 것입니다.

이성공 기독교에서 말하는 구원은 우선 죄로부터의 구원을 의미합니다. 성경에서 말하는 표현을 빌리자면, 죄로 말미암아 인간은 본래 영원히 죽을 수밖에 없는 존재입니다. 그런데 예수님께서 십자가에서 우리의 죄 문제를 해결해주셨기 때문에 죄와 죽음의 세력에서 벗어나 구원받았다고 말하는 것이죠. 그래서 누구든지 예수님을 그리스도라고 고백하면 이 구원에 참여할 수 있다고 믿는 것이고요.

조하나 이 목사님의 말씀은 당연하지만, 그것은 지극히 종교적이고 교리적인 표현입니다. 일반 사람들에게 예수님의 구원 이야기를 그렇게 전해봤자 아무 소용이 없어요. 또 사람들은 기독교가 그렇게 말한다는 정도는 이미 알고 있어요. 또 그렇게 말하면 피부에 와닿지도 않고요. 그러나 사실 기독교 안에는 예수님을 믿을 때 얻는 구원에 대해 그렇게밖에는 달리 이야기할 만한 틀이 없어요. 그러니까 '예수님 믿고 천당 갑시다'라는 구호만 남발하게 되는 것이고요. 그리고 말로 설명된 구원은 이론적으로는 이해가 될 수 있지만, 사람들은 그것을 실감하지 못해요. 즉 구원의 뜻은 말로 설명할 수 있지만, 그 구원의 삶이 무엇인지는 말이 아니라 삶으로 보여줄 수밖에 없어요.

남예혁 예수님은 하나님을 믿고 그분의 뜻을 따르며 사는 모습이 무엇인지 3년 동안 보여주시고자 부단하게 노력하셨습니다. 그것이 바로 지금 말하는 구원받은 자의 삶의 모델입니다. 예수님은 우선 구원을 아주 구체적인 삶의 변화로 말씀하셨습니다. 즉 구원받은 사람은 그 전의 삶과 전혀 다른 삶의 가치와 양식으로 살아간다는 것을 보여주셨습니다. 그러기 위해서 먼저 그 속사람이 변화되어야 하는데, 그것을 '새롭게 태어남'이라고 표현하셨습니다. 그러니까 예수님의 구원 이해의 출발점은 현재 나의 존재와 삶의 변화입니다. 그리고 그것은 아주 구체적인 변화로 드러나게 되어 있습니다. 두 번째로 예수님께서 보여주신 구원은 총체적인 구원입니다. 즉 개인 구원과 영혼 구원 또는 내세 구원 등 한쪽에 치우친 구원 이해가 아니라 인간과 인간, 인간과 자연, 인간과 하나님의 관계가 궁극적으로 회복되는 것을 비롯해서, 지금과 영원, 몸과 영혼, 개인과 사회 등 인간 삶의 총체적인 구원을 말씀하셨습니다. 그래서 예수님을 믿어 구원받았다고 하는 사람은 전인적인wholistic 구원의 삶을 살아가는 것입니다. 마지막으로 예수님의 구원은 어느 한 시점에서 한 번 구원받고 끝나는 것이 아니라 계속해서 이루어가는 현재진행형 사건입니다. 그래서 사도 바울은 "구원은 두려움과 떨림으로 이루라"고 표현했습니다.[9] 이렇게 예수님을 믿음으로 말미암는 구원은 다양한 내용과 구조가 있습니다. 그리고 기독교인의 삶에서 이 구원은 실제로 온전한 삶, 즉 샬롬의 본래 의미인 웰빙well-being의 삶으로 드러나게 됩니다. 그런데 붕어빵 기독교는 그 소중한 구원을 죽어서 천국 가는 것이 전부인 양 '천국 이데올로기'로 축소해버린 것입니다.

예신자 무슨 말씀을 하시는지는 알겠는데, 제 방식대로 이해하자면 구원받은 사람은 그것이 현재의 삶 속에서 전체적으로 드러날 수밖에 없다는 말씀으로 받아들여지네요. 예수님을 믿고 구원받았다고 믿는 사람은 현실에 안주하거나 미래로의 도피적인 삶이 아니라 현실 속에서 구원의 힘으로 살아가야 한다고 봐요. 그것은 일반 사람들과 전혀 다른 삶이죠. 그런데 지금의 기독교가 많은 사람에게 욕을 먹는

---

9. 빌 2:12

이유는, 기독교인들이 말로는 구원받았다고 하는데 삶을 보면 도대체 어디에서 구원을 받았다는 것인지, 또 천국 가는 이야기를 제외하고는 구원받은 삶이 무엇인지 전혀 알 수 없다는 거잖아요. 사실 남들이 그렇게 보기도 하지만, 저 자신도 그 수준에서 구원을 이해하고 있으니, 참 어떻게 하다가 우리가 이렇게 되었죠?

조하나 우선 기독교인이라고 해서 모두 구원받았다는 생각은 아주 위험한 생각이라고 봐요. 엄격한 의미에서 예수님을 믿고 구원받은 사람들은 예수님을 믿는 것에 그치는 것이 아니라 실제로 그 삶을 따르는 사람들이에요. 그런데 예수님은 그 길로 들어가는 문은 작고 또 길이 좁아서 많은 사람이 가지 않는다고 말씀하셨거든요. 그러니 예수님 믿고 구원받을 사람은 우리가 생각하는 것보다 훨씬 적을 수 있다는 점을 상기하고 싶어요. 물론 그것은 하나님이 판단하실 일이지만요. 그러니까 지금 질문하신 문제의 답은 간단하다고 봅니다. 예수님을 진정으로 믿는 사람은 총체적인 구원의 삶을 살아갈 수밖에 없고, 또 그것은 열매로 드러나게 되어 있어요. 그런데 그렇지 않은 기독교인들은 결국 예수님이 말씀하신 구원에 이르지 못한다고 생각해요. 즉 죄로부터의 구원, 사랑과 평화의 다스림을 받는 하나님나라의 삶, 하나님과 이웃 사랑의 실천, 보이는 것보다 보이지 않는 영원한 것에 대한 소망과 만족 등 구원의 삶이 가져다주는 은총을 누리거나 전하지 못하는 기독교인을 두고 구원받았다고 말할 순 없을 거예요.

남예혁 가끔 가다 그렇게 말하는 사람들 있어요. "내가 예전에는 예수님을 그리스도라 믿고 구원을 받았는데, 어찌어찌하다 보니 다시 예수님을 오래 잊고 구원을 잊은 채 살아왔네요!" 아니요, 이 말은 거짓말입니다. 그 사람은 애초에 구원을 체험하지 못한 사람입니다. 예수님을 진정으로 만나고 하나님의 구원을 체험한 사람은 구원을 잊은 채절대 살 수 없기 때문입니다. 구원받은 사람으로서 온전하게 살지 못할 수 있습니다. 우리가 그렇게 약한 존재이니까요. 그러나 구원 자체를 잊고 살 수는 없는 것입니다. 그 사람들은 애초에 예수님께서 말씀하시는 구원을 체험하지 못한 사람입니다. 그들은 기독교가 말하는 구원에 이르는 과정을 고백했을지는 몰라도 그것은 예수님이 말씀하시는 구원의 차원과 다른 것입니다. 그런데 기독교가 이것을 분명하게 하지 않으면서 교회 안에 구원받은 삶의 모습과 구원에 이르지 못한 삶의 모습이 뒤죽박죽되어 있습니다. 예수님의 구원은 교회를 다니고, 예배나 미사를 드리고, 헌금하면서 종교 생활을 하는 것으로 증명되는 것이 아니라 그 사람의 삶의 총체적인 변화와 그 열매로 드러나는 것입니다.

예수천당 불신지옥(?)

신석기 그렇다면 남 교수님이나 조 목사님은 지금 기독교인들 가운데 몇 퍼센트나 예수님께서 말씀하시는 구원받은 삶을 산다고 생각하십니까? 더 직접 물어보죠. 기독교인들 가운데 미래에도 구원받지 못할 사람들이 어느 정도라고 생각하십니까?

조하나 그것은 우리가 판단할 문제는 아닌데요. 예수님의 말씀에 비춰보면 기독교가 말하는 것보다 훨씬 어려운 길임은 틀림없다고 봐요. 조금 전에도 말씀드렸지만, 마태복음을 보면 예수님은 "좁은 문으로 들어가라"고 명령하셨어요. 그 문이 매우 좋고 아름다워서 감상하라는 것이 아니라 그 문으로 들어가야 한다고 말씀하셨거든요. 또 그 길은 매우 좁아서 그리로 찾아드는 사람들이 매우 적다고 말씀하셨어요. 또 누가복음에서는 많은 사람이 좁은 문으로 들어가려고 하겠지만, 들어가지 못할 것이라고 말씀하고 계세요. 이 말씀은 분명 구원과 관련된 말씀이에요. 그러니까 이 두 말씀에 비춰 보면 기독교인이라고 해서 모두 구원의 길로 들어간다는 것은 잘못된 가르침이죠.

남예혁 조 목사님 말씀에 동의하고요. 그것을 예수님께서 말씀하신 열 처녀 비유를 통해서도 이해할 수 있다고 봅니다. 열 처녀 모두는 신랑, 즉 예수님을 기다리는 오늘날의 기독교인들에 비유할 수 있습니다. 이 중 다섯 처녀는 슬기롭게 기름을 준비하며 기다리고 있었고, 나머지 다섯 처녀는 등만 있고 기름이 없는데도 준비하지 않았습니다. 그러다가 모두 잠들었습니다. 한밤중이 되어 신랑이 갑자기 왔고, 기름이 있는 다섯 처녀는 여유 있게 신랑을 맞이하여 혼인 잔치에 들어갔습니다. 그런데 나머지 다섯 처녀는 기름을 구하다가 나중에서야 문을 두드리면서 그 주인을 불러보지만, 그 주인은 "나는 너희를 알지 못한다"라고 매정하게 말합니다. 이런 일이 기독교 안에서 일어나지 않으리라는 법이 없지요. 미련한 다섯 처녀가 등은 가지고 있었던 것처럼 기독교인이라는 종교적 신분 때문에 예수님을 알고 기다릴 수 있을지는 모르지만, 정작 기름이라는 온전한 믿음이 없어서 구원받지 못할 사람들이 많다는 것을 인식해야 합니다.

여시민 더 큰 문제는 현실 기독교가 이것을 숨기고 있으면서 때로는 자신들은 모두 구원받은 사람인 양 믿고 선전한다는 것입니다. 그 단적인 예가 '예수천당 불신지옥' 신앙 아닙니까? 이것은 자신도 예수님께서 말씀하신 구원을 받지 못했을 수도 있지만, 그것을 은폐하고 동시에 그 구원의 세계를 축소하는 것입니다. 한 걸음 더 나아가 오히려 예수님의 이름으로 사람들을 위협하면서 자신은 구원받은 것처럼 행세하는 아주 위선적인 행동이 될 수도 있어요.

이성공 '예수천당 불신지옥'이 잘못된 신앙인가요? 이것은 기독교인이라면 다 믿는 교리 아닙니까? 그러면 예수님 안 믿어도 천당 간다는 이야기입니까? 지옥 안 간다는 이야기예요? 분명히 합시다. 거리에서 사람들에게 이렇게 소리치는 것이 좀 윽박지르고 겁주는 것 같아 보기 민망해서 그렇지, 이것이야말로 기독교의 핵심 신앙 아닙니까? 참 답답하네요.

남예혁 그러면 '예수천당 불신지옥'이 예수님이 하신 말씀입니까? 예수님께서 언제 자신을 안 믿으면 지옥 간다고 말씀하셨습니까? 성경을 문자적으로 믿는다는 분이 왜 성경 말씀에도 없는 말로 기독교인들을 오도하고, 비기독교인들에게 예수님에 대한 잘못된 인상을 심어줍니까? 성경을 보세요, 성경을! (화가 난 듯 목소리가 커졌다) 우리가 예수님께서 하신 말씀도 이해하고 따르기 힘든데, 예수님이 하시지도 않는 말씀을 왜 그렇게 열심히 합니까? 믿음이 너무 좋아서 예수님께서 하시지도 않는 말씀을 그렇게 용감하게 전합니까? '예수천당 불신지옥'이라는 신념은 붕어빵 기독교의 가르침에 부합할지 모르지만, 예수님의 가르침과는 거리가 멀어요. 다시 말해 예수님의 기쁜 소식, 즉 복음이 아닙니다. 성경 어디에도 예수님은 자신을 믿지 않으면 지옥 불에 떨어진다고 말씀하신 적이 없어요. 그런데 왜 그것을 마치 예수님 말씀처럼 이야기합니까?

이성공 오늘 이 방송을 기독교인들도 많이 보고 있을 텐데요. 이것은 기독교의 존폐가 걸린 문제입니다. 예수님께서 "나로 말미암지 않고는 아버지께로 올 자가 없다"라고 분명히 말씀하셨고, 수많은 사도도 "예수의 이름 외에는 구원받을 만한 다른 이름이 없다"는 믿음으로 복음을 전해왔는데, 그렇다면 그 모두가 다 거짓이란 말씀입니까? 지옥이 없다면 천국도 없는 것이고, 천국이 없다면 기독교 신앙의 내세관이 사라지는 것인데, 그러면 우리가 예수님을 믿는 이유가 없는 거잖아요? 우리가 예수님을 믿는 것은 구원받기 위해서고, 구원은 죽어서 가는 천국에서 완성되는 것이에요. 안 그런가요?

남예혁 지금 그 말씀들을 '예수천당 불신지옥'과 그렇게 직접 연결하는 것 자체가 예수님의 말씀을 호도하는 것입니다. '예수천당 불신지옥'은 기독교의 존폐가 걸린 문제일지는 몰라도, 예수님의 뜻과는 전혀 상관없는 선전입니다. 성경에서 예수님의 삶과 말씀을 보면 예수님의 관심사는 줄기차게 하나님나라에 있지, 죽어서 가는 천당에 있지 않았습니다. 또 예수님은 죽어서 가는 지옥을 주제로 말씀하신 적도 없습니다. 오늘날 기독교는 천국만큼이나 지옥을 왜곡하고 있습니다. 아니, 단호하게 말씀드리는데요. 지옥을 무기 삼아 예수님 이름을 들먹이면서 남을 정죄하는 기독교는 다 예수님과 상관없는 붕어빵 기독교의 아류입니다. 신약성경을 살펴보면, 예수님이 지옥을 언급한 곳은 유사한 구절을 다 모아도 총 일곱 번 정도에 불과합니다. 그리고 그때 지옥이라는 용어는 본래 헬라어인 '게헨나Gehenna'의 우리말 번역입니다. 예수님이 말씀하신 게헨나는 보통 기독교인이 이해하는 것처럼 예수 안 믿으면 죽어서 가는 지옥을 의미하지 않습니다. 여기에서 게헨나는 구약에서 언급한 '힌놈의 골짜기valley of Hinnom,' 즉 지명입니다. 당시에 '힌놈의 아들 골짜기'라고 불린 곳은 예루살렘 남쪽에 위치한 곳인데요. 이곳이 문제가 된 이유는 당시 유대 신앙으로 볼 때 그곳은 이방 신앙으로 가증한 일과 악한 일이 행해지던 곳이기 때문입니다. 그곳에서 이방 신앙을 가진 자들은 사당을 짓고 심지어 자녀를 불사르는 이교적 제사를 지내기도 했습니다.[10] 예레미야 선지자는 이곳을 '살육의 골짜기'라고 부를 정도로 무시무시한 곳이었습니다.[11] 그곳은 이스라엘의 하나님을 믿는 사람이라면 가고 싶지도 않고, 가서도 안 되는 최악의 장소를 의미했어요. 그래서 예수님은 구체적인 장소로 게헨나라는 힌놈의 골짜기를 지적하신 것이고요. 그렇기 때문에 그 당시 게헨나라는 말을 들은 사람들은 지금처럼 죽어서 가는 지옥을 상상할 필요가 없었어요. 그들은 이미 그곳이 아주 구체적인 장소임을 알았기 때문에 예수님의 말씀을 매우 실감나게 깨달을 수 있었던 거죠. 그다음에…….

이성공 아니, 잠깐만요. 당시의 지옥이라는 말이 어떤 구체적인 장소를 가리켰다고 해서 꼭 그 장소에 국한한다는 법이 어디 있습니까? 더욱이 종교적 차원에서 얼마든지 의미는 확충될 수 있는 것 아닙니까? 에덴의 의미를 구체적인 장소로만 사용합니까? 아니잖아요? 지옥도 그런 것이죠. 처음에는 그렇게 표현되었다 해도 영원히 무서운 곳, 벌 받는 곳, 영원한 불이 타오르는 곳 등 예수님도 그렇게 표현하시지 않았습니까? 그곳이 우리가 생각하는 지옥과 뭐가 그리 다릅니까?

남예혁 이 문제는 중요한 문제라 좀 더 말씀드려야 하니까 발언 시간을 주시기 바랍니다. 맞습니다. 그럴 수 있어요. 하지만 그것은 예수님시대에 그렇게 한 것이 아니라 이후에 기독교가 천국 이데올로기를 만

---

10. 역대하 28:3, 33:6, 예레미야 7:31~32
11. 예레미야 19:6

들어내면서 병행해서 만들어낸 지옥의 이미지입니다. 이미지를 종교화시킬 수는 있어요. 그런데 그 내용을 왜곡하면 안 되지요. 보세요. '예수천당 불신지옥' 신념에 더 심각한 문제가 있어요. 자, 보세요. 설사 예수님이 말씀하신 게헨나를 현실 기독교가 죽어서 가는 지옥으로 이미지를 확대한 것은 그렇다고 칩시다. 그럼에도 그곳은 예수님께서 뜻하신 바는 당신에 대한 믿음 여부에 따라 가고 안 가고 하는 장소가 아니었어요. 지금 말로 표현하면, 지옥을 가고 안 가고가 예수님을 믿고 안 믿고의 판단 기준이 아니라는 말이에요. 예수님께서 지옥을 언급하실 때 그 지옥에 가고 안 가고 하는 문제는 우리의 아주 일상적인 말과 행위, 그리고 마음에 따른 결과라고 말씀하셨어요. 예수님은 지옥에 대해 이렇게 말씀하셨습니다.

그러나 나는 너희에게 말한다. 자기 형제에게 성을 내는 자는 누구나 재판에 넘겨질 것이다. 그리고 자기 형제에게 '바보'라고 하는 자는 최고 의회에 넘겨지고, '멍청이'라고 하는 자는 불붙는 지옥(게헨나)에 넘겨질 것이다.(마 5:22)

이 말씀을 보세요. 지금 예수님은 형제자매에게 화를 내거나 그들을 '멍청이, 바보'라고 생각하고 말하는 사람이 지옥에 간다고 하잖아요. 또 다른 곳에서는 가식하는 사람이나 위선자들이 지옥에 간다고 말씀하셨어요.[12] 다시 말해 예수님이 말한 '게헨나의 불'은 하나님 뜻에 맞는 삶의 구체적인 말과 행동을 강조하는 하나의 경종이었습

—
12. 마 23:15, 33 참조

니다. 그러니까 '예수천당 불신지옥'을 주장하는 것은 예수님의 가르침이 아니에요. 오히려 예수 믿음을 잘못 축약한 붕어빵 기독교의 엄포입니다. 그렇기 때문에 길거리나 지하철에서 '예수천당 불신지옥'을 공개적으로 외치는 것은 오히려 예수님을 욕 되게 하는 행위예요. 그들의 열성은 충분히 이해하지만, 그것은 올바른 깨달음에 바탕을 둔 열정이 아닙니다. 잘못된 열정이 오히려 예수님을 집어삼키고 있는 것입니다.

이성공 아까 제가 인용하지 않았습니까? 그럼 "내가 곧 길이요 진리요 생명이니 나로 말미암지 않고는 아버지께로 올 자가 없느니라"는 말씀은 어떻게 이해하고 계시죠? 예수님을 믿어야 하나님 아버지께로 간다는 말씀 아닙니까? 예수님을 안 믿어서 아버지께로 못 가면 다른 곳, 즉 지옥에 가는 것 아닙니까? 그러니까 그 말이 그 말이지요. 그리고 조금 전에도 말씀드렸지만, 예수님께서 말씀하신 지옥을 기독교가 실재를 지칭하는 상징으로 발전시킨 것은 잘한 것입니다. 구약에는 '스올', 즉 음부라는 개념도 있고요. 그것이 하나의 상징으로 지옥을 표방한 것은 죽음 이후에 무서운 지옥에 가지 말고 예수님을 믿어 영원한 생명으로 들어가자는 갈망을 갖게 되는 것입니다. 예수님께서 말씀하신 지옥을 '죽어서 가는 지옥'으로 만들었다면 그것으로 말씀의 뜻이 더 강해지는 것 아닙니까? 더 무서워서 예수님의 말씀을 잘 지킬 테니까요.

남예혁 그것을 무기로 삼아 남을 위협하거나 정죄하니까 문제지요. 그리고 '나로 말미암는다'라는 말도 '예수님을 믿는다'라는 말과도 그 뜻이 다르고, 또 지금의 기독교가 이 말씀을 자기 마음대로 부정형不定形으로 바꿔서 '예수천당 불신지옥'의 기준으로 삼는 것은 예수님의 말씀을 더더욱 잘못 이해하고 적용하는 것입니다. "나로 말미암지 않고는 아버지께 올 자가 없느니라"는 말씀이 남을 정죄하기 위해서 하신 말씀입니까? 예수님 자신이 받은 하나님의 뜻, 깨달음, 실천 등 그것을 깨닫고 따를 때 우리 또한 예수님처럼 하나님께 이를 수 있다는 축복의 말씀이자 은총의 말씀이죠. 이것을 비기독교인들에게 엄포용 무기로 사용하는 것이 기독교인으로서 할 짓입니까? 그리고 마태복음에 보면 예수님은 분명히 하나님나라는 아버지의 뜻을 행하는 자가 들어간다고 말씀하셨지, 예수님을 '주님, 주님' 한다고 들어가는 것이 아니라고 분명히 말씀하시지 않았습니까?

이때 시민논객 중 한 사람이 갑자기 소리친다.

시민논객 4 그래서 실제로 지옥이 있다는 겁니까, 없다는 겁니까?

신석기 잠깐만요. (당황하는 모습이다) 지금 시민논객분이 뭐라고 말씀하셨는데요. 좀 당황스럽군요. 뭐라고 말씀하셨죠? 이왕 말씀하셨으니 마이크를 좀 전해주시죠? 마이크 없이 말씀하셔서 잘 못들은 분들도 계실 텐데 다시 말씀해주시죠.

시민논객 4 (마이크를 받아든다) 죄송합니다. 듣다 보니 너무 답답해서 저도 모르게 소리쳤습니다. 그런데 정말로 궁금해서요. 다시 질문드리자면 죽어서 가는 지옥이 있습니까, 없습니까? 없는 것을 기독교가 거짓말해서 만든 것인가요? 이런저런 설명은 빼고 그냥 간단하게 단답형으로 대답해주실 수 없나요?

신석기 무슨 말씀인지 알겠습니다. 그런데 토론 진행을 위해 좀 협조해주셨으면 합니다. 이왕 질문하셨으니까 남 교수님께서 대답해주시죠.

남예혁 제 말은 '지옥이 있다, 없다'가 아니라 적어도 '예수천당 불신지옥'의 '그런 지옥은 없다'라는 말입니다. 하나님나라가 있는데, 왜 지옥이 없겠습니까? 지옥은 있어요. 그러나 예수님이 말씀하신 지옥은 지금의 기독교가 말하는 것처럼 예수님 안 믿어서 가는 곳을 의미하지는 않았다는 것이고요. 그러나 분명히 지옥은 있어요. 그리고 사람들은 죽기 전에도 엄연히 지옥을 경험하고 있어요. 마음 번민과 고통이 심할 때, 그곳이 바로 지옥이에요. 한시라도 빨리 죽고 싶을 정도로 고통스럽게 사는 사람들이 얼마나 많습니까? 그곳이 바로 지옥이에요. 그런 마음의 지옥에서 하나님나라로 인도하시는 분이 예수님이시죠. 죽어서도 마찬가지죠. 세상에서 영혼이 행복하지 못했던 사람이 천국에 갈 수 있을까요? 그런 사람은 죽어서도 영혼이 편안하지 못한 곳에 가겠죠. 그곳이 지옥이에요. 그리고 예수님의 말씀처럼 형제를 미워하고 남을 무시하는 사람들이 가는 지옥에 갑니다. 그러니까 자신이 예수님을 믿는다고 해도 잘못 믿었다가는 얼마든지 현실에서 지옥을 경험하고, 또 죽어서도 지옥에 갈 수 있어요. 예수님을 입으로 '주님'으로 고백했다고 해서 무슨 짓을 하든 죽어서 천국에 간다고 말하는 기독교는 이단 중의 이단입니다. 기독교인들 가운데에도 지금의 현실에서 '지옥'을 사는 사람들이 많아요. 제 말을 믿지 않아도 좋습니다만, 저는 그렇게 믿고 있습니다. 제 말은 기독교가 말한 '그런 지옥은 없다'라는 뜻이고요. 다시 말씀드리지만, 하나님나라가 이미 우리 안에 있는 것처럼 지옥도 '바로 여기'에 있어요. 마음의 행복과 평화도 없이 괴롭게 사는 사람들은 죽어서가 아니라 지금 지옥에 사는 것이나 다름없습니다.

조하나 설사 '예수천당 불신지옥'이 옳은 교리라고 해도 이런 전도 방식이 현대 사회에 효과가 있는지 의문입니다. 옛날에는 사람들이 지옥불이 무서워 예수님을 믿었는지 모르지만, 이젠 시대가 달라지지 않았나요? 지금 이 시대에 그런 '엄포 전도'는 오히려 예수님과 기독교에 대한 반감만 불러일으킬 뿐이에요. 지옥에 대한 두려움 때문에 예수님을 믿는다고 한들 그 사람이 올바른 예수 믿음을 계속 지닐 수 있을지 의문스럽고요. 이 점에서 저는 전도와 선교를 구분합니다. 지금까지는 전도 하면 국내 전도, 선교 하면 해외 선교로 구분하면서 둘 다 개종시키는 것을 목적으로 했습니다. 하지만 이제는 전도는 말 그대로 예수님의 도道, 예수님의 진리, 예수님의 길을 전하는 것이어야 합니다. 예수님의 마지막 명령은 기독교의 체계나 교리를 전한다는 의미에서 선교가 아니라 예수님의 복음을 전하는 것이에요. 이 전도는 성숙한 그리스도인들만이 감당할 수 있는 일이라고 믿어요. 지금 한국 교회가 세계에 17,000명의 선교사를 파송했다고는 하지만, 오히려 세상 사람들에게 비난받는 처지에 놓인 이유는 교회가 성숙해지지도 않은 채 섣불리 선교사를 파송하고 있기 때문입니다.

예신자 그런데 말씀 중에 죄송한데요. 명동이나 역 근처에서 '예수천당 불신지옥'이라고 쓴 띠를 가슴에 두르고 있는 사람들은 얼굴이 왜 그렇게 하나같이 이상하게 생겼고, 또 무섭게 생겼어요? 그 내용은 둘째치고 사람들이 볼 때 좀 번듯한 사람이 그런 이야기를 해야 그나마 믿어지지 않을까 하는데요. 그 사람들을 무시하는 게 아니라 정말 이상하다고 생각할 때가 많아요. 이왕 그런 전도를 하려면 좀 더 세련되고 믿음직스럽게 하면 좋지 않을까요? 갑자기 지엽적인 문제를 말하는 것 같지만, 그런 작은 것들이 일반 사람들에게는 혐오감을 줄 수 있거든요. 기독교의 이미지에도 영향을 미치고요. 안 그런가요?

나정통 '지옥 불 신앙'과 관련해 아주 의미심장한 성경 말씀이 있습니다. 한 번은 예수님께서 마음을 굳게 먹고 예루살렘으로 올라가셨습니다. 사실 예수님은 예루살렘을 그리 좋아하지 않으셔서 그곳에 가려고 하지 않으셨습니다. 그래서 성경은 '마음을 굳게 결심했다'고 표현했 습니다. 그만큼 비장하고 절박했던 것이지요. 그래서 예수님은 제자 들을 먼저 보내 준비해야 할 것을 준비하도록 했습니다. 그런데 예루 살렘으로 가려면 사마리아를 거쳐야 했고, 제자들은 그곳에 머물 계 획으로 사마리아 사람들에게 편의 제공을 요청했습니다. 그런데 뜻 하지 않게 사마리아의 마을 전체가 마치 데모를 하듯 예수님을 영접 하지 않겠다고 하면서 거부합니다. 제자들로서는 화가 날 법한 일이 벌어진 것입니다. 그래서 야고보와 요한이 화가 난 채로 흥분해서 예 수님께 말합니다. "주여, 우리가 불을 명하여 하늘로부터 내려 저들 을 멸하라 하기를 원하시나이까?" 다시 말하자면 "하늘에서 불이 내 려오게 해서 사마리아 마을 전체를 다 태워버리시죠"라고 말한 것입 니다. 그 정도로 분에 겨웠고, 또 그렇게 벌을 주면서 뭔가를 보여주 고 싶었던 것입니다. 그런데 그 말을 들은 예수님께서는 오히려 그들 을 심하게 꾸짖습니다. 성경에는 그 내용을 자세하게 기록하지 않았 지만, 제자들이 예수님에게 혼쭐나는 꾸지람을 들었음을 쉽게 상상 할 수 있습니다. 제자들은 사마리아 사람들이 하나님의 자녀로 보이 지 않았습니다. 그저 심판받을 대상이라고 생각할 뿐이었습니다. 이 는 긍휼과 자비의 마음이 없는 비인간적인 태도입니다. 그러나 예수 님은 비록 자신이 배척을 받았지만, 정반대의 마음을 가지셨습니다. 사마리아인들을 심판하지 않으셨습니다. 지금 우리에게 필요한 마음 은 바로 이 마음입니다. 이런 예수님의 마음을 품어야 합니다. 설사 사람들이 예수님을 영접하지 않는다고 해서 그들에게 불을 떨어뜨려 심판하는 것을 당연한 것처럼 생각하거나, 아니면 그들에게 불이 떨어지기를 기대하는 마음과 태도를 보여서는 안 됩니다. 분명한 것은 '예수천당 불신지옥'이라는 구호에서는 예수님의 자비로운 마음이 전혀 느껴지지 않습니다. 설사 그것이 사실이라면 더더욱 그들을 안타깝게 여기고, 긍휼히 여겨야 하는 것이 기독교인의 마음 자세입니다. 그것이 예수님의 마음이요, 하나님 마음 아니겠습니까?

여시민 기독교의 지옥 불 신앙은 단지 그 한 가지 형태만은 아니고요. 여러 가지 형태로 변형되어 발전해왔어요. 예를 들어, 각종 자연재해로 죽거나 아픔을 당하는 비기독교인들을 향해서 그것이 하나님의 진노요 심판이라고 말하는 사람들도 지옥 불 신앙의 신봉자들이죠. 몇 년 전 동남아시아에서 쓰나미로 수십만 명이 죽었을 때도 전 세계의 지옥 불 신앙인들은 그들이 힌두교도들과 모슬렘들이라 하나님의 저주를 받은 것이라고 말했어요. 미국의 기독교 근본주의자들도 예외가 아니었는데요. 2005년 8월에 허리케인 카트리나가 뉴올리언스주를 덮쳤을 때 기독교 목사들은 '동성애 죄 때문에 하나님이 그들을 쓸어버리기로 한 것', '낙태 문화에 대한 하나님의 심판'이라는 목청을 높였어요. 저는 이런 잘못된 믿음들이 지옥 불 신앙이 낳은 병폐라고 생각해요. 일종의 신앙 변태죠. 자연재해로 무고하게 죽은 소위 '신실한' 기독교인들에 대해서는 어떻게 설명하는지 궁금합니다.

예신자 저 같은 평신도들에게는 그런 목사님의 말씀이 참 헷갈리게 만듭니다. 이번에 코로나바이러스가 중국 우한에서 발생했을 때에도, 초기에 몇몇 목사님들은 "중국이 기독교를 탄압해서 하나님께 벌을 받는 것이다", "구약을 보면 전염병은 하나님의 벌이다"라고 설교하는 것을 들었어요. 이것은 좀 아니라도 생각합니다.

남예혁 그것도 지금 말하고 있는 '지옥 불 신앙'의 변종입니다. 지금의 기독교가 예수님의 종교로서 기독교다워지려면 예수님의 구원 의미를 천당으로 축소하거나 반대로 지옥 불 신앙으로 왜곡하는 것에서 벗어나야 합니다. 그런 신념은 기독교에서 예수님을 점점 더 내쫓는 결과를 가져올 뿐입니다. 그것도 문제지만, 그런 기독교는 예수님께서 삶으로 보여주신 구원받은 이의 충만하고 행복한 삶을 전혀 드러내지 못할 것입니다.

믿기 쉬운 가벼운 기독교

신석기 잘 알겠습니다. 지옥 이야기를 하니까 토론 열기가 후끈 달아오르네요. 너무 열띤 논쟁을 해서 좀 쉬어가는 의미로 이 목사님께 개인적인 질문을 하나 드리고 싶은데요. 아까 말씀 중에 민망하다는 표현을 하셔서 갑자기 생각이 났는데요. 시무하시는 교회의 이름이 왜 민망 교회인지요? 민망 교회, 듣기에 따라선 참 민망한데…….

사람들이 폭소한다.

이성공 (아직 흥분이 채 가라앉지 않은 듯 굳은 표정으로) 그것은 '민망하다' 할 때의 민망이 아니라 '민족의 소망'이 되는 교회라는 뜻입니다. '족소' '민소'라고 하면 이상하지 않습니까? 그런데 민망이라고 하니까 특이하잖아요? 이렇게 사회자분처럼 사람들도 관심 있게 한 번

더 물어오고요. 우리 민족의 소망이신 예수님을 생각하면서 큰 뜻으로 지은 이름입니다. 그런데 뭐 지금 이 자리에서 중요한 문제라고 묻습니까? 아직 흥분하고 있는 사람한테……. 하기야 교회 홍보해줘서 고맙기는 하네요.

신석기 네, 그렇군요. 감사합니다. 하도 열기가 뜨거워서 좀 식힌다는 뜻에서 물어봤습니다. 민망교회, 이제 민망하지 않네요. (웃음) 다음 주제로 넘어가지요. 이번에 말씀을 많이 안 하신 분들이 많이 이야기해주시면 좋겠습니다. 붕어빵 기독교가 되는 세 번째 원인으로는, 기독교가 예수님은 자신을 따르는 제자도와 십자가 신앙을 강조했는데, 현실 기독교는 예수님 믿는 것을 아주 쉬운 일로 둔갑시키고 있기 때문이라고 하셨는데요. 이것에 대해 간단하게 이야기해보겠습니다.

남예혁 제가 잠깐 보충 설명을 할게요. 지금 기독교는 점점 더 사람들의 요구에 맞는 '쉬운 기독교easy Christianity'를 선전하고 있어요. 이 기독교는 '이미 한 번 예수님을 그리스도로 고백했기 때문에 어떻게 살고 행동하든 관계없이 무조건 천국에 간다'고 선전하면서 예수 제자로서의 삶은 외면해버립니다. 사실 이런 예수님의 말씀을 전하면 사람들이 싫어할 뿐 아니라 교회에 나오지도 않기 때문입니다. 이것은 기독교가 예수님의 말씀을 따르는 것이 아니라 사람들의 입맛을 쫓아가는 거죠. 성경에 기록된 예수님의 말씀을 보거나 사도들이 한 말씀을 보면 예수님을 믿는 길은 참으로 힘겨운 고난의 길입니다. 그 길은 예수님을 믿기 전의 삶에서 돌아서지 않으면 따를 수 없는 길이죠. 길 자체가 힘든 것도 있지만, 더욱 힘든 것은 우리가 그동안 하나님으로부터 너무 멀어져 있었기 때문입니다. 또한 우리가 속한 이 세상의 길이 예수님의 길과는 전혀 다른 길이기 때문입니다. 이 두

가지 어려움을 가지고 예수님을 따라야 하니 우리의 나약한 힘으로
는 불가능해 보일 정도입니다. 그런데 기독교가 기독교인을 늘린다는
목적으로 이 모든 여정을 감추거나 간략화한 채, 그저 예수님을 믿
는 길이 아주 편하고 쉬운 길처럼 환상을 심어주고 있어요.

여시민 저는 음료수에만 '라이트lite'가 있나 했더니 그런 기독교를 '가벼운
기독교Christianity lite'라는 용어로 표현하는 것을 보았습니다. 이렇게
가벼운 기독교에서 흘러나오는 말을 가만히 들어보면, '어떤 다이어
트나 운동 없이도 10kg 감량 보장'이라는 다이어트 식품 광고와 비
슷해요. 굶거나 운동을 꾸준히 열심히 하는 등의 노력 없이 저절로
몸무게를 빠지게 한다는 다이어트 식품 광고처럼 예수님을 믿는 것
도 큰 노력이나 대가가 필요한 게 아니라고 말하고 있어요. 즉 따라
가기 편하고 믿기 쉬운 기독교를 강조합니다. 그런 기독교는 "예수라
는 에스컬레이터를 그저 타고만 있으면 저절로 천국에 가게 되어 있
다"라고 말해요. 어떤 실천이나 수행도 크게 필요 없고, 일단 천국
가는 표는 따놓았기 때문에 어떻게 살아도 천국은 가게 된다고 광고
합니다. 한술 더 떠서 그것은 예수님의 은총 덕분이니 단지 편하게
기독교인이 되기만 하면 된다고 선전합니다.[13] 예수님의 제자, 따름,
십자가 같은 단어는 잘 사용하지 않지요.

예신자 그리고 보면 요즘은 예수님 믿는 것이 편해 보이는 게 사실 같아요.
특별히 예수님 믿는다고 고난이나 어려움을 당하는 것도 아니고요.
우리 어렸을 때만 해도 유교나 불교적인 문화가 일반적이었기 때문에
교회에 다닌다고 하면 "연애당에 왜 다니느냐", "예수 믿으면 밥 먹여

---

13. Robert S. McElvaine, 《Grand Theft Jesus》, Crown, 2008, p. 2, 33~35

주냐"라는 말을 참 많이 들었어요. 친구들을 전도하려고 하면 친구들은 교회를 다니고 싶은데 집안의 반대로 못 다니는 경우가 많았죠. 지금의 젊은 사람들은 잘 모를 거예요. 그때는 '예수님을 믿으면 고난을 받는 것이 당연하고, 또 예수님을 믿기 때문에 고통도 당한다'라는 마음이 늘 있었거든요. 그리고 그것을 자랑스러워하기까지 했고요. 지금 기독교에는 그런 것이 많이 없어진 것 같아요. 세상이 좋아진 것인지, 아니면 믿음이 약해진 것인지 분간이 잘 안 가네요.

조하나   교회에 다닐 때 그 정도의 힘듦도 없어진 지 오래예요. 예수 공동체에 거하기 위해서는 목숨을 걸어야 했던 초대 기독교인들을 생각하면 요즘 교회 다니는 것은 말 그대로 출석부에 도장 찍는 모습이지요. 예수님을 따르기 위해 사자 밥이 되어야 했던 험난한 시대의 사람들을 생각해보면 오늘날 예수님을 믿기는 쉬워도 너무 쉬워졌어요. 그런데 사실 예수님 믿기 쉽다고 말하는 것은 예수님을 제대로 안 믿는 것과 같은 말이에요. 왜냐하면 예수님을 믿는다는 것은 곧 예수님의 길을 따른다는 것이고, 그 길을 따르는 것은 결코 쉬운 길이 아니기 때문이지요. 본래 그리스도인이 된다는 것은 예수님 말씀대로 자기를 부인해야 걸어갈 수 있는 길입니다. 예수님의 말씀을 비춰보더라도 그 길은 부자의 경우에는 자기의 것을 다 팔아서 가난한 사람들에게 나눠주어야 따를 수 있는 길입니다. 어떤 제자는 아버지 장례식도 못 지내고 따라가야 하는 길이었고, 어떤 제자는 가족과 인사조차 나눌 수 없을 만큼 철저히 자기 부모와 친척과 가족을 버리지 않고서는 못 따르는 길이었고, 또 자신을 미워하지 않고서는 따라갈 수 없는 험난한 길이었지요. 그러니 예수님을 믿고 따르는 길이 얼마나 어려운 길입니까? 예수님을 쉽게 믿고 쉽게 따를 수 있다고 가르치는 것은 결코 예수님의 복음이 아니에요.

남예혁 현실 기독교가 예수님의 복음에 충실하기보다는 교인들의 입맛에 따라 움직이고, 그들의 가벼운 요구에 따라 변화하기 때문에 기독교의 본래 모습이 변질하고 있는 것입니다. 그래서 '행동으로 보여주는 그리스도인Christian-doers'이 아니라 '말만 하는 기독교인Christian-sayers'이 양산되고 있고요. 그들의 입술은 멋지고 아름다운 표현으로 예수님을 묘사하고 찬양하지만 예수를 따라 움직이려고 하지는 않습니다. 예수 믿음과 따름의 비전vision이 아니라 예수님에 대한 자기 환상illusion에 갇혀 있어요. 심지어 쉬운 기독교는 어떤 죄와 잘못을 범해도 벌을 받지 않도록 예수라는 죄 여과 장치가 있으니 걱정하지 말라고 말합니다. 그것을 죄사함의 은총이라고 말해요. 교회가 정한 일정한 회개 과정만 거치면 만사가 무사통과죠. 그러면서 그들은 예수님께 이렇게 외칩니다. "오, 죄짓지 않고 십자가를 지신 예수여! 제가 죄를 짓되, 십자가는 지지 않게 하소서!"[14] 하나님께 죄를 회개하면 용서를 받는 것은 사실입니다. 그러나 그것은 예수님께서 엄청난 대가를 지불하셨기 때문에 생긴 은총이지, 공짜가 아니에요.

나정통 그런 '쉬운 기독교'나 '가벼운 기독교'가 예수님의 은혜와 구원을 값싸게 취급하는 것은 정말 큰 문제입니다. 그것은 대속신앙을 오해하는 것이기도 하고요. 예수님의 값비싼 대가가 있었는데, 많은 사람이 그것을 공짜라고 생각하는 경향이 있어요. 구원받는 것은 전적으로 하나님의 은혜지만, 구원받은 사람으로 살아가려면 그 대가를 지불해

---

14. 지젝, 〈오, 죄짓지 않고 수태하신 성모여, 제가 수태하지 않고 죄짓게 하옵소서!〉, 《죽은 신을 위하여》, 길, 2007, p. 83 참조

야만 합니다. 예수님의 말씀 가운데 이런 비유가 있는데, 어떤 사람이 밭을 갈다가 보화를 발견하거나, 장사하다가 진주를 발견하면 자신의 모든 재산을 팔아 그 밭과 진주를 산다는 말씀입니다. 이 말씀을 오늘 토론에 적용해보면, 예수님을 믿는 것은 자신의 전 재산과 삶을 걸고 헌신한다는 뜻으로 이해할 수 있습니다. 예수님을 믿고 따르는 것, 즉 기독교인이 된다는 것은 그만큼 획기적이고, 위험이 따르는 것이며, 또 결단이 필요한 행동이라는 말씀으로 이해할 수 있지요.

남예혁 기독교인들조차 '가벼운 기독교'를 선호하는 이유는 그 안에 아주 '감미로운 주님'이 담겨 있기 때문입니다. 기독교인들은 그저 초콜릿처럼 감미롭고 우유처럼 부드러운 예수님을 만나게 되지요. 인자하시고 사랑스럽고 '달콤한 예수sweet Jesus'의 단맛에 취해 감정 복받친 찬양으로 화답하죠. 때론 눈물을 흘리며 감동의 찬양을 합니다. 그러나 그때뿐입니다. 좀 심하게 표현하면 그런 찬양은 일종의 립 서비스lip-service예요. 그런 기독교에서 예수님을 믿는다고 해도 삶의 변화가 없고, 믿음의 뿌리도 자라지 않습니다. 금방 뜨겁다가도 이내 식어버리는 냄비신앙 때문입니다. 이런 사람들은 히브리서 말씀대로 '단단한 음식을 먹지 못하는' 신앙인의 모습입니다. 조 목사님도 말씀하셨지만, 예수님을 따르는 제자도discipleship, 즉 자기 자신에 대한 끊임없는 부인否認과 매일 짊어지고 따라야 할 자신의 십자가를 강조하지 않는 기독교는 가짜 기독교입니다. 그렇게 예수님을 온전히 따르는 것이 얼마나 힘든지 아시기 때문에 하나님은 우리에게 은총을 베푸시고, 위로하시고, 또 영혼의 평화와 쉼을 주시는 것 아닙니까? 이것을 거꾸로 생각하면 곤란합니다.

이성공 지금 말씀하시는 것은 큰 틀에서 저도 동의합니다. 다만 여기서 구체적으로 나눠야 할 말씀은, 예수님께서 우리에게 지라고 하신 십자가가 어떤 의미인가 하는 것입니다. 예수님께서 "자기 십자가를 지고 나를 따르라"고 했을 때 그 말을 직접 들은 사람들은 분명하게 이해했을 텐데, 오랜 시간이 지난 지금은 너무 자의적으로 해석하고 있어요. 심지어 자신을 구박하는 시어머니도 십자가, 못난 남편도 십자가, 원수 같은 자식도 십자가, 이렇게 자신을 괴롭히는 일이나 사람들을 십자가로 삼는 경우가 많아요. 또 사회운동을 하는 목사나 기독교인들은 사회에서 당하는 고난이나 시대의 고통 등을 십자가라고 말합니다. 이렇게 십자가가 다양하게 이해되기 때문에 도망갈 구석도 많은 거 아니겠습니까? 지금 말씀하신 대로라면 '가벼운 기독교'를 믿는 사람들은 예수님을 편하게 믿어야 정상인데, 실제로는 그렇지 않아요. 다들 힘들어해요. 다 자신의 십자가가 있다고 하고요.

조하나 예수님 당시에 십자가라는 말을 듣는 제자들은 지금 우리가 생각하는 십자가와는 사뭇 다른 느낌이었을 것입니다. 우리는 십자가라고 하면 오직 예수님과의 연관성만 떠올리지만, 예수님의 십자가 처형을 아직 경험하지 못한 사람들에게는 십자가가 훨씬 다양하고 실제적인 의미로 다가왔으리라 생각돼요. 잘 알다시피 십자가는 당시 로마가 자신들에게 반역하는 사람들을 처형하는 사형제도 중 하나였잖아요? 그리고 예수님이 태어나기 불과 몇십 년 전에는 수천 명의 유대인이 한꺼번에 십자가에 처형당하기도 했고요. 그러니까 예수님께서 자신을 따르려면 자기 십자가를 지고 따라야 한다고 말할 때는 아주 비장하고 실감 나는 표현이자 실질적인 요구였으리라 봅니다. 우선 그 점을 먼저 말씀드리고 싶어요.

남예혁 기본적으로 당시 상황에서 십자가는 죽음의 상징입니다. 그것도 가장 잔혹한 죽음의 이미지를 갖고 있었습니다. 아마도 이 말씀을 듣던 제자들의 마음은 아주 비장했을 겁니다. 두려움마저 몰려왔을 것이고요. 저는 이 십자가에 어떤 현대적인 의미를 부여하기 전에 우리가 쉽게 생각하고 믿을 수 있는 본래 의미를 먼저 받아들여야 한다고 봅니다. 단순하게 말하면, 저는 십자가를 지고 따르라는 말씀은 자신의 목숨과 생명을 걸고 따르라는 말씀으로 받아들입니다. 십자가는 십자가형을 선고받은 사람이 지는 것이므로, 그는 이미 죽은 목숨과 다름없습니다. 자신이 달릴 십자가는 누가 대신 져주는 것이 아니라 자기가 지고 가야 하잖아요? 자기 십자가를 지고 따르라는 말은 예수님을 따르는 길이 곧 목숨을 걸고 따르는 것으로 이해해야 합니다. 예수님을 따르는 길은 그런 각오로 따라야 갈 수 있는 길입니다. 목숨을 건다는 것은 자신의 삶을 모두 거는 것이고, 그렇게 하려면 결국 날마다 자기를 부인해야 합니다. 결국 이것은 하나로 연결된 삶의 길이죠. 죽을 각오만 하는 것이 아니라 실제로 날마다 죽어야 걸어갈 수 있는 길이라고 말씀하신 것입니다.

예신자 그렇게 이해하니까 예수님을 믿는 것과 따르는 것이 너무 어렵고 힘들게 느껴지는데……. 그리고 실제로 그런 따름은 소수에게만 가능한 길이 아닐까요? 저 같은 평신도에게는 그렇게 십자가를 지고 따라가는 삶은 왠지 요원해 보여요.

남예혁 만약 예수님이 그런 요구에 그쳤다면 너무 잔인해 보이겠죠. 그러나 예수님은 그 삶이 바로 생명의 삶임을 말씀하셨습니다. 그것이 바로 부활 신앙입니다. 부활 신앙은 당시 바리새파 사람들에게도 매우 중요한 신앙이었는데, 예수님은 이 부활 신앙을 더욱 새로운 신앙으로 발전시켰습니다. 예수님은 단순히 죽어서 부활하는 것이 아니라 "살아서 믿는 자는 영원히 죽지 않는다"라는 새로운 부활 신앙을 보여주셨습니다. 즉 부활 신앙은 예수님께서 돌아가시고 부활하신 이후에 생긴 것이 아니라 이미 예수님의 삶 속에서 계속 말씀하시고 심어주신 믿음의 세계입니다. 예수님은 자기 십자가를 지고 따를 때 참 생명에 도달할 수 있다는 생명의 법칙을 보여주신 것입니다. 십자가가 단지 십자가로만 끝나지 않음을 먼저 보여주신 것이죠. 그뿐 아니라 세상의 권세를 이길 힘도 주신다고 약속하셨습니다. 힘든 길인만큼 그 길을 걸어갈 힘을 주신 것입니다.

예신자 그런데 우리가 져야 할 십자가를 그런 식으로 설명하면 우리의 일상과 너무 동떨어진 것으로 보이지 않나요? 그리고 어떻게 따르는 것이 목숨 걸고 따르는 것일까요? 일상생활에서 그렇게 비장하게 예수님을 따라야 하나요?

여시민 그래서 저는 이 십자가가 지닌 의미를 그리스도인의 삶이 지향하는 하나의 출발점이자 마음 자세, 걸어가야 할 큰 방향이라고 봅니다. 즉 우리가 자신의 십자가를 지고 예수님을 따르는 삶은 사랑으로 희생을 각오하고 출발해서 생명으로 걸어가는 길입니다. 예수님께서 보여주신 십자가 사건은 우리가 십자가를 지고 예수님을 따르는 삶이 참 생명의 부활을 사는 것임을 증명해준 사건이고요. 그러니까 오늘날 우리가 삶 가운데 자기 십자가를 진다는 것은 그 출발과 방향 및 토대, 다시 말씀드려 사랑과 희생의 토대 위에서 생명을 지향하는 삶 속에서 예수님의 뜻에 합당한 구체적인 일들을 실천하는 것이라고 믿어요.

조하나 자기 십자가를 이해할 때 중요한 것은 각자가 삶 속에서 져야 할 십자가는 사람마다 다르다는 것이죠. 즉 주님을 따르려고 할 때 감당해야 할 삶이 다르다는 것입니다. 그러니 자신의 십자가를 남과 비교해 서도 안 되고, 비교할 필요도 없어요. 우리 각자에게 감당할 수 있을 정도의 십자가를 주신다는 것을 믿고 따라가면 됩니다. 그러나 십자 가의 본래 의미, 즉 죽음으로 산다, 죽음으로 생명을 일으킨다는 믿 음은 잊지 말아야겠지요.

나정통 십자가를 이야기하면서 느끼는 것은 지금의 한국 기독교뿐 아니라 저를 포함한 기독교인들이 얼마나 자기 십자가를 잊고 살았는가 하 는 부분입니다. 십자가라고 하면 예수님이 지신 십자가만 생각했지, 자기 십자가는 거의 생각하지 않고 있습니다. 한국 기독교는 한국 기 독교의 십자가가 있고, 개교회는 개교회의 십자가가 있고, 기독교인 은 기독교인으로서 자신이 짊어져야 할 십자가가 있는데, 그것을 잊 고 있다고 봅니다. 또 예수님이 우리를 위해 지신 십자가가 지닌 사 랑과 생명은 정작 우리가 져야 할 십자가를 통해 드러난다는 사실 도 잊고 있습니다. 만약 우리가 십자가를 지지 않으면 예수님의 십자 가는 계속 하나의 장식품으로 걸려 있게 될 것입니다. 십자가를 잊고 어떻게 예수님을 따를 수 있겠습니까? 회개해야 할 부분이 바로 이 것입니다.

예수는 로또 복권

신석기 네, 알겠습니다. 옛날 사람들처럼 기독교를 믿는다고 박해나 어려움 을 당하는 것도 아니고, 교회에 가면 너도 나도 환영해주니 예수를 믿는 것이 그리 어려워 보이지 않는 것 같습니다. 또 사회 지도층이나 부유층 가운데 기독교인들이 많으니까 기독교인이 되는 것이 사회생활에도 도움이 된다고 생각하는 것 같고요. 그런데 한 가지 의문은 기독교가 그렇게 편한 기독교와 쉬운 기독교라는 전략으로 나오는데도 왜 기독교인은 점점 줄어드는 거죠? 더 늘어야 정상이라고 보는데, 어떻게 생각하시죠?

여시민 그것이 바로 기독교가 잘못되어 가고 있다는 증거예요. 한 알의 밀이 땅에 떨어져 죽지 아니하면 진정한 생명과 열매를 맺을 수 없다는 예수님의 말씀은 진리입니다. 그 말씀에 따라 기독교가 죽고 썩어야 하는데, 그러지 않고 얄팍한 방법과 선전으로 사람들을 끌어들이려고 하니까 부작용이 일어나는 거예요. 예수님도 그런 기독교인을 만들고 싶지 않을 것이고요. 또 다른 한편 쉽게 예수님을 믿기 시작하니 쉽게 떠나는 현상이라고도 볼 수 있습니다.

신석기 그렇군요. 그럼 네 번째 원인으로 넘어가겠습니다. 붕어빵 기독교가 되는 원인 중 하나로 기독교인들이 예수님을 이용하여 자신의 욕망과 원하는 복을 이루려는 경향을 지적하셨는데요. 그런데 슬라보예 지젝Slavoj Žižek이 이런 말을 했더군요. "기독교는 희생의 종교, 즉 현세의 쾌락을 포기하는 종교가 아니라 대가를 치르지 않고서도 마음껏 욕망에 탐닉할 수 있는 전략을 우회적으로 제공하는 종교다." 그러면서 말하기를, 계속 이 주장대로 간다면 그리스도가 희생으로 보여준 궁극적 메시지는 "너는 욕망에 마음껏 탐닉하여 삶을 즐겨도 좋다. 내가 이미 그 값을 치렀기 때문이다"라는 것으로 귀착될 것이라고 했는데요.[15] 이 주제와도 관련이 있는 것 같습니다. 이 문제에 대

---

15. 지젝, 《죽은 신을 위하여》, 길, 2007 p. 82~83

해 어떻게 생각하시는지요?

이성공　지금 말씀하신 것은 잘못된 기독교의 원인이 아니라 잘된 기독교의 긍정적인 면으로 볼 수 있습니다. 욕망이라는 표현만 순화한다면 말이죠. 하나님과 예수님이 우리가 복 받기를 원하시지, 불행을 원하시겠습니까? 예수님께서 우리를 위해 십자가에서 돌아가시고 죄에서 구속하셨습니다. 그래서 우리는 자유인이 되었고, 궁극적인 죽음의 문제가 해결되었습니다. 얼마나 행복한 사람들입니까? 이거 하나만 보더라도 기독교인은 행복한 사람이에요. 그리고 하나님은 우리의 기도를 들어주시는 아버지십니다. 그래서 예수님께서도 "아들이 떡을 달라 하는데 돌을 주며 생선을 달라 하는데 뱀을 줄 사람이 있겠느냐 너희가 악한 자라도 좋은 것으로 자식에게 줄 줄 알거든 하물며 하늘에 계신 너희 아버지께서 구하는 자에게 좋은 것으로 주시지 않겠느냐?"고 말씀하셨어요. 이는 우리가 예수님의 이름으로 진심으로 기도하면 하나님께서 우리의 소원을 들어주신다는 것이에요. 우리의 원함을 채워주신다는 것이죠. 그러므로 지금 말씀하신 것을 일방적으로 잘못된 것으로 말할 순 없어요.

남예혁　이 목사님이 말씀하신 것처럼 욕망이나 복을 그렇게 좋게 해석해서 받아들일 수도 있어요. 그러나 그 배경은 그렇게 순진하지 않고, 또 함정이 있다는 것을 알아야 해요. 자, 보세요. 기독교의 이런 경향에 그렇게 거부반응을 보이지 않으신다는 것은 우리 기독교가 '~를 위해 예수님을 믿는다'라는 신앙 패러다임에 얼마나 익숙해져 있는지 잘 보여주는 것입니다. 물론 하나님과 예수님은 우리를 위해서 존재하십니다. 그러나 우리가 예수님을 믿는 목적이 지극히 개인의 욕망 성취나 이기적인 자기만족에 있다면, 그것은 올바른 신앙 태도가 아니죠. 더욱이 자기 자신의 욕망과 욕구를 '하나님의 축복'이라는 기대 속에 숨겨놓아서도 안 됩니다. 요새 기독교인들은 용감하게도 세상적으로 성공하는 것을 하나님 축복의 전부인 양 말하고 있어요. 그러면서 하나님께 물질의 축복을 받게 해달라고 숨김없이 당당하게 드러내고 기도합니다. 이런 신앙의 모습이 하나도 이상하지 않은 분위기가 되어버렸어요. 그런데 이런 기도를 이상하게 여기지 않는 기독교가 더 이상하지 않습니까?

예신자 "기독교는 노력의 종교가 아니라 은혜의 종교다"라는 말을 많이 들었어요. 그리고 그 은혜는 우리의 일상적인 삶 깊숙이 스며들어 있고요. 물질에 대한 문제도 그래요. 우리가 마치 하늘에서 복이 통째로 굴러떨어지기를 바라면서 아무것도 하지 않은 채 물질적인 축복을 받으려고 한다면, 그것은 은혜에 대한 믿음이라기보다 도둑놈의 심보겠죠. 그러나 하나님 앞에서 믿음을 가지고 성실하게 노력하는 가운데 하나님의 물질적인 축복을 기대하는 것은 잘못이 아니라고 믿어요. 하나님은 우리를 풍요롭게 하시는 분이시고, 그 풍요는 영적인 풍요뿐 아니라 물질적인 풍요도 포함되어 있는 것이고요. 또한 그런 물질의 축복이 있어야 주위 사람들에게 더 많은 사랑을 나눌 수 있지 않겠어요? 우리가 성실하게 일하면서 물질의 축복을 바라는 것은 결코 잘못된 기도가 아니지요.

조하나 축복을 바라는 것 자체를 잘못되었다고 말할 순 없어요. 그러나 많은 기독교인이 예수님을 믿고 기도하면 모든 것이 가능해지고, 언제나 행복하고, 심지어 예수님이 우리를 부자로 만들어줄 것이라는 확신이 있어요. 또한 그들은 주위에 소위 예수 믿고 복 받은 사람들을 열거하면서 자신들의 주장을 더욱 확신 있게 전하지요. 그들에게 예수님은 마치 당첨 가능성이 높은 로또 복권 같아요. 이 '예수로또 복권'을 붙들고 믿음으로 바라면 언젠가는 자신이 바라는 대로 당첨되리라 믿는 것이지요. 목사들은 한술 더 떠서 그런 복이 당첨되지 않는 것은 당연히 믿음이 부족해서지 예수로또의 책임이 아니라는 듯 말해요. 이런 분위기 때문에 요즘 기독교인들은 자신들의 욕망이 덧칠해진 '헛된 기도'를 남발해요. 문제는 그렇게 믿고 기도하다가 원하는 대로 응답이 없으면 실망하게 되고, 잘못되면 하나님과 예수님에 대한 신앙까지도 저버린다는 것이지요.

나정통 이 문제는 소위 기복신앙이나 기복주의 문제와도 연결되는데요. 많은 사람이 한국 기독교를 비판할 때 기복신앙을 문제 삼습니다. 한국 기독교인들은 복 받기를 좋아해서 복을 받기 위해 기도한다는 것이지요. 문제는 기복주의 신앙에 있는 것이지, 복을 비는 기복祈福 그 자체에 있다고 보지는 않습니다. 다시 말해 이 두 가지를 구분해야 합니다. 모든 것을 기복주의로 몰아간다면 기독교도 자기모순에 빠지게 될 것입니다.

신석기 지금 기복과 기복주의를 구분해야 한다고 말씀하셨는데, 구체적으로 어떻게 구분할 수 있을까요? 자기모순이라면 어떤 것을 말씀하시는 것이죠?

나정통 우선 기복주의는 하나님께 복을 빌고, 그 결과에 따라 아전인수 격으로 하나님을 판단하면서 신앙생활을 하는 모습입니다. 예를 들면 이렇습니다. 복을 빌었는데 자신이 빌었던 복을 못 받게 되면 하나님을 원망하거나 실망하게 되고, 그래서 신앙이 흔들리게 됩니다. 복을 주시면 잘 믿고, 안 주시면 안 믿는 식의 미신迷信 같은 신앙이지요. 한편으로 복을 비는 기복은 인류의 본능적인 마음이자 모든 종교의 공통요소입니다. 사람 중에 복 받기 싫어하는 사람이 어디 있습니까? 그렇게 복을 비는 마음을 종교적 행위로 표현하는 것도 당연합니다. 복이 꼭 물질적인 축복만이 아니잖아요? 마음의 행복, 건강, 영혼의 기쁨 등 보이지 않는 복도 많습니다. 바울도 "네 영혼이 잘되고 범사가 잘되고 강건하기를 바란다"고 말했잖아요. 그런 복이 자신에게 이뤄지도록 계속 기도하고, 또 실제로 복 받을 수 있도록 행동을 해야 합니다. 그러니 기복 그 자체를 부정적으로 보면 곤란합니다. 저는 가끔 지극한 정성으로 자식을 위해 기도하던 어머님들의 기도 모습이 떠올라요. 추운 겨울에 노인의 몸을 이끌고 새벽기도에 가셔서 자식들이 복 받고 손자가 잘되기를 바라며 기도하시는 모습이 눈에 선합니다. 아마 지금도 시골의 어느 교회에서는 이 시간에 철야를 하면서 기도하시는 어르신들이 계실 것입니다. 그런데 그런 분들에게 "할아버지, 할머니! 그런 기도는 기복주의 기도예요. 그렇게 기도하면 하나님이 안 들어주세요"라고 가르치면서 기도를 막겠습니까? 그것은 오히려 교만한 행동입니다. 그들이 설사 복을 달라는 기도를 했다고 해서 그것이 기복주의 신앙은 아니지요. 그런 기도는 내용이 아무리 부족하고 잘못되었어도, 그 정성과 마음 때문이라도 하나님이 받으실 것입니다.

신석기 기복주의와 기복을 구분하지 않으면 기독교 자체도 모순에 빠진다고 말씀하셨는데…….

나정통 구약성경을 보면 하나님께서 자신의 말과 명령을 진심으로 믿고 순종하면 복을 주신다고 말씀하셨어요. 하나님은 복을 주시는 분임이 분명합니다. 그런데 조건이 붙어 있어요. 하나님을 몸과 마음과 정성을 다해 사랑하면서 그 계명을 지키는 것입니다. 이 말씀은 도외시한 채 복을 비는 것이 문제입니다. 그러나 말씀에 순종하면서 복 주시기를 바라는 마음마저 문제 삼는다면 복 주시는 하나님을 믿지 않는 결과가 초래할 수 있다는 점에서 모순을 지적한 것입니다.

여시민 나 교수님의 말씀에 일리가 있습니다. 그런데 현대 기독교가 기복주의를 더욱 교묘하고 세련되게 포장해서 전파하고 있는 것이 문제예요. 그런 기독교에서는 예수를 마치 만병통치약인 것처럼 팔고 있어요. 예수님을 믿으면 우리가 원하는 모든 것을 받을 수 있다고 말해요. 이때의 예수님은 마치 도깨비방망이와 같은 존재가 되어버리죠. 그들은 눈물로 '놀라운 은혜'를 노래하면서 달콤한 목소리로 외치죠. "네가 원하는 모든 것을 기도하라! 그러면 예수님은 너희의 모든 갈망과 욕망을 들어주실 것이다." 제가 너무 경박하게 표현하는지 모르겠지만, 내면을 들여다보면 이것은 사실이에요. 겉으로 그렇게 말하지는 않지만 저 깊은 무의식을 들여다보면 예수님의 이름을 이용하고 활용해서 결국 자신의 복을 채우려는 욕망이 깔려 있어요. 그러나 예수님은 정반대로 말씀하시지 않았나요? 오히려 예수님을 믿고 따르려면 자기가 원하는 것, 기존에 자기가 욕망하던 것들을 다 버려야 하는 것이 아닙니까? 예수님을 믿고 보니 자기가 원하고 욕망하던 것들이 다 무가치한 것으로 여겨져서 그것을 버리고 오직 예수님과 함께 죽고 함께 살면서 나아가는 길이 기독교인의 삶 아닙니까? 지금 기독교는 예수님께서 말씀하신 것과 정반대로 가르치고 있어요.

남예혁 '로또신앙'과 '도깨비방망이'라는 표현을 사용하셨는데, 만약에 이런 신앙으로 산다면 삶에서 겪게 되는 고난과 고통, 힘듦은 도저히 신앙적으로 이해하거나 용납할 수 없게 됩니다. 예수님을 믿으면 무조건 원하는 것이 이루어지고 행복만이 주어지리라 확신하다가 삶의 실패와 아픔이 생기면 그것을 인정하거나 수용할 수 없어서 하나님을 원망하고 예수님 신앙을 버리는 결과를 가져올 수 있어요.

이성공 누가 '무조건'이라고 말합니까? 전 그렇게 말하는 목사를 한 번도 못 봤습니다. 그렇게 무식하게 말하다가는 오히려 교인들이 다 떨어져 나갑니다. 어떤 목사가 그것을 책임진다고 그렇게 무조건 다 이루어진다고 말하겠습니까? 현상을 너무 단순하게 표현하는 거예요. 잘 모르고 하시는 말씀이고요. 삶에서 당하는 고난과 고통이 얼마나 많습니까? 그래서 광야 생활이라는 표현을 하기도 하고, 고난을 겪을 때 믿음으로 이겨내라고 격려하기도 합니다. 고난은 하나님과 다시 한번 깊이 대화하고 기도하는 은혜의 시간이라고 말합니다. 초보 기독교인이 아니고서야 어떻게 고난 없는 믿음을 생각합니까? 그리고 무턱대고 하나님께 간구하는 기독교인은 그렇게 많지 않아요.

남예혁 물론 그렇게 노골적으로 말하거나 기도하지는 않는다고 봅니다. 하지만 많은 기독교인의 신앙이나 기도의 내용을 보면 복 받지 못하면 뭔가 잘못된 신앙이라는 의식이 깔려 있어요. 그런 신앙 가운데 있다가 고난을 겪으면 하나님과 예수님을 원망하거나 자신이 뭔가 잘못했다는 죄책감에 사로잡히기 쉽습니다. 이런 시각에서 보면 기독교인 중에서 가난한 사람들, 고난을 받는 사람, 사회적인 약자들은 마치 그들이 예수님을 잘못 믿어서 그렇게 되었다고 이해하게 된다는 것이 문제입니다. 고난받는 욥을 비난한 친구들처럼 말이죠.

여시민 심지어는 가난한 것도 가난한 귀신이 붙어서 그렇다고 말해요. 귀신도 이 말을 듣고 놀라 자빠질지 몰라요. 아니면 자신들의 전략을 하나 더 늘리겠죠. 자신들이 미처 생각지도 못했는데, 이제 '가난팀'을 만들어서 귀신을 파견하려고 할 겁니다. 요즘 같은 신자본주의 사회에서는 가난도 대물림된다고 하던데, 그러면 귀신도 세습되겠네요? 그런 설교를 들은 가난한 사람들은 어떻게 행동해야 하나요? 귀신을 내쫓는 기도를 해야 하나요?

조하나 지금 기독교는 '예수님을 위해 무엇을 할 것인지 고민하지 말고, 예수님이 나를 위해 무엇을 할 수 있도록 구하라'는 의식이 점점 강하게 번져가고 있어요. 이 말이 삶에 희망을 주는 말처럼 들리기도 하겠지만 예수님을 따르는 삶과는 전혀 관계없는 삶입니다. 만약 기독교인들이 예수님을 믿는 그 자체보다 믿음이 가져다줄 그 '무엇'에 더 관심을 둔다면 그것은 붕어빵 기독교 바이러스에 감염되어 있다는 증거겠죠. 이런 기독교인들은 하나님의 영광보다 자신의 소원과 영광을 위해서 예수님을 이용하려는 사람들이에요. 물론 하나님은 우리에게 은혜를 베푸시는 분이십니다. 우리의 간구를 들으시는 분이시고 우리를 위해 많은 일을 하시는 분임이 틀림없어요. 그러나 우리의 욕심과 욕망에 좌우되시는 분이 아니지요.

예신자 사실 생각해보면 '예수님께서 우리에게 영원한 삶을 주셨는데, 무엇을 더 바라고 구할 수 있겠는가?' 싶은데, 현실로 돌아오면 하나님께 온갖 것을 받으려는 욕심은 끝이 없는 것 같아요. 예수님을 믿으면 믿을수록 우리 마음이 비워지고 욕망도 사라지는 것이 당연한 모습이에요. 그런데 처음 믿을 때는 더 바랄 것도 없이 그저 감사한 마음뿐이었는데, 점점 갈수록 예수님을 이용하려는 것처럼 행동하니 뭔가 잘못되고 있는 것은 분명해요.

조하나 흔히 사업을 하거나 직장을 다니는 기독교인들이 이런 기도를 많이 하지요. "하나님! 제가 돈을 많을 벌면 하나님 사업을 위해 바치겠나이다. 물질로 하나님의 교회를 섬기겠나이다. 그러니 사업 잘되게 해주시고 돈을 많이 벌게 해주세요!" 저는 이렇게 기도하고 서원하는 분들의 진심을 믿어요. 그러나 하나님이 이런 기도를 좋아하실까요? 이 기도가 올바른 기도라고 생각하십니까? 하나님이 그런 기도를 잘 들어주실까요? 아니요. 잘 안 들어주세요. 제 주위에 이렇게 기도하며 평생을 사업했지만, 사업에 성공하지 못한 사람들의 고백을 많이 들어요. 그래서 실망하고 낙담하고, 또 "왜 하나님이 이런 나의 기도를 들어주시지 않으셨나?" 하면서 하나님을 원망하는 사람들도 봤어요. 이런 기도는 하나님이 원하시는 기도가 아니에요. 이 기도 자체, 문장은 잘못되지 않았지만 많은 경우 이렇게 기도하는 사람의 저 깊은 마음속에는 '돈 벌고 싶은 마음'이 '하나님께 헌신하는 마음'보다 먼저고 그 욕망이 기도로 표현되고 있어요. 그 기도가 욕심 없는 기도가 되려면 그 기도 끝에 반드시 "하나님! 그리하시지 않을지라도, 제가 비록 돈을 많이 벌지 못할지라도 삶으로 당신께 헌신하겠나이다"라는 기도가 나와야 해요. 그렇게 기도하며 지금 가진 것을 통해 하나님께 헌신하는 사람에게 하나님께서 물질로 축복해주실 거예요. 실제로 돈을 많이 못 벌었다 해도 그런 신앙인은 결코 실망하거나 후회하지 않아요. 왜냐하면 하나님이 우리의 재물을 원하시는 분이 아니라 우리의 삶 전체를 원하시는 분임을 알고 또 믿기 때문이에요. 그러니까 하루빨리 자신의 기도에 욕망이나 욕심이 교묘하게 숨어 있지 않은지 되돌아봐야 합니다.

나정통 예수님을 믿는 이유가 우리의 욕망이나 욕심을 채우는 데 있는 것이 아니라 오히려 예수님이 자신을 온전히 비우신 것처럼 우리 또한 비움의 삶을 살기 위한 것입니다. 예수님이 우리에게 보여주신 삶의 모습은 아주 단순한 삶이었습니다. 욕망은 고사하고 아주 필수적인 것조차 간구하지 말라고 하셨습니다. 우리가 기복주의 신앙에서 벗어나려면 예수님께서 말씀하신 대로 무엇을 먹을까, 마실까, 입을까를 걱정하지 말고 "먼저 하나님의 나라와 의를 구하고, 그 나라가 이 땅 위에서 이뤄지기를 기도하라"는 말씀을 따르는 길밖에 없습니다. 이 말씀을 진리로 믿는다면 사실 우리의 필요와 물질적인 축복을 위해 기도해야 할 것은 별로 없다고 봅니다. 예수님은 그런 기도를 이방인들이나 할 기도라고 말씀하셨어요. 지금 표현으로 하면 그런 물질의 축복이나 성공을 위해 기도하는 것은 비기독교인이나 하나님을 믿지 않는 사람들이 하는 기도라는 말씀입니다. 기독교인이 그렇게 구하는 것은 하나님을 믿는 신앙이 아닙니다. 예수님께서 하신 말씀을 기억한다면 자신의 욕심을 채우는 데 필요를 간구하는 것은 잘못된 기도임이 분명합니다. 엄격히 말해서 우리의 필요를 위해 해야 할 기도는 "우리에게 일용할 양식을 주옵소서"라는 기도밖에 없는 거예요.

여시민 우리가 믿고 원하는 것이 그대로 다 이뤄지는 것이 참믿음의 표시이고 행복의 길이라고 생각하지만, 그것은 아주 위험한 발상이에요. 우리가 원하는 것이 다 올바른 것이 아니며, 때로는 위태로운 결과를 초래하기 때문입니다.

조하나 얼마 전에 그런 기사를 본 적이 있는데요. 50년 전까지만 해도 생활에 꼭 필요한 필수품은 50여 가지였다고 해요. 그런데 지금은 무려 800여 가지나 된다는군요. 생활하는 데 필수적이라고 생각하는 것들이 늘어난 거예요. 핸드폰, 컴퓨터, 식기세척기, 김치냉장고 등 불과 십여 년 전만 해도 없어도 전혀 불편하지 않았는데, 지금은 없으면 살지 못할 정도로 필수적인 것이 되어버렸죠. 그런데 욕심도 그렇게 발전하고 있다는 것을 아세요? 우리도 모르는 사이에 욕망의 내용과 가지 수도 늘고, 그 강렬함도 늘어나면서 점점 커지고 있어요. 옛날에는 욕심이라고 하면 일상적인 것과는 동떨어진 잘못된 욕구를 뜻했는데, 요즘은 욕심이 일상화되어 있는 데다 표출하는 것도 별로 거리낌이 없어요. 어떤 경우에는 실제로 욕망하는 것조차도 그것은 욕망이 아니라 아주 필수적인 욕구 정도로 여기고 있어요. 그리고 욕심을 채우는 일은 당연한 것이 되었고요. 마찬가지로 기독교인들도 이제는 욕심이 욕망인 줄도 모르는 사이에 욕망대로 기도하고, 욕심대로 받고 싶어 하는 것입니다. 그것은 세상의 욕망에 익숙해져 있기 때문이고, 세상에 펼쳐지고 있는 욕망이 아주 일상적인 욕구 또는 정상적인 욕구로 포장되어 있기 때문입니다. 하나님과 예수님이 우리의 욕망이나 욕심에 휘둘리실 분은 아니지만, 예수님을 믿는 이유가 자신의 원함을 이루는 수단이 되어서는 안 되는 것이죠. 그런 신앙은 결코 예수님이 원하시는 태도가 아니라고 믿어요. 그러니까 우리가 바라는 것이 욕심인지, 욕망인지 분별하려면 자기가 원하는 것을 깊이 들여다볼 필요가 있어요. 그것을 왜 원하는지, 누구를 위한 것인지, 그리고 그것이 이뤄졌을 때 하나님과 예수님께 어떤 열매가 되는지 곰곰이 생각하고 기도해야 해요. 욕망은 죄를 낳고, 죄가 잉태하면 사망을 낳는다는 말씀을 기억해야 합니다.

예신자 이전에 많이 부르던 찬송 중에 〈주 예수보다 더 귀한 것은 없네〉라는 곡이 있습니다.

주 예수보다 더 귀한 것은 없네 이 세상 부귀와 바꿀 수 없네
영 죽을 내 대신 돌아가신 그 놀라운 사랑 잊지 못해
세상 즐거움 다 버리고 세상 자랑 다 버렸네

주 예수보다 더 귀한 것은 없네 예수밖에는 없네

이 은혜로운 찬송의 가사가 흐지부지 사라진 것 같아요. 지금 우리가 세상 그 어떤 것보다 예수님을 가장 귀하게 여길까요? 그런 생각을 해보게 되는데요. 어떤 사람이 와서 "일 년만 예수 믿지 말고 교회에 다니지 않으면 네 아들 서울대 보내줄게"라고 말한다면, 정말로 눈 딱 감고 예수님 안 믿을 사람 많을 것 같아요. 혹은 어느 재벌 기업의 총수가 와서 "딱 일 년만 예수 안 믿으면 매달 천만 원씩 주겠다"고 한다면, "일 년인데, 뭐 어때"라고 하면서 따를 사람 많겠지요? 예수님이 너무 사랑스럽고 믿어져서 그분 한 분만으로 만족하는 기독교인이 얼마나 될까요? 옛날 할머니들이 많이 불렀던 찬송도 기억이 나네요.

예수님, 내 주여! 내 중심에 오소서.
주님 한 분만으로 만족하옵니다.

맘몬신앙에 물들어가는 기독교

신석기 여러분 모두가 하나님과 예수님이라는 존재를 자신의 욕망 도구로 사용하는 신앙 태도에 대해서는 비판하시는데, 한편에서는 그 증세를 좀 더 심각하게 보고 있는 것 같습니다. 이 또한 다음 토론의 주제와 긴밀하게 연결되어 있어서 계속 토론해보겠습니다. 마지막으로 한국 기독교가 붕어빵 기독교의 모습을 띠게 되는 원인으로 자본주의 논리에 편승한 맘몬주의가 기독교 안에 강하게 작용하고 있기 때문이라고 했는데, 여러분 생각은 어떤지요?

나정통 보수 신학에서도 돈을 신으로 경배하는 '맘몬주의mammonism'에 대해 경계하라고 많이 가르쳐왔습니다. 사실 맘몬신앙은 구약시대부터 하나님신앙을 위협하는 가장 위험한 신앙이었어요. 그런데 이게 말처럼 그렇게 쉽지 않습니다. 오늘날에는 더욱 그런 것 같습니다. 자본주의와 그 문화 속에 살다 보니 어쩔 수 없이 기독교가 자본주의 가치와 논리에 물들고 있지 않나 하는 안타까움이 듭니다. 교회와 자본주의 사회 사이의 문턱이 너무 낮아졌습니다.

이성공 자본주의가 다 나쁜 것은 아니지 않습니까? 인간의 능력을 성실하게 발휘하게 하고 정당한 보상을 받게 한 것도 자본주의에서 가능해진 것이 아닙니까? 공산주의 사회가 무너진 것도 이것이 실현되지 않아서 그렇다고 봅니다. 그래서 막스 베버 같은 사회학자는 기독교가 자본주의의 태생에 크게 이바지했다고 긍정적으로 말하지 않았습니까? 물론 자본주의의 병폐도 있지요. 인간의 가치를 돈으로 판단한다든가, 돈이면 행복도 살 수 있다는 식의 가치를 심어주는 등 많이 있지요. 하지만 자본주의를 너무 이데올로기적으로 비판하다 보면 그 문제가 더 커져 보이는 것 같습니다.

남예혁 잘 지적하셨는데요. 초기자본주의에서 기독교가 나름대로 건강하고 좋은 정신으로 이바지한 것은 사실입니다. 그런데 자본주의도 많이 달라지고 변질되었습니다. 또 자본주의의 잘못된 가치나 문화가 기독교 내부에 깊이 스며들어 있는 것도 사실입니다. 그 대표적인 현상이 지금 말씀하신 맘몬주의인데요. 오늘날에는 돈을 신으로 믿거나 하나님을 물신物神으로 믿는 맘몬신앙이 아주 교묘한 탈을 쓰고 기독교와 교회 내에서 기독교 신앙을 갉아먹고 있어요. 맘몬신앙은 이미 구약시대에도 '야훼신앙'을 무섭게 위협하는 종교이자 문화였어요. 하지만 지금처럼 노골적으로 기독교인들뿐만 아니라 온 세계가 물신을 믿고 따르는 시대도 없었을 겁니다. 이런 현상에 편승해서 기독교도 하나님을 '돈의 신'으로 변질시키고 있어요. 다시 말해 두 가지 방향에서 맘몬주의가 번성하고 있는 것입니다. 하나는 자본주의의 틀 안에서 돈이 하나님이 되고, 기독교 내적으로는 하나님이 돈의 신이 되는 것입니다. 자신은 하나님을 믿지, 맘몬이라는 신을 믿지 않는다고 해서 자신하면 안 됩니다. 그 맘몬을 하나님의 이름으로 믿고 있을 수도 있으니까요.

여시민 지금 기독교인이건 아니건 간에 사람들은 예수님이 가르쳐주신 주기도문이 아니라 '돈 기도문'을 주문처럼 외우고 다니는 것으로 보입니다. 돈 기도문은 이렇습니다.

지갑과 통장 가운데 계신 나의 돈님이여
이름이 거룩히 여김을 받으시오며
돈이 판치는 세상에 임하셨사오니
소득이 부동산 투자에서 이루어진 것같이
주식 투자에서도 이루어지이다
오늘날 나에게 쓰고도 남을 돈을 주옵시고
내가 나에게 빚진 자를 고소할지라도
내가 진 빚은 탕감하여 주옵시고
나를 불황에 들게 마옵시고
다만 부도와 파산에서 구하옵소서

대개 자본주의 나라와 권세와 영광이

돈님에게만 영원히 있사옵나이다

돈 내!

이성공 참, 심지어 주기도문까지 그렇게 오염시켜서야 되겠습니까? 사실 말이지요. 돈은 그 자체로 선善도 아니고 악惡도 아닙니다. 그 돈을 어떻게 사용하느냐에 따라 약도 될 수도 있고, 독이 될 수도 있어요. 그런데 자본주의를 너무 이념적으로 비판하는 분들은 돈에 대해 일종의 혐오감을 가진 것 같아요. 그러면서 겉으로는 돈에 대해 깨끗한 척하면서도 속으로는 돈에 매여 있는 모습은 별로 다르지 않고요. 돈에 대한 이런 이중성에서 벗어나야 합니다. 그것도 돈에 대해 자유롭지 못한 것이니까요. 돈을 신神으로 믿는 물신주의는 돈을 최고로 알고, 돈이면 다 되는 줄 압니다. 그러므로 더욱 우리는 자본주의 안에서 돈의 가치를 지혜롭게 활용해야 합니다.

조하나 성경에서도 '돈이 모든 악의 뿌리'라고 말하는 것이 아니라 분명히 '돈을 사랑하는 것이 모든 악의 뿌리'라고 말했어요. 나 교수님께서 말씀하신 대로 기독교가 노골적으로 맘몬 신을 믿으라고 주장하지는 않아요. 겉으로는 기독교 목사들도 물신주의를 비판하고 맘몬을 주의하라고 말하죠. 그러나 실제로는 달라요. 많은 기독교인이 일반 사람들 못지않게 돈을 사랑하고 섬기고 있어요. 그것은 교회 문화를 들여다보면 알 수 있어요. 교회 활동을 할 때도 실제로는 돈이 모든 결정의 중심 자리를 잡고 있어요. 기독교인들의 사고와 생활을 봐도 대부분 하나님보다는 돈이 우선입니다. 그들에게는 하나님도 돈이고, 돈도 하나님입니다. 돈이 있으면 하나님처럼 무엇이든지 가능하다고 확신하고 있어요. 그래서 이제는 하나님과 맘몬 사이에서 갈등할 필요가 없어요. 둘 다 잘 섬기면 되고, 또 그럴 수 있다고 착각하니까요. 그래서 그 마음과 행동의 중심에는 돈 신이 앉아 있는데도 그것을 알아차리지 못하고 그리 어색하게 생각하지도 않아요. 모든 가치와 기준, 삶의 목표, 행복의 조건이 돈이에요. 또 사람 관계도 거래 관계로 여기는 세상에 대해서 관대합니다. 더 심하면 마음속으로 '죄송하지만 하나님! 하나님 없이는 잘 살아도, 돈이 없으면 못 살아요'라고 말하죠. 돈이 행복의 기준이 된 것은 일반 사람들과 다르지 않아요. 한마디로 기독교인들도 돈을 구걸하는 걸신乞神, hungry demon 에 사로잡혀서 하나님마저 돈에 걸신들린 신으로 만들고 있어요. 하나님과 돈, 이 둘을 같이 섬길 수 없다는 예수님의 말씀이 무색해진 시대예요. 신앙의 차원에서도 돈이 있으면 믿음이 있고, 돈이 없으면 믿음도 없어 보이는 '무전무신無錢無信 유전유신有錢有信'의 시대가 되어 버렸어요.

이성공 조 목사님! 목사님이 그렇게 생각하기 때문에 목회도 성공 못 하고 이름도 규모도 '작은 교회'에서 목회하고 계신 겁니다. (사람들이 웃는다) 보세요. 자본주의 안에서 교회가 돈 없이 할 수 있는 것은 별로 없습니다. 이것은 인정해야 합니다. 그래서 교회에 헌금하는 것 아닙니까? 헌금을 많이 해야 교회 재정이 튼튼해지고, 재정이 튼튼하면 주님의 일도 많이 할 수 있잖아요. 지금 이 방송을 진행하고 있는 이 교회의 문화공간을 보세요. 얼마나 잘해놓았습니까? 돈이 있으니까 이렇게 꾸밀 수도 있고, 일반 사람들이 자유롭게 문화를 누릴 수 있도록 문화선교도 할 수 있는 것 아닙니까? 돈이 있어야 선교도 할 수 있고, 헌금이 충분해야 재정도 튼튼해지는 겁니다. 헌금을 많이 하게 하려면 오히려 신도들이 돈에서 자유롭게 만들어주어야 해요. 돈에 얽매여 있으면 헌금 내는 것도 부담스러워하거든요. 그러니 헌금을 많이 걷게 하려면 돈 욕심을 버리라고 설교하는 것이고, 또한 그것은 맘몬신앙을 거부하는 것이기도 하니까 일거양득 아닙니까? 결론적으로 말씀드리면 기독교가 헌금을 제대로 강조하는 것은 맘몬신앙을 조장하는 것이 아니라 오히려 그것을 거부하는 것입니다. 똑바로 보셔야 합니다.

여시민 이 목사님은 당당하게 헌금을 권하셔서 지금처럼 소위 성공한 목회를 하시는군요? 이왕 말이 나왔으니 헌금에 대해 한마디 하겠습니다. 우리가 교회를 위해서 헌금을 드리는 건가요? 헌금은 하나님의 은혜에 감사하여 우리의 마음을 표현하는 행위 아닌가요? 그리고 그 헌금은 하나님께 바친 것을 교회 공동체가 겸허히 사용해야 하는 것이 아닌가요? 지금의 교회는 이것이 거꾸로 되어버렸어요. 일을 먼저 정해놓고 헌금을 강요하고 있어요. 그리고 이 목사님 말씀처럼 평신도들이 돈에 자유로워서 헌금을 많이 할까요? 물론 하나님의 은혜에 감사한 마음으로 헌금하는 분들도 많이 계시라고 생각합니다. 그런데 혹시 그 마음의 저 밑바닥에는 다른 마음이 있는 게 아닐까요? 또는 직분 때문에 마지못해서 하는 헌금은 없나요? 한 통계를 보면, 한국의 개신교가 이런 물신주의 경향을 보이는지에 대한 질문에 '전혀 그렇지 않다'라고 대답한 사람은 3.8%에 불과했고, '별로 그렇지 않다'가 20%였습니다. 나머지 '그렇다'고 대답한 사람은 무려 40.5%였습니다. 구약시대와 다른 자본주의 시대의 물신주의는 핵심이 뭔가요? 거칠게 표현하면 '돈 내고 돈 먹기'입니다. 그 전에는 욕망으로 물신을 숭배하는 데 그쳤다면, 지금은 하나님께 돈을 내고 더 많은 돈을 받겠다는 거예요. 이런 물신주의에 빠진 기독교가 이제는 예수님을 물신으로 만드는 데 열중하지 않겠어요? 교회와 물신주의, 예수님과 물신은 결코 양립할 수 없는 가치인데도 기독교 안에서 둘은 서로 도와가며 지내고 있어요.

조하나 이 목사님께서 방금 헌금에 대한 신념을 말씀하셨는데요. 그것은 아주 위험한 발상이에요. 예수님께서 "너희는 하나님과 재물을 함께 섬길 수 없다"고 말씀하셨어요. 이때 '섬긴다'는 동사는 헬라어로 '둘로우($\delta o u \lambda \varepsilon \dot{u} \omega$)'인데요. 이 단어는 단순히 그것을 좋아하고 따르는 정도가 아니라 '종처럼 매여 있다, 노예로 산다'는 뜻입니다. 그리고 재물이라는 단어도 단순히 돈이나 물질이 아니라 '맘몬($\mu a \mu \omega v$),' 즉 이미 신격화되어 있는 물질을 의미합니다. 다시 말해 우리가 하나님께 매여 있어야지, 돈 신에게 종처럼 매여 있으면 안 된다는 뜻입니다. 돈 신에게 매여 있다는 것은 단순히 돈이 필요하고, 또 좋아하는 정도가 아니라 돈이 없으면 아무것도 할 수 없는 신앙을 뜻하는 거예요. "돈 없으면 할 수 있는 게 아무것도 없어!" 우리가 이런 표현을 얼마나 자주 쉽게 합니까? 이것은 그런 신념과 신앙이 내면화되어 있기 때문이에요. 이것을 당연히 거부해야 하지 않나요? "돈이 있어도 하나님의 뜻 없이는 아무것도 할 수 없어! 비록 돈이 없어도 예수님의 뜻이라면 무엇이든지 가능해!"라고 고백해야 하지 않나요? 바울의 고백처럼 돈이 있으나 없으나 '내게 능력 주시는 자 안에서 내가 모든 것을 할 수 있다'는 고백이 나와야지, 기독교인의 입에서 어떻게 돈 없이는 아무것도 할 수 없다는 말이 그렇게 쉽게 나올 수 있나요? 기독교인이 어떻게 돈이면 모든 것이 가능하다는 생각을 그렇게 아무렇지도 않게 할 수 있나요? (격정에 울먹이고 눈물이 맺힌다)

나정통 사도행전 8장에 보면 사마리아에 시몬이라는 마술사가 나옵니다. 시몬은 마술을 부리면서 사람들을 놀라게 하고 자기 자신이 큰 인물이라고 떠들고 다니던 사람이었습니다. 사마리아 사람들 모두가 그를 보고 "이 사람이야말로 위대한 힘이며, 하나님의 힘이다"라고 칭송했습니다. 그는 빌립의 전도를 받은 후 예수님을 믿게 되었고, 세례를 받고나서부터 빌립을 쫓아다녔습니다. 그는 아직 성령의 세례를 체험하지 못하고 있다가 다른 사도들이 사람들에게 안수하자 성령의 역사가 일어나는 것을 보고 깜짝 놀랐습니다. 그래서 시몬은 사도들에게 돈을 가져가서 바치며 말합니다. "저에게도 그런 권능을 주시어 제가 안수하는 사람마다 성령을 받을 수 있게 해주십시오." 그때 베드로가 말하지요. "그대가 하나님의 선물을 돈으로 살 수 있다고 생각했으니 돈과 함께 망할 것이오. 하나님 앞에서 그대의 마음이 바르지 못하니, 이 일에서 그대가 차지할 몫도, 자리도 없소." 그 다음 말이 중요합니다. "그대는 그 악을 버리고 회개하고 주님께 간구하시오. 혹시 그대가 마음에 품은 그 의도를 용서받을 수 있을지도 모르오. 내가 보기에는 그대는 쓴 쓸개즙과 불의의 포승에 갇혀 있소." 얼핏 생각하면 '시몬이 얼마나 성령의 능력을 갖고 싶었으면 돈으로라도 사려고 했을까' 하고 안타까운 마음으로 넘어갈 수 있는 대목입니다. 그런데 베드로는 그것을 악이라고 말하면서 혹시 용서가 될 수 있을지, 없을지 모를 정도로 중대한 죄를 지었다고 말합니다. 돈으로 하나님의 은사, 하나님의 것, 하나님의 일을 도모하려는 맘몬적인 생각이 얼마나 큰 죄인지 보여준다고 생각합니다. 그것은 하나님보다 돈에 매여 있는 우리의 모습이기 때문입니다.

이성공 물론 돈의 노예가 되지 말아야 합니다. 그것은 당연하지요.

조하나 많은 목사님들이 말은 그렇게 하지만, 실제로 보세요. 많은 교회의 일들이 돈에 따라 움직이잖아요? 하나님의 일을 하다가도 재정이 떨어지면 너무도 쉽게 포기하잖아요? 그리고 한국 교회에서 교인들에게 돈에 지배당하지 않고, 돈을 지배하는 삶이 무엇인지 가르쳐준 적이 있습니까? 교회가 인간의 섹슈얼리티sexuality, 즉 성性 문제에 대해 침묵하고 있는 것처럼 돈에 대한 올바른 '쩐의 신학'을 가르쳐주지 않기 때문에 돈에 대한 이중적이고 위선적인 태도를 취하게 되는 거예요. 성과 돈, 현대인의 삶에서 굉장히 중요하고, 또 예수님께서도 말씀하신 부분인데 교회는 터부taboo로 여기고 있는 거예요.

신석기 교회가 성 문제에 대해 이야기하는 것을 터부로 여긴다는 말이 제 귀에 쏙 들어오네요. 그런데 그 주제를 함께 다룰 수 없어서 아쉽네요. 그런데 기독교인들이 돈에 대한 이중적인 태도를 지니고 있다는 점에서 이 목사님이나 조 목사님도 동의하시는 것 같습니다.

남예혁 세상은 '시장의 신maket-god 외에는 다른 신이 없다'는 분위기가 점점 강해지는 게 사실이고, 더욱 더 그런 방향으로 나아갈 것입니다.[16] 그래서 하나님이 시장을 지배하는 것이 아니라 시장(돈)이 하나님을 지배한다는 논리가 점점 강하게 펼쳐지는데, 교회 또한 이것을 강하게 거부하지 않는 게 문제입니다. 조 목사님도 말씀하셨지만 아무리 믿음이 좋아도 가난한 사람은 교회에서 맥을 못 춰요. 그래서 믿음이 좋으면 돈도 많고, 돈이 많으면 믿음도 좋다는 논리예요. 사업하던 교인이 사업이 망하면 창피하다고 교회를 안 나가요. 이건 자본주의 시장의 논리죠. 이러다가는 기독교도 바알의 종교처럼 '오직 이익으로

---

16. 《Grand Theft Jesus》, p. 62

만 의롭다 함justification by profit alone'을 얻는 종교가 될지도 몰라요.[17] 그런 붕어빵 기독교 현상이 벌써 시작되었고, 이제 가난한 사람은 교회 다니기도 껄끄러운 시대가 되었습니다. 그러다 보니 부자 교회에는 부자만, 가난한 교회에는 가난한 사람만 다니는 교회의 양극화 현상이 심화되고 있어요.

이성공 그것은 저도 교회의 잘못된 모습이라고 생각해요. 그러나 솔직히 고백하는데, 목회를 하다 보면 어쩔 수 없는 측면이 있어요. 이미 성도들도 그런 빈익빈 부익부 문화에 익숙해져 있어요. 누가 뭐라고 하지 않았는데도 그렇게들 알아서 행동해요. 저도 답답할 때가 많습니다. 교회 밖의 사회 문화에 그만큼 적응이 되어 있기 때문이죠. 예를 들어 강남에서 같은 지역의 비싼 아파트와 임대아파트 사람들이 한 교회에 같이 못 다녀요. 저로서도 이해가 되면서도 안 되기도 하고 그렇습니다. 하지만 어쩌겠습니까? 서로 눈치를 보는데……. 예수님이 이런 교회 공동체의 모습을 원하지 않는다는 것 정도는 저도 인정합니다.

여시민 이런 통계가 있어요. '개신교회에 가난한 사람이 마음 편히 다닐 수 있는가'라는 질문을 했는데요. 전체 응답자 중 26.7%만이 '그렇다'라고 응답했습니다. 개신교인 중에도 50%가 '마음이 불편하다'라고 응답했어요. 반 이상이 마음이 불편하다는 거죠. 이것은 부자나 가난한 사람 모두에게 했던 질문인데요. 만약 가난한 사람들에게만 물어봤다면 어떤 통계가 나왔을까요? '마음 편하게 다닐 수 없다'라는 의견에 90% 이상 동의했을 것입니다. 기독교가 예수님을 진정으로 따

---

17. 《Grand Theft Jesus》, p. 63

르는 종교라면 이 질문에 대해 단 1%도 예외 없이 '마음 편히 다닐 수 있다'라는 대답이 나와야 하는 거 아닙니까? 제가 이상적인 기대를 하는 건가요? 예수님께서 이 땅에 계실 때 그와 함께 먹고 마시면서 하나님나라를 전한 사람들은 대부분 가난한 사람들이 아니었나요? 그들의 어려움과 아픔, 가난과 배우지 못함, 실패와 절망 등이 오히려 하나님의 은총을 담아내는 보자기였다고 생각합니다. 그리고 예수님은 그들과 함께 하나님나라 운동을 일으키셨어요. 또 초대교회에서는 가난한 자나 부자나 자신의 것을 모두 내놓고 함께 필요에 따라 나눴다고 했습니다. 이것이 아무리 오래된 이야기이고 시대가 다르다고는 하나, 예수님을 믿고 구원의 기쁨이 있다면 그때나 지금이나 같아야 하지 않나요?

조하나 이 목사님께서 조금 전에 제가 '작은 교회'에서 목회한다고 비아냥거리는 투로 말씀하셨는데요. 저도 직설적으로 말씀드리자면 저를 그렇게 평가하는 이 목사님의 사상 안에도 시장의 신을 섬기는 신앙의 모습이 스며들어 있다고 생각합니다.

이성공 비아냥거린 것이 아니라 후배 목사님이니까 좀 답답해서 직설적으로 말한 것일 뿐이에요. 마음에 남으셨다면 죄송합니다.

조하나 뭐, 사과받을 일은 아니고요. 목사님 생각의 저변을 말씀드리고 싶어서 그래요. 요즘 목사들도 큰 재벌 기업이 성공한 기업이라고 생각하는 것처럼 큰 교회가 성공한 목회라고들 쉽게 말하잖아요. 또 교회나 목회의 성공을 헌금의 많고 적음, 교회 규모의 크고 작음에 따라 판단하기 때문에 교회들 사이에서도 '빈익빈 부익부 현상'이 그대로 펼쳐진다는 건 잘 알고 계실 것입니다. 교인들이 많고 예산이 많은 '메가처치mega church'는 돈이 있으니 여러 가지 문화 프로그램을 계발

하고 실행하죠. 반면 작은 교회는 돈이 없으니 특별한 프로그램을 열지 못하고요. 그러면 그럴수록 작은 교회의 교인들은 큰 교회로 쏠려 가요. 한국 기독교 전체로 볼 때 기독교인은 더 늘지 않고 감소하는 반면, 대형 교회의 교인 수는 계속 늘어만 가는 기현상이 벌어지고 있어요. 그것은 교인들이 이 교회에서 저 교회로 수평 이동하기 때문입니다. 마치 한 지역에 대형 할인점들이 들어서면 작은 가게들은 손님들이 뚝 끊기고, 그러다가 망하는 모습과 닮지 않았나요? 가끔 대형 교회의 브랜드를 달고 지역 교회를 개척하려다가 그 지역의 다른 작은 교회의 교인들이 데모하는 것 보셨죠?

예신자 그것을 그렇게만 보는 것 자체가 너무도 자본주의 가치에 따라 목회를 평가한다는 느낌이 들어요. 시각이 그렇게 잡혀 있으므로 교회 운영이나 교회 성장이 그런 논리에 따라 해석되는 것은 아닐까요? 왜 예수님께서 말씀하신 달란트 비유도 있잖아요? 주인이 각 사람에게 다섯 달란트, 두 달란트, 한 달란트를 주었는데, 장사를 잘해서 다섯 달란트 받은 사람은 다섯 달란트를, 두 달란트 받은 사람은 두 달란트를 남기지 않았나요? 그런데 한 달란트 받은 사람은 그대로 땅에 묻어두었다가 주인에게 꾸중을 듣고 가진 것도 빼앗겼지요. 이 비유를 그대로 적용할 수는 없지만, 대형 교회를 목회하시는 목사님들은 자신의 달란트를 잘 활용해서 대형 교회를 목회하고 계신다고 너그럽게 봐주면 안 될까요? 모두 자본주의 논리에 편승해서 목회한다고 생각하면 억울해할 큰 교회 목사님들도 많을 텐데…….

조하나 아니, 그렇게 보기 때문에 그렇게 보이는 것이 아니고요. 목회자분들이 그렇게 추구해야 한다고 스스로 말하고, 또 그렇게 실행하고 있는 거예요. 그 결과가 그렇게 나타나는 것이고요. 예 선생님의 논리를 따르면 작은 교회에서 큰 교회로 교인들이 이동하는 것에 대해 "가진 자는 더 많이 갖게 되고, 적게 가진 자는 있는 것조차 빼앗긴다"라는 예수님 말씀의 실현으로 봐야 하는 건가요? 그것은 말도 안 되는 이야기고요. 그 달란트 비유는 말 그대로 우리의 달란트, 재능, 은사에 관한 것이에요. 자본주의 논리에 편승해서 '시장의 하나님'을 따르는 현상에 적용할 말씀은 결코 아니에요.

여시민 최근 보도를 보니까 한국 기독교인들이 너무도 좋아하는 새들백 교회의 릭 워렌 목사도 이렇게 말했어요. "왜 메가처치에 가는가? 좋은 프로그램과 목회가 있기 때문이다. 게다가 개개인의 필요에 더 잘 맞추어줄 수 있는 것이 메가처치기 때문이다. 크기가 문제가 아니다. 소형 교회에 비해서 개인의 요구를 잘 맞추어줄 수 있는 것이 메가처치다."[18] 그런데 이 말은 하나의 현상에 대한 이해이지 왜 메가처치만 그런 프로그램을 할 수 있게 되었는지에 대해서는 고려하지 않는 것이에요. 이런 모습 자체가 아주 자본주의적인 논리에 포섭된 교회의 모습 아닙니까? 대형 슈퍼가 동네가 들어오면서 그 이유를 들 때 재래시장이나 작은 수퍼가 제대로 소비자의 욕구를 채워주지 못해서 그렇다고 말하는 논리와 무엇이 다릅니까? 적어도 기독교라면, 교회라면 작은 교회에서는 그런 프로그램이 가능하지 않게 된 것을 안타깝게 여기고, 도와주면서 극복할 수 있는 방법을 함께 모색하는 것이 옳지 메가처치 방향으로 나가는 것이 옳은 것입니까? 이런 릭 워렌 목사의 논리나 지금 한창 한국 기독교에서 논쟁이 된 강남 S 교회의 2,100억짜리 교회 건축 문제나 모두 다 자본주의 시장의 신에 포섭

---

18. 〈뉴스앤조이〉, 2009년 11월 25일

된 교회의 모습을 보여주는 것입니다.

남예혁 교회를 사고파는 모습을 보면 시장의 하나님을 섬기는 기독교의 모습이 극명하게 드러나고 있어요. 교회와 교인들을 사고파는 이야기는 어제오늘의 일이 아닙니다. 교인 수, 건물 크기, 한 주의 헌금 액수, 주변 조건 등 투자 조건을 내세워 교회를 판다는 광고가 교회 신문에 버젓이 나돌아요. 여러분들도 쉽게 볼 수 있어요. 그런데도 그런 광고를 보고도 이제 말세라고 말하는 기독교인들도 많지 않아요. 비기독교인들은 한심스럽게 보고 있는데 말이죠. 목사들은 이런 광고를 당연하다는 듯이 들여다보고, 또 좋은 '물건'을 찾기에 바빠요. 이렇게 교회를 사고파는 행위를 보고서도 기독교에 혁명이 일어나지 않는 것은 기독교인들 자신도 자본주의에 얼마나 물들었는지를 바로 보여주는 것이죠.

여시민 좀 더 냉소적으로 말씀드리자면, 자본주의에 물든 기독교는 한 걸음 더 나아가 이제 예수님께 과감하고 적극적으로 투자하라고 말하고 있어요. "이제 예수 믿는 것도 일종의 투자다!" "예수님을 향한 당신의 투자가 성공을 보장한다!" "예수에게 투자하라! 그러면 30배, 60배, 100배의 이익을 얻으리라!" 이제 기도든 예배든 헌금이든 모두 '예수펀드Jesus fund'에 투자하는 거예요. 기도하는 것도, 예배하는 것도 모두 하나님과 예수님에게 마음과 시간을 투자하는 것입니다. 십일조를 비롯한 각종 헌금을 바치는 이유도 몇십 배, 몇백 배로 되돌아오리라는 하나님의 축복을 가장한 '자본주의적 신념' 때문입니다. "예수님, 내가 이렇게 예배드리고, 헌금 드리고, 새벽기도도 열심히 나가는데, 당신은 내게 어떤 복을 주시렵니까"라고 묻는 거예요. 마치 예수님 믿는 것을 무슨 화투판에 '장땡' 잡은 것으로 착각한다니까요. 〈뉴욕타임스〉에 따르면 미국 기독교인의 31%가 '자신들이 하나님께 돈을 바치면 하나님이 더 많은 돈으로 축복하신다'라고 믿고 있어요. 우리나라 기독교인도 이보다 많으면 많았지 절대 적지 않을 것입니다. 지금 붕어빵 기독교는 이렇게 외치고 있어요. "교회에 더 바쳐라. 그러면 그럴수록 더 많은 보상을 받을 것이다. 돈이 없어 못 바치는 사람들은 빌려서라도 바쳐라! 결코, 밑지는 장사가 아니다." 조만간 교회 신문에 이런 광고가 나갈지도 모릅니다. '헌금을 위한 특별 사채 빌려드립니다! 그런 하나님을 믿으니 또 우리를 믿으십시오!'

신석기 그나저나 요즘 코로나바이러스 집단 감염으로 예배모임을 갖는 것을 자제하라는 정부 조언에 반발해서, 아직도 많은 교회들이 일요일에 예배를 드리는 것으로 알고 있습니다. 그런 모습을 보고 많은 사람들이 헌금을 못 거두니까 그렇다, 생존하려면 할 수 없다 등의 의견을 펴는 사람도 있습니다. 이런 상황에서 다시 한번 '헌금의 본질', '헌금의 의미'를 되돌아봐야 할 때라고 여겨지는데요.

나정통 헌금에 대해 이런저런 이야기가 많이 나왔는데, 기독교가 자본주의를 극복하는 방법 중 하나는 헌금하는 행위와 헌금 그 자체부터 정화하는 것이라고 봅니다. 헌금 문화가 새로워지지 않으면 지금 말씀나눈 대로 교회는 자본주의 논리에 더욱더 빠져들게 될 것입니다. 예수님도 헌금하는 마음 자세에 대해 여러 번 말씀하시지 않으셨습니까? 마음을 다해 전부를 드린다는 심정으로 헌금을 드려야 한다고 가르치셨잖아요? 그래서 부자의 많은 돈보다 과부의 두 렙돈이 하나님께 더 많이 바친 것이라고 말씀하셨지요. 렙돈은 당시 화폐 중에서도 가장 작은 단위입니다. 지금으로 말하면 백 원짜리 정도겠죠.

실제 과부에게는 그것이 전부였으며, 삶의 완전한 헌신을 표현한 것입니다. 하나님께서 우리의 마음과 정성을 보시는 줄 뻔히 알면서도 모른 척하고 있어요. 목사나 장로들에게 이런 헌금의 기준이 있나요? 평신도들이 헌금할 때 이런 마음으로 하나요? 백만 원짜리 수표 한 장 들어오면 그냥 기뻐하겠죠. 다다익선이라고, 무조건 헌금이 많으면 좋아합니다. 교회에서 돈이 많고 적음에 따라 교인들의 위상과 대우가 달라지는 것은 어제오늘의 이야기가 아닙니다. 부자들은 자신들의 하루 저녁 식사나 회식비도 안 되는 돈을 드리면서 다른 사람보다 많이 드린다고 자신을 두둔하죠. 그런 생각으로 드리는 헌금에는 일단 마음이 담기지 않은 것은 물론이고, 자본주의의 냄새가 그대로 배어 있게 됩니다. 또 어떤 경우에는 불의하게 번 돈도 아무 거리낌 없이 헌금합니다. 그런 헌금은 자신의 마음이 편해지고자 하는 일종의 '돈세탁'인 거죠. 그런 돈을 하나님이 기쁘게 받으시겠어요?

이성공 구약시대의 제사를 보면 하나님께서 이스라엘 백성들에게 만물, 즉 첫째 것을 드리라고 말씀하셨어요. 이때 만물은 자신의 소유 가운데 가장 소중한 것, 가장 가치 있는 것을 정성으로 드리라는 의미가 담겨 있지요. 그런 면에서 지금 기독교인들이 헌금하는 자세를 반성해야 한다는 점에 대해서는 저도 분명하게 인정합니다. 그리고 교회 운영상 재정 마련이 필요하지만, 너무 개교회 교인들의 헌금에만 의존하는 것도 문제라고 생각합니다.

예신자 헌금을 생각하면 늘 마음에 떠오르는 장면이 있어요. 성미誠米에 관한 것인데요. 왜 우리 어려서 교회 다닐 때 교회에 쌀을 모아 하나님께 바쳤잖아요. 교회 뒤편 한쪽에 성미통이 놓여 있었어요. 우리 어머니들이 쌀을 새로 사셨거나 밥을 하실 때 먼저 하나님께 바친다고 한 주먹 두 주먹씩 쌀을 모아놓았다가 교회에 와서 하나님께 드렸어요. 새벽기도 후에, 혹은 예배 후에 작은 봉지에 담아온 쌀을 넣으시던 분들의 모습이 기억에 생생해요. 그 생각을 하면 지금도 가슴이 뭉클해져요. 돈이 없어 참 가난했던 시절, 쌀 또한 얼마나 귀했습니까? 그 귀한 것 중의 일부를 하나님께 드린다는 헌신의 마음이 있었잖아요. 지금 생각하면 그 쌀은 그냥 쌀이 아니라 거룩한 쌀, 성미聖米였어요. 그 어머니의 정성, 그 마음이 지금 헌금 문화에서는 참 찾아보기 힘들어졌어요. 지금은 쌀이 너무 흔해지기는 했지만 성미 문화가 다시 회복되었으면 하는 바람이 있어요. 그러나 옛날처럼 쌀을 드리지는 못할지라도 헌금을 드릴 때 우리의 어머니, 할머니들이 정성을 다해 드렸던 성미의 정신이 회복되었으면 해요.

나정통 그 말씀을 들으니 옛날 생각에 저도 마음이 찡해지고 그 모습이 그리워집니다. 그것에 비하면 지금 우리의 정성은 턱없이 부족합니다. 그런데 하나님께 바치는 마음이 변하면 또 그 헌금을 사용하는 마음도 변할 수밖에 없다는 사실도 기억해야 합니다. 그래서 요즘 교회가 그 헌금을 어떻게 사용하느냐 하는 것도 한번 되돌아볼 필요가 있어요. 헌금을 하나님께 바쳤으면 그 헌금은 하나님의 것입니다. 그런데 기껏 하나님께 바쳤다고 해놓고서는 봉헌기도가 끝나고 예배가 끝나기 무섭게 회계 집사나 봉사자들이 돈을 세는 순간에 이미 그것은 더 이상 하나님의 돈이 아니에요. 그냥 세상 돈의 가치와 다름없어요. 은행 계좌에 들어가고 나면 그냥 사용하는 것입니다. 헌금으로 월급을 받는 목사나 교회 활동에 사용하는 사람들이나 그 헌금이 얼마나 소중한지는 생각을 못 해요. 정말 하나님에게서 왔다는 마음이 없어요. 백 원이 그저 백 원이고, 천 원이 그저 천 원이에요. 백 원이 천 원이 될 수 있고, 자칫 잘못하면 만 원이 십 원으로 전락할 수도 있다는 하나님의 법칙을 몰라요. 그러니 오병이어의 기적이 안 일어나는 것입니다. 그 돈이 어떤 돈입니까? 성도들이 삶의 터전에서 고생하면서 번 돈이에요. 정말 먹고살기 힘든 상황에서 바친 헌금도 많을 것입니다. 그것을 하나님께 바치며 공동체와 나누는 것인데, 그 헌금을 아무렇게 사용해서는 안 되죠. 교회가 자본주의를 극복하려면 헌금에 대한 교육부터 다시 해야 합니다. 가진 것을 다 내어놓는 심정으로 정성껏 헌금하는 자세와 그 헌금을 하나님의 것으로 알고 사용하는 마음부터 새롭게 시작해야 합니다. 헌금 강요에 대한 설교보다는 헌금에 대한 올바른 교육과 설교를 더 많이 해야 합니다.

부자도 천국에 갈 수 있다!

신석기 더 근본적인 문제를 하나 던져보고 싶은데요. 제가 평소에 궁금하기도 했고, 또 지금 토론과도 관련이 있는 것 같아서요. 예수님께서 "부자가 천국에 들어가는 것은 낙타가 바늘귀에 들어가기보다 더 어렵다"라고 말씀하셨잖아요? 그 말씀에 따르면 부자는 천국에 갈 수 없다는 말 같은데요. 부자가 천국에 갈 수 있나요? 이 목사님 생각은 어떠신가요?

이성공 당연히 부자도 천국에 들어갈 수 있지요. 예수님께서 그렇게 말씀하신 것은 사실입니다만, 그다음 말씀에 제자들이 그 문제에 대해 재차 물으니까, "사람에게는 불가능하지만, 하나님께는 그렇지 않다. 하나님께는 모든 것이 가능하다"라고 말씀하셨어요. 그러니까 당연히 부자도 하나님나라에 갈 수 있는 거죠.

남예혁 그 말씀에 대한 해석은 그리 간단하지 않다고 봅니다. 기독교에서는 대부분 이 목사님처럼 해석해온 것이 사실입니다. '그러면 그렇지. 하나님에게는 불가능이 없고, 하나님은 당연히 부자들도 하나님나라에 들어가는 것을 원하실 테니 부자도 하나님나라에 갈 수 있어'라고 해석하고 있습니다. 그래서 교회는 이 말씀을 인용하면서 부자도 당연히 하나님나라에 들어갈 수 있으니 걱정하지 말라고 설교합니다. 그런데 차분하게 생각해봅시다. 그렇게 해석한다면 예수님께서 "부자가 하늘나라에 들어가는 것은 낙타가 바늘귀에 들어가기보다 어렵다"고 하신 말씀은 그냥 부자들을 한번 겁주려고 한 말씀이고, 그러므로 유효한 말씀이 아니겠네요? 그렇다면 예수님은 자신이 한 말을 뒤집는 셈이 된 거죠. 과연 그것이 예수님의 뜻이었을까요? 그런 해석은 예수님의 말을 완전히 거꾸로 받아들이는 것입니다. 그 예수님의 말씀은 진실이고, 또한 현실입니다. 예수님이 '낙타 대 바늘구멍'이라는 최상비교법을 써서 그 불가능성을 극적으로 표현하신 것이지요. 여기에 또 다른 가능성이 있을 수 없어요. 그런데 너무 가혹하잖아요? 부자라는 이유 하나만으로 천국에 못 간다는 것은 어떻게 보면 억울하잖아요? 그래서 예수님은 한 가지 여지를 남겨둡니다. "그러나 하나님만은 예외이시다. 하나님에게는 모든 것이 가능하시니까!" 즉 이 말씀은 부자가 하나님나라에 가려면 오직 하나님이 마음먹을 때, 하나님이 특별히 부자를 구원하시고자 결정하셨을 때 가능하다는 말씀입니다. 다시 말해 그것은 오직 하나님만이 할 수 있을 정도로 어렵고 불가능하다는 말이지요.

이성공 결론은 제 말과 크게 다르지 않은 것 같은데요. 결국은 부자도 천국에 갈 수 있는 것이 맞잖아요?

남예혁 제 말을 이해하지 못하시는군요. 우리의 표현으로 다시 되새겨볼까요? 우리가 어떤 불가능한 일을 한다고 합시다. 그럴 때 어떤 친구가 "야, 너 그거 정말 불가능한 거야. 혹시 전지전능한 하나님이라면 할 수 있을지 모를까? 그것은 우리가 할 수 없는 일이야"라고 했다면 이 말의 뜻은 무엇인가요? 여기서 전능하신 하나님을 언급한 것은 인간의 불가능성을 더욱 강조하기 위한 것이지요. 마찬가지예요. 예수님은 먼저 부자가 하나님나라에 입장 불가능함을 분명하게 말씀하셨어요. 그러고 나서 하나님의 능력을 언급한 것은 부자들을 배려하는 차원이라기보다 그만큼 어렵다는 것을 더욱 강조하는 것이죠. 물론 '하나님에게는 가능하다'라는 예수님의 말씀 자체가 틀린 말은 아니죠. 그러나 강조점은 확실히 다릅니다. 만약 요즘 설교자들이 설교하듯 예수님의 말씀을 '하나님께는 모든 것이 가능하니 부자도 당연히 하나님나라에 갈 수 있다'라는 말로 둔갑시킨다면 예수님은 말놀이 한 것에 불과해요. 그렇다면 아예 처음부터 '부자 또한 하나님의 능력으로 하나님나라에 갈 수 있다'라고 말할 것이지, 왜 낙타와 바늘귀를 운운하면서 장황하게 설명했겠습니까? 부자는 천국에 가는 것이 정말 어렵다는 예수님의 뜻이 먼저예요. 그것은 부자라고 일부러 하나님나라에 들여보내지 않은 것이 아니라 보통 부자 된 자의 마음이 하나님나라를 차지할 수 없기 때문입니다.

이성공 그러면 남 교수님 말씀에 따르면 부자는 하나님나라에 갈 수 있는 길이 막막하네요? 예수님을 믿는 것과 상관없이 말이에요. 도대체 그런 불합리한 경우가 어디 있습니까? 예수님의 대속적인 은혜가 먼저 아닙니까? 그것을 믿는 사람은 천국에 가는 것이고요. 그 이외의 조건이나 기준은 부차적입니다. 만약 예수님을 진심으로 믿는데 자신이 부자라고 해서 하나님나라에 못 간다고 한다면 그것은 예수님의 은혜를 부인하는 것입니다.

남예혁 부자가 하나님나라에 가는 것이 완전히 불가능하다고 말씀드리는 것이 아니므로 오해하지 마시기 바랍니다. 예수님은 하나님께서 하실 가능성을 열어놓으셨습니다. 즉 부자도 천국에 갈 수 있는 길이 열린 것입니다. 이것이 부자들에게는 곧 복음입니다. 그 이전에는 낙타가 바늘귀에 들어가는 것보다 어려웠던 일이 이제는 가능성이 생긴 것입니다. 예수님은 우리에게 그 예를 보여주셨어요. 삭개오가 그 대표적인 경우입니다. 삭개오는 당시 사회에서 소외된 부자였습니다. 그는 예수님을 한번 만나고 싶어서 오매불망하다가 드디어 예수님을 만나 변화되었고, 즉시 자신의 부를 나누는 변화의 삶을 실천합니다. 요샛말로 나눔의 실천을 한 것입니다. 성경이 말하는 부자가 천국에 갈 수 있는 길은 이 길밖에 없습니다. 이 낙타 비유의 배경이 된 부자 청년도 자신의 것을 버리지 못해 결국 하나님나라의 기쁨을 누리지 못하게 되었고요. 나눔의 실천을 다른 말로 '자발적 가난'이라는 표현을 씁니다. 주님도 가난하게 사시지 않으셨습니까? 그러니 우리도 가난하게 사는 것이 옳고 그름을 떠나서 당당하지 않나요? 부자들은 마음이 돈에 얽매이기 쉬우므로 자발적 가난을 통해 가진 것으로부터 자유로워질 수 있고, 그때 비로소 영적인 부유함을 얻을 수 있을 뿐 아니라 천국에 갈 수 있는 것입니다. 예수님께서 비로소 '부자도 천국에 갈 수 있는 길'을 제시해주신 것입니다.

사랑 있는 나눔이 되어야!

예신자 지금 기독교인들도 나눔을 많이 실천하고 있어요. 어려운 사람들도 많이 돕고, 헌금도 많이 하잖아요? 특히 아프리카나 아시아의 가난한 아이들을 위한 기부도 많이 하고요. 나눔과 구원을 직접 연결하는 것은 구원을 너무 가볍게 생각하시는 것 아닌가요? 나눔은 너무 평범한 행동처럼 보여서요. 일반 사람들도 많이 나누고 있고요. 그리고 성경에도 그런 표현이 있는데, 주님이 스스로 가난해지심으로 우리가 부요함을 얻고, 주님이 우리의 약함을 지심으로 우리가 강해졌고, 그가 죽음으로써 우리가 생명을 얻었다는 것은 성경의 증언이잖아요? 그러니 오늘의 부요함을 꼭 그런 식으로만 바라보는 것은 잘못 아닐까요?

조하나 그 말은 신앙고백이고, 또 맞습니다. 예를 들어보겠습니다. 어떤 아버지가 가난하게 살면서 아들에게 큰 재산을 넘겼습니다. 그런데 아들이 그것을 자기만을 위해 즐기거나 자기 가족만을 위해 사용한다면 올바른 사용이 아니지요. 아버지를 생각해서라도 남에게 베풀며 살아야죠. 엄격히 말하면 자신의 것도 아닌데……. 물론 나눔을 실천하는 분들은 많아요. 그러나 대부분은 시혜적인 차원에 그치지요. 진정한 나눔은 남이 불쌍해서 자신이 가진 것의 일부를 은혜 베풀듯 생색내는 행위가 아니에요. 예수님은 자선을 베풀 때 "오른손이 하는 일을 왼손이 모르게 하라"고 하셨는데 말이죠. 자신이 가진 모든 것을 하나님의 것으로 여기는 마음이 먼저고요. 그다음에는 진정 사랑의 마음을 가지고 나누는 것이 중요합니다. 사랑이 담기지 않은 나눔은 죽은 나눔과 마찬가지예요. 사랑을 가지고 나누지 않으면 그곳에 하나님이 계시지도 않고, 하나님이 함께하지 않는 나눔은 그저 재물의 분배에 그치고 말 것입니다.

이성공 교회와 기독교인들이 지혜가 없어서 좋은 일을 하고도 욕을 먹는 경우가 많아요. 무조건 남을 도와주면 사람들이 다 칭찬해줄 거라 생각하고 일을 만드는 경우가 허다해요. 좀 더 지혜롭게 해야 합니다. 그리고 또 한 가지 예수님의 말씀처럼 순수해야 하는데, 그 의도가 순수하지 못할 때에는 교회가 좋은 일을 하고도 욕을 먹게 되지요. 그것이 하나님의 기준이기 때문에 그래요. 우리가 세상을 섬기고 사랑을 나눌 때 정말로 지혜와 순수함이 필요한 때입니다.

나정통 나눔의 태도와 관련해서 사도행전에 아주 상징적인 사건이 기록되어 있습니다. 우리가 잘 아는 아나니아와 삽비라 이야기인데요. 그 부부는 처음에는 정말 자신의 재산을 다 팔아서 교회 공동체에 바치려고 했습니다. 그런데 중간에 마음이 달라져서 땅을 판 금액의 반만 바치고 거짓말을 하다가 결국 죽임을 당하는 무서운 결과를 낳게 됩니다. 반면에 바나바는 자신의 밭을 팔아서 그것을 전부 나누는데, 그 후 그는 바울과 더불어 물질에 매이지 않고 자유롭게 선교 활동을 할 수 있었습니다. 이처럼 우리가 나눔을 실천할 때, 특히 하나님과 예수님께 맹세한 나눔은 진실하게 실천되어야 합니다. 그러지 않고서는 차라리 나눔을 하지 않은 것보다 못하지요.

예신자 저도 말씀드리고 싶은 것은 나눔에 대해 말할 때 돈이나 부富의 나눔만 생각하지 않았으면 좋겠어요. 우리의 마음도 나눌 수 있고, 지식도 나눌 수 있어요. 사랑과 정精을 나눌 수도 있고, 슬픔과 기쁨을 함께 나눌 수도 있어요. 부자들만이 나눌 수 있는 것도 아니고, 또 부자라고 해서 모두가 잘 나누는 것도 아니죠. 나눔도 훈련이라고 봐요. 물질을 나눌 때도 작은 것부터 나누는 습관이 들면 점점 더 많은 것으로 나눌 수 있을 거예요. 실제로 우리 집안 이곳저곳을 들여다보면 몇 개월, 또는 몇 년째 사용하지 않고 그대로 있는 물건들이 얼마나 많나요? 그런 것들을 필요한 사람들과 나누는 것부터 실천하면 좋겠어요. 자기가 가지고 있지만 필요하지 않은 것부터, 혹은 자신도 필요하지만 더 필요한 사람에게 나눠주는 문화가 활발해지면 좋겠어요. 그러기 위해서는 다른 사람의 필요를 눈여겨볼 필요가 있고, 그러면 그럴수록 이웃에 대한 사랑과 관심이 더 많이 생겨날 것이고요. 초대교회 공동체에서도 서로의 필요에 따라 가진 것을 나눴다고 했잖아요? 그래서 부족한 사람이 한 사람도 없었다고 기록되어 있어요. 그렇게 작은 것부터 나눔의 실천을 지속하다 보면 언젠가는 어떤 가수처럼 '나눔 중독자(?)'가 될 수 있겠지요. 물론 자기만족을 위해서가 아니라 이웃을 진심으로 사랑하는 마음이 바탕이 되어야 하겠죠.

누가 부자인가?

이성공 그런데 얼마를 가지고 있어야 부자일까요? 사람마다 생각과 기준이 달라요. 예를 들어, 어떤 사람은 십억이 있어도 부자라고 생각하지 않고, 어떤 사람은 천만 원만 있어도 부자라고 만족하는 사람이 있어요. 아마 교회에서 '부자가 천국에 못 간다' 해도 스스로 찔리는 사람은 많지 않을 거예요. 객관적으로 봐도 부자인데, 스스로는 부자가 아니라고 생각할 수 있으니까요.

조하나 성경적으로는 부자의 기준은 재물에 마음이 매여 있느냐 없느냐에 달려 있다고 생각해요. 즉 아무리 돈이 많아도 그 돈으로부터 자유로운 사람은 가난한 사람이라고 말할 수 있어요. 돈에 매여 있지 않다는 말은 자신의 것을 기꺼이 나눌 수 있는 마음이 있다는 뜻입니다. 예수님께서 하신 낙타 비유도 참 아까운 젊은이가 재산 때문에 자신을 따르지 못하고 돌아서는 모습을 보면서 안타까워서 하신 말씀이잖아요. 그가 재물에 매인 것을 보신 거예요. 반대로 돈이 없으므로 더욱 돈에 매여 전전긍긍하는 가난한 사람도 있어요. 그들 또한 작은 것이라도 이웃과 함께 나누려는 마음이 없다면 객관적으로는 부자가 아니어도 이미 욕심 가득한 부자에 속한 사람이에요. 그래서 예수님은 먼저 마음이 가난해져야 한다고 말씀하신 것 아닐까요? 진정한 가난함은 재물로부터의 내적인 자유를 뜻해요. 또 마음이 가난하다는 것은 무조건 모든 것을 나눠 주는 것만 의미하지는 않아요. 피에르 신부님의 말씀이 기억나는데요. 그분은 물질뿐 아니라 '나의 능력과 특권과 재능과 학식을 가지고 약자들과 가난한 자들을 위해 무엇을 했는가'라고 자문하는 자가 마음이 가난한 사람이라고 했어요.[19] 물질적으로 가난한 자든, 부자이든 욕심 없이 만족하면서 늘 자신의 것을 나누려는 '영적 가난함'으로 나아가야 합니다. 그리고 잠언에도 부자가 되기 위해 애쓰지 말라는 말씀이 있잖아요? 만약 지금 부자라면 더 부자가 되려고 하기보다는 자신의 것을 나눔으로써 더욱 가난해지려고 애써야 합니다. 지금 가난한 사람도 가난에 매이지 말고 자신의 상황 가운데 나눔을 실천하면서 가난한 이에

---

19. 피에르 신부, 《단순한 기쁨》, 마음산책, 2001, p. 95~96

게 주어진 축복을 풍요롭게 누려야 해요.

나정통 조 목사님이 말씀하신 내용과 관련해 이런 예화가 있는데요.

어떤 부자가 가난한 사람에게 백만 원을 기부하려고 했습니다. 가난한 사람이 물었습니다.

"저에게 백만 원을 주시겠다고요? 당신은 얼마나 부자인가요?"

"음, 나는 큰 부자지."

가난한 사람이 다시 물었습니다.

"그러면 돈을 더 벌기를 원하세요?"

"물론이지."

"그러면 저는 이 돈을 받을 수 없습니다. 저보다 가난한 사람에게서 돈을 받을 수는 없거든요."

"아니 무슨 말인가? 이해할 수 없군."

"왜냐하면 가진 것이 별로 없지만 만족하면서 더 가지지 않으려고 하는 사람보다 많이 가졌는데도 더 많이 가지려는 사람이 훨씬 가난한 사람이니까요!"

잠시 침묵이 흐른다.

우리는 물질적인 부rich와 삶의 부요함wealth을 구분해야 합니다. 그리고 부와 부요함이 비례하지 않는다는 것도 분명히 깨달아야 합니다. 계속 부만을 추구하다가 삶의 부요함을 잃는 불행한 삶이 되어서는 안 될 것입니다.

여시민 저는 강남 지역의 부자들이 사는 곳이 오늘의 갈릴리라고 생각해요.

예수님이 살아 계실 때 팔복의 '행복 선언'도 하셨지만, '불행 선언'도 하셨잖아요? 예수님은 이렇게 말씀하셨어요. "그러나 불행하여라. 너희 부유한 사람들아, 너희는 이미 위로를 받았다. 불행하여라. 너희 지금 배부른 사람들아, 너희는 굶주리게 될 것이다." 부자 기독교인들이 듣기에는 거북한 말씀이지요. 그래서 저는 예수님이 지금 한국에 오신다면 가장 먼저 강남의 부자들을 찾아가실 거라고 믿어요. 왜냐하면 행복하지 않은 부자 기독교인들이 너무 많거든요. 또 구원 못 받을 부자들이 수두룩하거든요. 돈이 최고라고 생각하고 달려왔는데, 부를 얻고 보니 잃은 것도 많은 데다 마음마저 행복하지 못한 사람들이 너무 많아요. 어떤 경우에는 유산 분쟁에 휩싸여 아들이 아버지를 고소하는 사건이 생기기도 했습니다. 또 얼마 전에도 모 그룹 회장을 지냈던 회사의 대표가 자살했는데, 그 또한 하나님과 예수님을 믿는 사람이었어요. 정말 많은 부자 기독교인들이 행복을 잃고 있어요. 아마도 예수님이 한국에 오신다면 그 사람들에게 먼저 달려가셔서 가난함과 나눔과 구제의 비밀을 알려주실 것입니다. 그것이 가장 시급한 문제라고 생각하실 거예요. 지금도 교회 안에는 불행한 부자 기독교인들이 많을 거예요.

조하나 불행한 부자 기독교인이나 돈이 많아도 자살하는 기독교인들이 많은 것은 기독교와 교회가 부자들의 눈치를 보느라 그들에게 하나님의 뜻을 용기 있게 전하지 못하기 때문이에요. 성경에는 부자에 관한 이야기가 얼마나 많이 나옵니까? '예수님을 따르려다가 포기한 부자 청년 이야기' '부자 나사로 이야기' '유산 상속 문제로 예수님을 찾아온 사람 이야기' '수확 창고를 더 많이 지으려는 어리석은 부자 농부 이야기' 등 많은 말씀이 복음서에 있습니다. 또 서신서에도 부자에 대한 구체적인 말씀들이 얼마나 많나요? 디모데전서 6장을 보면 바울은 디모데에게 이렇게 말하라고 합니다. "현세에서 부자로 사는 이들에게 교만해지지 말라고 권고하시오. 불안전한 부에 희망을 두지 말고, 오히려 우리에게 모든 것을 풍성히 주셔서 즐기게 하시는 하나님께 희망을 두라고 하시오." 그런데 목사들은 부자에 대해 설교하지 않고 눈치 보기에 바빠요. 혹시 교회 재정에 타격이 올까 봐 아부 아닌 아부를 하지요. 그러니까 부자들은 신앙의 갈피를 못 잡고 헤매다가 혼자 끙끙거리며 불행한 삶을 사는 거예요. 우리 시대의 CEO들이 얼마나 고생하며 노력합니까? 그들의 삶을 좀 들여다봐야 해요. 부자를 비판하거나 돈을 혐오하라는 말이 아니라 그들이 구원에 이를 수 있도록 도와야 해요. 사랑의 나눔이 가져다주는 행복을 누릴 수 있도록 도와줘야 해요. 끝까지 교만한 부자들은 어쩔 수 없지만요.

남예혁 예수님께서 부자에 대해 말씀을 많이 하신 것은 부자를 비판하려는 것이 아니라 그들을 올바르게 이끌어 나눔을 실천하게 하고, 참 자유와 행복을 누리게 하는 데 목적이 있었습니다. 또한 가난한 사람들에게는 가난 그 자체가 가진 마음의 축복을 깨닫게 해서 더 큰 희망을 주려고 하셨습니다. 예수님은 어떻게 부자가 되었는지에 대해서 가타부타 말씀하지 않으셨어요. 그러나 일단 부자라면, 또 부자로서 구원을 받으려면 재물에 생명을 걸지 말고 하나님께 자신의 삶을 맡겨야 한다는 것과 자신의 재물을 아낌없이 남과 나누어야 한다는 것을 말씀하신 것입니다. 그렇게 스스로 가난해지지 않고서는 부자들에게 희망이 없습니다. 이것이 예수님의 '쩐錢의 신학'의 핵심이었습니다.

나정통 재물에 대한 예수님의 생각의 출발은 모든 것이 하나님에게서 왔고, 또 실제로 모든 것은 하나님의 것이라는 믿음에 있었습니다. 이것은 기독교인으로서도 당연히 지녀야 할 재물과 소유에 대한 가치관입니다. 우리는 이 세상 모든 것이 하나님의 창조임을 믿고, 이 모든 것이 하나님의 것임을 믿습니다. 그러면 자신의 것, 그것이 재물이든 자식이든 생명이든 모두 하나님의 것임을 고백해야 합니다. 법정 스님이 수십 년 전부터 '무소유'를 주창하면서 마치 무소유는 불교만의 가치로 사용되고 있는데요. 제가 금방 말씀드린 것이 '기독교적 무소유'의 철학입니다. 우리가 실제로 아무것도 안 가질 수는 없어요. 법정 스님도 최소한의 옷과 발우鉢盂, 즉 밥그릇은 가지고 있잖아요. 그러면 어떻게 무소유를 실천할 수 있을까요? 그것은 우리가 하나님의 것을 지키는 청지기의식stewardship에서 가능하지요.

신석기 그 부분은 아까 남 교수님께서 말씀하신 '자발적 가난'과 연결되는 것 같은데, 기독교인들이 그것을 어떻게 실질적으로 실천할 수 있을까요?

나정통 '자발적인 가난'도 좋은 표현이고, 저는 '청지기'라는 말도 사용했습니다만 그런데 그 개념에는 아직도 소유 개념이 짙게 묻어 있어요. 거기서 한 걸음 더 나아가야 합니다. 인도의 힌디어에는 본래부터 '소유하다'라는 동사가 없다고 합니다. 즉 '가지다'라는 동사가 없다는 거예요. 그래서 힌디어를 쓰는 사람들은 '무엇을 가지고 있다'라는 표현을 쓸 때 '무엇이 내게 가까이 있다'라는 뜻의 동사를 사용합니다. 예를 들어, '내가 돈이 있다'라는 말은 '돈이 내게 가까이 있다'고 표현합니다. 차도 가까이 있고 집도 가까이 있지만 모두 자기 것이 아닙니다. 물론 현대의 인도인들이 그렇게 살면서 실천하고 있다는 것은 아니지만, 우리 기독교인들에게 뜻하는 바가 큽니다. 지금 우리가 가지고 있다고 생각하는 것들은 전부 하나님께서 잠시 우리 가까이에 두신 것입니다. 돈도, 생명도, 지식도 그저 우리에게 조금 가까이 있을 뿐이며, 우리의 소유가 아닙니다. 모든 것은 하나님의 것이며, 잠시 그저 '가까이 두고' 있는 것뿐입니다. 어차피 모두 이웃에게 흘러가야 할 것입니다. 죽기 직전에 자기 통장에 돈이 얼마나 있냐고 묻는 부자는 별로 없을 것입니다. 그렇게 생각한다면 부자라서 고민할 것도 없고, 가난해서 걱정할 것도 없어질 것입니다. 우리의 기독교 사전에서도 '소유하다'라는 단어를 빼버립시다!

여시민 갑자기 제 입에서 '아멘'이 튀어나올 뻔했습니다. 만약 그런 사람이 있다면 참으로 믿음 있는 사람일 것입니다. 성경에는 없지만, 이런 우화가 있습니다.

어떤 사람들이 예수님께 물었습니다.
"당신은 어떻게 물 위를 걸을 수 있습니까?"
그래서 예수님이 대답하셨습니다.
"믿음의 확신을 통해서 나는 물 위를 걸을 수 있소!"
그러자 그 사람들이 말했습니다.
"우리도 그런 믿음의 확신이 있소."
그러자 이번에는 예수님께서 사람들에게 물었습니다.
"그러면 당신들은 저 돌과 진흙과 황금이 모두 똑같이 보입니까?"
그들은 솔직하게 대답했습니다.
"아니요, 똑같이 보이지 않아요."
그러자 예수님이 말씀하셨습니다.
"내 눈에는 그것들이 모두 똑같이 보이는군요."

지금 이야기가 말씀하셨던 '기독교적 무소유'와 맥락이 같다고 보는데요. 예수님은 황금을 돌로 여길 수 있는 믿음이 물 위를 걸을 수 있는 믿음보다 더 큰 믿음이라고 말씀하신다고 봅니다.

바리새인보다 더 의로워야!

신석기 의견 잘 들었습니다. 저도 이해가 많이 되었습니다. 작은 차이들은 있는 것 같은데요. 그래도 기독교가 자본주의에 너무 영향을 많이 받고 있다는 것에 대해서는 대체로 동의하시는 것 같습니다. 지금까지 긴 시간을 할애해서 소위 예수님의 정신과 정반대이거나 무관한 모습을 띠고 있는 붕어빵 기독교의 여러 현상에 대해 토론을 벌였는데, 이제 다음 주제로 넘어가겠습니다.

이성공 잠깐만요. 사회자님! 여기서 좀 짚고 넘어가야 할 것이 있는데요. 지금 예수님의 뜻과 상관없는 붕어빵 기독교의 모습에 관해서 토론하고 있는데요. 그 모습이 보수적인 기독교에만 나타나는 현상인지, 또 개혁적이라고 말하는 기독교나 기독교인들은 자유로운지 묻고 싶어요. 저의 자격지심인지 모르겠지만, 이런 현상은 특정 교파나 교단의 문제가 아니라 한국 기독교 전체의 문제가 아닙니까? 다른 기독교인들을 남처럼 타자화他者化시키면서 자신들은 아닌 것처럼 말하고 행동하는 것은 교만한 태도예요. 요사이 진보적이고 비판적인 지식층 기독교인들이 기독교의 변화와 개혁에 대해 말하지만, 실제로 그들이 변화에 대한 믿음이 있는지 묻고 싶어요. 정말 믿는다면 지금보다 훨씬 많은 사랑을 가지고 조심스럽게 비판해야 해요. 또한 지금 기독교 안에서 개혁이나 진보라고 자칭하는 사람들은 실천이 따르지 않는 말과 논리로 자기모순에 빠져 있어요.

신석기 어떤 모순을 말씀하시는 것이죠?

이성공 조금 전에 나눈 이야기로 말씀드리자면, 개혁적이라고 말하는 사람들은 근본주의 기독교인들이 맹목적으로 성경을 문자 그대로 믿는다고 비판하지만, 정작 자신들은 성경 말씀을 읽는 데 인색하잖아요. 평소에는 말씀을 거의 읽지 않아요. 비판할 때만 가끔 사용하죠. 또 '골통' 보수 기독교인들의 기도가 기복주의 신앙으로 물들어 있다고 비판하면서도 정작 자신들은 기도 생활을 등한시합니다. 또 솔직하게 이야기해보죠. 교회와 기독교인들이 대형 교회, 성장지상주의, 물신주의에 빠져 있다고 열을 높이지만, 돈이 있고 없음에 매여서 집착하는 모습은 마찬가지 아닌가요? "돈이 있어야 뭘 좀 하지"라고 푸념하는 모습은 똑같아요. 또 보수 기독교가 정치권과 밀착할 때는 '정교분리政教分離' 원칙을 외치면서도 조금 진보적인 정치 세력이 나오면 정권 주변을 기웃거리지 않나요? 김대중과 노무현 정부 때 소위 진보적이라고 했던 기독교인들이 청와대 주변에 많이 몰려 있었잖아요. 이명박 정부나 박근혜 정부에서는 다시 보수 교회 지도자들이 정치권 주변을 맴돌았지요. 아무튼, 기독교를 비판하는 사람도 얼마든지 위선적일 수 있다는 사실을 명심해야 합니다.

남예혁 지금 말씀은 뼈 있는 말씀이라고 생각해요. 저를 포함해서 기독교를 비판하는 사람들은 어쩌면 비판 자체를 즐기고 있는 것이 아닌지 되돌아봐야 할 것 같습니다. 그래서 저는 "바리새인보다 의롭지 않으면 하늘나라에 갈 수 없다"라는 예수님의 말씀을 종종 떠올립니다. 현실 기독교를 비판하는 사람들일수록 예수님의 이 말씀을 뼛속 깊이 새겨야 한다고 봅니다. 그리고 거듭 말씀드리지만 붕어빵 기독교의 모습은 진보 교회나 보수 교회의 구분을 떠나서 한국 기독교 전반에 퍼져 있는 현상이고, 기독교인들에게는 점점 내면화되고 있는 모습이에요. 어느 특정 교단이나 교회를 지칭한다고 생각하지 마시기 바랍니다.

이성공 제 말의 핵심은 같은 기독교인으로서 책임을 통감하는 태도가 더 필요하다는 거예요. 그래야 비판을 받는 사람도 거부감을 안 느끼고 함께 변화를 모색할 수 있어요. 비기독교인이나 다른 종교에 대해서는 소통과 열린 마음을 외치면서, 왜 평범한 같은 기독교인들을 '보수 꼴통'이라고 단정해놓고 마음을 열지 않는지 솔직히 이해가 되지 않아요. 그런 식으로 기독교인들끼리 비판하면 정말 누워서 침 뱉기하는 것처럼 보여요. 그리고 예수님도 "비판을 받지 아니하려거든 비판하지 말라"고 하셨어요. 또 형제의 눈 속에 있는 티를 보면서 자신 안에 있는 들보를 깨닫지 못하느냐고 말씀하셨고요. 그러므로 우리가 비판할 때는 그 비판의 몇 배가 되는 사랑이 없으면 비판은 아무 소용이 없다고 생각합니다.

조하나 중요한 말씀이라고 생각해요. 기독교뿐 아니라 사회의 어떤 영역에서든지 언행일치는 중요합니다. 특히 진보를 외치는 사람일수록 자기 자신에 대해 더욱 엄격해야겠죠. 지금 우리가 기독교를 일방적으로 비판하거나 비난한다기보다는 함께 성찰省察한다는 표현이 더 맞을 것 같네요. 그런데 예수님께서 비판하지 말라고 하셨다고 했는데, 그것은 개역 성경이 그 구절을 '비판하지 말라'고 번역해서 그렇습니다. 헬라어 원어에는 '메 크리네테($M\grave{\eta}$ $\kappa\rho\acute{\iota}\nu\epsilon\tau\epsilon$)'라고 기록되어 있는데요. 이때 사용한 동사 '크리노($\kappa\rho\acute{\iota}\nu\tilde{\omega}$)'는 우리가 지금 사용하는 '비판하다'

라는 뜻이 아니라 남을 '정죄하다, 심판하다'라는 뜻입니다. 일종의 법률적인 용어죠. 그러니까 예수님은 남을 정죄하거나 하나님인 것처럼 심판하지 말라고 말씀하신 것입니다. 지금처럼 올바른 분별을 위한 비판을 원천적으로 막으신 것은 아니었어요. 만약 그렇다면 예수님 자신도 그렇게 많은 비판을 하셨는데, 모순이잖아요? 그러나 예수님은 남을 정죄하지 않으셨어요. 우리도 지금 누구를 정죄하는 것이 아닙니다. 사랑 없는 비판은 아무 효력도 없고, 소용이 없다는 말에 전적으로 동감합니다.

신석기 말씀 잘 들었습니다. 이쯤에서 다시 시민논객 여러분의 의견을 들어보도록 하겠습니다. 우선 현재 기독교인이신 분들 중에서 한 분이 말씀해주시고, 안티기독교인으로 참석하신 분들 중에서 한 분의 의견을 듣도록 하겠습니다.

시민논객 5(남자, 20대 초반, 기독교인) 조금 전에 남 교수님께서 기독교인들의 성경해독력이 너무 낮아서 하나님과 예수님의 말씀을 해독할 능력이 사라지고 있다고 말씀하셨는데요. 제 생각에 그 어떤 종교인들보다 기독교인들이 자기 경전을 읽는 데 노력하고 있고, 또 실제로 성경을 많이 읽는다고 생각합니다. 그래서 성경 내용도 많이 알고 있고요. 어떤 목사님들은 교인들이 성경을 많이 알고 있어서 딱히 설교할 말씀이 없다고 말할 정도입니다. 그런데 남 교수님께서는 그것으로는 부족하다고 말씀하셨는데, 그렇다면 지금 한국 기독교인들이 성경을 읽는 데 무엇이 가장 부족하다고 생각하시는지, 그리고 그것을 극복하려면 어떻게 해야 하는지 말씀해주시면 고맙겠습니다.

신석기 네, 감사합니다. 다른 분 질문하지요?

시민논객 6(여자, 20대 후반, 안티기독교인) 예신자 선생님께 질문드리고 싶습니니다. 먼저 방송이나 영화에서 보다가 직접 뵈니 신기하고, 또 영광이네요. 질문드릴게요. 미국 건국의 아버지이자 국부國父인 토머스 제퍼슨은 "기독교는 여태껏 인간이 갈고닦은 가장 삐뚤어진 체제다"라고 말한 적이 있습니다. 선생님은 평생 예수님을 믿어왔고, 또 기독교를 믿어오셨다고 말씀하셨습니다. 그런데 그동안 기독교에 대해 회의가 든 적은 없나요? 또 회의가 들었을 땐 어떻게 극복해나가셨는지, 또 지금이라도 더 늦기 전에 기독교에서 나와 해방될 의향은 없으신지요?

웃음소리가 터져 나온다.

신석기 두 분 질문 잘 들었습니다. 먼저 남 교수님부터 답변을 해주시죠.

남예혁 성경을 해독할 수 있는 능력이 낮다는 것과 성경의 내용을 모른다는 이야기는 별개의 문제입니다. 그리고 조금 전에도 그런 말씀 나눴지만, 성경 말씀을 많이 읽는다고 해서 그것이 곧 생명의 양식이 되는 것은 아닙니다. 예를 들어, 우리가 무조건 밥을 많이 먹는다고 해서 그것이 모두 몸의 영양분이 되고 건강에 도움이 되는 것은 아니지 않습니까? 어떤 기독교인들은 성경 읽는 것이 중요하니까 좀 지루하고 내용이 이해가 안 되더라도 그저 읽는 것 자체로 만족하는데, 그것은 좋은 태도가 아닙니다. 한 가지 예를 들어보지요. 우리가 아파서 병원에 가서 진단을 받고 의사의 처방전을 받았다고 해봅시다. 그러면 그 처방전을 가지고 약국에 가서 약을 사서 먹어야 병이 나을 것입니다. 그런데 만약 처방전을 받아서 약국으로 가지 않고 집으로 돌아와서는 처방전에 쓰인 약의 항목이나 양量을 계속 읽고 또 읽는다고 생각해보십시오. 그런다고 병이 나을 수 있겠습니까? 약국에 가서 처방전대로 약을 사서 먹어야 아픔이 나을 것입니다. 그런데 기독교인들 가운데 많은 사람이 이런 식으로 성경을 읽고 있어요. 처방전에 쓰인 약의 항목을 읽듯이 무턱대고 성경을 읽고 있어요. 그것은 잘못된 성경 읽기입니다. 설사 성경의 내용은 이해한다 해도 그 말씀을 통해서 지금 자신을 향해 하나님과 예수님께서 무슨 말씀을 하시는지 깨닫지 못한다면 영혼의 말씀으로 받아먹지 못하게 됩니다. 성경은 인류 구원을 위한 하나님의 처방전입니다. 성경이라는 처방전을 밤낮으로 읽는다고 해도 아무 소용이 없어요. 이 처방전이 우리를 치유하고 구원하는 생명의 양식이 되어야 합니다.

신석기 답변이 되셨나요? 아니면 또 질문이 있으신가요?

시민논객 4 네, 남 교수님의 말씀은 충분히 알겠습니다. 그러면 방법적으로 어떻게 성경을 읽어야 영의 양식으로 받아먹을 수 있는지 구체적으로 말씀해주시겠습니까?

남예혁 시간이 많지 않아서 짧게 단계별로 말씀드리겠습니다. 하나님의 말씀을 '양식'으로 말씀드렸으니까 계속 그 비유를 사용하겠습니다. 첫 번째 단계는 음식을 넣고 계속 씹으면서 맛을 음미하듯이 하나님의 말씀을 음미하는 단계입니다. 말씀을 계속 읽으면서 이해가 안 되거나 의심나는 부분을 지나치지 않고 전체 내용을 이해하는 단계입니다. 말씀의 배경, 장소, 등장인물을 잘 살펴보시기 바랍니다. 모르는 부분은 성령께서 깨우쳐주시리라는 믿음으로 반복해서 읽는 단계입니다. 두 번째 단계는 곱씹은 말씀을 먹고 소화하는 단계입니다. 이 말씀을 통해 본래 하시고자 하신 말씀의 뜻이 무엇인지 알아차리는 것입니다. 먼저 하나님과 예수님께서 이 말씀을 하신 이유를 정확하게 알아야 합니다. 간혹 본문의 내용과는 전혀 상관없이 자신의 이해대로 말씀을 해석하는 때도 있습니다. 그런 경우를 조심해야 합니다. 그리고 그 뜻이 파악되었다면 그것이 지금 나에게 어떤 의미가 있는지, 어떻게 적용할 수 있는지 기도하는 마음으로 숙고하면서 새겨야 합니다. 세 번째 단계는 말씀을 나의 영혼의 영양분으로 삼는 것입니다. 우리가 말씀을 읽는 이유는 하나님의 뜻을 알기 위해서입니다. 그러면 성경 말씀이 누구에게나 적용될 수 있는 보편적인 뜻만이 아니라 '지금, 여기서, 그리고 나에게' 이 말씀을 통해 전하고자 하시는 하나님의 뜻이 무엇인지 묻고 들어야 합니다. 이것은 두 번째 단계에서 말씀의 일반적인 뜻을 깨닫는 것과 다릅니다. 지금 이런 상황에서 왜 이 말씀을 읽게 하셨는지, 나를 향한 하나님의 뜻이 무엇인지 분명하게 깨달아야 합니다. 이것이 중요합니다. 그리고 그 뜻을 알아차렸다면 그것을 받아들이고 순종하겠다는 기도를 해야 합니다. 그 기도는 먹고 소화한 음식이 온몸에 영양분으로 번져나가는 것을 상상하면서 그 뜻을 영혼에 새기는 기도입니다. 그럴 때 예수님과 하나님 말씀은 영혼의 양식이 됩니다. 마지막으로 네 번째 단계는 삶에서 일어나는 완결의 단계입니다. 세 번째 단계에서 멈춰버린다면 그것은 모래 위에 집을 짓는 것과 같습니다. 음식을 먹는 이유는 몸의 에너지와 활동을 위한 것입니다. 마찬가지로 말씀 읽는 것은 하나님의 뜻을 실천하기 위해서입니다. 그런데 여기서 중요한 것은 우리가 말씀을 도구로 내 삶에 적용하는 것이 아니라 우리 자신이 말씀의 도구가 되는 것입니다. 섣불리 말씀을 적용하려고 하지 마십시오. 그 말씀 자체가 진리가 되어서 내 삶을 움직이도록 자신을 그 말씀에 헌신하는 것입니다. 받아낸 하나님의 뜻이 실천될 때 그 말씀은 비로소 영혼의 양식이 되는 것입니다. 그래서 예수님께서 제자들에게 "내 양식은 하나님의 뜻을 행하는 것이다"라고 말씀하신 것입니다.

신석기 네, 감사합니다. 답변이 되었다고 봅니다. 그다음은 여성분이 예 선생님께 질문하셨는데, 말씀해주시죠?

예신자 아마 제가 말을 많이 하지 않으니까 말을 시켜주신 것 같네요. 나중 질문부터 결론적으로 말씀드리자면, 저는 기독교를 떠날 마음이 전혀 없어요. 저는 기독교가 인간의 문제를 해결해주고 구원으로 이끌어주는 종교라고 믿고 있어요. 인간의 내면적인 현실과 삶의 의미뿐 아니라, 일상적인 문제 하나하나까지 구체적인 답을 제시해준다고 생각해요. 물론 그것은 예수님의 가르침에서 비롯된 것이라 믿고요. 그리고 신앙의 위기나 회의적인 순간에 관해 물어오셨는데, 왜 없었겠습니까? 하나님의 존재 여부부터 시작해서 이해할 수 없는 수많은 세상사를 볼 때마다 종종 회의에 빠지기도 했어요. 게다가 제가 연예인이다 보니 삶의 기복이 심해서 절망도 많이 해봤어요. 어떨 때는 '하나님, 저도 빨리 데려가시면 안 되나요'라고 묻기도 했고요. 그런데 돌아보면 그 회의나 의심이 오히려 믿음의 토양이 된 것 같아요. 그래서 아주 철저한 회의도 믿음의 한 형태라고 믿게 되었어요. 아마 안티기독교인들 중에 기독교인이었던 분들도 많다고 들었는데, 제 생각으로는 바닥까지 아주 철저하게 회의하지 않아서 그래요. 예수님과 기독교에 대해 피상적인 이해가 아니라 진지하게 회의해본다면 다시 예수님을 만날 수 있을 거예요.

시민논객 6 제가 물어본 것은 예수님에 대한 회의가 아니라 기독교에 대한 회의인데요?

예신자 저는 기독교와 예수님을 그렇게 구분하지 않고 신앙생활을 했기 때문에 결국 같은 질문이고요. 앞서 말씀드렸지만, 사람들이 모인 종교의 모습으로서는 실망한 적이 있지만, 저에게는 기독교가 어떤 종교보다 인생의 진리를 확실하게 깨닫게 하는 종교라고 믿기 때문에 떠날 마음이 전혀 없습니다. 오히려 질문하신 분이 더 늦기 전에 기독교에 들어오시지요? (웃음)

chapter 4

붕어빵
교회

'교회가 공동체'라는 말은 이젠 옛말

신석기 잘 알겠습니다. 이제 현대 교회에 대해서 이야기를 나눴으면 합니다. 교회를 다니지 않는 사람들뿐 아니라 교회에 다니는 사람들도 현실 교회 문화에 대한 비판을 많이 하는데요. 교회의 현실에 대해 말씀 해주시고 문제점뿐만 아니라 대안도 많이 이야기해주셨으면 합니다.

이성공 제가 먼저 말씀드리겠습니다. 또 교회 이야기를 하면 비판부터 나올 것 같아서요. 본래 기독교에서 말하는 교회가 무엇인지 먼저 말씀드 려야 시청자분들도 듣고 오해가 없을 것 같고, 또 비판할 땐 비판하 더라도 배가 산으로 가지 않을 것 같네요. 교회는 두 가지 모습이 공 존하고 있습니다. 기독교에서는 그것을 '보이는 교회'와 '보이지 않는 교회'라고 말합니다. '보이는 교회'의 모습은 우리가 흔히 보는 조직, 기관, 건물 등 모습으로 드러나는 교회를 말하는 것이고요. '보이지 않는 교회'는 헬라어로 '에클레시아'라고 표현하는데, 우리가 신앙하는 '그리스도의 몸'으로서의 교회를 말합니다. 예수님을 믿는 믿음 안에서 서로 형제자매로 하나 되어 사귐과 친교, 예배와 교육이 이뤄지는데, 말 그대로 그리스도의 몸으로서 교회의 모습입니다. 그래서 교회에 관해 이야기할 때는 이 두 차원을 구분해서 이야기해야 합니다. 둘을 혼용해서 섞어놓고 이야기하면 곤란하다는 것을 서두에 말씀드립니다. 흔히 교회를 비판하는 사람들은 보이는 교회에 집중하는 경향이 있죠. 그것이 당연한 이유는 보이지 않는 교회를 볼 수 있는 눈이 없기 때문이에요.

조하나 그런 면에서 오늘은 보이는 교회보다 보이지 않는 교회, 즉 교회의 본질에 관해 이야기를 나눠보죠. 우선 교회의 교회 됨이나 정체성과 관련해서는 공동체성을 빼놓을 수 없다고 생각해요. 초대교회는 어떤 조직이기 이전에 삶을 나누는 하나의 공동체였고, 사랑과 나눔의 공동체로서의 온전함을 표현하기 위해 '그리스도의 몸'이라고 고백했기 때문입니다. 그런데 오늘날의 교회가 지닌 문제 중 하나는 이런 공동체로서의 모습을 상실했다는 것이지요. 교회 안에서 삶의 나눔이 없어졌고, 그리스도의 몸이라는 의식도 희박해졌어요. 그래서 교회의 생명력이 사라진 것이지요. 이것이 현대 교회가 가진 가장 큰 문제 중 하나라고 봐요.

나정통 지금 말씀하신 대로 이제는 교회가 하나의 공동체라기보다 기독교인들에게 하나의 '문화적 향유물'이 되는 게 사실입니다. 우리나라에서도 몇 세대에 걸쳐 기독교인이 되는 집안들이 늘고 있습니다. 이런 변화에 따라 현대 기독교인들은 교회 문화에 아주 익숙해져 있고, 이제 그들에게는 교회가 하나의 문화공간입니다. 즉 교회는 신앙생활뿐 아니라 익숙한 기독교적인 분위기 속에서 같은 문화를 향유하는 공동의 시공간이지요. 이런 면에서 교회에 나오는 것이 꼭 예수라는 존재에 대한 관심이나 신앙 때문만은 아닙니다. 예수님의 진리를 더욱더 깨닫기 위해서도 아닙니다. 물론 그런 교인들도 많습니다. 그러나 교회 생활을 통해 하나의 문화생활이나 친족적인 분위기를 누리는 것에 더 큰 만족을 느끼는 교인들도 많습니다. 한동안 출석한 교회에서 쉽게 떠나지 못하는 이유도 여기에 있습니다. 다른 교회로 옮기면 오랫동안 지속한 관계에서 형성된 익숙한 분위기를 떠나야 하고, 또 새로운 사람들과 서먹한 관계를 맺어야 한다는 것이 곤혹스러운 거죠. 그래서 자신이 출석하는 교회에 불만이 있고, 목사의 설교가 못마땅해도 익숙해진 교회 문화에서 발길을 쉽게 옮기지 못해요. 그렇다고 해서 공동체다운 공동체가 형성되는 것도 아닙니다. 그런 면에서 현대 교회의 분위기가 참 묘해지고 있다는 느낌을 받습니다.

여시민 교회가 공동체라는 말은 이제 옛말이 되고 있어요. 예수님의 사랑과 평화가 살아 있는 공동체, 삶을 나누는 공동체로서의 교회를 찾기가 쉽지 않아요. 더욱이 '교회는 그리스도의 몸'이라는 고백은, 다만 성경과 신학 서적에나 있을 뿐입니다. 공동체로서 교회의 모습이 약화된 것은 보수 교회든, 진보 교회든 마찬가지죠. 교회는 이제 한낱 기독교를 지탱하는 기관이요, 예배와 모임을 위한 장소에 불과합니다. 그렇다면 차라리 이런 현실을 공개적으로 인정하는 것이 바람직하지 않을까요? 형성되지도 않을 '공동체' '그리스도의 몸'과 같은 표현을 운운하면서 서로에게 부담 주지 말자는 것이죠. 그런데 막상 그렇게 속 편하게 생각하려고 해도 한편으로는 마음이 찜찜해요. 왜냐하면 예수님과 초대 그리스도인들의 공동체 흔적이 기독교인들의 신앙의 핏속에 유전자처럼 남아 있고, 예수님을 중심으로 한 에클레시아에 대한 아쉬움과 희망이 동시에 남아 있기 때문입니다.

돌발 인터뷰

신석기 네, 그렇군요. 현대 교회에서 가장 큰 문제로 지적되는 부분이 공동
체로서 교회의 모습이군요. 그런데 다른 사람들은 교회에 대해 어떻
게 생각하는지 궁금하지 않으십니까? 그래서 저희가 인터뷰 영상물
을 준비했는데요. 교회에 대해 어떻게 생각하는지, 지금 교회에서 가
장 부족한 것이 무엇인지 한때 교회에 다녔거나 현재 다니고 있는 사
람들에게 물어보았습니다. 함께 보시죠.

영상물이 시작된다. 화면에는 크고 작은 교회의 모습이 나오면서 "당신은 한국
교회에 무엇이 부족하다고 생각하십니까?"라는 제목이 비친다. 찬송가 〈시온
성과 같은 교회〉가 배경음악으로 흐른다. 명동 길거리 한복판, 분주하게 오가
는 사람들이 보이고 여성 리포터와 인터뷰를 기다리는 사람들이 서 있다.

리포터 지금부터 명동 길거리에서 '돌발 인터뷰'를 시작하겠습니다. 오늘 질
문은 "한국 교회에 무엇이 부족하다고 생각하십니까?"라는 제목인
데요. 많은 사람이 말씀하시기를 원해서 몇 분만 모시기가 참 힘들
었습니다. 그럼 첫 번째 분을 모시겠습니다. 젊은 청년이신데요, 안녕
하세요? 한국 교회에 무엇이 부족하거나 없다고 생각하십니까?

청년 교회에 없는 거요? 사실 교회에 사람들 말고는 있는 게 별로 없는
것 같은데……. 하하~.

리포터 혹시 교회 다니세요?

청년 네, 태어날 때부터 다녔어요.

리포터 그러면 좀 진지하게 말씀해주시겠어요? 현재 다니는 교회나 다른 교회에 무엇이 빠져 있는 것 같은가요?

청년 간단히 말해서 사랑이 없는 것 같아요. 아니, 구체적으로 말하면 예수님이 말씀하신 '섬김'이 없어요.

리포터 섬김이요? 꽤 낯선 단어인데요. 아무튼 왜 그렇게 느끼시죠?

청년 교회 가면 목사님이 왕이에요. 그다음은 장로님, 그다음에는 안수집사님들, 맨 밑에 있는 평신도, 청년대학생, 중고등학생들은 찬밥 신세죠. 교회가 무슨 군대도 아닌데 계급 조직처럼 보일 때가 많아요. 목사님들 사이에서도 담임목사님이 우두머리고, 부목사님들은 종 같아요. 우두머리가 하라면 무조건 해야 돼요. 이건 정말 진지하게 말하는 건데요. 교회에서 서로 섬기고 사랑하는 모습을 찾기가 정말 힘들어요. 예수님은 제자들의 발까지 씻겨주셨는데, 교회에서 목사님이나 장로님들이 설거지하는 것이나 화장실 청소하는 것도 못 봤어요. 물론 단편적인 이야기이긴 하지만요.

리포터 그래도 다른 모임보다는 교회에서 만나는 사람들이 다른 사람을 많이 이해해주고 섬기지 않나요?

청년 겉으로는 그렇게 보이겠죠. 그런데 교회에 어떤 문제가 한번 일어나보세요. 난리도 아니에요. 교회 교인들끼리 패를 나눠서 싸우고, 목사님과 장로님들끼리 싸우면서 서로 자기 교회라고 소리치고요. 요즘엔 교회가 용역업체를 먹여 살린다는 말이 나올 정도인데, 사실인가요? 그 용역비도 헌금에서 지출하는지 궁금합니다. 아무튼 교회에서 이해하고, 용서하고, 섬기는 모습들은 별로 없어요. 교회에 싸움이 잦은데, 이런 것들도 서로 섬기려 하지 않기 때문에 그런 것 아닐까요? 그러면서 어떻게 하나님을 섬기고, 예수님을 섬긴다고 하는지 모르겠어요. 솔직히 저도 이런 말을 할 자격이 없어요. 남을 섬긴다는 것이 구체적으로 무엇을 의미하는지 모르겠어요. 교회에서 섬김이 무엇인지, 어떻게 하는 것인지 한 번이라도 경험해봤어야 알죠.

리포터 나이도 젊으신 것 같은데, 교회에서 쓴맛을 많이 보신 것 같군요. 인터뷰가 나가면 교회 목사님들에게 혼나는 것 아닌지 걱정스럽네요.

청년 걱정하지 마세요. 우리 교회 목사님과 교인들은 〈신석기의 100분 토론〉 잘 안 봐요. 이런 프로 안 좋아하거든요. 게다가 우리 교회는 대형 교회라 제가 자기네 교회 교인인 줄도 모를걸요.

리포터 아무튼 감사합니다. 그럼 다음 분을 모시겠습니다. 중년 여성분이신데요. 우선 교회에 다니시는지부터……

중년 여성 네, 옛날에는 다녔는데 얼마 전부터는 안 다녀요.

리포터 왜 안 다니게 되셨어요?

중년 여성 그 이야기를 하자면 긴데요. 한마디로 교회에 실망해서죠. 뭐!

리포터 무엇에 그렇게 실망하신 건가요?

중년 여성 요즘 교회에는 치유가 없어요. 제가 말하는 치유는 병을 고치는 치유만 말하는 게 아니고요. 삶의 변화와 마음의 치유를 말하는 거예요. 물론 제가 예수님을 잘못 믿어서 그럴 수도 있지만, 설교를 듣거나 교제를 할 때도 예수님에 관해 이야기는 하는데 실제 내용은 세상 모임과 다를 바가 없더라고요. 현대인들이 얼마나 영적·심리적으로 갈등이 많고 병도 많아요? 그러면 교회가 예수님이 그러셨던 것처럼 아픈 곳을 만져주고 어려움을 헤아려주면서 마음의 병을 고쳐야 하는 거 아닌가요? 그런데 교회는 온통 교회 성장이나 부흥에만 관심 있지, 치유 같은 것에는 관심도 없고 목사님도 능력이 없어요. 제가 여러 교회를 다녀봤는데요. 예수님의 마음으로 치유를 일으키는 교회는 거의 없어요. 저만 그렇게 느끼는 게 아니라 제 주위에 있는 기독교인들 봐도 그래요. 대부분 성숙하지도 않고 정체된 이유가 치유 체험을 통한 변화가 없기 때문이 아닐까요?

리포터 좀 흥분하신 것 같은데요. 차분하게 말씀해주세요. 교회에 치유가 없다고 말씀하셨는데, 조금 더 말씀해주신다면…….

중년 여성 많은 현대인이 아픔과 상처 그리고 마음의 병을 갖고 이곳저곳을 헤매고 있어요. 그래서 마음을 다스리고 영혼의 건강을 위해서 명상, 요가, 템플스테이, 마음공부 등 여기저기 찾아다니고 있어요. 요즈음 소위 영성산업이 번창하고 있잖아요? 그런데 그런 사람들이 교회에 갈까요? 들어갔다가 다시 돌아나와요. 그런 사람들이 저보고 이렇게 말해요. "예수님은 좋은데, 교회는 싫어. 예수님의 마음은 닮고 싶은데, 교회 가면 그 마음이 사라지고 마음이 심란해져!" 저기 길 가는 사람들 붙잡고 물어보세요. "교회가 사회의 병과 마음의 병을 고치는 곳이라고 생각하시나요?"라고요. 아마 그렇다고 대답하는 사람은 한 사람도 없을 거예요. 오히려 교회가 예수님에 관한 관심까지 막아버리는 경우가 허다하죠.

리포터 네, 잘 알겠습니다. 감사합니다. 미리 말씀을 준비할 시간이 있어서 그런지 인터뷰하시는 분들이 다들 말씀을 참 잘하시네요. 마지막으로 한 분 더 모시겠습니다. 삼십 대 초반쯤 되어 보이시는군요. 죄송하지만 교회를 다니시나요?

삼십 대 남자 아뇨. 몇 년 전까지만 해도 다녔어요.

리포터 왜 안 다니게 되셨나요?

삼십 대 남자 이야기하기가 좀 그렇지만, 교회를 사랑하는 마음으로 말씀드릴게요. 저는 교회에서 다른 청년들처럼 교회 봉사를 많이 했어요. 한 7년 정도를 쉬지 않고 교회학교 교사로 섬겼거든요. 처음에는 교회 봉사가 하나님과 예수님에게 받은 은혜를 나누는 것으로 생각해서 기꺼이 했습니다. 그런데 몇 년 지나니까 저 자신이 점점 지치더라고요. 사회에서 직장생활도 해야지, 결혼 준비도 해야지 할 일이 너무 많아졌어요. 그리고 아이들을 가르치려면 신앙적으로도 좀 더 충전할 수 있는 시간도 필요했고요. 그래서 교회학교 교사를 잠시 쉬려고 담임목사님에게 말씀드렸어요. 여차여차해서 일 년 동안 교사를 잠시 쉬겠다고 했어요. 그런데 목사님은 제 뜻을 받아주지 않으셨어요. 힘들었지만 할 수 없이 일 년 더 교사로 봉사했지요. 그리고 일 년이 지나서 다시 목사님을 찾아가 일 년 정도 교사를 쉬면서 주일 낮 예배만 드리겠다고 말씀드렸어요. 그런데 목사님이 또 거절하시는 거예요. 교회의 상황이나 신앙의 유지, 봉사의 의미 등을 말씀하시면서요. 저도 잘 알죠. 그런데 정말 더는 교사로서 봉사할 힘이 없었거든요. 그때 제가 선택할 수 있는 길은 하나밖에 없었어요. 목사님께는 죄송하지만 교회를 안 나가는 것이었어요. 그래서 무조건 안 나갔죠. 연락도 끊고요. 그렇다고 다른 교회 다니기도 미안해서 지금은 잠시 쉬고 있어요. 언젠가는 교회를 다시 다니겠죠.

리포터 그렇군요. 그럼 본인이 생각하실 때 교회에 가장 부족한 것은 무엇인가요?

삼십 대 남자 저는 쉼이라고 생각해요. 교회에는 정말 쉼이 없어요. 특히 저 같은 청년들은 큰 교회에 다니지 않는 이상, 봉사에 쫓겨서 쉴 수가 없어요. 하나님이 안식일을 주신 것은 쉬라고 주신 것 아닌가요? 그런데 일주일 내내 직장에서 일하고, 주일에는 교회에서 또 봉사하고요. 물론 예배도 드리지만, 그것은 주일 하루 중 지극히 일부예요. 아침부터 저녁 늦게까지 각종 모임에, 성경공부에, 회의까지 쫓아다녀야 해요. 그래도 목사님은 월요일은 푹 쉬시잖아요. 그런데 우리 같은 평신도들은 언제 쉬나요? 어떨 땐 교회가 봉사라는 이데올로기로 교인들을 옭아매는 것 같다는 생각이 들 정도예요. 지금 제 이야기는 봉사도 안 하면서 교회 편하게 다니겠다는 말이 아니에요. 봉사할 땐 하더라도 재충전할 수 있는 여유를 줘야죠. 목사님들은 안식년이 있는데, 왜 교사나 성가대원들, 장로님들은 안식년이 없나요? 좀 쌓인 게 많아서 말이 길어졌네요. 예수님께서 "수고하고 무거운 짐 진 자들아, 다 내게로 오라. 내가 너희를 편히 쉬게 하겠다"라고 말씀하셨잖아요. 이 말씀이 교회에서부터 이뤄지지 않는다는 게 안타까워요. 저는 교회 생활에서 몸과 영혼의 쉼이 있었으면 합니다.

리포터 네, 감사합니다. 이상 세 분의 의견을 들어보았는데요. 오늘 토론하시는 분들은 이 문제들에 대해 어떻게 생각하시는지 궁금합니다. 그럼 이상으로 길거리 돌발 인터뷰를 마치겠습니다. 감사합니다.

카메라가 다시 토론 현장을 보여준다.

신석기 세 분의 의견, 잘 들었습니다. 정리하자면 그렇군요. 현대 교회에 부족하거나 없는 것으로 섬김, 치유, 그리고 쉼을 말씀해주셨는데요. 물론 이것이 모든 사람들의 공통된 의견이라고 볼 순 없지만, 그래도 오늘 토론 주제와 관련해서 많은 시사점을 준다고 생각합니다. 하나씩 짚어봐야 할 것 같은데요. 어느 분부터 말씀해주시겠습니까?

이성공 인터뷰를 들으니 부끄러워서 얼굴이 화끈거리네요. 저 또한 목사로 서 통감할 책임이 크다는 생각을 합니다. 솔직한 심정이고요. 그런데 세 분 모두 공통점이 있는데요. 세 분 모두 교회를 잘못 생각하고 있 는 게 아닌가라는 생각을 했습니다. 왜냐하면 교회는 여느 세속적 인 집단과는 다르거든요. 교회의 존재 목적은 예수님을 믿고 하나님 을 예배하는 곳이지, 놀러 오거나 쉬러 오는 곳이 아닙니다. 예수님 의 구원하심이 고마워서 그 사랑을 계속 되새기면서 함께 기도하고 사랑을 실천하는 곳이 교회입니다. 이것 외의 다른 목적은 모두 부차 적이죠. 아마 이런 점에서 인터뷰하신 분들이 교회를 너무 한쪽으로 만 생각한 것이 아닌가 싶네요. 그렇게 기대를 하다 보니 실망도 더 욱 큰 게 아닐까요?

신석기 한쪽으로만 생각했다는 말은 무슨 말씀이시죠?

이성공 제가 서두에 말씀드렸듯이 교회를 바라보는 두 가지 측면이 있습니 다. 그런데 이분들은 한편으로는 교회의 본질을 생각하고 기대하면 서도, 다른 한편으로는 마치 세속적인 모임이나 집단의 기준으로 교 회를 생각하고 있는 것 같아요. 교회는 그렇게 영적인 문제에 대해 바로바로 갈망을 채워주지는 못하거든요. 즉각 답을 기대해서는 안 됩니다. 그리고 교회에 섬김이나 치유 혹은 쉼이 없다고 지적했는데, 이것도 전혀 없는 것으로 오해하면 안 돼요. 혹시나 시청자 중에 기 독교인이 아닌 분들은 '정말 그렇구나'라고 오해할까 봐 걱정이 앞서 네요.

남예혁 저도 인터뷰를 들으면서 참 부끄러웠습니다. 그러면서 예수님의 말씀 이 하나 떠올랐는데요. 예수님께서 말씀하셨지요. "돌들이 소리치리 라." 먼저 돌이라고 표현해서 죄송합니다. 저 같은 신학교 교수나 목사들이 반성하지 않고 말하지 않으니까, 이렇게 일반인들이 교회를 향해 하나님의 소리를 전달하는구나 싶어서 얼굴이 화끈거렸습니다. 세 분 이야기 모두 하나도 틀림없는 가슴 아픈 이야기입니다. 현실 교회에 기능적인 봉사는 있지만 진정한 섬김이 약한 것도 사실입니다. 현실 교회에 치유가 있다고 말할 수 있나요? 오히려 서로 상처나 주지 않으면 다행이라고 생각하지 않나요? 또 쉼이 있습니까? 목회자나 평신도나 그저 교회 일에 치여서 이리 뛰고 저리 뛰어다니다가 지쳐 있지 않습니까? 이런 모습이 예수님의 공동체의 모습이라고 할 수 없잖아요.

교회에 없는 것, 섬김

신석기 여기서 시청자분들을 위해 기독교에서 말하는 섬김이 무엇인지 명확하게 설명해주시면 좋겠네요.

조하나 '섬김'이라는 표현이 너무 품위 있어 보이는데요. 사실 성경에서 말하는 섬김은 다른 사람의 종이나 노예가 되어 그 사람에게 봉사한다는 뜻이에요. 종이 되지 않고서는 섬길 수 없기 때문에 '섬긴다'는 것은 결코 쉬운 일이 아닙니다. 그런데 이 단어가 기독교에서는 너무 쉽게 사용되기 때문에 별로 특별하게 다가오지 않는 것 같아요. 그러나 예수님 시대를 보면 섬김은 예수님과 제자들이 마지막까지 추구한 가장 중요한 공동체의 표시sign였어요. 당시 유대교 문화에서 섬김은 굉장히 낯선 가치였고, 어떤 공동체도 이 섬김을 중요한 삶의 양식으로 내세우지 않았습니다. 그런데 예수님은 이 섬김을 공동체에서는 없어서는 안 될 아주 중요한 마음가짐과 행동지침으로 삼으셨어요. 그러니까 섬김이 없으면 예수님의 공동체의 기반이 무너지는 것과 마찬가지였어요. 오죽하면 예수님이 자신을 가리켜 '섬김을 받으러 온 것이 아니라 세상과 이웃을 사랑으로 섬기러 온 사람'이라고 표현하면서까지 제자들에게 섬김을 강조하셨겠어요. 그런데도 제자들은 깊이 깨닫거나 실천하지 못했어요. 그래서 서로 섬기기보다는 남보다 윗자리에 앉으려 하고, 높아지려는 마음이 앞서 있었죠. 이 문제 때문에 서로 갈등을 겪다가 잘못하면 공동체가 깨질 뻔한 극한 상황까지 가기도 했어요. 바로 야고보와 요한의 어머니가 예수님께 와서 치맛바람을 일으킨 사건이었죠. 그녀는 "주님, 주님의 나라에서 제 한 아들은 주님의 오른쪽에, 또 다른 아들은 주님의 왼쪽에 앉게 해주세요"라고 부탁하지 않았습니까? 시쳇말로 가장 높은 자리를 한 자리씩 나눠 주라는 것이었습니다. 섬김보다는 남보다 높은 자리에 앉으려는 마음이 더 강했던 것인데, 이 사건으로 제자들 사이에 큰 분란이 있었지요. 이처럼 섬김은 제자들이 가장 따르기 힘든 덕목이었어요.

남예혁 개인적인 측면만이 아니라 당시의 사회적 측면으로 볼 때도 섬김은 매우 과격한(?) 실천 행위였습니다. 그 당시 사회와 문화는 철저히 계급화되어 있었고, 사회 구조 또한 주인과 종, 의인과 죄인, 남녀노소, 직업 등으로 차별화되어 있었기 때문입니다. 섬김의 실천은 단순히 개인의 겸손이라는 덕목으로 행할 수 있는 것이 아니었어요. 잘못하면 사회적 차별과 기준 및 사회 질서를 혼란케 할 수도 있는 행동이었기 때문에 매우 위험천만한 것이었습니다. 그래도 예수님은 이 섬김의 가치를 포기하지 않고 끝까지 제자들에게 요구하셨습니다. 그런데 예수님을 따른 지 삼 년이 다 지나가도 제자들은 섬김의 삶을 살아내지 못했습니다. 그래서 예수님은 자리다툼이나 하는 제자들을 불러 모아놓고 이렇게 말씀하십니다. "이방 사람의 통치자들은 다른 사람의 주인이 되려고 한다는 것을 너희가 안다. 그 고관들은 사람들에게 권력을 행사한다. 그러나 너희는 저들과 같아서는 안 된다. 누구든지 너희 중에서 높아지려면 먼저 섬기는 자가 되어야 한다. 만일 누구든지 너희 가운데서 첫째가 되려면 너희의 종이 되어야 한다." 그리고 그 예수님 자신이 십자가에 달려 돌아가시기 전날에 제자들의 발을 씻기시며 섬김의 삶을 몸소 보여주셨습니다.

여시민 섬김은 남보다 자기의 몸과 마음을 모두 낮추는 행위라고 생각해요. 자신이 높은 자리와 좋은 자리에 앉으려고 하기보다는 낮은 자리에 앉으려는 태도예요. 그런데 요즘 목사님들을 보면 좋은 자리나 높은 자리를 차지하려고, 또 감투 하나 써보려고 하는 분들이 너무 많습니다. 어떤 목사님들의 명함을 보면 맡은 자리가 한둘이 아닙니다. 물론 다 봉사직이라고 생각할 수도 있지만, 남보다 높은 위치에 앉으려는 분위기가 팽배해져 있습니다. 각 교단의 총회장 선거를 한 번 보세요. 국회의원이나 대통령 선거를 방불케 할 정도입니다. 이런 우화가 있습니다. 아마 많은 분이 아시는 이야기일 텐데요.

어떤 목사님이 천국에 들어갔습니다. 그랬더니 예수님이 후다닥 뛰어나가서 그 목사님을 맞이하는 것입니다. 그 모습을 본 평신도들이 말했습니다.

"이런, 천국에서 차별이 심하네. 우리가 들어올 때는 그저 맞아주기만 하시더니 목사가 들어오니 뛰어나가셔서 맞이하시네."

그 마음을 알아차린 예수님이 말씀하셨습니다.

"그게 아니라 너희도 알다시피 워낙 오랜만에 목사가 천국에 들어왔잖니? 그래서 나도 모르게 너무 반가워서 그런 거야!" (사람들의 웃음소리가 들린다)

그다음에 또 다른 목사님이 천국에 들어가셨습니다. 그런데 이번에는 예수님이 꼼짝도 안 하시고 보좌를 붙잡고 계신 것입니다. 그래서 성도들이 물었습니다.

"아니, 이번에는 왜 뛰어가서 맞이하지 않으십니까?"

예수님이 대답했습니다.

"다른 목사들이 내 자리를 차지할까 봐 못 내려가겠다."

방청객 쪽이 웃음바다다.

이 우화는 목사들이 얼마나 한자리 차지하는 것을 좋아하는지 풍자한 것입니다. 섬기려 하기보다는 섬김을 받으려는 목사들의 심보를 그린 것이지요.

이성공 부끄러운 이야기입니다. 목사 체면이 말이 아니군요. 이제 어디 가서 목사라고 말도 못 하겠어요. 다 자업자득이죠.

신석기 재미있군요. 그저 우화니까 목사님들은 너무 흥분하지 마시기 바랍니다. 그렇다면 의문이 생기는데요. 왜 예수님은 그렇게까지 집요하게 섬김을 말씀하셨을까요?

남예혁 그것은 섬김의 삶이야말로 세상을 뒤바꿀 수 있는 아주 혁명적인 삶의 방식이기 때문입니다. 모든 사람이 다 높아지려고 애쓰고, 또 그 지위를 이용해서 남을 다스리고 억압하려는 문화를 거부하는 것이었습니다. 섬김은 곧 하나님의 사랑을 드러내는 통로였습니다. 그래서 예수님은 섬김을 새로운 대안적인 삶의 양식으로 삼으신 것입니다. 예수님은 사람들이 하나님과 사람들 앞에서 자신을 겸손히 낮추고 섬김의 삶을 살지 않고서는 하나님의 새로운 뜻과 사랑을 전할 수 없다고 믿었습니다. 섬김을 통해 세상을 이기는 삶, 지고도 이기는 삶, 낮아짐으로 위대해지는 길이 바로 남을 섬기는 데 있음을 알려주신 것이지요. 섬김은 하나님의 위대한 비밀입니다. 지금도 마찬가지입니다. 너도 나도 윗사람이 되기를 원하고, 높은 자리에 앉기를 원하고, 권력을 갖기 원하는 사회에서 예수 공동체로서 교회가 섬김의 도를 다한다면 교회는 다른 사회 집단과 확연하게 구별될 것입니다. 그러면 누가 뭐라고 해도 세상의 빛이 될 수 있을 텐데, 그 섬김의 도道와 섬김의 영성을 잃어버린 것이 안타깝습니다.

예신자 저도 교회 생활하면서 평신도로서 섬김에 대해 많이 듣고 실천해보려고 노력했는데, 정말 쉽지 않은 것 같아요. 왜 그럴까 하고 곰곰이 생각해봤는데, 제 생각에는 자존심 때문에 그런 것 같아요. '내가 저 사람보다 더 잘난 사람인데, 왜 종처럼 따라야 하지'라는 심리부터 '내가 상대방을 섬기는 행동을 하면 저 사람이 나를 얕잡아 보지 않을까'라는 두려움도 있고요. 그런데 만약 섬김이 하나의 신앙 덕목 정도가 아니라 기독교인의 본질과 교회의 존재 이유에 관련된 것이라면 지금보다 훨씬 더 절박하게 실천되어야 하겠죠.

조하나 이런 말을 하는 저도 사실 부끄러운 사람입니다만, 해야 할 말은 해야겠네요. 교회는 예수님처럼 세상을 섬기기 위한 종servant입니다. 예수님은 우리에게 세상을 힘으로 굴복시키는 게 아니라 섬김으로 세상을 변화시키는 길을 보여주셨어요. 오늘날에도 이 섬김이야말로 사람과 사회와 세상의 변화를 일으킬 수 있는 강력한 힘이죠. 제가 최근에 읽은 책 중에 《종의 마음》이라는 책이 있는데요. 그 책의 저자인 데이빗 케이프 목사 이야기가 참 감동적이에요. 그는 남아프리카공화국에서 성공적인 목회를 하고 있었어요. 그런데 어느 날 목회를 그만두고 거리로 나가 사람들의 발을 씻기라는 주님의 음성을 들어요. 그 즉시 케이프 목사님은 순종해서 목회를 그만두고 대야가 달린 십자가를 메고 전 세계를 돌아다니며 사람들의 발을 씻기기 시작합니다. 그가 사람들의 발을 씻길 때 놀라운 치유와 기적이 일어나요. 오물이 가득한 하수구에서 어떤 사람의 발을 씻길 때는 가정이 회복되는 기적이 일어나고, 한센인의 발을 씻길 때는 치유가 일어났어요. 지난 20년간 그는 창녀, NBA 스타, 대통령, 누구든 가리지 않고 그들의 발을 씻기는 섬김의 삶을 살고 있어요. 케이프 목사님의 이런 실천은 예수님이 지금도 섬김의 실천으로 세상을 변화시키고 있다는 사실을 아주 극적으로 보여준다고 봐요. 그 책의 공동저자인 토미 테니 목사는 이렇게 말하고 있어요. "천상의 영역에서 선택할 수 있는 무기는 의심의 여지 없이 '성령의 검'이다. 그러나 지상의 영역에서 선택할 수 있는 무기는 '섬김의 수건'이다."[20] 정말 섬김은 예수님께서 보여주신 이 세상을 변화시키는 최고의 무기임에 틀림이 없어요. 그래서 다시 한번 강조하지만, 우리의 삶에서 섬김은 있어도 되고 없어도 그만인 덕목이 아닙니다. 그것은 교회를 교회되게 하고, 기독교인을 그리스도인답게 만드는 필수적인 요소예요. 그리고 교회가 세상을 섬기기 위해서는 먼저 교회 안에서 섬김의 은혜가 넘쳐야합니다. 자신보다 남을 높게 여기는 문화와 항상 다른 사람의 발을

---

20. 토미 테니, 데이빗 케이프, 《종의 마음》, 도서출판 토기장이, 2008, p. 24

씻긴다는 심정이 북돋아져야 합니다.

나정통 케이프 목사님의 이야기, 참 감동적이네요. 저는 인터뷰한 분 중에서 섬김이 구체적으로 뭐냐는 질문이 마음에 박혀 있습니다. 섬김의 구체적인 실천은 '겸손'에서 비롯됩니다. 그래서 교회와 개인 안에 섬김의 문화가 없다는 것은 예수님의 마음인 겸손과 온유함이 없다는 말과 같은 것입니다. 조금 전에 조 목사님이 말씀하셨지만 다시 한번 강조하자면 성경의 섬김은 헬라어로 '디아코니아'인데, 이것은 영어로 말하면 서브serve 봉사입니다. 남을 섬긴다는 것은 말 그대로 어떤 사람의 종이나 웨이터waiter가 되는 것을 말합니다. 그런데 우리가 겸손하지 않으면 어떻게 남의 종이 되어 봉사하겠습니까? 진정한 섬김은 그저 겉으로만 내세우고 표현되는 겸손의 모양만으로는 불가능합니다. 내적으로 먼저 겸손을 품지 않으면 아무리 외적으로 남을 섬기는 척해도 결코 오래가지 못합니다. 그러므로 섬김이 중요한 것은 이것이 하나님 앞에서나 사람 앞에서나 겸손의 표현이며, 또한 실천이기 때문입니다. 그래서 섬김의 문화가 발전하려면 겸손이 먼저 강조되어야 하고, 실제로 우리가 겸손해야 합니다.

신석기 그러면 기독교나 교회에서는 겸손이 무엇이고, 또 어떻게 해야 겸손한 사람이 된다고 가르치나요? 사회적으로 보면 남에게 겸손해 보이면 '약해 보이는 것'으로 생각하는 사람도 많거든요. 그래서 겸손은 오히려 약점을 드러내 보이는 행동으로 인식되곤 하는데, 기독교에서는 겸손을 어떻게 보시나요?

나정통 기독교는 먼저 하나님 앞에서 인간의 겸손을 지극히 당연한 것으로 가르칩니다. 다시 말해 우리가 본래 죽음을 면치 못할 존재인데, 예수 그리스도로 말미암아 영원한 생명을 얻었으니 하나님 앞에서 자신을 어떻게 내세울 수 있겠냐는 것입니다. 목숨을 건져줬는데 당연히 겸손할 수밖에 없다는 것이죠. 그렇게 믿으면 하나님 앞에서 별로 어렵지 않게 겸손할 수 있을 것 같지요? 그런데 실제로는 안 그렇습니다. 왜냐하면 아직 '자아'가 죽지 않아서 그렇습니다. 자신의 자아가 죽지 않고 살아서 계속 하나님보다 앞서 나가거나 다른 사람들을 무시하려고 합니다. 그것이 인간을 계속 교만하게 만들고, 사람들 앞에서도 겸손하기 힘들게 만듭니다. 자신이 항상 옳으며, 남보다 위에 있다고 생각하니까요. 그것을 좋게 말해서 자부심pride이라고 하는데, 그것은 사실은 교만에 불과합니다. 사람들 사이에서 겸손하려면 인간 모두는 하나님이 동등하게 창조한 피조물이라는 사실을 기억해야 합니다. 사람들 사이에서 본질적으로 누가 높고 낮고가 없어요. 모두 평등한 존재입니다. 이 세상에 각기 다른 달란트를 가지고 태어났고, 또 사회적 직위에 따른 차이는 있을지 몰라도 인간의 존엄과 가치 그리고 사람됨에서는 모두 평등한 사람들입니다. 그러니 사회적인 기준이나 교회 내 직분을 가지고 자신이 누구보다 높다고 의식하고, 또 그렇게 행동하는 것은 교만의 표현입니다. 그러나 예수님의 가르침은 이 수준에서 멈추지 않았습니다. 서로 평등하다고 생각하는 것으로는 부족하고 빌립보서 말씀대로 항상 겸손한 마음으로 남을 자신보다 높게 여겨야 한다는 것입니다. 예수님도 하나님과 동등 됨, 평등 됨을 취하지 않고 자신을 낮추신 분이십니다. 참 섬김은 바로 남을 자신보다 높게 여기는 겸손한 마음의 표현입니다. 즉 겸손이 뿌리라면 섬김은 그 열매고, 겸손이 꽃이라면 섬김은 그 향기입니다.

예신자 옛날에 많이 부르던 복음성가가 생각나는데요. 이런 복음성가 아세요? (노래를 시작한다)

사랑하며 섬기겠어요
생명 주신 예수님, 버려진 날 찾아오셔서
내게 생명 주셨죠
찢긴 맘과 내 삶에 갈보리 언덕에 흘린 피로
생명 주신 예수님, 영원히 섬기겠어요

사람들이 소리를 지르며 박수를 친다.

아니, 잠깐만요. 박수받으려고 한 것은 아니고요. 이 찬양의 가사처럼 새 생명을 주신 것에 대한 감사함만 있다면 예수님과 이웃을 섬기는 데 큰 어려움이 없을 거예요. 그렇지요?

신석기 역시 연예인이신지라 감정이 풍부하시군요. 노래를 부르니까 토론장 분위기가 확 달라진 것 같네요. 감사합니다. 다시 토론을 이어가겠습니다.

조하나 사회자님이 겸손은 약함의 표현이 아니냐는 질문을 하셨는데요. 제 생각으로는 교만이 오히려 약한 자신을 드러내는 태도라고 생각해요. 나 목사님의 말씀을 보자면 겸손이야말로 자신의 자아를 물리치는 강한 힘이 있는 것이고요. 반대로 교만은 자꾸 자신의 약함을 숨기고, 또 자신을 속이는 행동으로 드러나거든요. 예수님께서 "나는 겸손하고 온유하다"라고 스스로 말씀하셨는데, 그것은 겸손의 지극한 경지였어요. 생각하기에 따라서는 예수님도 보통 사람들처럼 사람들 앞에서 잘난 체하시거나 교만할 수도 있었습니다. 물론 자랑할 만한 것이 많은 분이었지만 얼마나 자신의 겸손함을 말이 아닌 행동으로 보이셨으면 '스스로 겸손하다'라는 말을 제자들이 거부하지 않고 성경에 기록했겠습니까? 그만큼 겸손하셨던 것이고, 그래서 제자와 사람들을 섬길 수 있었던 것이죠.

여시민 만약 지금 우리가 대화를 나눈 것처럼 기독교인들이 예수님이 보여주신 종의 마음, 섬김의 도를 실천한다면 그동안 기독교인들이 가지고 있던 '위선적이다'라는 이미지는 정말 쉽게 무너질 수 있다고 믿어요. 지금 일반 사람들이 가지고 있는 기독교인들에 대한 이미지 중에 가장 심각한 것이 '기독교인은 진실하지 않다, 위선적이다'라는 이미지입니다. 한 통계에 따르면, '기독교인들이 비기독교인들보다 정직하다'라는 문항에 '그렇다'고 응답한 사람은 전체의 25.8%에 불과했습니다. 그리고 기독교와 불교를 제외한 사람 중에는 오직 13.9%만이 '그렇다'라고 답했습니다. 그러니까 일반 사람들의 86%가 기독교인들은 정직하지 않다고 보는 거죠. 거꾸로 이야기하면 위선적이라고 대답한 것입니다. 더욱 안타까운 것은 기독교인들 스스로조차 정직하냐는 질문에 '그렇다'라고 대답한 사람은 48.5%로, 절반에도 미치지 못했다는 점입니다. 한국 기독교인들에 대한 이미지뿐 아니라 미국 기독교인들이 지닌 이미지도 매우 유사합니다. '미국 기독교인들이 위선적이냐'는 질문에 미국의 젊은 비기독교인들의 85%가 기독교인들이 위선적이라고 응답했습니다. 기독교인들 자신도 절반에 가까운 사람들(47%)이 기독교인들이 위선적이라고 말했습니다. 이런 미국 기독교인들을 바라보는 시각은 한국 기독교인들을 바라보는 시각과 놀라울 정도로 일치하지 않습니까? 이것은 그만큼 한국인이든 미국인이든 기독교인들은 위선적이라는 인식하고 있음을 말해줍니다.

이성공 사실 위선은 예수님이 가장 많이 비판한 것 중 하나였어요. 성경을 보면 예수님은 어떤 도덕적인 잘못이나 죄보다도 위선적인 모습을 가장 싫어하셨어요. 그런데 우리가 눈여겨봐야 할 것은, 예수님은 앞서 말한 대로 단순히 겉과 속이 다른 것뿐 아니라 하나님 앞에서 마음 없는 행위를 위선이라고 생각하셨다는 것입니다. 사실 예수님께서 당시 유대교 지도자들에게 가장 많이 비판하신 부분도 바로 이런 종류의 위선 아니었습니까?

남예혁 예수님 당시 유대 문화 또한 하나님신앙을 빌미로 백성들을 억압하는 체제였어요. 그들의 위선은 특히 마음 없이 율법과 전통을 고집하는 말과 행위에서 드러났습니다. 그들은 율법이 지닌 본래의 속뜻은 내팽개친 채, 형식적인 겉 행위만 중요하게 여겼습니다. 예수님은 이렇게 속과 겉이 다른 위선자들의 모습을 강하게 나무랐습니다. 아무리 좋은 전통이라도 마음 없이 행하는 순간 그것은 위선적인 행위라는 것이지요. 또한 예수님은 사람의 관습과 전통을 마치 하나님의 계명인 것처럼 가르치는 거짓을 강하게 질타했습니다. 이 말씀을 오늘의 상황에 비춰 보면 우리가 아무리 교회에서 하나님을 예배하고 기도한다 해도 마음이 담기지 않았다면 그것은 위선적인 행위라는 것입니다. 이 얼마나 무서운 말씀입니까? 우리도 얼마든지 위선적일 수 있습니다. 일반인들이 보는 것과 다른 차원에서 말이지요. 예를 들어 마음 없는 인사, 마음 없는 웃음, 마음 없는 말 등 이것들 모두 위선의 한 형태입니다. 위선은 아주 대단한 행동에서만 나타나는 것이 아닙니다.

조하나 하나님을 섬기든 사람을 섬기든, 섬김은 능력의 문제가 아니라 마음가짐의 문제이기 때문에 작은 위선도 절대 용납할 수 없어요. 오히려 섬김은 위선적일 수 있는 우리의 마음을 진실하게 만드는 힘이에요. 그러니까 섬김을 통해 기독교인들은 더욱 진실해질 수 있고, 또 남들은 그만큼 우리를 진실한 사람들로 보게 될 것입니다.

교회에 없는 것, 치유

신석기 섬김에 대해서는 이 정도로 이야기를 마치고, 치유에 관해 이야기를 나눴으면 합니다. 이 부분은 앞으로 논의할 중요한 논제들이 많으니 짧게 넘어갔으면 합니다. 여기 계신 분들이 대체로 이 문제에 동의하시는 것 같아 큰 반대 의견이 없을 것 같습니다.

나정통 성경에 보면, 예수님께서 치유 기적을 일으키실 때는 단순히 병만 고치신 것이 아니라 그 사람의 영혼 구원까지 언급하셨습니다. 그러니까 '치유healing'는 '치료cure'와 구분되는 개념입니다. 예수님은 몸을 치료하신 분이시지만, 전체적으로 볼 때 그 사람의 마음과 영혼까지도 치료하시는 총체적인 치유 행위를 하신 것이지요. 그래서 치유는 구원과 떼어놓고 생각할 수 없습니다.

남예혁 한 가지 덧붙이자면, 예수님의 치유 행위는 하나님나라의 도래의 증거였어요. 예수 공동체는 몸의 병과 정신적이고 영적인 병, 그리고 사회 구조적인 문제까지 치유했습니다. 그것은 온전한 삶으로의 회복을 의미했습니다. 갖가지 병으로 마을 공동체에서 소외되고 정상적인 삶을 살지 못했던 사람들에게 치유는 새로운 삶으로의 시작을 뜻했습니다. 그런데 오늘날의 교회에는 이런 삶의 변화를 가져오는 치유의 역사가 잘 일어나지 않고 있습니다. 이것은 아주 가슴 아픈 현실이고, 교회의 존립에 치명적인 타격입니다. 인터뷰에서도 나왔습니다만, 현대인들은 갖가지 크고 작은 병으로 시달리고 있습니다. 몸의 병은 물론 영적·정신적인 질병들이 급속하게 번져가고 있습니다. 즉 마음의 상처를 지닌 채 아픔으로 살아가는 이들이 늘고 있습니다. 그로 인해 모든 분야에서 치유라는 단어가 남발되고 있어요. 치유상

담, 치유집회, 음악치유, 미술치유, 연극치유, 독서치유 등 다양하게 유행하고 있습니다. 그런데도 온전하게 치유되었다고 말하는 사람을 쉽게 찾을 수 없어요. 교인들이라고 해서 결코 예외는 아닙니다. 사회생활에서 상처를 받은 교인들은 교회의 신앙생활을 통해 치유받고 정신적인 문제에서 해방되기를 갈망합니다. 그러나 신유집회라는 이름으로 병 고치는 부흥회가 열리긴 하지만, 치유 공동체로서 교회의 모습은 약화되고 말았어요.

이성공 모두 대체적으로 동의합니다. 저도 하나님께 기도할 때 왜 저에게는 치유의 은사를 주시지 않으셨냐고 불평할 때가 있어요. 저도 예수님처럼 능력이 많아서 앉은뱅이도 일으키고, 당뇨병도 치료해주고, 암도 고치는 기적을 일으키는 능력 많은 목사라면 얼마나 좋을까라고 생각할 때도 있습니다. 그런데 그것도 다 인간의 욕심이지요. 지금도 치유하는 은사를 가진 분들은 많이 있습니다. 요즘 한창 치유 은사로 이름을 날리고 있는 모 장로님도 계시잖아요. 매주 집회를 하는데, 거기 가보세요. 설교가 끝나면 하나님의 말씀 중에 치유받았다고 간증하는 사람들이 줄을 잇고 있어요. 굉장합니다. 그렇게 건강한 치유집회가 아직도 있어요. 하나님의 역사가 일어나고 있어요. 일반 교회에서는 사라진 것이 사실입니다만…….

여시민 앞에서도 말이 나왔지만 치유는 꼭 그런 육체적인 치유나 큰 기적으로 일어나는 사건만을 말하는 것이 아닙니다. 마음의 치유는 작은 삶의 나눔을 통해서도 가능해요. 교회에서 성도들 간의 아픔을 나눌 때나 슬픔과 상처를 서로 보듬어줄 때 그런 치유의 역사가 일어납니다. 그런데 교회에서 육체적으로 병 고치는 사건이 사라진 것보다는 작은 일상의 치유가 일어나지 않는다는 것이 더 심각한 문제가 아닐까요?

예신자 여기 계신 분들이 대부분 목사님이라 잘 모를 수도 있는데, 저 같은 평신도들은 생활 속에서 얼마나 크고 작은 상처를 받으면서 힘들어 하는지 아세요? 직장에서, 가정에서, 사람들과의 관계에서 정말 말한마디나 행동 하나에 수많은 상처를 받고 살아가요. 여러 가지 스트레스와 압박감도 크고요. 그래서 다른 사람과 자신에게 화가 나기도 하고, 우울해지고, 분노가 쌓이고……. 집안에서 남편과 아내 사이에 또 부모와 자식 간에 서로 할 수 없는 말과 행동으로 상처를 주고받으면서 후회하게 되죠. 게다가 교회를 다니니 그런 모습이 창피해서 더 싫고, 이런 생활이 반복되다 보면 상처가 깊어지고 화병이 나요. 또 그런 상처를 제대로 치유하지 못하니까 다른 사람들에게 다시 상처를 주게 되고, 이런 악순환이 반복되고 있어요. 물론 기독교인이기에 기도하고 용서하면서 예수님 믿는 사람답게 살려고 하지만, 그게 어디 쉽나요? 그렇게 힘들고 상한 마음으로 교회에 가는 거예요. 교인 중 몇 사람이나 하나님 앞에 당당한 마음으로 나오겠어요? 예수님께 죄송하고 창피하고 볼 면목도 없지만, 또 그러면서 다시 치유받고 희망을 얻어서 믿음으로 살려고 교회에 가는 거예요. 그런데 목사님들을 보면 그런 성도들의 세계를 잘 이해하지 못하시는 것 같아요. 어쩌면 머리로는 이해하겠지만, 실제 그것이 얼마나 고통스러운 아픔인지 공감하지 못하세요. 목사님들은 "네 이웃을 네 몸과 같이 사랑하라" "용서하라"고 설교하죠. 그걸 누가 모르나요? 알면서 못하잖아요. 그 답답함과 괴로움을 왜 모르는지 모르겠어요. 이런 안타까움을 조금이라도 이해한다면 그렇게 설교를 율법적으로 하지 않으실 거예요. 그래서 크고 작은 치유가 일어나지 않고 있어요.

만약 목사님들이 그런 아픔과 힘듦을 사랑으로 공감해주기만 해도 교회에는 많은 치유와 회복이 일어나요. 목사님들이 먼저 그리스도의 사랑을 알고 깨닫고 체험한다면 교회에서 치유가 불일듯 일어날 거예요. 그리고 교회 전체가 용서와 관용으로 다른 성도들을 받아주고, 사랑과 관심을 표현하게 될 거예요. 그러면 교회에서 치유가 지금보다 훨씬 더 광범위하게 일어나리라 믿어요

이성공 저를 옆에 두고 그렇게 말씀하시니까 뭐라 할 말이 없네요. 목사들의 책임이 크다는 것을 절감합니다. 목사의 세계가 그렇게 닫혀 있어요. 뭐가 그렇게 바쁜지 교인들과 깊은 대화 나누기가 쉽지 않아요. 일주일에 설교가 좀 많습니까? 매일 새벽설교, 수요예배, 주일예배, 각종 심방. 그러다 보면 일주일이 후다닥 가버려요. 그러면서 정작 교인들의 마음을 어루만져주지 못하는 모순이 나타나는 거죠. 사실 누구를 치유하기 전에 목사들부터 먼저 치유받아야 해요. 알고 보면 목사들 참 불쌍한 사람들이에요. 안 그렇습니까? 조목사님?

조하나 왜 저를 걸고 넘어지시나요? (웃음) 치유받아야 할 목사들 많은 것은 사실이에요. 인격적으로 문제 있는 목사들도 많고요. 그런데 지금 목사들 자아비판하는 시간인가요? 다시 주제로 돌아가죠.

여시민 자아비판 안 하셔도 목사님들 스스로만 모르지 평신도는 다 알고 있습니다. 평신도가 착해서 그러려니 하는 것이에요. 그렇지요, 예 선생님? 그건 그렇고. 예 선생님 말씀 중에도 나왔는데요. 치유는 사랑의 힘으로 말미암는 것은 당연한 이치입니다. 그러니까 치유가 없다는 것은 그만큼 교회에 사랑이 없다는 증거예요. 사랑을 머리로는 아는 것 같은데, 사랑의 역사가 실제로 일어나지는 않아요. 요사이 '기독교가 과연 사랑의 종교인가'라는 점에 의구심을 품는 사람들이

늘고 있어요. 기독교인들에게서 사랑을 느끼지 못하기 때문에 그런 것이죠. 사람들은 오히려 기독교인들이 남을 사랑하는 사람들이기보다 이기적인 사람들이라고 생각해요. 한 통계에 따르면 '기독교인들이 비기독교인들보다 이기적인가'라는 질문에 '그렇다'라고 응답한 사람이 33%에 이르렀습니다. 즉 우리나라 사람 세 사람 중 한 사람은 다른 일반 사람들보다 기독교인이 더 이기적이라고 생각하고 있습니다. 응답자 중 오직 24.3%만이 '그렇지 않다'라고 대답했습니다. 나머지 42.7%는 인정도 부정도 하지 않았습니다. 부정적인 것을 강하게 부인하지 않는 것은 동조에 가까운 것으로 봐야 합니다. 저는 이 통계를 곧이곧대로 믿지 않아요. 특별히 기독교인이 더 이기적이라고 생각하지 않기 때문입니다. 하지만 중요한 것은 사람들이 그렇게 생각하도록 만들고 있다는 것입니다.

신석기 그렇군요. 그런데 왜 굳이 이런 질문이 필요한 것일까요? 왜 기독교인의 사랑을 다른 일반 사람들의 사랑과 비교해서 질문하게 되는 것이죠? 다른 종교에서는 이런 질문을 잘 하지 않는 것 같은데…….

나정통 곰곰이 생각해보면 이런 통계의 결과보다 이런 질문을 던지는 것 자체가 기독교의 부끄러운 현실입니다. 그것은 기독교인들이 이미 사랑을 잃어버렸다는 것을 방증하는 것입니다. 기독교인들이 점점 이기적이고, 사랑이 없어 보이는 데다 사람들도 그렇게 말하는 것 같으니 실제로 그런지 알고 싶은 것 아니겠습니까? 기독교가 이런 질문을 받는다는 자체가 심각한 상황입니다.

남예혁 '사랑 없는 기독교인'이라는 말은 '예수 안 믿는 기독교인'이라는 표현처럼 아주 모순된 말입니다. 왜냐하면 예수님을 통한 구원은 바로 사랑을 통해서 이루어졌고, 하나님과 예수님을 전하는 길은 사랑하는 길밖에 없기 때문입니다. 그런데 기독교인이나 교회에 사랑이 없다는 것은 기독교의 근본을 뒤흔드는 일입니다. 미국 교회도 우리와 크게 다르지 않습니다. '교회에 사랑이 있냐'는 질문에 믿지 않는 사람 중 25%만이 동의했고, 기독교인 중에서도 50%만 동의했습니다. 이것은 교회의 존재 의미를 무색게 하는 수치입니다. 이렇듯 교회에 사랑이 없으므로 다양한 치유가 일어나지 않는 것입니다.

조하나 저도 목회를 하고 있지만, 교회 안에서조차 사랑이 메말라지고 있음을 절감해요. 기독교인들 스스로 교회에서 사랑을 잘 느끼지 못하고 있어요. 멀리 돌아보지 말고, 먼저 자신이 출석하는 교회를 떠올려 보세요. 사랑 넘치는 공동체가 떠오르나요? 정도의 차이는 있지만, 교회에서 사랑이 점점 사라지고 있어요. 형식적인 만남이 대부분이고 사랑을 나눌 기회조차 얻지 못하고 있어요. 큰 교회일수록 더욱 그렇죠. 참다운 사랑이 넘치는 친교(코이노니아)가 약하잖아요. 교회의 사랑 없음이 가장 확연하게 드러나는 때는 교회에서 작은 문제로 갈등이 일어날 때예요. 교회 또한 사람들이 모인 곳이기에 문제와 갈등이 없을 수는 없어요. 그러나 그런 갈등과 다름의 차이에 문제가 있는 게 아니라 그것을 사랑과 대화로 수용하지 못하는 것이 큰 문제예요. 사랑은 허다한 허물과 죄를 덮는다고 했는데, 그 사랑이 없으니 용서와 삶의 나눔으로 말미암는 치유의 열매가 없는 것은 당연합니다. 그런데 예수님께서 우리에게 보여주신 사랑은 인간의 힘으로 할 수 없는 거예요. 사랑할 힘과 능력조차 하나님에게서 와야 할 수 있죠. 예수 그리스도의 십자가 사랑을 깨닫고 체험할 때 가능한 거예요. 우리가 이 사랑을 위해 간절히 기도해야 한다고 생각합니다.

이성공 그러고 보면 요즘 교회에서 치유를 위해 기도하는 분위기가 많이 사라졌어요. 그것은 병 고치는 은사를 받은 사람만이 하는 것이거나 어떤 특별한 것으로 여기고 있습니다. 물론 그런 치유의 은사를 가지고 계신 분도 있지만, 매번 그런 은사를 가진 사람들만 따라 다닐 수는 없지요. 그런데 성경을 보면, 치유는 그런 능력 있는 개인만이 일으키는 것이 아닙니다. 야고보서 5장 16절 말씀을 보면, 조 목사님께서 말씀하신 것처럼 서로의 죄를 고백하고, 용서하고, 서로 남을 위하여 기도하면 병이 낫게 될 것이라고 말하고 있습니다. 마음의 용서가 육체의 병까지도 치유한다는 말씀입니다. 이런 의미에서 교회에서 사랑을 바탕으로 서로 잘못을 고백하고 용서함을 통해 몸도 치료받는 역사가 다시 일어나야 한다고 봅니다. "의인의 기도는 큰 역사를 일으킨다"라는 말씀을 믿는다면 말이죠.

나정통 치유는 사랑뿐 아니라 믿음의 열매이기도 합니다. 성경을 보면 예수님의 치유는 예수님과 병든 자 두 쌍방 간의 믿음이 만날 때 일어나고 있습니다. 예수님도 "네 믿음이 너를 구원했다"라고 말씀하셨습니다. 하나님이 아무리 치유해주고 싶어도 그런 믿음을 갖고 있지 않은 사람을 어떻게 치유할 수 있겠습니까? 치유는 한쪽의 믿음만 가지고 일어나지 않습니다. 그러므로 교회에서 치유의 변화가 일어나지 않는다면, 우리가 정말로 '고치시는 하나님' '치유하시는 예수님'을 믿고 있는지 되돌아봐야 합니다.

이성공 치유에 관한 이야기를 마치기 전에 우려되는 부분에 대해 말씀드리자면, 치유를 갈망하는 분들은 영의 분별을 염두에 두어야 합니다. 저는 치유집회에 쫓아다니다가 사이비 집단에 빠져 집안까지 해체되는 경우를 많이 봤습니다. 처음에는 그런 사이비 집단인 줄 모르죠. 그런데 자기도 모르게 그런 곳까지 가게 되는 것입니다. 그러니 예수님의 이름으로 치유받는 것은 좋습니다만 무턱대고 치유를 갈망해서는 안 됩니다. 거짓 영도 일시적으로는 치료하는 힘을 가지고 있다는 점을 잊어서는 안 됩니다. 그러므로 개인이 분별력이 없다면, 영적인 지도자의 안내에 따라 반드시 영을 분별해야 합니다.

조하나 저도 치유에 대해 마지막으로 말씀드리고 싶은데요. 치유는 마음의 상처이든 육체의 아픔이든 상처를 전제한 것이잖아요? 그런데 우리가 많이 잊고 있는 은혜 중 하나는 우리의 치유를 위해 주님께서 먼저 상처를 받으셨다는 사실이에요. 이사야서 말씀대로 우리의 나음을 위해 주님이 고난을 받으시고 육체적인 고통을 당하셨잖아요? 우리의 아픔을 치유하시기 위해 주님이 고통을 당하시고, 그 은혜로 우리가 치유를 받았다는 사실을 믿어야 합니다. 예수님이 창에 찔리시고 대못에 박힌 채 십자가에 달려 고통을 받으실 때 어떤 믿음으로 그 고통을 이겨내셨을지 생각하면 가슴이 미어져요. 주님은 십자가에서 그렇게 믿으셨을 거예요. '내가 이 고통을 당함으로 사람들의 고통과 아픔이 치유될 것이다. 하나님께서 그렇게 하실 것이다.' 그래서 예수님이 이미 우리의 치유를 위해 먼저 상처를 받고 아픔을 당하셨는데, 그 믿음이 없어서 우리가 상처를 고스란히 안고 살아가고 있어요. 그런 믿음 없이 이런저런 치유 프로그램을 쫓아다니는 기독교인들이 많은데, 가장 중요한 은혜를 놓치고 있어요. 언제까지 남에게 치유를 의지해야 합니까? 복음의 능력으로, 성령의 도우심을 받아 스스로 치유할 수 있는 믿음이 있어야 해요. 개인뿐 아니라 교회도 외부와 내부로부터 겪은 상처투성이인데, 이 은혜에 대한 믿음의 회복으로 말미암아 치유의 역사가 일어나야 합니다.

교회에 없는 것, 쉼

신석기 네, 치유에 대해서는 일단 여기까지 말씀 나누겠습니다. 저도 이 토론을 준비하면서 생소한 분야라 많이 준비한다고 했는데, 예상하지 못한 말씀들을 많이 하셔서 저도 많이 배우고 있습니다. 계속해서 쉼에 대해 이야기를 나눠보지요.

여시민 인터넷에 마침 이 주제와 관련되어 한 청년이 올린 글이 있어서 가지고 나왔습니다. 주일 하루 동안의 생활을 적은 것인데요. 내용은 이렇습니다.

아침 8시 반에 교회에 가서 성가대 연습을 하고,
9시 본 예배에는 성가대에 앉아서 예배에 참석합니다.
예배가 끝나면 유년부 교사로 다시 초등학생들의 예배를 준비하고,
율동 연습하고 간식을 사러 뛰어다니느라 분주합니다.
아이들에게 시달리고 나면 한 달에 한 번씩 돌아오는 식당 봉사가 있습니다.
점심은 먹는 둥 마는 둥 하면서 청년부 모임에 가기 바쁩니다.
청년부 모임에서 서로 간의 삶을 나누고 셀 모임을 가진 뒤에는
다시 오후 찬양 예배에서 싱어를 맡기 위해 기도로 준비합니다.
찬양예배 때 찬양팀에 서서 찬양을 하고 예배에 참석합니다.
예배가 끝나고 나면 나이 든 권사님들을 댁까지 차량 운행으로 모셔다드립니다.
마지막으로 다음 주 성가대 연습과 유년부 교사 모임까지 마치고 나면
저녁 9시가 훌쩍 넘어버립니다.

교회가 작다 보니 청년들이 여기저기에서 갖가지 모습으로
봉사하고 헌신하는 것은 어쩔 수 없다고 생각되지만
거의 열두 시간을 교회에서 보내고 저녁 9시가 되어서야 집에 오면
완전 녹초가 되어 뻗어버리게 됩니다.
주일 하루가 너무 버겁습니다.
또다시 월요일에 직장에 나갈 생각을 하면 잠시 TV 시청하는 것도
힘들어서 그냥 자버립니다.
솔직히 예배만 드리고 모든 것을 내려놓고 싶을 때가 한두 번이 아니
었고,
다 하나님께서 복 주시겠거니 하면서 참아왔지만
이로 인해 제가 실족하고 진정한 예배의 은혜를 맛보지 못한다면
지금 하는 봉사와 헌신들이 무슨 소용이 있을까 생각됩니다.[21]

사실 저는 이 글을 읽으면서 좀 답답했어요. 이것이 특정 교회나 사
람의 잘못이 아니라 어느덧 우리 교회의 아주 전형적인 문화로 자리
잡고 있기 때문입니다. 과연 이런 교회 문화가 예수님이 원하시는 공
동체의 모습일까 하고 생각하니까 답답한 것이지요.

예신자 인터뷰하신 분이나 지금 이 글을 쓰신 분의 심정을 조금 이해할 수
있을 것 같아요. 저 또한 교회생활을 하면서 그런 생각을 안 해봤다
면 거짓말일 거예요. 그런데 왜 교회가 이렇게 일도 많고 바쁜 문화
가 되었을까요? 저는 신학적으로는 잘 모르겠지만, 한 가지 분명한
이유는 교회가 세속 사회의 문화의 영향을 너무 받아서 쫓아가기 때

---

21. http://talk.onmam.com/Site/View.aspx?loc=1&pg=1&ct=1&bdno=368

문이라고 봐요. 예를 들어, 우리 사회에서는 바쁘고 여유 없는 생활이 마치 자기 자신의 존재 가치를 드러낸다고 생각하잖아요? 사회는 쉬지 않고 바쁘게 사는 사람이 인생을 열심히 살아가는 사람이자 유익한 사람으로 인정해요. 반대로 바쁘지 않은 사람은 사회적으로 쓸모가 없거나 인기가 없는 사람으로 취급하죠. 오죽하면 '바쁘시죠'라는 인사말이 다 생겼을까요? 세계를 돌아다녀봐도 '바쁘시죠'라는 말을 인사말로 대신하는 나라는 우리나라밖에 없잖아요. 이런 문화 때문에 쉼을 찾고 여유를 갖는 삶이 오히려 낯설게 느껴져요. 마음 한편에는 일과 시간에 쫓겨 다니다가 지친 자신의 모습을 보면서 삶의 회의를 느끼기도 하고, 그러면서도 좀처럼 쉼을 찾지 못하고 있어요. 여유나 쉼과 동떨어진 일상 속에서 몸과 마음이 다 지쳐 있는 거예요. 그런데 사회에서의 쉼 없는 문화가 교회에 그대로 들어와서 교회도 똑같이 움직이고 있는 것 같아요. 교회 내적인 원인도 있겠지만, 이런 외적인 요인도 크게 작용한다고 봐요.

여시민 성경에 포함되어 있지 않지만, 도마복음서를 보면 예수님께서 이렇게 말씀하신 내용이 나옵니다.

예수님께서 유대 땅에 가시는 중에 새끼 양을 짊어진 사마리아인을 보시고 제자들에게 묻습니다.
"저 사람은 (어째서) 양을 짊어지고 다니겠느냐?"
제자들이 대답합니다.
"그것을 죽여 먹으려고 하기 때문입니다."
그러자 예수님이 이렇게 응답합니다.
"봐라. 양이 살아 있는 동안에는 먹지 아니하고, 죽여 시체로 만든

후에 먹는다."

제자들도 덩달아서 "그러지 아니하면 먹지 못하죠"라고 말했습니다. "너희도 마찬가지니 시체가 되어 (남에게) 먹히지 아니하도록 쉴 곳을 찾으라!"

참 재미있고 의미심장한 말씀이에요. 예수님께서 제자들에게 지쳐서 죽어 시체가 되지 않도록 쉴 곳을 찾으라고 말씀하신 것을 보면 제자들도 정말 쉼이 필요했나 봅니다. 그런데 예수님께서 말씀하시는 쉼은 육체적인 쉼만을 뜻하는 것이 아니에요. 예수님의 말씀은 영혼이 지치면 죽음에 이르고, 그러면 남에게 먹히는 상황에 처할 수 있다는 거죠. 이때의 남이란 다름 아닌 사탄입니다. 그러니까 사탄에게 먹히는 꼴을 당하지 않으려면 영혼이 쉴 곳을 찾으라는 말씀입니다.

남예혁 다른 관점에서 보면, 교회에 일이 많고 쉼이 없는 이유 중 하나가 그만큼 교회가 공동체로서의 모습이 약해지고 하나의 기관이 되어버렸다는 증거예요. 하나의 기관으로서 교회 운영을 위해서 많은 사람의 노동과 돈이 필요한 것은 당연합니다. 사람과 공간도 관리해야 하고, 성가대와 교육부서 그리고 남선교회나 여전도회 같은 모임 등 많은 부서를 운영해야 합니다. 교회가 크건 작건 규모만 다를 뿐, 기관을 유지하는 일의 내용은 엇비슷해요. 이것을 감당하기 위해 교회는 일손이 필요하고, 또 봉사가 필요하게 되지요. 그런데 주일 내내 정신없이 봉사하다가 그만 하나님과 예수님도 만나지 못하고, 친교도 제대로 못하고 일만 하다가 돌아간다는 느낌을 받는 교인들이 많이 있다는 거예요.

나정통 본래 기독교에서 말하는 봉사는 신앙 실천의 한 형태입니다. 하나님으로부터 받은 은혜에 감사해서 자신의 재능을 나누는 길입니다. 그래서 건강한 교회 공동체를 위해 자연스럽고 자발적인 마음으로 자신의 몫을 해야 합니다. 신앙적으로 표현하면 봉사는 하나님께 몸으로 드리는 살아 있는 제사죠. 그런 봉사와 쉼은 서로 반대되는 것이 아닙니다. 섬김이 없으면 참 봉사가 없고, 참 봉사를 하지 못하면 쉼도 얻을 수 없어요. 반대로 쉼 없이는 참다운 섬김이 있을 수 없지요. 하나님은 지금도 일하시면서 동시에 쉬고 계시는 분입니다. 봉사하면서 쉬고, 쉬면서 봉사하는 조화가 필요합니다. 그런데 우리가 우리 힘으로 자랑삼아 봉사하려 한다면 쉽게 지칠 것입니다. 베드로전서의 말씀대로 봉사는 하나님이 주신 힘으로 해야 합니다.

조하나 물론 봉사는 중요합니다. 봉사가 본래 사랑의 실천으로 공동체를 지탱하는 힘이라는 것도 인정하고요. 그런데 이것이 신앙 실천이 아니라 하나의 이데올로기로 작동한다면 봉사 활동은 부담이자 나아가 시험에 걸리게 하는 요인이 될 수 있어요. 많은 교회들이 봉사를 예수님의 은혜에 대한 감사 표시가 아니라 의무로 만들어서 '교회를 위해 일하는 것이 곧 하나님을 위해 일하는 것'이라고 주장해요. 부분적으로는 맞는 말이죠. 그러나 교회에서 하는 모든 일이 하나님을 위한 일이라고 말할 수는 없거든요. 얼마든지 하나님과 상관없는 일들이 봉사라는 이름으로 강요되고 있다는 점도 놓치지 말아야 해요.

나정통 성경에서의 봉사라는 말은 사실 앞서 토론한 섬김이라는 말과 같은 단어입니다. 그렇게 좋은 말인데, 교인들에게는 그 좋은 뜻이 이미 오염되어 있는 것 같습니다. 그래서 봉사라고 하면 무엇인가 부담스럽고, 억지로 해야 될 것만 같은 것으로 생각하게 됩니다. 그래서 조금 전에 대화를 나눈 섬김의 도(道)로서의 봉사를 강조했으면 합니다. 봉사는 의무 이전에 교회 공동체를 사랑으로 섬기는 자연스럽고 자발적인 신앙 표현입니다. 꼭 어떤 직분을 맡아서 일을 해야 봉사한다는 생각보다는 교인의 필요를 나누고, 기도해주고, 도움을 주는 것도 다 봉사입니다. 그것이 다 이웃을 섬기는 행위니까요. 섬김으로서의 봉사, 봉사로서의 섬김 문화가 확산된다면 얼마든지 봉사하면서도 쉼을 얻을 수 있습니다.

여시민 교회에서 하나님께 예배드리고, 교육하고, 친교하면서 영적인 일을 먼저 도모하는 것이 실제로 가장 중요한 일이에요. 그런데 교회를 유지하는 데 필요한 일이 너무 많아졌어요. 아마 예수님이 오시면 오늘날 교회를 보시고 "교회가 사람을 위해 있는 것이지, 사람이 교회를 위해 있는 것이 아니다"라고 말씀하시지 않을까요? 안식일이 사람을 위해 있는 것이지, 사람이 안식일을 위해 있는 것이 아니라는 말씀과도 같은 뜻에서 말이죠.

이성공 그 말씀도 맞아요. 그런데 목회를 하다 보면 정말 어쩔 수 없는 부분도 많습니다. 일주일에 주일 한 번으로 신앙생활의 모든 것을 해결하려는 교회 문화에서는 정말 힘들어요. 성도들의 봉사 없이는 교회가 유지될 수 없거든요. 자발적으로 봉사하는 성도들이 많으면 짐을 나눌 수 있지만, 그렇지 못한 상황이 되면 몇몇 열심 있는 교인들에게 일이 집중되기 마련이지요. 그러다 보면 그 사람도 봉사하다 지치기 마련이고요. 그렇다고 교회의 아주 기본적인 활동조차 하지 않을 순 없잖습니까? 구조적인 문제가 있어요.

남예혁 그럴수록 지혜가 필요하다고 생각합니다. 만약 하나님께서 그 교회에 어떤 일을 맡겨주셨다면 사람까지도 보내주시리라는 믿음을 가지고 자발적인 헌신이 일어날 때까지 기다려야 한다고 봅니다. 또는 목사들은 목회를 빙자한 과다한 일 욕심을 버리고 교인들의 달란트를 분별하면서 그들이 기쁨으로 봉사하고 지치지 않도록 배려해야 합니다. 봉사를 강요하는 것은 교회에 덕이 되지 않습니다. 목사가 필요에 따라 일방적으로 직분과 업무를 임명해놓고 "죽도록 충성하라. 그러면 생명의 면류관이 주어질 것이다"라고 말하는 것은 악덕 기업주와 다름없는 것이에요.

조하나 하나님은 자신의 일을 위해 인간을 부려먹으려고 창조하시거나 구원하신 것이 아니에요. 하나님은 이 세상에서 우리를 고용한 고용주도 아니고요. 하나님은 인간의 참 쉼을 위해 안식일을 만드신 분입니다. 예수님은 더더욱 자신을 위해 일하라고 교회를 만든 분이 아니에요. 예수님이 우리를 부르신 이유는 그 안에서 쉬고 참 자유를 얻게 하는 것이 가장 우선이라고 생각해요. 그 힘으로 실천도 하고 봉사도 하는 것이죠. 교회는 일터가 아니라 기도처이자 예배터이고, 동시에 영혼의 쉼터예요. 그러니까 교회에서 쉼과 자유와 기쁨을 누리는 것은 당연해요. 그 쉼으로 세상을 이길 힘을 얻게 되고, 봉사는 그 쉼과 기쁨의 열매이고요. 교회를 다니면서 쉼과 기쁨이 사라지면 어딘가 문제가 생기고 있다는 증거가 아닐까요? 계속 쉼이 없으면 교회 봉사도 즉시 멈춰야 합니다. 쉼 없이 진행된 봉사는 열매도 적습니다.

"내가 편히 쉬게 하리라!"

신석기 지금 교회에 쉼이 없다는 주제로 논의했는데요. 여기서 예수님께서 말씀하신 진정한 쉼이 무엇인지 다시 한번 점검해봐야 한다고 봅니다.

나정통 우리는 흔히 쉼이라고 하면 육체적인 쉼과 여유만을 생각하게 됩니다. 예수님은 마태복음 11장에서 이렇게 말씀하셨습니다. "고생하며 무거운 짐을 지고 허덕이는 사람은 다 나에게로 오너라. 내가 편히 쉬게 하리라. 나는 마음이 온유하고 겸손하니 내 멍에를 메고 나에게 배워라. 그러면 너희의 영혼이 안식을 얻을 것이다. 내 멍에는 편하고 내 짐은 가볍다." 여기에서 중요한 부분은 예수님이 멍에를 메는 부분입니다. 이것이 예수님의 역설인데, 예수님의 멍에를 메면 영혼이 안식을 얻는다는 것이에요. 멍에는 밭을 가는 소가 어깨 위에 메는 것이죠. 그것을 함께 메라는 것입니다. 이 말씀은 예수님께서 말씀하시는 것을 함께하면 할수록 쉼을 얻을 수 있다는 뜻입니다. 예수님께서 하시는 일을 나누려 한다면 예수님께서 하신 말씀을 듣고 따라야 합니다. 그런데 예수님은 그 멍에가 편하고 짐은 가볍다고 말씀하셨어요.

예신자 그 말씀은 저도 수없이 들은 말씀인데요. 멍에가 구체적으로 무엇을 뜻하는 거죠? 멍에 하면 저는 동시에 예수님이 지신 십자가 이미지가 떠오릅니다. 그래서 예수님은 아무리 가볍고 쉽다고 하셨지만, 저는 그렇게 느껴지지 않아요. 그 멍에는 지기 힘든 무게감으로 다가와요. 그래서 솔직히 말씀드려 멍에를 져야 쉼을 얻는다는 말씀은 믿어지지 않아요.

남예혁 성경에서 멍에는 실제 멍에를 비유하기도 하지만, 당시에 멍에라는 단어는 모세의 율법을 나타내는 상징어로 쓰였습니다. 이런 맥락에서 예수님께서 나의 멍에라고 말씀하신 것은 예수님께서 새롭게 해석한 모세 율법이나 예수님의 말씀 전체를 뜻한다고 볼 수 있습니다. 그래서 '내게 배우라'는 말이 곧이어 나오는 것입니다. 그러니까 '멍에를 메고 내게 배우라'고 하신 말씀은 예수님의 말씀을 듣고, 배우고, 따르라는 것입니다. 그리고 그 말씀은 율법보다 따르기 쉽다는 것입니다. 예수님의 말씀은 우리를 옭아매는 율법이 아니라 자유케 하는 진리이기 때문입니다. 당시 유대교 지도자들이 얼마나 많은 율법과 조례들로 사람들에게 무거운 멍에나 짐을 지게 했습니까? 보통 평민들은 그 멍에와 짐에 눌려서 쉴 수가 없었어요. 예수님은 지금 그 멍에를 벗기고 자신의 가볍고 쉬운 멍에를 메고 가라고 말씀하시는 것입니다. 지금도 마찬가지입니다. 지금 얼마나 많은 교회가 예수님의 말씀이나 복음과 상관없는 말과 일들로 교인들에게 멍에를 지게 하고 짐을 지우고 있습니까? 많은 교회들이 교회의 이름으로, 예수님의 이름으로 성도들을 옭아매고 있어요. 그래서 교회 생활하는 데 오히려 자유가 없고, 얽매여 있고, 상처받고, 또 쉼이 없는 것입니다. 우리는 기독교가 교회가 메어놓은 멍에를 벗고 예수님의 멍에를 메어야 합니다. 예수님의 멍에를 지고 배우면 우리는 마음과 영혼의 쉼을 얻을 수 있습니다.

나정통 남 교수님이 말씀하신 멍에에 대한 이해를 바탕으로 오늘날 신앙생활에 적용할 수 있게 좀 더 말씀드리겠습니다. 예수님 당시의 멍에는 나무로 만들었는데요. 목수는 이 멍에를 동물의 목에 딱 맞게 만들어야 했습니다. 안 그러면 주인도 힘들고 동물도 힘드니까요. 그리고 이처럼 목에 딱 맞는 멍에를 메야 동물들은 짐을 지고 주인이 원하는 방향으로 갈 수 있습니다. 아마 예수님도 나사렛에서 목수 생활을 하실 때 멍에를 많이 만들어보셨을 것입니다. 그러니까 예수님은 자신이 만든, 우리에게 딱 맞는 멍에를 메라고 말씀하십니다. 그것은 무거운 나무나 불필요하게 크게 만들어서 무거운 멍에가 아니라 메기 편한 멍에입니다. 이때 멍에를 진다는 말은 말씀에 대한 자발적인 순종이자 제자도, 즉 따름을 의미합니다. 우리는 멍에를 억지로 메는 것이 아닙니다. 구원에 대한 감사로 자발적으로 기꺼이 그 멍에를 메고 주님을 따라가는 삶입니다. 곧 순종의 삶입니다. 또한 그 멍에 위에는 짐이 지워져 있는데, 그 짐 또한 가볍다고 말씀하십니다. 그것은 사랑의 짐이자 평화의 짐입니다. 짐은 부리려고 지고 있는 것이지 그냥 싣고 가는 것 자체가 목적이 아닙니다. 우리는 예수님의 말씀인 진리의 멍에를 메고 사랑과 평화를 나누고 실천하는 것입니다.

예신자 그런 멍에와 짐이 쉽고 가볍다고 하시니 저로서는 더더욱 이해가 안 되네요.

나정통 맞습니다. 현실적으로 그 멍에는 결코 가볍지 않은 멍에임이 분명합니다. 그런데 예수님은 이미 멍에는 편하고 짐도 가볍게 만드셨다는 사실을 믿어야 합니다. 진짜 무거운 십자가의 짐은 이미 지고 가셨기 때문입니다. 이제 그 짐의 무게감은 그 짐 자체에 있는 것이 아니라 우리 마음에 달려 있습니다. 어떤 때에는 그 짐은 인간으로 도저히 감당할 수 없는 힘든 것으로 느껴지지만, 어떤 경우에는 예수님이 함께 지신다는 믿음만 있다면 결코 무게를 느낄 수 없을 정도로 너무 자연스럽고 가쁜 마음으로 짊어지게 됩니다. 예를 들어 수많은 성인들이 우리 눈에 볼 때는 너무나 큰 고난과 고통 속에 있었는데 그 속에서 주님의 일을 할 수 있었던 것은 그 짐이 그들의 영혼에는 오히려 가볍고 즐거운 짐으로 느꼈기 때문입니다. 객관적으로 봤을 때 그 짐이 가볍다는 말이 아닙니다. 그러나 예수님을 만나기 전에, 우리가 고생하며 지고 있던 무거운 짐을 생각해보세요. 율법과 죄와 죽음의 문제가 해결되지 않은 채 짊어졌던 인생의 수많은 짐에 비하면 이 멍에와 또 예수님의 짐은 정말 날아갈 듯 가볍고 편한 것입니다. 거기에 비로소 참 안식이 있다는 것입니다. 확실한 것은 이 말씀의 멍에와 사랑과 평화의 짐을 피해가는 기독교인은 오히려 쉼을 얻을 수 없습니다. 아직도 그들은 예수님의 짐 대신 세상의 짐을 고스란히 지고 있는 기독교인들이기 때문입니다.

이성공 여기서 좀 더 강조하고 싶은 것은 그 멍에와 짐을 예수님이 함께 지신다는 것입니다. 우리 홀로 감당하는 것이 아니에요. 이것은 말이죠, 당시 농경문화를 보면 잘 이해가 되는데요. 당시에 한 멍에를 두 마리 소가 메고 갈 경우, 한 마리는 튼튼하고 힘이 세고 경험이 많은 소로, 그리고 다른 한 마리는 아직 어리고 경험이 없고 힘이 약한 소가 메게 한다고 해요. 그러면 약한 소는 경험 많고 힘 있는 소를 따라서 쉽게 멍에를 메게 되고, 또 그 힘센 소에게서 배울 수 있기 때문입니다. 이처럼 예수님의 강함이 우리의 연약함을 이기게 하시고, 짐을 잘 지고 가고 또 잘 부릴 수 있도록 도와주시는 것입니다. 그러기 위해 삶 속에서 지니고 있는 짐을 내려놓으세요. 자신이 겪는 많은 짐을 홀로 지고 있다고 생각하니 힘들고 고통스러운 거예요. 기독교인들조차도 이 은혜를 누리지 못하는 사람들이 많아요.

조하나 여기서 놓치지 말아야 할 것은 예수님은 마음과 영혼의 쉼을 말씀하셨다는 사실입니다. 이것은 흔히 생각하는 육체의 편안함이나 마음의 안정이 아니라 구원의 삶을 의미하죠. 하나님은 우리에게 영혼의 쉼을 주시는 분이세요. 예레미야 6장 16절에 보면 하나님께서 조상들에게 보여준 그 좋은 길을 구하고, 그 길을 따라 걸어가면 영혼의 안식을 주시겠다고 말씀하셨어요. 우리에게 영혼의 안식이 없으면 아무리 편한 시간에 육체는 쉬고 있어도 마음과 정신은 온갖 억누름에서 자유롭지 못해 참 쉼을 얻지 못하게 돼요. 교회 안에 쉼이 없다는 말씀도 그런 면에서 어떤 봉사 활동으로 인해 육체적으로 힘들고 여유가 없다는 말로도 들어야겠지만, 더 중요한 것은 영혼의 편안함, 영혼의 안식을 못 누린다는 것으로 깊이 새겨들어야 합니다. 영혼의 쉼은 예수님의 사랑 안에서, 그의 돌보심 속에서 쉬는 것이고, 또 우리 삶 속에 그분이 언제나 함께하고 계심을 알고 믿으면서 그의 평화와 기쁨 속에서 쉬는 것입니다.

남예혁 조금 전에 예 선생님이 지적하셨듯이 우리 생활에서 이미 현대인은 쉼의 문화를 잃어버리고 있어요. 기독교인들조차 평소의 생활에서 일과 쉼의 조화를 이루지 못하고 있으니까요. 우리는 일을 통해 하나님께서 우리에게 주신 소명을 이뤄나갑니다. 그래서 일은 매우 중요하지요. 그러나 그 일이 열매가 있으려면 반드시 쉼이 있어야 해요. 예수님도 일 많이 하셨지만 쉬는 것을 결코 등한시하지 않으셨습니다. 마가복음 6장 30절에서 예수님은 제자들에게 "너희는 따로 한적한 곳에 가서 잠간 쉬어라!"라고 말씀하십니다. 삶 속에서 쉼은 선택의 문제가 아니라 반드시 가져야 할 삶의 양식樣式, lifestyle입니다. 일보다 온전한 쉼이 먼저입니다. 다시 말해 우리는 쉼으로부터 일하는 것이지 일로부터 쉬는 것이 아닙니다.[22]

교회다운 교회

신석기 지금까지 한국 교회에서 부족한 부분, 점점 사라지고 있는 소중한 것

---

22. Mike Breen & Walt Kallestad, 'We are to work from our rest, not rest from our work', 〈A Passionate Life〉, Nexgen, 2005, p. 69

에 대해 이야기를 나눴는데요, 그렇다면 이런 현대 교회가 갖고 있는 문제점을 다시 회복해야 되지 않겠습니까? 어떻게 교회가 교회다운 교회가 될 수 있을까? '교회다운 교회'에 대해서도 여러 가지 의견이 다를 수 있겠습니다만…….

이성공 사실 앞에서 지적하고 저희가 토론한 현실 교회의 부족한 부분은 말 그대로 부분적인 현상일 뿐이에요. 더 깊이 파고들면 더 많은 문제들이 많이 있을 것입니다. 그런데 그 교회가 안고 있는 문제 하나를 끄집어내어 고쳐가는 것은 불가능합니다. 좀 더 근본적인 처방과 회복이 일어나면 작은 문제들은 곧 회복되리라 봅니다. 여기서 우리는 제가 처음에 말씀드린 교회의 가장 중요한 명제인 '교회는 그리스도의 몸'이라는 신앙고백을 철저하게 되새길 필요가 있습니다. 이 고백에서 다시 출발하는 것이 교회를 교회답게 만드는 가장 빠른 길입니다.

조하나 그 고백은 옳지만 그 뜻을 좀 더 풀어서 설명할 필요가 있어요. 안 그러면 '그리스도의 몸'이라는 표현이 너무 추상적으로 들리거든요. 우선 교회가 '그리스도의 몸'이라고 믿는 것은 교회를 제도나 건물이 아니며, 하나의 생명체라고 믿는다는 말이에요. 교회는 눈에 보이는 건물이나 조직, 형식이 아니에요. 교회는 그리스도의 신비한 몸으로 구성된 하나의 생명체입니다. 그러므로 교인 한 사람 한 사람, 모임과 활동 하나 하나가 모두 그리스도의 몸으로서 교회의 세포요 혈관이요 또 박동임을 깨달아야 돼요. 두 번째로 '그리스도의 몸'이라는 것은 교회의 주인이 곧 그리스도라는 말입니다. 교회의 주인은 목사나 장로나 어느 특정인이 될 수 없어요. 교회는 머리되는 예수님이 주인이 되셔서 이끌고 나가는 공동체예요. 우리는 그 주인에게 순종해야 합니다. 현대 교회의 많은 문제점은 교회의 주인이 그리스도가 아니라 목사나 장로, 혹은 몇몇 힘 있는 교인들이 마치 교회의 주인인 것처럼 행동하는 데서 비롯되고 있어요. 그들은 모두 주님의 것을 자신의 것으로 여기는 삯군 목자들입니다. 세 번째 '그리스도의 몸'으로서 교회는 세상을 향해 하나님의 사랑을 보여주는 공동체를 뜻해요. 예수님 자신이 십자가에서 자신의 몸을 바침으로써 세상을 향한 하나님의 지극한 사랑을 표현하셨어요. 지금도 예수님은 교회를 통해 자신의 사랑을 드러내기를 원하고 계세요. 교회는 또한 예수님의 사랑을 세상에 실천하기 위해 존재하는 공동체입니다. 교회는 세상에 사랑과 평화와 진리를 드러내는 그리스도 몸의 실현實現이에요. 이 세 가지 교회의 모습이 구현되지 않으면 교회는 교회로서의 존재 의미를 상실한 것과 마찬가지예요. 아무리 교인이 많고, 교회 건물이 휘황찬란해도 지금 말씀드린 '그리스도의 몸으로서 교회'를 실현하지 못하면 교회는 기독교의 종교기관에 머무르고 말 것입니다.

나정통 교회다운 교회의 모습을 회복하기 위해서 우리는 기독교가 공인되면서 신앙고백한 교회의 모습을 다시 한번 되새겨야 한다고 봅니다. 초기 기독교는 교회를 성경 말씀에 근거해서 '하나의 교회' '거룩한 교회' '사도적 교회' 그리고 '보편적 교회'라고 정리했습니다. 이것은 오늘날에도 교회를 이해하는 매우 중요한 신앙고백입니다. '하나의 교회'라는 말은 교회는 한 하나님, 한 예수님, 한 성령님을 향한 한 신앙고백으로 이루어진 공동체라는 뜻입니다. 교회는 많고, 또 교파는 다양할 수 있지만, 교회는 한 하나님 아래 있는 하나의 교회라는 뜻입니다. 이 고백에 우리가 충실한다면 교회의 분열이나 싸움, 교파 간의 갈등은 일어날 수 없고 또 일어나서도 안 됩니다. 그러나 현실은 정반대입니다. 또 교회는 하나님의 자녀로 새롭게 부름을 받은 거룩한 성도들의 모임으로서 '거룩한 교회'입니다. 우리는 결코 거룩할 수 없는 사람들이지만 하나님의 은혜로 거룩한 존재가 된 사람들입니다. 이때 거룩한 사람들이라는 의미는 세상으로부터 구별된 사람들이라는 뜻이기도 합니다. 그 사람들이 교회를 이뤄 거룩한 하나님을 예배하기 때문에 거룩한 교회라는 것입니다. 교회와 교인들은 이 거룩함을 이어가고 드러내야 합니다. 지금 교회가 너무 세속화되어 있어서 '거룩함'을 느끼지 못하고 있습니다. 교회가 아무리 크고 웅장해도 하나님이 함께하지 않으신다면 거기에는 거룩함이 존재하지 않습니다. 외형적으로 거룩해 보이는 곳에 하나님이 계신 것이 아니라, 아무리 비천한 곳이라도 하나님이 계신 곳이 바로 거룩한 곳입니다. 교회에서 거룩한 모임, 거룩한 예배, 거룩한 친교가 회복되어야 합니다. 나머지 '사도적 교회와 보편적 교회'에 대해서는 남 교수님이 좀 설명해주시죠.

남예혁 그러지요. '사도적 교회'라고 하면 예수님의 복음을 이어받아 전해온 사도의 권위와 신앙고백 위에 교회가 설립되었음을 의미합니다. 예수님에 대한 다양한 신앙고백이 있었지만 교회는 예수님에 대한 정통적인 사도들의 믿음의 전통 속에 있음을 의미합니다. 마지막으로 '보편적 교회universal church'는 하나님의 구원의 역사가 어느 특정 사람이나 지역, 민족, 인종에 국한되지 않고 차별 없는 보편적 구원이라는 데 근거를 둡니다. 그러니까 교회가 보편적이어야 한다고 말하는 것은 교회 공동체 안에는 남녀노소, 빈부귀천, 인종, 계급, 신분 등 그 어떤 기준에 상관없이 예수 그리스도를 믿고 구원받은 사람들이라면 누구나 한 교회의 구성원이 될 수 있다고 믿는 것입니다. 이 보편적 교회가 이뤄질 때 앞서 말한 세 가지 교회의 모습도 의미가 있습니다. 사실 현대의 많은 교회들이 부자 교회다, 엘리트 교회다, 백인 교회다, 흑인 교회다 등을 말하면서 이 보편적 교회로서의 모습을 실추시키고 있습니다. 또한 보편적 교회가 되려면 먼저 교인들 스스로 교인들을 차별 없이 한 성도로 받아들이는 보편적 그리스도인이 되어야 하는데 그렇지 못한 것이 현실입니다.

신석기 그런데 거의 2,000년 전에 그런 보편적 교회가 가능했습니까? 당시는 철저한 계급사회였고, 남녀 차별의 시대 아니었습니까? 그런 사회 구조에서 한 교회 안에 다양한 계층의 사람들이 함께 예배드리고 공동체를 이룰 수 있었을 것이라고는 상상할 수가 없는데요.

이성공 정말 보편적 교회의 모습은 예나 지금이나 힘든 모습이에요. 멀리 예를 찾을 것이 아니라 20세기 초 한국 교회도 같은 문제로 갈라졌잖아요. 사람 죽이는 백정(白丁)이 장로가 되었다고 교회가 갈라졌고, 또 짐승을 죽여 가죽 만드는 천한 사람이 장로가 되었다고 양반들이 교회를 따로 만들었어요. 지금은 빈부 격차나 지식수준 등이 보편적 교회가 되는 것을 방해하죠.

나정통 물론 초대교회의 모든 교회가 이 보편적 교회를 온전하게 이뤘다고 말할 수 없을 것입니다. 그렇다고 '보편적 교회'가 완전히 불가능했다거나 없었다고도 말할 수 없습니다. 그 한 예가 사도행전에 나오는 '안디옥 교회'의 모습입니다. 사도행전 13장 1절에 보면 안디옥 교회의 다섯 명의 지도자가 나옵니다. 바나바와 니게르라고 하는 시므온과 구레네 사람 루기오, 분봉왕 헤롯 가문의 사람 마나엔, 그리고 사울입니다. 그런데 이 사람들의 면면을 살펴보면 도저히 한 교회의 지도자라고 말할 수 없을 정도로 다양합니다. 우선 바나바는 정통 유대인 레위 집안 출신이고, 시므온은 '니게르'라는 그의 별칭에서도 알 수 있듯이 '흑인'이었습니다. 당시 흑인은 노예 출신을 의미합니다. 또한 루기오는 지금의 리비아에서 온 먼 이방인이었고, 마나엔은 유대인들의 매국노인 헤롯 가문에 속한 사람이었습니다. 그리고 사울은 초기 그리스도인을 잡아 죽이는 일에 앞장선 사람이었습니다. 한 번 상상해보시기 바랍니다. 정통 유대인과 노예 출신, 매국노의 가족, 먼 이방인 그리고 그리스도인들의 원수, 이런 사람들이 하나의 공동체로, 보편적인 교회를 이룰 수 있었다는 것은 기적 같은 일 아니었겠습니까? 그런데 이들은 이처럼 다양한 신분과 출신에도 불구하고 한 공동체의 지도자로 세움을 받아 한 교회를 섬기며 협력해나갔습니다. 도저히 한 교회의 보편적으로 이룰 수 없는 교회 지도자들이 모여서 당시 최고의 모범적인 교회를 이끌어나가고 있었다는 것입니다. 이것이 가능했던 이유는 오직 주님이 교회의 주인이시라는 믿음 때문이었습니다. 주님의 사랑 안에서 가능했습니다. 예수 그리스도를 중심으로 한 믿음이 이런 보편적 교회를 가능하게 했던 것입니다. 오늘날 한국 교회가 정말 깊이 회개하고 받아들여야 할 교회의 모습입니다.[23]

남예혁 그런 안디옥 교회를 보면 당시 교회 공동체로서 으뜸이 될 수밖에 없었다는 것이 더욱 분명해지고, 오늘날 교회의 약한 부분이 확연하게 드러납니다. 요사이 교회개혁을 외치며 교회 내 제도나 규율을 새롭게 고치려는 목사님들과 모임들이 많이 있고 또 활발하게 움직입니다만 다른 것 다 떠나서 예수님이 주인 된 교회, 예수님이 중심인 보편적 교회로 회복하는 것이 가장 중요한 대안이 아닐까요?

---

23. 이재철 목사, 100주년 기념교회, 2009년 11월 안디옥 교회에 대한 설교 참조

조하나 사족 같은데, 보편적 교회 공동체의 모습은 안디옥 교회 이전에 예수님께서 이루셨던 제자들과 그 무리에서 먼저 찾을 수 있다고 봐요. 예수님 제자들이나 주변 사람들을 보면 정말 다양한 사람들이 모여 하나의 공동체를 이루었어요. 동족의 피 같은 돈을 긁어모았던 세리 마태와 그와 적대적 관계였을 폭력 혁명분자 시몬, 가난한 어부 출신 제자들과 거부巨富 아리마대 요셉, 창녀 출신 여인들과 정치인 부인들 등 정말 하나로 모아지기 어려운 사람들이었지만 예수님의 사랑 가운데 하나의 공동체를 이루며 다녔어요. 참으로 아름답고 눈물겨운 모습이에요. 이것이 현대 교회의 모델이고 또 대안이 되어야 한다고 봅니다.

여시민 그런 면에서 볼 때 초대교회보다 더 먼저 예수님이 그 제자들, 그리고 그 주변 사람들과 함께 이뤘던 공동체가 바로 교회의 진정한 모델이 아닐까요? 초대교회의 모습도 훌륭한 모델입니다만, 그것이 가능했던 것도 '예수 공동체'가 먼저 있었기 때문 아닌가요? 그래서 저는 교회 공동체의 원형은 '예수 공동체'에 두어야 한다고 봅니다. 그래야 현대 교회가 지녀야 할 내용과 나가야 할 방향이 더욱 분명하게 보여요.

예수 공동체의 특징들

신석기 그럴 경우, 현대 교회가 따라야 할 '예수 공동체'의 모습은 구체적으로 어떤 모습입니까?

여시민 저는 목사도 아니고 신학자도 아니기 때문에 다른 분들이 좀 더 보완해주시리라 보고, 그냥 저의 관점에서 몇 가지 말씀드리면 우선 예수 공동체는 함께 먹고 마시고, 삶을 나누는 삶의 공동체였습니다. 오늘날의 표현으로 하면 예수 공동체는 제자들과 생활하는 생활 공동체였습니다. 이 모습은 초대교회 공동체를 통해 훌륭하게 계승되고 있어요. 사도행전은 이 모습을 다음과 같이 묘사하고 있어요.[24]

믿는 사람은 모두 함께 지내며 그들의 모든 것을 공동소유로 내어놓고 재산과 물건을 팔아서 모든 사람에게 필요한 만큼 나누어 주었다. 그리고 한 마음이 날마다 열심히 성전에 모였으며 집집마다 돌아가며 같이 빵을 나누고 순수한 마음으로 기쁘게 음식을 함께 먹으며 하나님을 찬양하였다. 이것을 보고 모든 사람이 그들을 우러러보게 되었다. 주께서 구원받을 사람을 날마다 늘려주셔서 신도의 모임이 커갔다.

이것이 가능했던 것은 바로 예수 공동체가 먼저 그 모습을 보여주었기 때문이라고 봐요. 누가복음 말씀을 보면 예수님이 제자들을 부르신 것은 첫 번째 이유가 그들과 함께 하시기 원하셨기 때문이라고 말씀하세요. 이것은 단순히 시간만 함께 하는 것이 아니라 삶을 나누기 위한 것을 뜻하는 거죠. 물론 예수님을 따르는 모든 사람들이 하루 24시간 함께 생활한 것은 아니었어요. 그러나 예수님은 그들과도 함께 먹고 마시며 밥상 공동체를 이루면서 그들의 삶과 함께 하신 분이십니다. 그러니까 안으로는 제자들과 스물네 시간 함께 삶을 나누면서 밖으로는 또 마을 사람들과도 그런 삶의 공동체를 이뤘습

—

24. 행전 2:43~47

니다. 삶이 나눠지지 않으면 공동체, 특히 예수 그리스도의 교회라고 말할 수 없을 것입니다.

나정통 예수님께서 그렇게 제자들을 불러서 함께 지내신 이유는 여러 가지 있겠지만 제가 생각할 때 가장 중요한 이유는 그렇게 남과 어울려 부대끼며 살아갈 때 가장 효과적으로 변화될 수 있기 때문이라고 봅니다. 남을 통해 자신을 보고, 또 서로의 약한 것을 세워주면서 함께 성장할 수 있기 때문입니다. 그래서 공동체 생활은 매우 중요한 훈련 장소이기도 합니다. 오늘 현대 교회가 이런 생활 공동체로서의 모습을 거의 찾아볼 수 없게 되었는데, 그것이 교회가 성숙해지지 않고, 또 공동체로서의 힘을 잃어버린 결정적인 요인입니다.

조하나 대형 교회에 대해 비판적인 이유가 단지 자본주의 문화에 편승해서만이 아니라 바로 삶의 공동체가 형성되기 어렵다는 점 때문입니다. 교회가 커지면 커질수록 교회 공동체는 기능적이 될 수밖에 없어요. 아무리 구역이나, 셀cell로 나누어 교인들 간에 삶과 친교를 나눈다고 해도 그것은 한계가 있어요. 사실 이것은 단지 교회 규모가 커져서 발생하는 문제이기도 하지만 그렇다고 규모가 작은 교회라고 삶의 친밀한 나눔이 있는, 참다운 교제가 있는 교회 문화가 있느냐 하면 그렇지 않습니다. 한국 교회 전반적으로 개인주의, 세속주의에 강한 영향을 받아서 교회에서 삶을 나눈다는 것은 거의 생각하지 못하는 형편이에요.

이성공 우리가 어떻게 예수님과 제자들 공동체 혹은 초대교회의 모습을 단번에 이룰 수 있겠어요. 지금 당장 교인들에게 공동소유나 필요에 따른 나눔, 날마다 예배드림, 또 밥상 공동체 등을 요구하는 것은 무리예요. 왜냐하면 당시 초대교회 교인들이 지녔던 예수님에 대한 사랑과 열정이 있는 것도 아니고, 무엇보다 살아가는 사회구조나 문화가 너무 다르기 때문입니다. 현대인의 삶의 구조, 사고방식, 교회 문화 등이 이런 생활 공동체의 맛을 못 느끼게 해요. 그렇다고 그 모습을 포기해야 한다는 말은 아닙니다. 다만 한 걸음 한 걸음씩 나아가야 합니다. 사실 목회적 차원에서, 지금 교회 현실에서 어떻게 그것을 실천해갈 수 있을까 참 많이 고민하게 됩니다. 몇 가지 생각은 떠올라요. 예를 들어 교회에서 함께 식사하는 시간도 아주 중요한 성도의 친교시간으로 삼는 거예요. 많은 교회들이 이 시간을 그냥 흘려보내고 있어요. 단지 점심 한 끼 때우는 것에 그치거나, 다른 부서 활동 때문에 여유 없이 허겁지겁 먹고 끝나요. 만약 이 시간에 우리가 한 솥밥을 먹는다는 의식을 공유할 수 있고, 또 밥을 함께 먹으면서 서로 친밀함을 나눌 수 있다면 예수님이 이루셨던 밥상 공동체의 모습을 조금이라고 회복할 수 있지 않을까요? 그리고 예배 때 신앙의 삶을 나눌 수 있는 간증시간을 많이 갖는 것도 필요해요. 예배시간을 통해 살아온 이야기, 살아가는 이야기를 정기적으로 나눌 수만 있어도 공동체 의식이 많이 형성될 것입니다. 또 한 가지는 우리가 지금 함께 살면서 신앙생활을 할 수는 없지만 구역예배, 야외예배, 각종 다양한 수양회 모임들이 있잖아요. 이런 시간들을 통해 서로의 삶을 좀 더 긴밀하게 나누고, 또 실제로 하루 이틀이지만 생활 공동체를 체험하는 시간을 갖게 되면 삶의 공동체로서 교회의 모습이 좀 회복되지 않을까요?

예신자 저는 무엇보다도 교인들이 함께 먹는 시간, 차를 마시든 밥을 먹든 그런 기회를 많이 가지면 좋겠어요. 먹는 것 자체가 목적이 아니라, 함께 식사할 때 가장 친교와 정이 나눠지잖아요. 예수님도 얼마나 많은 사람들과 식사하시길 좋아하셨어요? 예수님의 별명 중 하나가 '먹기를 탐하는 자'였잖아요. 제자들은 금식도 안 한다고 비판받기도 했고요. 함께 밥을 나누면 그 어떤 시간보다 그 사람과 친교도 잘되고 또 서로 이해가 빨라지는 것을 경험할 수 있어요. 그런데 다른 친구나 직장동료, 친척들하고는 밥을 먹는데 정작 같은 교회 사람들하고는 아주 특별한 경우가 아니고서는 식탁을 잘 나누지 않는 것 같아요. 하나님의 가족이라는 의식이 약해서 그런 것이 아닐까요? 이 문화가 좀 고쳐졌으면 해요. 그리고 교회에서도 하나님의 말씀을 함께 나눠 먹어야 하지만 밥도 함께 많이 나누는 교회가 건강한 교회라고 봐요. 아무튼 저는요 예수님의 공동체처럼 예수님을 모시고 함께 모여 먹고 마시면서 삶의 즐거움과 괴로움, 기쁨과 슬픔을 나누는 교회가 되면 좋겠어요.

여시민 예수님이 형성했던 삶의 공동체의 내용을 가만히 들여다보면 스승과 제자로서의 관계가 뚜렷하게 보여요. 즉 스승과 제자의 문화가 있는 공동체였다는 거죠. 일반적으로 말해 스승은 가르치는 사람이고, 제자는 배우는 사람입니다. 예수 공동체는 철저하게 스승과 제자들의 관계로 맺어져 배움과 실천을 병행한 수행修行 공동체였어요. 예수 공동체는 스승과 제자가 어떻게 공동체로 성장해갔는지 잘 보여줍니다. 스승 예수님은 숨겨져 있던 하나님의 뜻을 더욱 명료하게 드러내셨잖아요. 제자들은 예수님의 가르침을 통해 하나님의 새로운 뜻을 깨달을 수 있었어요. 그러나 아시다시피 예수님의 가르침은 말에 있지 않았어요. 그는 철저하게 몸으로, 행동으로, 실천으로 보여준 스승이셨죠. 예수님은 일반 스승, 랍비와는 전혀 달랐습니다. 그는 겸손했으며, 사랑과 섬김의 본을 보여주셨어요. 그의 지혜로움은 그 어디서

들을 수 없는 것이어서 제자들은 서서히 변해갔어요. 제자들에게는 그 모든 과정이 수행의 여정이었습니다.

예신자 지금 교회 안에는 그런 스승과 제자의 문화가 없는 것 같은데……. 목사님 혹은 교회 어른이 스승이라는 느낌은 별로 안 들고……. 그래서 배움이 약한 것 같아요. 기독교나 성경에 대한 지식적인 것 말고, 스승으로 본받고 따르는 분은 별로 없는 것 같아요. 교회 학교 선생님들은 있지만요. 옛날 우리가 주일학교 다닐 때만 해도 그런 스승님 같은 선생님이 많으셨어요.

여시민 올바른 스승이란 지식을 전달하는 사람이 아니라 진리를 향한 '안내자'로서의 역할을 잘 하는 사람이죠. 예수님도 우리를 하나님께 인도한 안내자, 인도자 역할을 하셨어요. 그런데 오늘 교회 안에는 이런 스승과 제자의 문화가 없고, 목사, 장로, 안수집사 등 신종 계급만 있어요. 목사는 교회라는 직장에서 임금 받고 일하는 직장인처럼 되어가고 있고요. 교인들을 하나님과 예수님의 길로 잘 인도하는 안내자 노릇을 안 하고 또 못하고 있습니다. 그들 스스로 영적으로 깨달음과 삶의 변화가 없고 스승으로서의 삶을 살지 못하기 때문이죠. 물론 우리의 최고 스승은 예수 그리스도이십니다. 그러나 교회에는 예수님께 교인들을 인도할 스승이 필요해요. 굳이 목사가 아니어도 그렇게 할 수 있는 영적 스승이 필요합니다. 스승이 없다는 말은 진정한 가르침과 배움이 없다는 말이기도 합니다. 배움이 없다는 것은 변화가 없음을 뜻하는 것이고요. 그러니 교회생활을 통한 변화가 정말 미미합니다.

이성공 이런 이야기하면 누워서 침 뱉기입니다만, 아니 교회에서 목사가 스승이 될 여지가 있습니까? 물론 목사의 자질과 인격의 문제도 있겠지만, 성도들이 목사를 이해하고 용납하기보다는 조금만 약점이 있어도 트집 잡고 뒤에서 비난하는데 목사가 무슨 스승의 권위가 있을 수 있겠습니까? 이러면 이렇다고 비판하고, 저렇게 하면 저래서 비판해요. 얼만 전에 어떤 목사님 설교를 들었는데 이런 말을 인용하더라고요.

교인들은 목사가 젊으면 경험이 부족하여 불안하다고 하고, 늙으면 시대에 뒤떨어져 희망이 없다고 비판한다. 얼굴이 잘생기면 제비 같아서 위험하다고 하고, 못생기면 품위가 없어서 틀렸다고 말한다. 자식이 많으면 절제하지 못한다고 말하고, 아들만 낳으면 욕심이 많다 하고, 딸만 낳으면 기도해서 그 정도의 응답도 못 받느냐고 핀잔을 준다. 부자를 심방하면 잘난 사람들하고만 어울린다 하고, 가난한 사람들을 찾아다니면 구차한 목사라고 비판한다. 목사가 좋은 집에 살면 사치스럽다 하고, 가난하게 살면 축복을 받지 못해 덕이 안 된다고 비아냥거린다. 좋은 차를 타고 다니면 어려운 사람들은 안중에도 없이 과소비한다고 비난하고, 나쁜 차를 몰고 다니면 장로님과 교인들에게서 사랑을 못 받는다고 한다. 십일조를 강조하면 돈만 아는 목사라고 비난하고, 강조하지 않으면 또 돈에 대해 올바르게 인도하지 않는 무책임한 목사라고 말한다. 잘못을 지적하고 책망하면 너무 냉정하다고 말하고, 지적하지 않으면 정의감이 없다고 말한다.

이렇게 목사를 시쳇말로 '씹는 문화' 속에서 목사가 스승은 고사하고 목사 노릇 해먹겠습니까? 어림도 없어요. 결론적으로 말씀드려서 교회뿐 아니라 우리나라가 왜 스승 문화가 없냐 하면, 어떤 사람이 아흔아홉 가지 잘하고 한 가지만 잘못해도 그것으로 상대방을 정죄하고 그 사람을 밟고 올라서려는 문화 때문이에요. 거꾸로 아흔아홉 가지가 부족하고 약해도, 그 사람에게서 자기가 배울 것이 한 가지라도 있으면 그 사람을 스승으로 여길 수 있는 아량 있는 문화가 되어야 하는데 그렇지 못해요. 남을 짓밟고 올라서려는 문화가 교회 안에도 잠재되어 있어요. 이런 문화 속에서 스승과 제자 공동체 모습으로서 교회의 모습은 요원합니다.

남예혁 일리 있는 지적이라고 보는데요. 그러나 그런 문제들을 극복해 참다운 스승과 제자 공동체가 될 수 있다고 봅니다. 그런데 예수 공동체는 제자와 스승 공동체를 넘어서서 사도 공동체이기도 했습니다. 이때 사도는 '보냄을 받은 자'라는 의미입니다. 예수님은 마을로, 세상으로 제자들을 보내셨어요. 그래서 그들이 병자를 고치고, 귀신을 쫓아내고, 하나님나라를 선포하는 일을 하게 하셨습니다. 즉 예수님께서 하신 일을 그대로 하게 하신 것이죠. 제자들이 완전하게 배우고 능력이 되었을 때 그렇게 하신 것이 아닙니다. 그렇게 세상에 나가서 부딪히면서, 고생하면서, 배척을 받으면서 하나님나라를 전하는 것 자체가 그들에게 또한 가장 큰 배움이었고 훈련이었기 때문입니다. 이 배우는 '제자 공동체'와 세상으로 나가는 '사도 공동체'의 모습이 교회 공동체의 모델입니다. 그런 공동체로서의 모습이 바로 현대 교회론에서 말하는 '모이는 교회' '흩어지는 교회'입니다. 현대 교회가 이 두 모습을 조화롭게 구현하지 못하는 것이 문제입니다. 어떤 교회는 모이기만 힘쓰고 세상에 나가 흩어져 하나님의 나라를 선포하는 것을 등한시합니다. 우리가 교회에서 모여 말씀을 듣고 훈련하는 것은 세상으로 흩어지기 위해서입니다. 흩어져서 하나님의 나라를 전하고, 예수님의 사랑을 실천하기 위해서 모이는 것입니다. 그런데 계속 모이기만 하고 세상으로 안 나가니까 교회 내에 문제가 생기는 것입니다. 또 어떤 교회는 '흩어지는 교회'로서의 모습을 강조한 나머지 '모이는 교회'로서의 모습을 간과합니다. 그러면 당연히 예수님의 뜻을 실천할 수 있는 힘이 약화되죠. 이 둘의 조화가 이뤄질 때 그것이 건강한 교회의 모습입니다.

이성공 물이 고이면 썩게 마련이에요. 앞에서 지적한 섬김과 치유와 쉼이 없는 교회의 모습도 모든 것이 교회 안으로 집중되어 있기 때문이에요. 교회 안에서 서로 부딪히고 있으니 문제 아닌 것도 큰 문제로 부각되고, 그러다 보면 갈등과 싸움이 많아지는 것이에요. 지금 말씀처럼 세상에 나가서 복음과 진리로 싸우면 교회 안에서 섬김과 치유, 쉼은 자연스럽게 일어날 것입니다. 왜냐하면 밖에서 그렇게 힘들게 고생하면 안에서는 서로 위하는 마음이 더 간절하게 생길 테니까요. 저도 목회하면서 잘 못하고 있어서 뭐라 말할 수 없지만, 본래 기독교인들은 세상에서 주님의 일을 하는 것이고, 교회에서 예배 공동체로 모이는 이유는 그 일을 위해 신앙을 충전해야 하기 때문입니다.

조하나 예수님의 공동체가 지닌 특징 중 하나는 치유 공동체로서의 모습이에요. 조금 전에 우리가 치유에 대해서 말씀을 많이 나눴습니다만, 예수님이 가는 곳마다, 제자들이 가는 곳마다 치유가 일어났어요. 예수님과 그 제자들이 선포한 복음의 핵심 내용은 하나님나라였잖아요. 그런데 그 하나님나라는 세상의 정치권력이나 종교 체제가 지배하는 나라가 아니라 하나님이 사랑과 평화로 직접 통치하는 세계가 도래했다는 '기쁜 소식'이었어요. 그리고 그 하나님나라가 정말 임했다는 사실이 바로 인간의 몸과 마음과 영혼의 치유로 나타난 거죠.

예수님과 그 제자들의 치유사역은 하나님나라를 몸으로 체험하게 하는 길이었어요. 치유는 정상적인 삶을 가능하게 하는 동력이었어요. 예를 들어 귀신에 들려 제정신으로 살지 못했던 사람들은 귀신이 쫓겨 가면서 비로소 정상적인 삶을 시작했고, 하나님의 뜻을 잘못 이해한 사람들은 온전한 지식과 깨달음으로 구원을 체험했어요. 나병환자나 소경 등 몸이 병든 사람은 치료의 기적을 통해, 불행했던 과거를 지닌 사마리아 여인, 막달라 마리아 같은 여인들은 마음의 치유를 통해 다시 행복한 삶을 시작했어요. 그들 모두 변화되어 새로운 존재가 되었잖아요. 하나님나라의 선포는 치유를 일으켰고, 치유는 하나님나라의 도래를 증명한 것입니다. 그런데 이 치유사역을 예수님 혼자서만 하신 것이 아니라 제자들도 함께했다는 사실이 중요해요. 세상을 치유하는 일은 교회의 어떤 한두 사람이 할 일이 아니고, 교회 공동체가 함께 해야 할 일이에요.

여시민 또 한 가지 예수님 공동체의 독특한 특징 중 하나는 바로 '사람을 낚는 공동체'였다는 점입니다. 제자들을 부르시면서 하신 말씀도 '내가 너희를 사람 낚는 어부로 만들겠다는 것'이었잖아요. '사람을 낚는다는 의미'가 세상 사람들을 전도해서 기독교인으로 만드는 것이 아닙니다. 그것은 인간의 가치를 회복하지 못하는 사람, 하나님의 사랑을 깨닫지 못하는 사람, 사회적으로 힘없고, 약하고, 어려운 사람들을 살려내는 일입니다. 이를 위해 예수 공동체는 세상을 향해 적극적으로 움직였어요. 특정 장소에 정착해서 사람들이 오기를 기다리지 않고 먼저 찾아갔어요. 즉 '움직이는 공동체'였다는 말입니다. 오늘도 적극적으로 세상을 향해 나가서 사람들에게 새로운 피조물, 하나님의 형상을 되찾게 도와주는 일이 '사람 낚는 일이고' 바로 교회가 할 일이죠. 그러니까 교회는 제도나 조직, 전통, 나아가서 기독교라는 종교를 위해 존재하는 공동체가 아니라 사람의 영혼을 위해 존재하는 공동체예요. 현대 교회가 이것을 빨리 회복해야 돼요.

신석기 말씀 잘 들었습니다. 기독교인들이고, 목사님들이고 해서 말씀을 참 잘하시는 것 같습니다. 이제껏 〈신석기의 100분 토론〉에 출연하신 분 들 중에서 가장 말씀들을 논리적으로 잘하시지 않나 그렇게 생각합니다. 사회자인 저도 좀 놀라고 있습니다. 카메라를 잘 의식하시지도 않고요. 자, 그럼 여기서 시청자들의 의견을 듣는 시간을 갖겠습니다. 전화가 폭주하고 있는데, 그중에 기독교인과 비기독교인 두 분의 의견을 듣도록 하겠습니다. 질문보다는 토론을 들으시면서 느낀 점을 말씀해주시면 고맙겠습니다. 첫 번째 전화 연결되신 분입니다. 여보세요?

시청자 안녕하세요?

신석기 네, 어디 사시는 누구시죠?

시청자 저는 강남에 사는 이모세라는 사람입니다.

신석기 실례지만 기독교인이신가요? 그리고 무슨 일을 하는 분이시죠?

이모세 네, 기독교인이고요. 개인 사업을 하는 사람입니다.

신석기 말씀하시지요.

이모세 오늘 토론하시는 걸 보면서 많이 참기는 했습니다만 기독교인으로서 많은 반성을 하게 됩니다. 우리가 잊고 있던 것을 많이 지적해주시고 또 참으로 유익한 말씀이라고 생각합니다. 그러면서 한편 기독교와 기독교인들, 또 교회를 너무 비판적으로 무시하시면서 이야기한다는 생각이 듭니다. 저는 건전한 비판은 좋다고 생각합니다. 그러나 교회를 흔들어놓으려는 사탄의 주장과 아주 유사한 주장을 한다는 것은 교회를 모독하고 또 예수님을 비방하는 행위라고 생각합니다. 그러니 말씀을 가려서 해주시면 좋겠습니다. 특히 오른쪽에 앉아 계신 분들은 지식적으로는 저보다 예수님에 대해서, 교회에 대해서 더 많이 아실지 모르겠지만, 신앙심을 더 갖춰야 할 것 같습니다.

신석기 잠깐만요. 개인의 인격을 침해하는 발언은 삼가주시고, 의견을 말씀해주시기 바랍니다.

이모세 알겠습니다. 그래도 할 말은 해야겠습니다. 저의 의견을 말씀드리면 한국 기독교가 이만큼 성장한 것은 하나님의 은혜이고 순교자의 피가 있었기 때문인데, 하나님을 비방하는 사람들이나 하는 말에 부화뇌동해서 기독교와 교회를 모독하는 것은 잘못입니다. 기독교가 한국 사회에 얼마나 좋은 영향을 미쳤습니까? 그것을 다 무시한 채 조금 잘못한 것을 침소봉대針小棒大해서, 마귀나 사탄이 좋아하는 말을 해도 되는 것입니까? 죽어서 하나님, 예수님 만나면 무슨 낯으로 뵈려고 그러십니까? 정신 좀 차리세요, 더 늦기 전에.

신석기 알겠습니다.

이모세 우리 기독교는 아무리 그래도 끄떡없습니다. 갖은 고난 속에서 버텨온 종교입니다.

신석기 네, 알겠습니다. 다른 전화 연결하겠습니다.

이모세 (큰소리로) 전화 끊으려 하지 마세요. 할 말 더 해야 합니다!

신석기 죄송합니다. (전화 끊긴다) 반대 의견 가지신 분 중에 그나마 차분한 분을 선택했는데, 감정이 좀 격하신 모양입니다. 다음 분 전화 연결되었습니다. 여보세요?

시청자 네, 여보세요?

신석기 이번엔 여자분이시네요. 말씀하시죠. 어디에 사는 누구시죠? 나이는.

시청자 네, 부산에 사는 서미래라고 하고요. 학교 교사입니다. 삼십대 초반이고요.

신석기 기독교인은 아니시죠? 토론을 하면서 느낀 점을 말씀해주시죠?

서미래 저는 지금은 교회를 안 다니는데요. 오늘 토론 주제가 관심이 있어서 계속 보고 있는데, 저는 사실 눈물이 나려고 했어요. 왜냐하면 '내가 평소에 생각하고 있던 것들이 그렇게 잘못된 것이 아니구나'라는 반가움의 눈물이에요. 사실 저도 이십 대 초반까지는 기독교인으로 열심히 교회를 다닌 사람이거든요. 그런데 점점 교회가 너무 싫어졌어요. 예수님이 싫은 것은 아닌데, 교회에서 예수님을 만날 수가 없었어요. 그리고 교인들은 말과 기도로는 하나님의 사랑과 은혜를 외치지만 교회생활을 하다 보면 전혀 그렇지 못한 모습을 보면서 많이 실망했습니다. 그런데 오늘 토론을 보면서 희망을 느꼈어요. 이렇게 자기 종교에 대해 정직하게 아픈 부분을 공개적으로 용기 있게 말씀하시는 분들이 있구나! 생각하니 너무 반가웠어요. 그래서 좋은 교회가 있다면 다시 다닐 마음도 생겼어요. 한 가지 감히 더 말씀드리고 싶은 것은 오늘 현실 기독교에 대해 비판과 애정을 가지고 말씀하시는 분들은 고난을 많이 받을 거라는 생각이 들어요. 그래도 지지하는 사람들도 많이 있다고 생각하시고 끝까지 힘내시기 바랍니다.

붕어빵 교회

chapter 5

진품예수를
짝퉁예수로 만드는
기독교

짝퉁예수란?

신석기 네, 잘 들었습니다. 역시 예상한 대로 보수적인 기독교인들은 이 토론에 불만을 표시하고 계시고, 비기독교인이나 평소에 기독교에 대해 비판적이었던 분들은 동의하는 부분이 많은 것 같습니다. 전화 감사합니다. 이제 오늘 토론의 가장 중요한 주제로 넘어가볼까 합니다. 전체 토론 주제는 '왜 기독교인은 예수를 믿지 않을까'입니다. 그래서 지금까지는 예수님과 기독교의 관계, 기독교와 교회에 대해 다양한 측면에서 다뤄봤습니다. 이제 다시 원래 질문으로 돌아가서, 기독교인들이 예수님을 안 믿으면 누구를 믿는지, 예수님을 믿는다면 어떤 예수님을 믿는지, 그리고 더 근원적으로 예수님을 믿는다는 것은 무엇을 의미하는지 대화를 나누도록 하겠습니다. 그 하나로 '짝퉁예수'와 '진품예수'에 관한 토론인데요. 다들 아시겠지만, 얼마 전 젊은 신학자 한 분이 이런 주제로 강의를 해서 관심을 일으켰는데요. 일반 신문에서도 크게 보도되었습니다. 내용은 이렇습니다. "현재 기독교가 믿는 예수님은 가짜 짝퉁예수다. 교회에서 전해지는 예수는 짝퉁예수의 모습이 많다. 그러니 진품예수를 다시 찾아와야 한다. 그렇지 않고서는 기독교에 희망이 없다"라는 것이 주된 내용입니다. 이 주제를 가지고 여러분의 의견은 어떤지 토론해보겠습니다. 나 교수님부터 말씀해주시죠.

나정통 우선 '역사적 예수'에 대해 다양한 이해가 있을 수 있고 또 실제로 많은 이해가 있었다는 것을 분명하게 전제해야 될 것 같습니다. 초대교회부터 이미 예수님에 대한 많은 이해와 주장이 있었습니다. 그럴 수밖에 없는 것이 사람마다, 신앙의 관점마다, 또는 역사적·문화적 상황에 따라 예수님을 바라보는 시각이나 신앙고백이 다를 수 있으니까요. 그런데 초대교회에서도 예수님에 대해 절대 용납할 수 없는 주장들이 있었습니다. 그래서 기독교는 결코 물러설 수 없는 기준을 만든 것입니다. 이 점조차 간과하면 지금의 논의가 너무 방대해질 것 같습니다.

신석기 그 기준이라는 것이 어떤 내용이죠?

나정통 예를 들어 예수님이 하나님의 아들이며, 인성과 신성을 모두 온전하게 품고 계신 분, 삼위일체 중의 한 분, 십자가를 통해 인류의 죄를 대속하신 분 등입니다. 신약성경 특히 요한서신서들이나 유다서를 보면 당시 예수님에 대한 많은 잘못된 이론들에 대해 경고하고 있는데, 그중 하나가 '가현설假現說'입니다. 가현설은 초기 교회지도자들이 목숨 걸고 맞선 이론입니다. 이 가현설은 인간의 몸을 입고 태어난 역사적 예수님의 사람됨人性을 인정하지 않고 오직 그의 신성神性만을 강조한 이론입니다. 이 이론에 따르면 "그리스도라는 존재가 어느 순간에 인간 예수님의 몸에 들어왔고, 예수님의 몸을 빌려 잠시 살다가 십자가에서 고통을 받기 직전 다시 떠났다. 그래서 그리스도는 자신의 육신을 지니지 않았기에 육체적인 고난을 받지 않았다"는 것입니다. 당시 신학자들은 이 가현설이 역사적 예수님의 고난과 대속적인 죽음이 지닌 구원의 의미 전체를 파괴한다고 믿었기에 강력하게 대응했습니다. 그래서 그들은 이 가현설에 맞서 예수님은 '온전한 인간이자 동시에 온전한 신'이라는 교리를 정립했습니다. 당시로서는 이것은 예수 신앙의 존폐가 걸린 문제였습니다. 예수님의 인성과 신성 중 어느 한쪽을 부인하는 순간 예수 믿음의 토대는 무너져버린다고 생각했기 때문입니다. 지금도 마찬가지입니다. 기독교인이라면 예수님에 대해 거짓된 증언이나 예수님의 말씀을 왜곡하는 것은 단호하게 거부해야겠지요. 짝퉁예수 논의가 예수 그리스도의 참모습을 드러내는 생산적인 논의가 되기를 바랍니다.

예신자 언젠가 TV 방송에서 이영표 선수가 간증하는 것을 본 적이 있어요. 사회자가 하나님은 어떤 분이냐고 묻자, 이 선수가 '명품이다'라고 대답하더라고요. 다소 대답이 의외였는데, 왜 그러냐고 했더니 사람들에게 이렇게 되묻더라고요. "150달러짜리 위조지폐 보셨습니까? 15,000원짜리 위조지폐를 본 적이 있으십니까? 없지요. 왜냐하면 진짜 150달러나 15,000원짜리 지폐가 없기 때문입니다." 그러면서 다른 종교와 달리 유독 기독교의 하나님, 예수님에 대해 가짜가 많은 것은 하나님과 예수님이 진짜이기 때문이라고 말하더라고요. 그러니 아마 이영표 선수는 하나님은 참 존재, 명품 존재라는 사실을 강조하고 싶었나 봐요. 짝퉁예수라는 말을 들으면서 그 생각이 났어요. 짝퉁예수가 있다면 그것은 진품이 있다는 뜻이고 그런 면에서 진품을 더 부각시킨다는 측면도 있겠구나 생각했습니다. 정말로 짝퉁예수가 있다면 따라가면 안 되겠지만요.

남예혁 두 분 모두 신앙이 좋으시니까 짝퉁예수에 대해 그리 심각하게 생각하지 않는 것 같군요. 그런데 그런 의문이 드신 적 없나요? '혹시 우리가 믿는 예수님은 정말 하나님이 보내신 그리스도 예수일까'라는 의문 말이죠. 짝퉁예수 논의의 핵심은 점점 기독교 안에 본래 참 예수님의 모습은 사라지고, 그 자리에 대신 짝퉁예수가 앉아 있어서 기독교인들은 역사적 참 예수의 말씀을 듣지도 체험하지도 못하고 있다는 심각한 이야기인데요. 이것은 예수 그리스도에 대한 신앙의 근본은 흔들 뿐 아니라 기독교의 사활이 걸린 문제입니다. 그러니까 이 논의의 핵심은 짝퉁예수가 말하는 것을 걷어내고, 기독교와 교회가 진품예수와 그의 말씀을 되찾아야 한다는 것입니다. 이것은 정말 귀담아 들어야 할 내용입니다.

신석기 인도가 영국으로부터 독립할 때 간디가 한 유명한 말이 생각나는군요. 간디가 철수하는 영국인들에게 이렇게 말했습니다. "당신들이 만든 예수는 가져가고, 성경 속에 있는 예수는 두고 가시오. 내가 볼 때 당신들이 떠드는 예수는 당신들이 만든 예수지, 성경 속의 예수가 아니오. 성경 속에 있는 예수는 두고 가시오."[25] 지금 이야기와 맥락이 같은 것 같아서 잠시 인용해보았습니다. 계속 말씀 나누겠습니다.

예신자 짝퉁예수와 진품예수라는 표현은 나름대로 신선하고, 말하고자 하는 뜻이 분명하게 전달됩니다. 재미있다는 생각도 들어요. 요사이 짝퉁 제품이 많으니까 굉장히 현실적으로 들리기도 하고요. 그런데 장

---

25. 옥한흠 목사 설교, 〈뉴스앤조이〉, 2008년 1월 12일

사하는 사람들이 짝퉁을 만드는 이유는 알겠는데, 굳이 짝퉁예수를, 그것도 의도적으로 만드는 이유가 있을까요? 그리고 예수님이 고정된 물건도 아닌데 살아 있는 인격체를 어떻게 짝퉁으로 만들 수 있는지도 궁금하네요. 하기야 계란도 짝퉁으로 만드는 세상이니까 할 말은 없지만요.

남예혁 본래 짝퉁은 진품의 모조품imitation을 말하는 것이죠. 그래서 아무리 진짜처럼 만들어도 짝퉁은 결코 진품이 될 수 없어요. 그러나 겉으로 보기에는 짝퉁 제품이 오히려 진짜 제품보다 더 진짜처럼 보일수도 있죠. 짝퉁 제품을 단속하는 사람들은 제품이 너무도 정교해서 진짜와 짝퉁을 구별할 수 없을 정도라고 혀를 내두릅니다. 그런 짝퉁을 만드는 이유는 짝퉁 제품이 진품보다 더 잘 팔리기 때문입니다. 값이 싸고, 구하기 쉽고, 거기다가 잘 모르는 사람들은 짝퉁을 진품으로 보기 때문이죠. 아주 일석삼조의 효과죠. 그래서 장사꾼 입장에서는 짝퉁을 파는 것이 진품을 파는 것보다 훨씬 많은 이익을 낼수 있습니다. 때로는 짝퉁을 파는 장사꾼들은 진품을 소유할 수 없는 사람들에게 대리만족을 주고 있다는 자부심을 갖기도 하고요. 짝퉁예수를 만드는 이유도 마찬가지라고 생각해요. 우선 간략하게 말씀드리면 짝퉁예수와 그의 말이 지금 기독교인들에게 훨씬 쉽게 잘소화되고 잘 수용되기 때문입니다. 다르게 표현하면 교회에서 짝퉁예수가 훨씬 잘 팔리기 때문입니다. 그리고 그런 짝퉁예수를 통해 이익을 취하는 사람과 집단들이 있는 것이고요.

졸지에 개가 된 염소

여시민 인도에 이런 우화가 전해옵니다.

힌두교 사제가 신에게 희생 제사를 드리기 위해 염소 한 마리를 끌고 가고 있었습니다. 마침 그때 사기꾼 세 명이 그 모습을 보고 사기 칠 생각을 했습니다. 사기꾼들은 한 사람씩 흩어져 사제가 지나가는 길목에서 그를 기다리고 있었습니다. 첫 번째 사기꾼이 염소를 끌고 오는 사제를 보고 말했습니다.

"선생님, 어디 가십니까?"

"희생 제사를 드리러 성전으로 가오."

"아니, 이 개를 거룩한 신께 바친다는 말입니까?"

사제는 그 사람에게 꾸짖듯 말했습니다.

"아니, 이 염소가 개로 보인단 말이오? 당신 눈이 어떻게 되었소?"

그러자 그 사기꾼은 낮은 목소리로 말했습니다.

"사제께서 제 말을 믿지 않는다면 할 수 없지만, 제 눈에 이것은 염소가 아니라 단지 개일 뿐입니다요."

사제는 별 이상한 놈 다 보겠다고 생각하고 그냥 걸어갔습니다.

얼마쯤 가는데, 이번에는 두 번째 사기꾼이 똑같이 말했습니다.

"아니, 내가 이 아침에 무엇을 보고 있는 것이지요? 도대체 이 개를 데리고 어디를 가시는 것입니까? 이 개를 풀어주세요. 당신 같은 사제가 이 더러운 개와 함께 있는 것을 본다면 사람들이 뭐라고 하겠습니까?"

사제는 어리둥절했습니다.

'아니, 이 염소가 개라고? 내가 지금 개를 데리고 있다고? 내 눈에는 아무리 봐도 염소인데……'

하지만 두 번째 사기꾼의 말에 사제는 조금씩 자신의 눈을 의심하기 시작했습니다. 그는 다시 한번 염소의 머리끝부터 발끝까지 자세히 살펴봤습니다. 분명 염소였습니다. 그런데 얼마 가지 않아 기다리고 있던 세 번째 사기꾼을 만났습니다. 그 사기꾼은 사제를 보자마자 놀라움을 금치 못한다는 듯이 외쳤습니다.

"오, 위대한 사제시여! 선생님이 어찌 이런 실수를! 도대체 무엇을 하시는 것입니까? 사람들이 아침부터 이런 개를 끌고 가는 이상한 모습을 보면 뭐라고 하겠습니까?"

기가 막힐 노릇이었습니다. 사제는 생각했습니다.

'내가 분명 신에게 드리기 위해 오늘 아침 시장에서 산 염소가 아닌가? 그러면 그 염소장수가 나를 속여 개를 팔았단 말인가? 분명 지금도 내 눈에 이것은 개가 아니라 염소이지 않은가? 그런데 길에서 만난 사람 모두 염소가 아니라 개라고 하니 정말 개란 말인가?'

사제는 서서히 이것이 염소가 아니라 개라는 생각이 들기 시작했습니다. 그리고 자기 눈이 이상하게 되었다고 믿게 되었습니다. 그는 사기꾼에게 속아 분별력을 잃어버리게 되었고, 그 자신도 염소를 개로 확신하게 되자 결국 염소를 길에 버렸습니다. 사기꾼들은 자신들의 계획대로 염소를 차지하게 되었습니다.

저는 짝퉁예수와 진품예수 논쟁을 들으면서 이 예화가 떠올랐습니다. 지금 한국 기독교와 교회 전체가 그렇다는 것은 아니지만, 진품예수를 보고 짝퉁예수라 하고, '짝퉁예수'를 보고 '진품예수'라고 믿고 있다는 주장은 충분이 일리 있다고 생각해요. 저도 가끔 설교를 들을 때 '저 설교가 정말 예수님의 말씀이 맞을까? 저 말이 진정 예수님의 뜻일까' 하고 의문이 드는 경우가 많거든요.

조하나 종교 세계에서 진짜가 가짜가 되고, 가짜가 진짜가 되는 것은 순식간이에요. 진품예수를 짝퉁예수로 만들거나 짝퉁예수를 진품예수로 만드는 것은 그리 어려운 일이 아니지요. 아마 염소를 개로 믿게 만드는 것보다 훨씬 쉬울 것입니다. 그런데 문제는 그것을 가려내고 분별하기가 쉽지 않다는 것이지요. 지금 기독교에서 참 예수님의 모습은 흐릿흐릿해지기도 하고, 또 왜곡되기도 합니다. 설교에서는 예수님의 말씀과 인간의 말이 막 뒤섞여서 선포되고 있어요. 기독교는 점점 더 예수님의 말과 뜻을 기묘하게 해석하고 적용하면서 짝퉁예수를 만들어내고 있고요. 그리고 목사와 신학자는 염소를 계속 개라고 말하는 방식으로 진품예수를 계속 짝퉁예수로 변질시키고 있어요. 순진한 교인들은 성경의 예수님이 눈앞에 있는데도 점점 그렇게 믿어요. 오히려 진짜예수의 말씀이 어색해지고 수용할 수 없어서 멀리하고 있어요. 그래서 정신 바짝 차리고 기독교가 전하는 예수님의 말씀이 성경이 말하는 참 예수님의 말씀인지 자세하게 살펴야 해요.

남예혁 예수님 말씀의 왜곡이 결국 예수님의 존재를 왜곡하는 것이고, 그것이 다수에게 받아들여지고 믿어지면 짝퉁예수로 굳어지는 것입니다. 성경에도 이미 짝퉁예수에 대한 언급이 있어요. 물론 표현은 다르지만요. 사실 짝퉁예수 문제도 2,000년 기독교 역사에서 계속되는 문제죠. 지금 짝퉁예수는 사도 바울이 말한 '다른 예수'를 의미합니다. 사도 바울은 고린도후서 11장 4절에서 이렇게 말합니다. "어떤 사람이 와서 우리가 전하지 않은 다른 예수를 전해도, 여러분은 그러한 사람을 잘도 용납합니다. 여러분은 우리에게서 받지 아니한 다른 영을 잘도 받아들이고, 우리에게서 받지 아니한 다른 복음을 잘도 받아들입니다." 지금 사도 바울은 고린도 교회에 어떤 사람들이 와서 다른 예수님을 선포하고 다른 영을 받게 하고, 다른 복음을 받아들이게 하는데 아무렇지도 않게 받아들인다고 경고합니다. 당시 교회 안에도 본래 예수님의 복음이 아닌 '다른 복음'과 본래 예수님의 모습이 아닌 '다른 예수,' 그리고 참 예수님의 영이 아닌 '다른 영'을 전하는 무리가 많았다는 이야기입니다. 그 '다른 예수'가 지금 표현으로 짝퉁예수입니다. 그런데 고린도 교회 교인들이 '다른 예수'를 아무렇지도 않게 받아들이는 것을 보고 바울은 놀라기도 하고 두렵기도 하다고 표현했습니다. 지금의 기독교인들도 마찬가지로 이 '다른 예수'를 아무렇지도 않게 받아들이고 있습니다.

이성공 무슨 뜻인지는 알겠는데요. 하지만 짝퉁예수나 진품예수라는 말은 예수님을 너무 상품화한다는 느낌이 듭니다. 또 예수님은 하나님의 아들이시고 구원자이신데, 그렇게 세속적인 표현과 이해로 전락시키는 것은 예수님을 믿는 신앙을 너무 값싸게 만드는 것 아닌가요? 토론을 위해서 할 수 없이 이 표현을 쓰기는 합니다만 이 점을 좀 간과하지 말았으면 해요. 예수님은 물건도 상품도 아니고 살아 있는 인격체입니다. 저는 짝퉁예수란 말이 뜻하는 것은 예수님의 말씀을 잘못 전달하거나, 의도적으로 왜곡하는 경우라고 생각합니다. 예수님의 본뜻이 제대로 전해지지 않는 것이 문제라고 봐요. 그것은 앞서 토론에서도 나왔습니다만, 기독교가 사람들의 입맛에 따라 예수님을 믿으려고 하니까 그런 현상이 벌어지는 거죠.

조하나 물론 참 예수님과 그의 말씀은 절대 상품이 될 수 없지요. 그렇지만 현실은 어떤가요? 기독교와 교회가 예수님을 마치 상품처럼 홍보하고 있지 않나요? 그것도 진품예수가 아닌 짝퉁예수를 말이죠. 저는 대형 교회가 시쳇말로 '장사가 잘 되는 이유'는 짝퉁예수를 만들어 팔기 때문이라고 생각해요. 물론 모든 대형 교회가 그런 것은 아닙니다. 혹자는 교회와 목회를 장사에 비유한다고 화를 낼지 모르지만 대형 교회 스스로 이제 '목회도 마케팅이다' '목사도 CEO다' '마케팅 목회'라는 말을 서슴지 않고 사용합니다. 오히려 그런 자본주의적 시스템과 마케팅 기법을 도입하지 못하거나 실행하지 못하는 교회와 목회자들은 시대에 뒤떨어진 능력 없는 목사로 취급하는 세태입니다. 그래서 한국 교회는 자랑스러운 교회의 표본과 모범으로 미국의 대형 교회를 과감하게 벤치마킹하느라 혈안이 되어 있습니다. 여기서 교회의 상품은 당연히 예수님과 복음이고 소비자는 교인입니다. '예수'라는 상품을 얼마나 현대인의 입맛에 맞게 포장하고, 때론 문화적 감성으로 풀어내느냐에 따라 목회의 성패가 달려 있어요. 이런 모습이 오늘날 교회의 한 단면 아닙니까?

이성공 아니 조 목사님! (목소리가 커졌다) 어떻게 살아 있는 인격체를 짝퉁으로 만든다는 겁니까? 그리고 예수님 자신이 그것을 용납하시겠습니까? 또 교회와 목회를 장사에 비유하셨는데요. 그것은 목회를 신성한 하나님의 사역으로 믿고 목회하시는 목사님들을 모독하는 거예요. 뿐만 아니라 그분들이 전하는 예수님을 모독하는 것이기도 하고요. 또 한 가지 문제는 목회를 마치 상품 매매처럼 보는 사고방식이야말로 자본주의 논리에 젖어 있기에 생겨난 판단 아닙니까? 모든 것을 상거래로 보려는 시도 같아요.

여시민 아니 왜요? 가룟 유다도 예수님을 멋지게 팔아먹었는데요? 지금이라고 마음만 먹으면 예수님을 못 팔아먹겠습니까?

조하나 제가 지금 없는 일을 가상으로 만들어 이야기하는 것이 아니라 현실에서 실제 벌어지는 상황을 제 시각으로 판단한 것입니다. 기독교 마케팅 전문연구기관을 설립해서 교회 마케팅의 필요성을 주장하는 조지 바나George Barna라는 사람의 말을 들어보세요. 그는 이렇게 노골적으로 말합니다. "목사는 우선 유능한 사업가로서 교회를 활력 있게 유지해서 사람들로 하여금 교회에 많이 참석하도록 유도해야 한다. 여러분이 불신자에게 전도한다고 할 때 그것은 사실상 교회 마케팅을 하는 것이다. 마케팅 지향적인 교회는 교회의 목적과 상품(복음)을 제대로 이해한다. 교회도 사업이다. 예수님은 마케팅 전문가다."[26] 요즘 한국 교회에도 이러한 경향을 좇는 목회자들이 넘쳐나고 있습니다. 그리고 하나님의 말씀을 팔아먹는 것은 어제 오늘의 일이 아닙니다. 이미 초대교회에도 있었어요. 바울은 고린도 교회에 보낸 두 번째 편지 2장 17절에서 이렇게 말합니다. "우리는 하나님 말씀으로 장사하는 다른 많은 사람들과 같지 않습니다." 그러니까 당시에도 전통 유대교인이 되었든 아니면 예수님의 복음을 전한다는 사람이 되었든 하나님의 말씀으로 장사하는 사람이 많았다는 거예요. 지금도 마찬가지고요. 예수님을 상품화한다는 것은 실제로 예수님을 눈에 보이는 어떤 상품으로 만들어 판다는 이야기가 아니라 교인들의 입맛, 현대인의 구미나 문화적 감성에 맞게 예수님의 뜻과 정신을 왜곡하여 전한다는 뜻이지요. 이것은 엄연히 예수님의 복음이 아니라 다른 복음입니다. 바울의 말대로 '다른 복음'과 '다른 예수'가 따로

---

26. 옥성호, 《마케팅에 물든 부족한 기독교》, 부흥과개혁사, 2007, p. 40~41 재인용

있는 것이 아니라 그리스도의 복음을 왜곡하는 것이 바로 다른 복음이고 짝퉁예수입니다.

남예혁 사실 짝퉁예수를 만들어내는 주범은 거짓의 영 사탄입니다. 사탄은 예수님 당시나 지금이나 그리스도의 복음이 지닌 힘을 약화시키려고 발악하고 있습니다. 지금도 사탄은 짝퉁예수를 얼마나 교묘하게 만들어낼까 하고 혈안이 되어 있는데, 문제는 많은 신학자와 목회자들이 여기에 놀아나고, 교인들이 미혹당한다는 점입니다. 우리는 쉽게 상상할 수 있습니다. 사탄은 아무도 눈치 채지 못할 만큼 정교한 짝퉁예수를 만들어내기 위해 신학자나 목회자들을 계속 미혹할 것입니다. 미혹을 당한 교회는 제공된 신학적 기술을 바탕으로 짝퉁예수를 만들어 홍보하고 수익을 창출하는 기업이 됩니다. 교회는 짝퉁예수 제품을 다양화하고 또 영업지점을 늘려가며 판매합니다. 직설적으로 말하면, 목사는 짝퉁예수를 팔아먹는 장사꾼으로 전락하고, 교회는 예수님이 비판한 장사꾼의 소굴로 변질되어갑니다. 이것은 단지 비유가 아니라 곧 현실로 다가올 것입니다. 벌써 그런 조짐은 시작되었습니다. 아무것도 모르는 불쌍하고 순진한 교인들은 짝퉁예수를 바라보면서 "주여, 주여!"를 외치고 있어요. 마치 짝퉁을 진품으로 알고 속아서 구입한 사람들이 짝퉁을 보면서 흐뭇해하고 자랑스러워하듯이 짝퉁예수에 감명받고 그를 향해 기도하고 눈물로 찬양하며, 한 술 더 떠서 다른 사람에게 전도와 선교라는 이름으로 그 짝퉁예수를 열심히 광고합니다. 이것은 하나의 종교적 코미디이자 사기입니다.

설교에서 소외되고 있는 진품예수

이성공 저는 지금 마음을 열고 계속 듣고 있습니다만, 솔직히 이해하려고 해
도 잘 이해가 되지 않습니다. 그렇다면 지금 기독교가 전하는 예수님
이 다 짝퉁으로 만들어진 짝퉁예수라는 말입니까? 지금 교회 강단
에서 신약성경을 토대로 예수님의 말씀을 전하는데 그것이 어떻게
짝퉁예수란 말입니까? 성경 외에 다른 곳에 있는 예수님의 말씀을
전하는 것도 아니지 않습니까? 그러면 성경 말씀에 나온 예수님의
말씀, 모습 그 자체가 이미 짝퉁이라는 말입니까? 그러면 진품예수님
은 어디에 계시는 것입니까?

여시민 예수님의 말씀을 전한다고는 하지만 예수님을 보는 눈이 가려져 있
거나 왜곡되어 있으니 더 문제죠. 유대 지도자들이 하나님을 왜곡한
것과 다름없어요. 복음서를 토대로 한다고는 하지만, 중요한 것은 예
수님의 참모습을 전하는 거예요.

나정통 예수님의 참모습을 보려고 할 때 복음서를 가지고도 역사적 예수 전
체를 알 수 없는 한계가 있습니다. 그나마도 복음서 내용의 3분 1 분
량이 예수님께서 죽기 전 1주일 동안에 벌어진 내용을 반복해서 기
록한 것입니다. 나머지 3분 2가 예수님의 공생애 3년 기간을 보여주
는데, 그것도 시간적·사건적인 배열로 기록한 것이 아니라 성경 저자
가 보여주고 싶어 하는 예수님의 모습을 집중해서 보여주기 때문에
예수님을 이해하는 데 어려움이 많습니다. 우리는 예수님에 대해 부
분적으로밖에 알 수 없는 한계가 있습니다. 이런 상황에서 짝퉁예수
진품예수 논쟁을 하게 되면 자칫 자신이 바라보는 예수님은 진품이
고, 남이 바라보는 예수님은 다 짝퉁이라고 쉽게 판단해버릴 수 있어

요. 기준이 모호해질 수 있다는 것이지요.

조하나 맞는 말씀이에요. 사실 예수님에 대한 정보가 너무 적어요. 예수님은 말씀하시기를 그렇게 좋아하신 분이 아닌 것 같아요. 3년 동안 말씀 하신 내용이 겨우 그것밖에 안 되니까요. 아무리 요약 정리해서 기록 했다고 하지만요. 불교에서 부처님의 말씀을 기록한 양에 비하면 적 어도 너무 적지요. 그렇지만 현재 복음서에 기록된 예수님의 말씀만 이라도 제대로 실천한다면 진품예수의 핵심을 충분히 드러낼 수 있 다고 믿어요. 문제는 성경에 아주 단순하고 명확하게 그려진 예수님 의 모습조차 제대로 드러내지 않고 이리저리 변형한다는 데 있어요. 한 걸음 더 나아가 이제는 교회 강단에서조차 복음서에 기록된 예수 님의 말씀을 잘 전하지 않고 있어요. 올바로 전해지지 않는 것은 둘 째치고, 예수님이 직접 하신 말씀 자체가 교회에서조차 선포되지 않 는다는 것입니다.

남예혁 그 근거 중 하나가 요즘 복음서의 예수님 말씀을 본문으로 삼는 설 교가 점점 줄어들고 있다는 것입니다. 단편적인 조사입니다만, 한국 의 개신교를 대표하는 두 신학대학원의 예배 설교 본문을 조사해보 았습니다. 진보적이라고 말하는 한 신학대학원은 어느 해 정기 예배 시간에 63편의 설교 중 17편만이 예수님의 말씀을 본문으로 삼았고 (27%), 다른 보수적인 신학대학원은 한 학기 52편의 설교 중 단지 13 편만 복음서를 본문으로 설교했습니다(25%). 두 학교 모두 30퍼센트 를 넘지 않았습니다. 이것은 예수님의 말씀을 선포하는 목사를 양성 하는 교육기관에서 예수님의 말씀이 선포되지 않는 역설과 모순을 보여줍니다. 신학 강의 시간에는 신학이론에 집중하기 때문에 신학생 들이 정작 예수님의 진면목을 배우고 체험할 기회는 그리 많지 않다는 것을 감안하면 이것은 결코 지나칠 수 없는 현상입니다. 교회를 살펴볼까요? 가장 예수님의 말씀을 많이 전할 것 같은 조용기 목사님이 근래 한 해 동안 여의도순복음교회 예배 때 행한 설교 47편 중 14편의 설교만이 복음서를 본문으로 삼았습니다. 약 30퍼센트입니다. 이처럼 기독교인들이 예수님의 말씀을 직접 선포하는 설교를 듣지 못한다면 어디서 진품예수님의 모습을 더욱 분명하게 인식할 수 있겠습니까? 만약 복음서에 나타난 예수님의 말씀 직접 듣지 못하면 '짝퉁예수' 바이러스는 더 번져가게 됩니다.

신석기 잠깐만요, 남 교수님! 제가 갑자기 끼어들어서 죄송합니다만, 꼭 복음서 중 예수님의 말씀만을 본문으로 삼아야 예수님의 말씀을 전하는 것입니까? 다른 성경 말씀을 본문 삼아도 얼마든지 예수님의 말씀을 전할 수 있는 것 아닙니까?

남예혁 물론 꼭 복음서를 본문으로 삼아야 예수님의 말씀을 선포하는 것이라고 말할 수 없겠지요. 또 복음서를 본문으로 삼았다고 해서 모두 예수님의 참뜻을 전하는 것이라고 말할 수도 없고요. 복음서 말씀을 설교 본문으로 택해놓고도 그 예수님의 말씀은 한 마디도 전하지 않는 설교도 많이 들어보았습니다. 반대로 복음서 이외에 서신서 말씀을 통해 예수님의 뜻을 전하는 설교도 들어보았습니다. 그러나 적어도 한국 교회가 예수님에 대한 교리적인 설교는 많아도 예수님의 행적이나 말씀을 단순하게 직접 전하는 풍토가 사라지고 있다는 점은 분명합니다. 예수님의 말씀을 본뜻 그대로 전하지 않는 것과 더불어 아예 그의 말씀을 전하지 않고 감추는 것 또한 짝퉁예수를 만드는 데 일조하는 것입니다.

나정통 이 부분에서 개신교가 가톨릭에서 배울 점이 있는 것 같습니다. 가톨릭은 미사 때 전통에 따라 시편, 구약, 서신서 그리고 복음서의 예수님 말씀을 낭독하고 듣게 되어 있잖습니까? 신부가 개신교 목사처럼 강론(설교)은 오래 하지 않지만 그래도 강론 본문은 언제나 복음서의 예수님 말씀입니다. 그리고 복음서의 예수님 말씀을 읽을 땐 모든 회중이 일어나서 듣습니다. 다른 나라 개신교에서도 복음서를 읽을 땐 일어서서 예수님 말씀에 존중을 표하는 경우를 종종 보았는데, 한국 개신교는 그 좋은 전통을 잃어버렸습니다. 아무튼 가톨릭 미사에서는 예수님의 복음서 말씀이 꼭 선포됩니다. 만약 개신교 예배에서 목사가 복음서로 설교하지 않거나 신도들 스스로 성경을 읽지 않는다면, 일 년 내내 예수님 말씀을 직접적으로 들을 수 있는 기회는 별로 없다고 봐야죠. 이것은 정말 큰 일입니다. 어떤 성경 말씀을 설교의 본문으로 삼든 설교는 예수님의 말씀으로 시작해서 예수님의 뜻으로 끝나야 합니다. 안 그러면 기독교의 설교가 아니라 종교 강의나 도덕적인 교양 강좌에 머무를 가능성이 큽니다.

예신자 글쎄요. 설교라는 것이 본래 예수님 말씀을 전하는 시간인데, 예수님 말씀을 액면 그대로 직접 전하는 것이 전부인가요? 평신도들이 하나님의 말씀을 이해할 수 있도록 해석이나 설명이 필요한 것이고요. 그러다 보면 성경 본문 이외에 다른 이야기들이 섞여 있을 수 있지요. 그 이야기 자체가 목적이 아니라 예수님 말씀을 좀 더 명확하게 이해시키기 위한 수단이고요. 저 같은 평신도를 위해서 그런 설교가 훨씬 좋은 것 같아요. 성경강해는 성경공부 시간에 얼마든지 할 수 있잖아요.

신석기 잠시만요. 지금 논의 주제는 설교가 아닙니다. 짝퉁예수에 대한 이야기를 하다 보니 설교 시간에 예수님이 하신 말씀을 직접 선포하지 않는 것이 바로 짝퉁예수가 만들어지는 토양이 된다는 논의를 하고 있었습니다. 여기에 집중에 해주시기 바랍니다. 여 선생님 말씀해주시죠.

여시민 설교 시간에 예수님이 직접 하신 말씀이 제대로 선포되지 않고, 설교자의 주관적이고 심리적인 해석이 주를 이루다 보니 그것이 예수님의 말씀인 줄 알고 듣는 신도의 머릿속에는 자꾸 진품예수님과 상관없는 예수 이미지가 형성됩니다. 또 그렇게 형성된 예수 이미지를 기반으로 신앙생활을 하게 되면 결국 짝퉁예수를 믿게 되는 것이에요.

조하나 목사는 예수님의 말씀을 자꾸 해석하면서 설교하기를 좋아하죠. 그러다 보면 오히려 그 뜻을 분명하게 하기보다는 슬쩍슬쩍 비껴가게 되는데 그 이유 중 하나가 목사들이 설교할 때 교인들의 눈치를 보기 때문에 그래요. 사실 진품예수님의 진리가 너무도 철저하기 때문에 교인들이 들으면 삶에 '걸림돌'이 되는 경우가 많거든요. 그것을 두려워하는 거죠. 교회에서 예수님의 말씀을 곧이곧대로 전했다가는 교회 내부에 혼란과 분란이 일어날 여지가 많아요. 이런 논란을 일으키거나, 교인들의 심사를 건드리는 예수님의 말씀을 애초에 피하기 위해서 그저 부드럽고 소화하기 쉬운 서신서 말씀이나 도덕적인 구약성경의 말씀을 골라서 설교해요. 어느 원로목사님의 고백을 읽은 적이 있는데, 참 솔직하고 공감되는 말씀이었는데요. 본명을 말씀드려도 될지 모르겠는데…….

신석기 그분이 공개적으로 하신 말씀이고 또 좋은 말씀이라면 실명을 말씀하셔도 상관없을 것 같습니다.

조하나 네, 옥한흠 목사님이신데요. 이렇게 말씀하셨어요.

무슨 설교 하려고 하면 앞에 앉아 계신 어느 장로님 걸려 못하고, 무슨 설교 하려고 하면 어느 분이 걸려서 못하고, 무슨 설교 하려고 하면 또 교인들이 마음 상해서 상처 줄까 봐 못하고, 이리저리 못하다 보니까 우리는 성경의 반 토막은 잘라내고 설교하고 있는 사람이라고 자백하지 않을 수 없는 어려움이 있습니다. 이것이 세속주의에 물들어가는 교회의 현실이라는 것이거든요. 꼭 어린아이, 버릇없는 아이들, 먹고 싶다는 것은 먹이고, 먹기 싫다고 하면 못 먹이고, 그래서 애가 원하는 대로 들어주는 부모와 비슷한 상황이 오늘날 목회자들의 모습 같아요. 애가 고개를 흔들고 짜증부리고 신경질내면 절대 못 먹이는 것이 우리의 모습이에요. 그러다 보니까 애는 자꾸만 편식 현상에 빠지고 체질이 약해질 수밖에 없지요. 그래서 요즘은 책망하려는 사람, 성경을 바로 가르치려는 사람은 바보 취급을 받습니다.[27]

저는 이 고백을 들으면서 오히려 감동을 받았습니다. 수만 명의 교인을 목회하신 원로목사님이 고백하기 힘든 말씀이잖아요. 사실 그런 것 같아요. 저도 목사지만 많은 목사님들이 교인들 눈치 보느라 예수님의 말씀을 직접 전하지 못하고 있어요. 이런 우리의 모습이 예수님의 본뜻을 흐리게 하는 짝퉁예수에게 기회를 주는 결과를 초래하는 것이라고 봐요.

이성공 그러면 매번 그렇게 힘겨운 말씀만 전하면서 진품예수님의 말씀을 전해야만 하는 것입니까? 현대 기독교인들은 아주 피곤한 삶을 사는 사람들이에요. 조금 전에 토론했잖아요. 교회에 와서 쉼을 얻고 싶다고. 일주일 내내 사회생활하면서 치고 받고 긴장하고 경쟁하고, 또

---

27. 옥한음 목사 설교, 〈뉴스앤조이〉, 2008년 1월 12일

스트레스 받고 사는 사람들인데, 주일 하루 설교 들으러 왔는데 거기다 대고, "십자가를 져라" "예수님과 함께 고난을 받아라" "정의를 위해 싸워라" 또 "부자는 천국 못 간다" 뭐 그런 설교만 하라는 겁니까? 여기 방청객에게 물어봅시다. (방청객을 향해) 여러분 같으면 그런 설교 듣고 싶습니까? (반응이 없다) 방송이라 대답을 못 하시는 것 같은데, 그런 설교 듣기 원하지 않을 것입니다. 보세요. 소위 진보교회에 기독교인들이 가지 않는 이유가 여기 있어요. 그런 설교는 피곤하니까요! 그것도 어느 정도죠. 사람들이라고 위로하시고, 사랑하시고, 격려하시는 주님의 말씀을 듣고 싶지 않겠어요? 때론 말랑말랑한 말씀도 있어야 하고, 웃음으로 마음의 기쁨도 줘야 합니다. 그래야 위로도 받고 힘도 얻고, 그러면서 새롭게 한 주간 또 생활하고 그러는 것이지요.

여시민　그건 너무 이분법적으로 이해하는 것 아니신가요? 예수님의 말씀을 직접 전하면 모두 피곤한 말씀입니까? 그렇지 않다고 봐요.

이성공　제 말이 그 말입니다. 우리가 이분법적으로 생각하지 말자는 말입니다. 환하게 웃으시는 예수님, 기뻐하시는 예수님, 평화로운 예수님의 모습, 그것도 진품예수님의 모습이잖아요? 예수님께서 고난 중에 사셨다고 또 십자가에 달려 돌아가셨다 해도, 그 은혜로 말미암아 우리는 기쁨과 평화를 누리게 된 것 아닙니까? 그것이 예수님의 은혜이고 하나님의 은혜 아닙니까?

여시민　평신도로서 말씀드리는데요. 평신도들의 갈증 중 하나는 예수님 말씀의 진의眞意, 즉 참뜻을 더욱 현실감 있게 듣고 싶어 하는 거예요. '아, 이것이 예수님의 진정한 뜻이구나'라는 확신이 들고 믿음이 생기면 우리 삶이 변화되고 또 주위를 조금씩 변화시켜가는 힘이 될 것입니다. 그런데 그런 예수님의 말씀을 듣기란 쉽지 않아요. 만약 한국의 모든 교회에서 목사님들이 한 일 년 동안 정말 절박한 심정으로 주일설교만이라도 예수님의 말씀을 본문으로 설교한다면 한국 교회에 혁명이 일어날 것입니다. 다른 성경 말씀은 새벽기도회나 수요예배 때 하시면 되잖아요. '교회의 제도개혁이다' '사회적 책임을 다해야 한다' '정의를 위해 싸워야 한다' 등 이야기는 많지만 그런 것들은 다 부차적인 거예요. 진짜 예수님의 말씀에 꽂힌 열 사람만 있으면 교회와 사회가 다 뒤집어질 겁니다.

조하나 그래요. 지금 중요한 것은 과연 우리가 예수님의 말씀을 진리로 선포하고 있느냐 그렇지 않느냐의 문제입니다. 예수님도 우리가 진리를 통해 자유로워지는 삶을 살아가기를 원하셨기 때문에 진리를 말씀해주셨어요. 그런데 그것을 따르기 어렵다는 이유로 비껴가는 것은 참된 복음을 선포하는 것이 아니라는 말입니다. 예수님께서 믿고 선포하신 말씀을 선포해야 하는데, 그 첫걸음이 바로 단순하면서도 강력한 예수님의 말씀을 그대로 전하는 것입니다. 비슷한 것은 다 가짜입니다. 예수님의 복음을 비슷하게 전하는 것, 혹은 반쪽만 전하는 것은 모두 짝퉁예수를 만들어내는 길입니다.

신석기 궁금해서 그러는데요. 아까도 그런 표현을 쓰신 분이 계시고요. 예수님의 말씀을 '반쪽'만 전한다는 말이 무슨 뜻인지요. 예를 들어 설명해주실 수 있나요?

조하나 예를 들면 현대 교회는 예수님의 구원을 말할 때 영원한 생명과 천국을 강조하면서도 회심回心, 즉 죄에서 돌이키는 삶에 대해서는 약합니다. 우리가 죄책감을 가질 필요는 없지만, 우리도 한때 죄인이었고 지금도 죄를 지을 수 있는 약한 존재라는 사실을 잊지 않는다면 하나님 앞에서 겸손하게 자신을 되돌아보는 삶이 이어질 것입니다. 또 다른 예는 예수님께서 구원의 기쁨, 은혜, 영적인 풍요로움을 말씀하셨지만 자신의 십자가를 지고 따르라는 제자로서의 삶도 강조했습니다. 그럼에도 이 따름에 대한 강조는 지나칠 정도로 약하거나 또는 왜곡되어 있어요. 이것이 바로 예수님 말씀 중 반쪽만 전하는 모습이고, 이런 현상이 반복되면 기독교인들은 자신도 모르게 짝퉁예수의 가르침에 의존하게 되는 것이죠.

나정통 아무튼 현대 교회에서 설교를 통해 "진리가 너희를 자유케 하리라" 하신 주님의 말씀이 제대로 실현되지 않는 것은 사실입니다. 무거운 설교냐 가벼운 설교냐가 문제가 아니라 예수님의 말씀이 우리를 자유케 하는 진리의 말씀으로 선포되는지 그렇지 않은지가 중요합니다. 교인들이 설교를 통해 해방과 자유를 못 느낀다면 그것은 셋 중 하나일 것입니다. 첫째는 목사가 진리를 진리답게 선포하지 않았거나, 두 번째는 성도들이 그 선포된 진리를 성령의 감화가 없어서 깨닫지 못했거나, 세 번째는 아예 예수님의 말씀이 우리를 자유케 하는 진리의 말씀이 아닌 경우일 것입니다. 아마 이 중 세 번째는 결코 아닐 것이고요. 그럼 첫 번째와 두 번째 경우일 텐데, 솔직히 가능성은 첫 번째가 더 크다고 봅니다. 목사 자신이 예수님의 말씀을 믿음 있게 선포하지 못하기 때문입니다. 지금 우리 표현으로 하면 예수님의 참 말씀이 아니라 무늬만 비슷한 말씀을 전하고 있는 것이지요.

예신자 그런데 저는 말이죠. 지금 짝퉁예수가 있다고 인정한다고 하더라도, 신학자나 목사님들이 혹은 교회가 참 예수님을 일부러 조작해서 상품처럼 짝퉁예수를 만들었다고 믿어지지 않아요. 그런 행동은 기독교 이단들이나 하는 행동 아닌가요? 이단들은 의도와 목적이 분명하니까 충분히 그럴 수 있다고 봐요. 그러나 저는 일반 목사님들이나 신학자들 중에 일부러 짝퉁예수를 만들어내려고 계획하고 고민하고, 그래서 전문적인 지식과 기술을 동원해 짝퉁예수를 만든다고 생각지 않아요. 그러나 혹시 어찌어찌하다 보니까 예수님의 말씀에서 조금씩 비껴가는 줄도 모르고 설교하고 가르치고 자신도 모르게 예수님의 말씀을 제대로 전하지 않게 된 것이라고 봅니다. 그런 모습이 쌓이고 쌓여 정형화된 예수님 이미지로 굳어진 것이겠지요.

조하나 짝퉁예수가 만들어지는 중요한 이유 중 한 가지는 목사 자신이 체험을 통해 예수님을 제대로 알지 못한 상태에서 예수님의 말씀을 전하기 때문이라고 생각해요. 예수님의 말씀이 깊이 깨달아지지도 않고 체험되지도 않는데, 교회에서는 계속 예수님의 말씀과 모습을 전해야만 하는 모순이 있는 거죠. 자신의 이해나 깨달음 또는 능력의 한계가 있기 때문에 말씀을 붙들고 하나님과 씨름하고 성령의 도움을 받아 제대로 깨쳐야 하는데, 그러지 못한 상태에서 설교를 하고 말씀을 전하니 그것이 온전한 예수님의 모습을 드러낼 수 있을까요?

여시민 지금 말씀하신 대로, 설교 중에 예수님의 말씀이 제대로 선포되지 않으니까 저 같은 평신도에게 생기는 버릇 중 하나가 제 마음대로 설교를 소화하게 되는 것입니다. 이런 이야기가 있어요.

한 목사님이 예배를 마친 후에 신도들과 악수를 나누고 있었는데, 이따금씩 교회에 나오는 한 남자가 다가와서 이렇게 말했습니다. "목사님, 오늘 하신 설교 말씀은 정말로 제가 듣고 싶던 내용이었습니다. 너무 감사합니다. 제게 너무나 도움이 됐어요. 설교 말씀이 제 삶을 완전히 바꾸어놓았어요. 감사합니다."

그 말에 뿌듯함을 느낀 목사는, "제가 성도님에게 도움이 될 만한 말을 드렸다니 저도 기쁩니다. 헌데 어떤 내용이 도움이 되셨는지 궁금하군요"라고 물었습니다.

"기억하시겠지만, 설교를 시작하시면서 저희들에게 오늘 아침에 두 가지를 말하고 싶다고 하셨어요. 그리고 중간에 이렇게 말씀하셨지요. '여기서 제가 말씀드리고자 했던 첫 번째 부분을 마무리하고, 두 번째 주제로 넘어가야 할 차례입니다.' 그렇게 말씀하신 바로 그 순간 저도 지금이 제 인생의 첫 단계를 마무리 짓고 두 번째로 넘어가야 할 절호의 기회구나라고 깨닫게 되었습니다. 목사님, 정말 감사합니다."[28]

방청석에서 웃음소리가 들린다.

이 우화는 설교하는 목사님의 설교 내용이 얼마나 허접해지고 있는지 혹은 교인들의 설교 이해 수준이 얼마나 낮아지고 있는지 우회적으로 비판한다고 보는데요. 이런 현상이 점점 더 심화되는 이유가 바로 설교단에서 '예수님의 말씀'이 선포되지 않는다는 증거고, 그것이 바로 '짝퉁예수'에 이르는 길이라는 것입니다.

예신자 저를 포함해서 듣는 교인들도 문제라고 생각해요. 사실 설교에서 예수님이 어떻게 선포되든 각자 자기가 이해하고 싶은 대로 이해하고 소화하고 결론짓는 성도들이 많잖아요. 자신이 경험한 틀과 내용에 들어오지 않는 예수님은 아예 받아들이지도 않고요. 그러다 보면 예

---

28. M. 스캇 펙,《끝나지 않은 여행》, 열음사, 2007, p. 209

수님에 대한 생각은 축소되거나 변질될 수 있겠지요. 그러니 짝퉁예수는 신학자나 목사님, 특정한 사람들의 작품이라기보다는 상호 반응의 결과 같아요.

조하나 탈무드에 이런 이야기가 있어요.

유대인 두 사람이 대화를 하고 있었는데, 그중 한 사람이 장님이었습니다.

"여보게, 우리 우유라도 한 잔 마실까?"

"우유? 그게 어떻게 생겼지?"

장님이 묻자 다른 유대인이 우유는 흰 액체라고 대답했습니다.

"희다고? 흰 게 뭐지?"

"자네, 백조 알지? 백조가 하얗지."

"응, 알겠네. 그런데 백조는 어떻게 생긴 것인지 모르겠군."

"백조는 긴 목과 굽은 등을 가졌지."

"굽은 등이 뭔가?"

"내 팔을 만져보면 알 수 있네."

유대인이 팔을 굽혀 장님에게 만져보게 해주었습니다.

그제야 장님이 말했습니다.

"오오. 이제 우유가 뭔지 확실히 알겠네."

예 선생님이 말씀하신 내용이 바로 이런 부분 같아요. 우유를 제대로 설명하지 못하는 장님의 친구, 그 설명을 듣고 엉뚱하게 우유를 하얀 굽은 등으로 이해하는 장님, 이와 유사한 모습이 목사와 교인들 사이에서 반복되면서 짝퉁예수가 만들어지는지도 모르겠어요.

chapter 6

짝퉁예수의
모습

숭배 대상으로 변질된 예수

신석기 재미있는 우화 감사합니다. 그런데 마냥 웃을 수만 없는 뼈 있는 우화군요. 잠시 정리해보면요. 지금 기독교의 가장 큰 문제 중 하나는 '예수님의 본래 모습이 전해지지 않고 대신에 짝퉁예수가 전해지고 있다. 그리고 그 결과 진품예수님의 모습이 사라지고 있다'는 것입니다. 여러분들의 이야기를 들으면서 저 또한 짝퉁예수의 진짜 모습이 궁금해졌습니다. 짝퉁의 진짜라는 말이 모순처럼 느껴지긴 합니다만 짝퉁 제품은 눈에 보이니까 그냥 비교하면 되는데, 짝퉁예수는 그렇지 못하니까 좀 구체적인 설명이 필요할 것 같습니다. 실제로 기독교에 형성된 짝퉁예수가 있습니까? 있다면 어떤 모습일까요?

남예혁 우선 짝퉁이라는 표현을 쓴다고 해서 눈에 보이고 손에 잡히는 유형은 아닙니다. 이것은 하나의 이미지이자 경향성이고, 종교적인 현상입니다. 그런 뜻에서 상업적인 용어를 사용하더라도 감안해서 들어주셨으면 합니다. 우선 그리스도인들이 짝퉁예수에 현혹되지 않으려면 현재 만들어지고 있는 짝퉁예수의 모습을 눈여겨볼 필요가 있습니다. 짝퉁예수의 가장 전형적인 이미지는 '숭배받는 예수'의 모습입니다. 역사적으로 종교시장을 통틀어서 '예수'라는 이름만큼 상품성 있게 팔려 나간 브랜드도 없는데, 그 브랜드 중에서도 가장 대표적인 브랜드가 바로 '숭배받는 예수'입니다. 예수 상품 중에서도 특히 이 상표가 잘 팔리는 이유는 '숭배받는 예수'를 믿게 되면 굳이 예수님의 부름에 응답하여 그를 따라가는 제자의 삶을 살지 않아도 되기 때문입니다. 예수님을 신앙의 대상으로 놓고 예배하고 찬양하는 것이 모든 신앙생활의 전부입니다. 그리고 예수님의 뜻을 실천해야 하는 부담에서 벗어나 일방적으로 그를 찬양하고 숭배하는 행위로 만족하고 안주할 수 있습니다. 얼마든지 예수님 믿는 것을 적절한 종교생활만으로 만족하면서 살아갈 수 있는 것입니다.

나정통 이 부분에서 좀 더 이해가 필요할 것 같습니다. 기독교인은 예수님을 그리스도라고 고백하는 사람들입니다. 즉 구원자로 믿는다는 것이지요. 기독교인이 예수님을 통해 하나님의 구원을 체험하고, 그 구원을 베푸신 예수님께 감사하고, 예배하고 찬양하는 것은 당연한 행위입니다. 또한 사도 바울를 통해 역사적 예수님을 만물 안에 계시고, 만물 위에 계신 신앙의 그리스도로 고백하게 되면서 우리는 더욱더 그분을 예배할 수 있게 되었습니다. 예배를 받으시고 찬양을 받으시는 그 예수님은 짝퉁예수가 아니라 진품예수의 한 모습입니다. 우리는 마땅히 예수님을 경배해야지요. 그리고 그리스도를 예배하는 것은 당연한 신앙의 표현이었고요. 물론 남 교수님의 말대로 부작용이 없는 것은 아니지만 예수를 그리스도로 예배하고 경배하는 것 자체는 부인할 수 없을 것입니다.

이성공 남 교수님, 정말 멀리 가도 너무 멀리 나가는 것 같습니다. 세계 기독교인들에게 물어보세요! 기독교인이 예수님을 예배하는 것이 잘못이라고 말하는 사람은 한 사람도 없을 것입니다. 기독교라는 종교 자체가 하나님과 더불어 예수님을 믿고 예배하는 종교입니다. 그것을 거부하고 잘못되었다고 한다면 아예 기독교를 버리고 다른 종교를 하나 만드는 것이 낫지요. 어떻게 예수님을 예배하는 것을 두고 짝퉁예수를 믿는 것으로 취급합니까? 저희 교회만 해도 매주 수천 명의 젊은이들이 예수님을 찬양하고 그분의 구원의 역사를 눈물로 고백하며 예배를 드리는데 그 모든 것이 짝퉁예수를 경배하는 것입니까?

조하나 지금 남예혁 교수님은 예배가 아니라 '숭배'라는 단어를 사용하셨는데요.

남예혁 네, 맞습니다. 예수님을 그리스도로 고백하고 예배하는 부분을 지적하는 것이 아닙니다. 그것은 당연한 신앙 행위입니다. 제가 말하는 '숭배'는 말 그대로 예수님을 자신들의 생각대로 규정해놓고, 자신들의 마음대로 빌면서 예수님을 좌지우지하려는 신앙을 말합니다. 예수님은 자신을 스승이라고 부르는 것조차 거부하면서 스승은 하나님 한 분이라고 말씀하셨어요. 그런 분이 자신에게 빌고 절하고 숭배하는 모습을 원하셨겠어요? 대신 예수님은 사마리아 여인에게 때가 오면 진리와 영 안에서 하나님을 예배하게 되리라고 말씀하셨어요. 그런데 오늘날 예수님 자신도 뜻하지 않게 기독교인들에게 숭배받는 대상이 되어버린 것입니다. 예수님도 자신을 믿는 사람들과 그들에 의해 규정된 자신의 모습이 좀 낯설지 않을까요?

이성공 예수님을 숭배하면 안 됩니까? 예수님이 자신을 예배하지 말라고 했지만 우리의 마음은 얼마든지 그분을 예배할 수 있는 것입니다. 예를 들어 부모님이 돌아가실 때 무덤도 비석도 만들지 말라고 해서 자식들이 그분들의 뜻을 따를 수도 있지만, 자식이 부모님을 그리워하는 마음에서 무덤을 만들고 비석을 세울 수 있는 것입니다. 그것을 보고 자식들이 부모님의 뜻을 어겼다고 비판할 사람이 있겠습니까? 설사 예수님께서 그렇게 말씀하셨다고 해도 죽으시고 부활하신 그리스도, 그분의 놀라운 은혜를 체험한 사람들이 그분을 그리스도로 모시고 예배하고 찬양하는 것은 지극히 당연한 사랑의 표시예요! 이것을 무시해서는 안 됩니다!

조하나 아니, 제 말 좀 들어보세요. 엄연히 예배와 숭배는 뉘앙스가 다르지요. 예배는 말 그대로 그분과의 관계 속에서 예수님의 그리스도 되심을 감사하고 사랑을 나누는 헌신을 의미해요. 그런데 숭배는 전혀 다릅니다. 우리가 우상숭배라고 하지 우상예배라고 하지 않잖아요. 그것처럼 예수님을 숭배한다는 것은 예수님을 마치 살아 있는 존재가 아닌 하나의 대상으로 고정해놓고 자기 신앙의 입맛대로 일방적으로 기도하고 절하는 모습이에요. 예수 숭배 신앙은 역동적이고 살아 있는 예수님이 아니라 교리와 전통으로 덧칠해진 석상 같은 짝퉁 예수를 바라보는 것입니다. 그 짝퉁예수는 우리와 상관하지 않고, 오직 우리에게 경배받기만을 좋아하는 예수님의 모습이지요. 지금 한국 기독교가 그런 예수님의 모습을 만들어내고 있다는 것이고요.

남예혁 우리는 역사적으로 살아 계실 때 보여주신 '예수 그리스도'의 모습과 부활 이후 새롭게 보여주시고 계시하신 '그리스도 예수'의 모습을 조화롭게 믿어야 합니다. 전자는 역사적 예수님의 행적과 말씀 및 뜻에 강조점이 있다면, 후자는 인간의 한계를 넘어서서 그리스도로 현존하시는 예수님의 모습을 강조합니다. 그런데 만약 전자만 강조하면 그리스도의 현존을 약화시키게 되고, 후자에 치우치면 역사적 예수님의 현실성을 간과하게 됩니다. 현재 기독교의 가장 큰 문제점 중 하나는 후자에만 너무 치우진 나머지 역사적 예수님이 말씀하신 제자도와 십자가를 지고 따름 등은 간과한 채 마치 예수님을 신화적인 존재로 믿는 것과 다름없는 신앙 양태를 보이는 것입니다. 예수님을 신화적인 존재로 만드는 것은 티모시 프리크의 《예수는 신화다》 같은 책이 아니라 바로 기독교인 자신들임을 알아야 합니다.

신석기 예를 들자면 어떤 현상이 그렇게 보이는 걸까요?

남예혁 앞서 나 교수님이 '가현설'에 대해 말씀하셨는데, 거기에 대항해서 '예수 그리스도는 하나님이자 동시에 온전한 인간이다'라는 교리와 고백이 남아 있습니다. 하지만 실제로 현재 기독교에서 온전한 인성을 가지신 예수님과 그리스도에 대한 믿음이 남아 있는지 의아스럽습니다. 예수님에 대한 신으로서의 숭배에 치우쳐 온전한 인간 예수님의 모습은 더더욱 사라지고 있습니다. 현대 기독교에서는 인간의 모든 고난과 아픔을 함께하신 역사적 예수의 모습은 너무도 간과되고 있습니다. 다시 말해 역사적 인간 예수가 오늘도 이 역사 속에서 죄인들, 가난한 자들, 정의를 위해 싸우고 고난받는 이들과 함께하시고 그들과 고통을 나누신다는 믿음이 사라지고 있습니다. 예수님은 그저 부활한 신으로서 하나님 우편에 앉아 계신 분이라 믿고 그저 그분을 찬양하고 예배하는 신앙은 우상을 숭배하는 것과 크게 다르지 않습니다. 그것은 오직 아름답게 승천하시고 언젠가 재림하실 예수님을 향해 빈 하늘만 쳐다보는 신앙이에요. 이것이야말로 참 예수 그리스도를 부인하는 가현설의 변종입니다. 이 신종 가현설의 최대해악은 예수님을 이 땅과 역사에서 쫓아내는 것입니다.

조하나 어떻게 보면 기독교라는 종교 자체가 예수님의 죽음과 더불어 부활한 주님을 믿는 믿음에서 출발했기 때문에 예수님이 '그리스도'라는 '새로운 신神'으로서 종교적 대상이 된 것은 자연스러워 보일 수도 있어요. 역사적 예수를 그리스도로 체험하고 고백하는 것은 기독교 신앙의 또 하나의 핵심이에요. 바울도 그런 체험으로 그리스도에 대한 새로운 비밀들을 깨닫고 전해주었어요. 그러나 바울의 그리스도 체험은 분명히 역사적 예수를 기반으로 형성된 것입니다. 그런데 오늘날 기독교인들은 역사적 예수에 기반한 그리스도의 체험은 외면한 채 기독교가 말해온 '그리스도, 구세주'라는 사실 하나만 붙들고 있는 모습입니다. 그것도 예수님을 신격화하는 정도에 그치고 있는데, 이것은 사도 바울의 그리스도에 대한 이해와도 배치되는 것입니다.

여시민 오쇼 라즈니쉬는 이 부분을 두고 "예수님이 그들 곁에서 사라지자 그들은(기독교인들) 예수님을 영원히 지상에서 추방하는 작업을 시작했다"고 표현하면서 기독교인들이 이렇게 말한다고 합니다.

당신은 하나님의 화신化身입니다. 당신은 지상에 내려온 신입니다. 우리는 당신을 영원히 숭배할 것입니다. 하지만 결코 따르지는 않겠습니다. 우리가 어떻게 당신을 따르겠습니까? 기껏해야 우리는 당신의 발을 만지며 공경할 수 있을 뿐입니다. 그래서 우리는 당신을 항상 숭배하겠습니다. 맹세합니다. 하지만 우리에게 변화하라고 말하지 마십시오. 그것은 불가능합니다. 우리는 평범한 사람이고, 당신은 초월자이기 때문입니다.

이것은 비기독교인의 눈에 비친 기독교인들의 예수 숭배 모습입니다. 이처럼 기독교인들이 본래 예수님의 뜻과 달리 숭배받기 좋아하는 짝퉁예수로 만들고 있다는 것입니다.

신석기 역사적 예수가 신격화되고 숭배의 대상으로 전락했다는 말씀인데요. 이런 의견에 이 목사님이나 예신자 선생님의 의견은 어떠신가요?

예신자 저는 복음서에 나타난 예수님과 서신서에서 말하는 그리스도가 다른 분이 아니라고 믿습니다. 그런데 같은 분을 나누는 것 같아서 저 같은 평신도들은 좀 헷갈릴 수 있겠구나 하는 생각을 했습니다. 본래 하나인 것을 나눈 다음, 다시 그것을 조화롭게 하려는 듯한 인상을 받거든요. 그것이 물질이라면 간단한 문제일 수 있지만, 예수님처럼 살아 계신 인격체를 그렇게 구분해서 이해하고 따른다는 것은 어렵지 않을까요? 숭배받는 예수에 대한 비판이 무엇을 말하는지는 알겠어요. 그러나 역사적 예수님을 따르는 것과 그리스도를 신앙하는 것 둘 중 취사선택은 아니라고 봅니다. 그렇다고 어중간하게 조화롭게 한다기보다는 다른 한 면을 잊지 않고 자기가 더 깊이 신앙하는 부분을 믿다 보면 자연스럽게 서로 통해서 하나의 믿음이 되지 않을까요? 역사 속에서 사셨던 예수님의 모습을 충실하게 따르려고 하다 보면 부활하신 그리스도의 은혜를 맛보게 될 것이고, 또 부활하신 그리스도의 살아 계심을 믿으면 그 예수 그리스도가 오늘 우리의 삶 가운데 함께하시기 때문에 내가 역사적 예수님을 따라야겠다는 믿음이 자연스럽게 생길 것 같아요. 그래요. 예수님을 마치 단단한 우상으로 만들어놓은 것처럼 예배하는 것은 저도 반대해요.

이성공 우상숭배는 어떤 실재가 아닌 것을 실재로 믿고 그에게 절을 하거나 경배하는 것 아닙니까? 예를 들어 구약시대 때 금송아지를 놓고 그것을 하나님으로 믿고 절하고 또 이익을 바라는 것처럼요. 그런 의미에서 지금 기독교가 예수님을 우상처럼 숭배한다는 것은 심한 표현입니다. 다만 한 가지에서 분명 동의합니다. 우리가 예수님을 믿는다고 할 때 너무 초월적인 구원과 죽어서 가는 천국만 생각하다 보니 역사적 예수님의 실제 모습을 너무 잊고 있지 않았는가 하는 점에서는 반성이 됩니다. 그리고 이런 이야기는 주일예배 한 번 드리고 신앙생활 종치는 선데이 교인sunday churchman들이 들어야 할 이야기 같습니다.

남예혁 우상숭배를 마치 하나님이나 예수님 외에 다른 신이나 신상을 숭배하는 것으로만 이해하시면 안 됩니다. 모세가 시내산에 올라간 사이 사람들은 아론과 이스라엘 백성들이 만든 송아지를 다른 신이 아니라 바로 야훼(여호와) 하나님으로 부르며 숭배했다는 사실을 잊지 말아야 합니다. 한편에서는 참 하나님이 시내산에서 모세에게 새로운 계명을 들려주고 계셨는데, 다른 한편에서는 백성들이 금송아지를 만들어 그것을 하나님이라고 믿고 부르며 즐기는 두 장면을 동시에 상상해보세요. 아주 대비되는 장면입니다. 이 모습은 이스라엘 백성들이 정작 살아 계시며 말씀하고 계시는 하나님은 믿지 않고, 하나님을 애써 죽어 있는 형체로 만들어 숭배하는 신앙을 극명하게 보여주는 것입니다. 이와 마찬가지로 예수님을 숭배할 때 벌어지는 가장 큰 잘못은, 무엇보다도 실제로 살아 있는 예수님과 이 땅에 역사하시는 예수님은 믿지 않는 것입니다. 둘째로는 자신들이 믿고 싶어 하는 또 다른 예수님을 만들고 그것을 숭배하며 만족하는 것입니다. 눈에 보이지 않는 예수님보다 손에 만져지고 잡히는 그 어떤 유형의 예수님으로 대리만족을 하고 싶은 것이지요. 그것을 아무리 예수님이라

부르고 하나님이라고 불러도 말 그대로 우상偶像, 즉 어리석은 형상에 불과합니다.

여시민 제가 예수님이라도 허구한 날 그저 감사 인사나 찬양만 받는 것은 별로 좋아하지 않으실 것 같아요. 그것도 하루 이틀이나 한두 사람이 아니라 전 세계에서 매일 그런다고 생각해보세요. 게다가 마음 없이 예배를 드리고 있다면요. 저는 예수님을 숭배한다는 말이 피부에 잘 와닿지 않는 분들을 위해 이렇게 말씀드리고 싶은데요. 예수님을 믿는다고 하면서도 예수님의 진리의 말씀, 그분의 아름다운 이야기들, 사랑으로 가득한 만남들을 그저 성경에 있는 이야기로 떠받들 뿐, 자신과 아무 관계를 짓지 않는 것 또한 예수님을 숭배하는 행위라고 봅니다. 성경은 단지 예수님을 기억하고 기리고 예배의 재료로 삼으라고 남아 있는 것이 아닙니다. 예수님 대신에 그 말씀을 표본으로 삼고 따라서 살아가라고 남겨진 것이죠. 예수님은 오늘날의 역사 속에서 우리의 삶 가운데 살아 계시면서 함께하시는 분이잖아요. 그런데 만약 우리가 예수님의 말씀을 진리라고 믿고 있지만 그저 읽으면서 예수님께 경의를 표할 뿐, 그 말씀대로 살려고 하지 않는다면 이것 또한 예수님을 우상숭배하는 것이 아닐까요?

조하나 우상숭배 신앙의 가장 큰 병폐는 하나님과 예수님을 어떤 상像, image에 가둬놓는다는 것이에요. 물론 오늘날 기독교인들이 실제로 어떤 상을 만들어 거기에 절하거나 기도하지는 않아요. 그러나 '마음속 우상'으로 고정된 모습의 예수님을 가지고 있어요. 그것은 자신도 모르는 사이에 예수님에 대해 스스로 규정해놓은 많은 편견과 기준으로 말미암은 상들입니다. 그것이 성경에서 말하는 예수님이라면 다행이지만 많은 부분이 자신의 생각과 교회의 가르침으로 덧칠되어 있어요. 우리는 곧잘 예수님을 생각하고 떠올리면서 그 상에 맞추어 기도하고 예배하지요. 그러나 모든 우상숭배의 결과가 그렇듯이 그 상은 어떤 힘이나 사건도 일으키지 못해요. 왜냐하면 그 상은 죽어 있고 고정되어 있기 때문이지요. 한 걸음 더 나아가 골로새서를 보면 우상숭배는 단순히 만들어진 상을 숭배하는 것뿐 아니라 마음에 일어나는 부정, 잘못된 욕망, 탐욕까지 포함하고 있어요. 그러니까 예수님에 대해 이런 마음을 품는 것 또한 예수님을 우상숭배하는 것과 마찬가지예요. 이 예수님에 대한 편견, 마음의 우상을 깨부수지 않으면 참 예수님을 발견할 수 없어요.

예신자 우리 모두 하나님과 예수님에 대해 어떤 상을 가지고 있는 것은 당연한 것 아닌가요? 올바른 이미지도 가질 수도 있잖아요. 그런데 만약 잘못된 상을 가지고 있다면 어떻게 해야 하나요?

조하나 그리스도는 우리의 생각이나 우리의 이미지에 담아낼 수 있는 분이 아니에요. 훨씬 크신 분이니까요. 그러므로 먼저는 자꾸 잘못된 이미지를 만들지 말아야 되겠지만, 그러기가 매우 힘들기 때문에 예수 그리스도에 대한 새로운 앎과 깨달음으로 잘못된 이미지들을 계속 파괴해나가는 길밖에 없어요. 늘 새롭게 다가오시는 그리스도를 만날수록 올바른 예수님에 대한 이미지가 형성될 것이고, 그것은 단지 하나의 이미지가 아니라 내 안에 계신 그리스도로 체험되리라 믿어요.

남예혁 그런데 말이 나왔으니까 하는 말인데요. 지금 기독교인들이 드리는 예배가 정말 예배입니까? 솔직히 지금 교회에서 드리는 예배가 하나님과 예수님께 드리는 것인지 의심스러워요. 예배는 말 그대로 마음과 정성을 대해, 영으로 하나님을 경배하고 찬양하고 그분에게 자신의 삶을 드리는 행위잖아요. 그것에 모든 예배 순서나 내용이 집중되야 하는데 지금 예배를 보면 이것은 목사 설교가 중심이에요. 설교가 다행히 하나님 말씀, 예수님 말씀을 제대로 선포한다면 모르겠는데, 그렇지도 못한 상황에서 예배 순서가 모두 설교 시간을 중심으로 편성되어 있어요. 목사들은 예배의 중심은 설교에 있다고 생각해서 자신이 예배의 주인공이라고 착각해요. 물론 설교도 예배를 구성하는 중요한 요소임에 틀림없어요. 그러나 예배의 중심은 하나님, 예수님이지 목사도 아니고 설교도 아니에요. 개신교 신학의 중심은 하나님 말씀이지 설교가 아니에요. 특히 오염된 설교가 난무하는 지금 목사의 설교를 곧 하나님 말씀이라고 믿으면 큰일 납니다. 예수님께서 예루살렘 성전 중심의 예배를 파괴하셨는데, 지금 설교 중심의 예배를 파괴하고 새롭게 하지 않으면, 우리는 죽었다 깨어나도 하나님을 예배한다는 것이 무엇인지 모르고 죽을 것입니다.

뜬구름 잡는 예수

신석기 현실 교회의 예배에 대해 말씀해주셨는데요. 그 문제를 다루려면 또 많은 시간이 지날 것 같으니 우상으로 숭배되고 있는 예수의 모습에 대해서는 이 정도로 마치고요. 다른 짝퉁예수의 모습으로 넘어갔으면 합니다.

조하나 우상숭배되고 있는 예수님의 모습에서 파생되는 문제이긴 한데요. 현대 기독교가 믿고 있는 짝퉁예수의 모습은 추상화된 예수님의 모습, 관념화된 예수님의 말씀이에요. 일반 상품에서도 짝퉁을 만들면 짝퉁 제품을 설명하기보다는 그것의 진품 브랜드의 좋은 것만 부각하잖아요. 구매자들은 짝퉁을 구입하면서도 진품이 가진 이름값에 현혹되고요. 이런 현상이 짝퉁예수의 세계에서도 일어나는 것 같아요. 그것은 예수님을 추상화·관념화하는 것이지요. 짝퉁예수의 세계에서도 예수님의 위대함, 기적, 구원의 능력, 십자가 사건, 그리고 예수님의 부활 등을 많이 이야기해요. 그런데 그런 예수님에 대한 이야기가 구체적인 삶과 어떤 연관이 있는지 말하지 않고 그저 예수님은 그런 분이셨다고 설명하는 데 그쳐요. "우리가 그런 예수님을 믿어서 구원받았다"라는 한 문장으로 예수님 믿는 모든 것을 끝내버리죠. 그것은 예수님의 말씀을 전혀 현실적이지 못한 말씀으로 전락시키는 거예요. 그러면 그럴수록 예수님은 우리와 함께 계신다고 하는데, 전혀 실감나지 않지요. 예수님은 결코 개인의 구체적인 삶이나 교회와 유리되지 않는 분인데도 그 예수님이 일상의 삶과 관계하시거나 살아 있는 존재로 다가오지 않는 거예요. 그렇게 우리가 예수님을 실제적으로 만나지 못하는데, 어떻게 그 예수님을 세상에 구체적으로 드러낼 수 있을까요? 또 비기독교인들은 우리가 예수님과 관계하는 모습을 어떻게 보겠습니까? 그러니까 예수 안 믿는 기독교인이라는 말이 나오는 것입니다.

남예혁 사람들이 예수님을 많이 따르고 그 말씀을 진리로 받아들인 이유는 그들의 삶에 매우 실제적이고 현실적인 진리의 말씀이었기 때문입니다. 사람들은 예수님의 말씀과 행동을 통해 진리를 체험할 수 있었던 것이죠. 우리가 예수님의 말씀을 읽으면서 아리송할 때가 많고 현실에 적용하는 게 무리라고 생각하는 부분이 많을수록 그만큼 예수님의 말씀을 현실감 있게 믿지 못한다는 것을 보여주는 것입니다. 예수님은 자신을 '길이요, 진리요, 생명'이라고 말씀하시는데, 오늘날 기독교인조차도 예수님에게서 길을 찾지 못해 헤매고 있습니다. 예수님을 믿는다고 하면서도 진리가 무엇인지 모르고 있고, 또한 삶에서도 예수님이 생명 되심을 체험하지 못하고 있습니다. 왜냐하면 기독교와 교회가 예수님의 실제적인 진리의 말씀을 개념이나 이미지 또는 훌륭한 도덕률 정도로만 가르치기 때문입니다. 진품예수님을 믿는다면 그 예수님이 성령을 통해 우리의 믿음 안에서 역사하실 것입니다.

이성공 무슨 말씀인 줄은 알겠는데 교회에서 예수님에 대해 가르칠 때 예수님이 우리 삶 가운데 동행하신다고 가르칩니다. 만약 그렇게 가르치지 않는다면 예수님 믿을 사람이 없을 것입니다. 또 그렇게 우리 삶 가운데 동행해주시고 간섭해주시도록 기도합니다. 그리고 실제로 그렇게 예수님을 체험하고 간증하시는 분들도 많습니다. 우리 안에 계신 예수님은 결코 관념화되고 추상화된 모습이 아니에요. 예수님이 내 안에, 내 안에 예수님이 계신데 어떻게 구체적인 삶과 연결되지 않겠습니까? 그것은 체험해보지 못한 사람은 모르는 이야기입니다. 만약 예수님의 모습을 구체적인 삶 속에서 발견하거나 체험하지 못한다면 그것이야말로 신앙이 부족해서인데, 짝퉁예수를 믿어서 그렇다고 말한다면 문제를 너무 심각하게 만드는 것입니다.

조하나 전체적인 흐름을 말씀드리는 것입니다. 예수님은 우리 인간의 삶, 세계의 구원, 하나님나라에 대해 아주 구체적으로 실감나게 말씀하셨어요. 또 예수님은 인간이 무엇을 위해서 어떻게 살아야 할지, 그리고 자신을 따르는 그리스도인의 삶이 무엇인지 명료하게 보여주셨어요. 당시 예수님의 말씀을 듣고, 보고, 따르는 사람은 지식인들이 아니었지요. 가난하고 배우지 못한 무지렁이 같은 사람들이었습니다. 그들에게는 추상적인 이론이나 관념적인 논리가 아니라 피부에 와

닿고 생활과 관련된 실제적인 가르침이 필요했어요. 예수님은 그렇게 말하고 행동하셨어요. 그들은 예수님을 통해 구원을 체험할 수 있었지요. 하지만 현실 기독교에서는 예수님이 마치 뜬구름 잡는 듯한 말만 되풀이하는 분이 되어버렸어요. 지금 기독교인들이 줄어들 뿐 아니라 기독교인들조차도 교회에 출석하는 빈도가 점점 줄어들고 있는데, 그것은 당연한 현상이지요. 교회가 실제 삶과 관련 있는 진리를 선포하지 못하고 한낱 종교적 모임 장소로 전락하고 있으니까 말이죠. 짝퉁예수의 말에서는 생동감이 넘치는 참 예수님의 말씀이 한 뜸 한 뜸 새겨져 있지 않아요. 감동이 없고 울림이 없지요. 그래서 교회에서 수십 번, 수백 번 설교를 들어도 삶의 변화는 일어나지 않는 것입니다.

나정통 요한일서에서 요한은 "우리가 들은 바요 눈으로 본 바요 자세히 보고 우리의 손으로 만진 바라"고 표현하면서 예수님과 그의 말씀에 대해 증언하고 있습니다. 이처럼 예수님의 제자들은 그분을 직접 체험하고 구체적으로 경험했기 때문에 확신하고 있습니다. 그런데 지금 우리가 믿는 예수님은 너무 멀리 느껴지고, 그의 말씀 또한 시대에 뒤떨어진 것으로 느낄 때가 많습니다. 그것은 기독교와 교회 혹은 목회자들이 예수님의 말씀을 실감나게, 또는 삶의 등불로서 드러내지 못하고 있기 때문입니다.

신석기 여기에서 의견이 나뉘는데요. 한쪽에서는 "예수님은 뜬구름 잡는 말을 하는 짝퉁예수가 되었다"라고 말씀하시고, 한쪽에서는 그렇지 않다는 의견으로 나뉘었습니다. 어떻게 정리할까요?

여시민 제가 발견한 짝퉁예수와 참 예수의 뚜렷한 차이는 짝퉁예수의 말은 똑같은 성경 말씀이라 해도 그것을 개인, 가정 혹은 교회생활 범주에 머물게 해요. 게다가 신앙생활을 지극히 개인적이고 자족적인, 때로는 이기적인 차원에 머물게 합니다. 하지만 진품예수님이 하신 위대한 일 중 하나는 우리가 생각했던 이웃에 대한 개념을 훨씬 넓히셨다는 것입니다. 원수까지도 이웃에 포함시켰으니까요. 예를 들어 예수님께서 말씀하신 네 이웃을 네 몸과 같이 사랑하라는 말씀은 레위기 19장 18절에 나오는 말씀입니다. 그러나 그 당시 이웃은 겨우 집 주변이나 한 마을을 벗어나지 못했어요. 그러나 예수님은 우리의 참 이웃이 누구인지 가르쳐주시면서 이웃의 범주를 더 넓히셨어요. 그것으로 말미암아 주변 사람들은 물론이거니와 세상, 온 우주가 우리의 이웃입니다. 그리고 예수님은 우리 자신이 누군가의 참다운 이웃이 되라고 말씀하셨지요. 또한 예수님은 우리의 참 이웃이 누구인지 보여주시고 그 이웃을 자신처럼 사랑하라고 말씀하셨습니다. 이 얼마나 실질적이고 힘 있는 가르침입니까? 진품예수님은 세상에 관심을 갖게 할 뿐 아니라 세상에서 소금과 빛의 역할을 어떻게 감당하며 살 수 있는지 아주 구체적으로 보여주셨죠. 이것 또한 큰 차이라고 생각합니다.

성공의 화신, 예수

신석기 갑자기 분위기가 가라앉는 느낌이군요. 지금 짝퉁예수의 모습에 대해 이야기를 나누고 있는데, 더 나눌 말씀 있습니까? 아니면 여기서 정리할까요?

여시민 제가 말씀드리겠습니다. 저는 아주 강력한 힘을 가진 짝퉁예수의 모습이 더 있다고 보는데요. 좀 더 구체적인 모습이 있다고 생각합니다. 앞에서도 잠깐 언급했는데, 한국 기독교뿐 아니라 전 세계의 기독교가 만들어내는 또 다른 짝퉁예수는 출세하고 성공하고픈 사람들에게 '성공의 화신化身'으로서 예수의 모습입니다. 성경에서 놀라운 기적을 일으키고 멋진 언변으로 사람들을 감동시킨 예수님의 모습은 요즘 성공한 기업인이나 인기 연예인 같은 스타 이미지로 변하고 있어요. 얼마 전 한 기독교 방송에 출연한 개그맨이 당당하게 말하더군요. "예수님은 나의 스타다!" 이제 예수님은 웬만한 연예인은 비교도 안 되는 스타예요. 바다 위를 걷기도 하고, 물고기 두 마리와 떡 다섯 개로 오천 명 이상을 먹이신 예수님은 '슈퍼맨'의 원조 격이지요. 수많은 사람들을 따르게 하는 리더십을 발휘한 예수님은 기업인들에게는 성공적인 'CEO의 모델'입니다. 그래서 예수님의 활동은 자본주의 시장에서 벤치마킹의 재료로 각광받고 있지요. 그 예수님은 더 이상 "여우도 굴이 있고 공중의 새도 거처가 있으되 인자는 머리 둘 곳이 없다"고 말씀하시는 소위 '구질구질한 예수'가 아니에요. 예수님의 십자가는 슬그머니 사라지고 그분의 부활이 성공의 이미지로 조작되고 있어요. 이처럼 '성공 신화'의 주인공이 된 짝퉁예수를 믿기 때문에 교회는 '예수 믿고 성공하자'는 열기로 가득하게 된 것입니다.

이성공 그 이야기는 앞에서도 했으니 그만해도 되지 않나요?

신석기 중복되는 부분이 있기는 합니다만, 이번에는 성공의 모델로서 예수님을 어떻게 생각하느냐에 초점이 있으니까 좀 더 토론해보겠습니다.

여시민 이 부분은 현재 기독교가 가장 심각하게 빠져 있는 문제이기 때문에 반복해서 강조해도 지나치지 않다고 생각합니다. 좀 더 말씀드리자면, 지금 성공 이데올로기에 사로잡힌 기독교인들은 예수님을 성공이라는 이미지로 덧씌우고 있어요. 그 짝퉁예수의 입에서는 "좁은 길이 아닌 넓은 길로 가고" "남을 섬기기보다 높은 자리에 오르고" "가난한 자보다 부자가 되라"는 말이 서슴없이 나옵니다. 성공의 화신으로 변신한 짝퉁예수를 믿으려면 실패는 잊어야 합니다. 그렇게 실패한 사람과 가난한 사람은 믿음이 부족하다는 증거이기 때문입니다. 되도록이면 예수님 믿는 '기독실업인들의 조찬기도'나 '부자들의 저녁식사'에 참여해야 합니다. 수많은 기독교인들은 그 짝퉁예수를 환호하면서 이렇게 외치고 있습니다.

'긍정의 힘'으로 힘차게 시작하여 '시크릿' 정신으로 무장하고, '삼박자 구원'의 리듬에 맞추어 '내 안에 잠든 거인'을 깨우면서 '목적이 이끄는 삶'을 성공적으로 완성하자! 이 모든 것이 예수님의 삶 속에 있지 않던가? 아, 그러고 보니 예수님은 정말 성공한 이들의 정신을 이미 모두 가지고 계셨던 선구자구나! 이 얼마나 시대에 적절하고 세련되고 멋진 예수님이란 말인가! 대형 교회의 목회자들을 보라! 그 예수님을 따라 저렇게 성공하지 않았느냐? 수천, 수만 명의 성도들이 따르고, 수억의 연봉에 최고 품격의 세단을 타고 다니지 않는가? 그러므로 이런 예수님을 믿는 것이 바로 축복이 아니고 무엇인가? 오, 하나님 감사합니다. 놀랠루야!

안티기독교인 방청석에서 '아멘'이 터져 나오고 웃음과 함께 술렁거린다.

신석기 잠시 조용히 해주시기 바랍니다. 여 선생님이 재미있게 표현해주셨는데요. 말씀하신 《긍정의 힘》, 《시크릿》, 《네 안에 잠든 거인을 깨워라》,

《목적이 이끄는 삶》 등은 모두 책이군요. 성공이라는 목표를 지향하는 사람들을 위해 쓴 책들인데, 그렇게 엮으니까 나쁜 책처럼 들리는 군요. 그런데 그렇게까지 말하는 목사나 기독교인들이 있을까 싶네요. 이런 의견에 대해 이 목사님은 어떻게 생각하시는지요?

이성공 기독교를 너무 웃음거리로 만들고 있네요. 같은 기독교인끼리 그러시면 안 됩니다. 그리고 많은 한국 기독교인들이 예수님 믿고 나서 성공한 건 사실입니다. 강남의 부자들을 조사해봤더니 종교로서는 기독교 신자가 가장 많아요. 대략 40퍼센트였어요. 어쩌면 당연한 결과이기도 해요. 예수님을 믿으니까 인생의 목적과 사는 이유를 알게 되잖아요. 죽음의 문제도 해결되고요. 그러면 삶이 얼마나 힘차고 행복하겠어요. 그런 마음으로 사업을 하니 어려운 일이 닥쳐도 믿음 잃지 않고 끝까지 인내하게 되고, 그러다 보니 성공하는 확률도 높다고 생각해요. 말씀하신 것처럼 결코 예수님을 성공의 화신으로 믿고 쫓아다녀서 된 게 아니지요. 이런 설명 아닌 설명을 해야 하다니, 참 답답합니다.

남예혁 이 목사님도 나름대로 소신 있게 목회를 해오신 분이고, 또 목회철학이 분명하신 분이라 그런 짝퉁예수를 주장하지 않으셨으리라 믿고 싶습니다. 그러나 이 목사님이 생각하시는 것보다 암암리에 예수님을 성공의 화신이나 성공에 이르는 길로 믿고 따르는 사람이 많다는 점도 생각해주셨으면 합니다. 목회자들도 예외가 아닙니다. 멀지 않아 한국 교회에서 대형 교회로 성공하는 목회를 이루어내지 못했다고 해서 절망하고 자살하려는 목회자들이 생길 수도 있다고 생각해요. 물론 그런 일이 일어나서는 안 되지요. 하지만 벌써 목회에 성공하지 못했다고 자학하고 절망하는 목회자들이 수도 없이 많습니다. 또 교단을 불문하고 현재 목회하고 있는 교회보다 더 큰 교회로 옮겨가기 위해 두 눈 부릅뜬 목사들도 많아요. 조금 전에도 조 목사님이 말씀드렸지만 목회도 성공과 실패라는 시각으로 볼 뿐 아니라 그 기준을 교회의 규모가 크냐 작으냐에 두기 때문입니다.

나정통 누구든지 예수님을 자신의 성공 모델로 삼을 수 있다고 봅니다. 예수님은 그러기에 충분한 삶을 사셨기 때문이죠. 당연히 학자는 학자대로, 기업가는 기업가대로, 교사는 교사대로 예수님에게서 어떤 모범을 찾을 수 있습니다. 그것 자체를 뭐라고 할 수는 없습니다. 그러나 좀 더 근본적인 문제를 짚어봤으면 하는데요. 일반적인 의미에서 예수님이 성공의 모델이 될 수 있기는 하는 것입니까? 저는 거기에 대해 좀 회의적인데요. 참다운 성공이 무엇인지, 또 성공과 실패의 기준 무엇인지에 따라 그 평가도 달라질 수 있다고 봅니다. 예수님을 따르는 삶을 살아가려는 그리스도인이라면 이것을 지혜롭게 분별해야 합니다. 일반적인 의미에서 성공은 그 결과만을 가지고 평가합니다. 그것도 부귀영화의 관점에서 열매만 보죠. 그러나 예수님께서 삶으로 보여주신 것은 자신에게 주어진 하나님의 뜻을 성실하게 실천하고 구현해가느냐 하는 것입니다. 그 결과는 세상 사람들이 원하는 것과 정반대의 모습이었습니다. 세상의 관점에서 보면 그는 철저히 실패한 분이었습니다. 그런데도 기독교인들은 세상적인 가치관으로 예수님을 성공 모델로 삼고 거기에 자신의 신념을 접목하고 있어요. 또 하나님이 성공을 원하신다고 믿고 있고요. 2006년도 미국 〈타임〉지의 보도에 따르면 미국 기독교인 중 61퍼센트가 '하나님은 그들이 성공하기를 원한다'고 믿고 있으며, 31퍼센트의 기독교인들은 '내가 하나님께 물질을 바치면 하나님께서 더 많은 것으로 축복하신다'고 믿고 있다고 했습니다. 이것은 결코 기독교 신앙이 아닙니다.

조하나 요즘 시대의 기준으로 볼 때 예수님의 삶은 철저하게 실패한 사람이죠. 예수님은 몹시 가난했고, 배척받았으며, 자신의 뜻을 알아주는 사람이 너무도 적었어요. 심지어 초기에는 가족과 친족들에게조차 '미쳤다'는 소리를 들었고, 마지막에는 제자들에게 배반당하셨어요. 결국 그는 십자가에서 쓸쓸하고 비참하게 처형되었고요. 그의 부활 사건이 새로운 변화를 일으킨 것은 사실이지만, 그의 생애는 세상의 눈으로 볼 때 성공이나 출세와 거리가 멀 뿐 아니라 철저하게 실패한 인생이었어요. 예수님이 굳이 '성공(?)'했다고 말한다면 그것은 참 인간과 참 하나님의 온전한 모습을 보여주셨다는 점일 것입니다.

신석기 그러면 예수님이 성공하셨다고 생각하는 그 부분에 대해 자세하게 말씀해주시겠습니까?

조하나 예수님은 하나님을 사랑하고 인간을 사랑하는 길을 '성공적으로' 보여주셨어요. 그래서 사람들은 예수님의 삶에서 하나님의 사랑을 분명하게 체험할 수 있었지요. 거기에서 멈춘 것이 아니라 우리에게 하나님과 이웃을 사랑할 수 있는 힘을 주셨죠. 그것은 인류 정신사에서 큰 변혁이었습니다. 그것을 위해 예수님은 일반 사람들의 통념과 정반대인 좁은 길과 가시밭길을 걸어가셨어요. 그를 따르는 수많은 무리의 인기에 영합하지도 않았고, 그런 자신을 '브랜드화'하지도 않았지요. 자신을 드러내기보다는 하늘의 뜻을 나타내려고 노력했고, 자신이 그리스도로 알려지는 것조차 꺼렸습니다. 이런 모습을 보면 요즘 말하는 성공한 사람과는 거리가 멀지 않나요? 그런데 이런 예수님을 기독교와 교회가 세상 가치와 경쟁 사회의 성공 모델로 둔갑시키면 곤란하지요. 예수님을 마치 성공을 꿈꾸는 이들에게 비법이나 전수해주는 존재로 생각해서는 안 됩니다. 오히려 예수님은 제자들이 세상에서 성공한 사람으로 존경받거나 부러움의 대상이 되는 것이 아니라 오히려 미움을 당하게 될 것이라고 하셨잖아요.

남예혁 많은 사람들이 '성공해야 다른 사람에게 더 좋은 영향을 미칠 수 있다. 그러기 위해서 성공하자!'라는 신념을 가지고 있습니다. 좋은 의도에서 그런 바람과 다짐을 가질 수 있습니다. 그러나 그럴수록 조심해야 합니다. 그것은 성공한 사람만이 사회에서 좋은 영향력을 끼칠 수 있다는 잘못된 생각을 갖게 할 수 있기 때문입니다. 그것은 예수님의 정신이 결코 아닙니다. 성공해야 좋은 영향을 미치는 사람이 되는 것이 아니라 좋은 영향을 끼치는 위대한 사람이 성공한 사람입니다. 그리고 사회에 좋은 위치나 신분, 가진 것 등과 상관없이 하나님께 헌신한 사람은 사회에 크고 좋은 영향을 끼칠 수 있는 것입니다. 사회적으로 성공했다고 더 많이 영향을 미치고, 그렇지 못하면 영향을 덜 미친다는 생각은 적자생존, 약육강식의 논리를 인정하는 결과를 초래할 수 있습니다.

나정통 기독교인들에게 일부러 사회에서 성공하지 말라는 이야기가 아닙니다. 하나님의 뜻과 예수 그리스도의 복음의 빛 가운데서 당당하게 성공할 수 있어야 합니다. 성공해서 그 힘으로 남을 지배하는 것이 아니라 그 힘을 나누고 남을 섬기는 그리스도인이 되어야죠. 예수님의 말씀을 따라 성실하게 노력해서 성공하는 것을 반대한다면, 그것은 사탄이 좋아할 일이지요. 다만 성공을 위해 자기욕심이나 과시를 예수님께 투영하지 말라는 것입니다. 그렇게 해서는 성공할 수도 없고, 또 다른 사람들이 볼 때 성공한 사람이라 해도 결국에는 불행한 결과를 가져올 것입니다.

지성주의에 갇힌 미지근한 예수

신석기 그렇군요. 성공에 대한 욕심을 예수님께 투영하는 잘못을 지적한 것이라고 봅니다. 지금까지 짝퉁예수에 대해 이야기를 나눴는데요. 주로 제 왼편에 계신 분들이 지적하신 짝퉁예수에 대해 말씀을 했는데, 나 교수님이나 이 목사님이 보시는 짝퉁예수의 모습은 또 없으십니까?

이성공 제가 짝퉁예수라는 표현을 좋아하지 않아서 사용하지 않으려고 노력했습니다만 이 대목에서 시청자들의 이해를 돕기 위해서 사용하지 않을 수 없겠군요. 제가 볼 때 '지성주의에 갇힌 미지근한 예수님'이 또한 한국 기독교의 가짜예수 믿음 혹은 잘못된 믿음을 만들고 있다고 봅니다. 지금 소위 지성주의에 매몰된 기독교인들이 너무 많습니다. 소위 배웠다고 하는 사람, 나름대로 진보적인 신앙을 가졌다고 하는 기독교인들의 예수님을 보면 아주 교양 있고 지성적인 예수님의 모습을 보이긴 하지만 열정 없는 예수님의 모습입니다. 이 또한 진정한 예수님의 모습이 아닙니다. 그런 모습에서는 목숨을 바치면서까지 이 세상을 변화시키고 하나님의 나라를 불같이 일으키시는 참 예수님을 만날 수 없어요.

나정통 이 목사님 말씀에 동의합니다. 저도 학교에서 은퇴한 후 그동안 가보지 못한 다른 교단 교회에 가서 예배도 드리고 설교도 듣는데, 진보적이라고 하는 교단의 제법 크고 유명하다는 교회에 가서 설교를 들어보면 이것은 신학강연인지 설교인지 구분이 안 될 때가 많이 있습니다. 설교에서 하는 말은 틀린 말은 아닌데 열정이 없고, 예수님 이야기는 하는 것 같은데 아주 지성적으로 잘 다듬어진 예수님을 전하고 있어요. 그런 설교에서는 하나님과 예수님을 향한 뜨거운 사랑이 느껴지지 않습니다. 교인들은 배운 사람들이라 머리가 냉철한 것은 좋은데 가슴조차 냉랭해 보입니다. 예배시간에 감사와 감격과 은혜가 넘쳐야 하는데 아주 잘 짜여진 순서가 진행될 뿐입니다. 대표기도하는 장로나 목사들의 기도를 보면, 다 써가지고 온 것은 좋은데 아름다운, 교양 있는 문장들의 나열일 뿐 간절한 마음이 담겨 있지 않아요. 너무 독단적인 판단인지 모르겠지만, 정말 말 그대로 미지근합니다. 그들은 3년 공생애 내내 적극적이고 열정적으로 사신 예수님을 믿지 않는 듯한 느낌을 받았습니다.

여시민 이야기 들으면서 보니, 제 안에도 그런 미지근한 짝퉁예수에 대한 이미지가 강하게 있다는 것을 발견하게 되네요. 그런데 지성주의적인 목사님들의 설교의 특징은 평신도로서 도저히 감흥이 일어나지 않는 학문적이고 현학적인 표현을 많이 사용하더군요. 신학자 목사일수록 더 그런 경우가 심해요. 또 어찌나 배운 것을 자랑하려고 하는지 '현현', '현존', '육화' 등 신학 용어를 사용하기를 좋아해요. 그냥 '나타나셨다', '지금 여기에 계신다', '인간이 되셨다' 그러면 될 것을 말이죠. 예수님이 가난한 사람, 배우지 못한 사람과 함께 하셨다고 말하면서도 정작 그 예수님을 무슨 신학자로 만들어버려요. 그런 설교에 감동을 받겠어요? 이성적인, 합리적인 신앙을 갖는 것은 중요해요. 그러나 예수님의 열정마저 차갑게 만드는 이성은 오히려 믿음의 적이죠.

예신자 곰곰이 생각해보면 예수님의 삶 자체가 하나님나라에 대한 열망, 인간에 대한 사랑으로 정말 정열적으로 사신 분 같아요. 예수님도 제자들을 사랑하시되 '뜨겁게' 사랑하셨다고 하셨잖아요. 그래서 저는 예수님이 십자가에 처형당하지 않으셨다고 하더라도, 그 온 힘과 열심과 사랑의 에너지를 몰입해서 하나님의 뜻을 이루셨기 때문에 오래 못 사셨을 것이라고 생각한 적이 있어요. 우리가 알다시피, 예수님은 한 사람에게도, 한 모임에서도, 그리고 하나님과 기도하면서도 집중해서 모든 에너지를 쏟아부으셨잖아요. 그렇게 에너지를 다 쏟아부으셨는데 어찌 오래 사셨겠어요. 열정을 쏟으신 거죠. 나이 서른셋에 팔팔했던 청년 예수님을 생각하면 제 가슴이 다 뜨거워지는 것 같아요.

이성공 지금 한국 기독교의 교인 수가 줄고 있다고 하지요? 통계를 보면 한국을 대표하는 3대 종교 중 지난 10년간 가톨릭은 무려 74.4%, 불교는 3.9%가 증가한 반면, 개신교는 14만 4천여 명이 줄어 1.6% 감소했어요. 기독교인이 감소하는 현상에 대한 원인을 여러 가지로 말할 수 있을 거예요. 앞에 계신 분들은 지금까지 주로 말씀하신 대로 기독교인이 사회의 모범이 안 되어서 그렇다고 말씀하시겠지요. 그런 요인도 있다고 생각합니다. 그러나 더 큰 원인은 지금 '복음의 능력'을 믿고 그 복음을 복음답게 전하는 전도자가 없다는 것이 더 큰 문제예요. 예수님의 사랑을 뜨겁게 체험하고, 그 예수님의 마음으로 사랑을 나누는 기독교인이 점점 줄어들기 때문이에요. 예수님 안에 있는 진리와 자유와 행복이 있음을 증언하는 참 증거자가 없기 때문이에요.

남예혁 지금 여러분이 말씀하시는 것이 꼭 제가 속한 교단을 두고 하시는 말 같아서 마음에 찔리기도 하고 또 한편 인정합니다. 제가 좀 자아비판을 하면, 교회를 봐도 그렇고 후배 목사들을 봐도 그렇고 매가리가 없어요. 복음을 들고 당당하게 전하지 못해요. 목회도 열정이 없어요. 큰 교회, 교회 성장주의을 비판하는 것이 마치 자신의 냉랭함의 도피처예요. 그러다 보니 교인들도 미지근한 신앙생활로 근근이 신앙을 이어갑니다. 그렇다고 또 사회정의를 위해 열정을 가지고 있느냐? 그것도 아니에요. 사회의 평화와 정의를 위해서 열정을 품는 목사들, 기독교인들도 점점 줄어들고 있어요. 1970~1980년대 선배 목사님들은 정말 목숨을 걸고, 삶을 걸고 뜨거운 신앙의 힘으로 하나님의 정의를 위해 사회운동에 참여하셨잖아요. 지금 우리 세대를 보면 그런 열정도 없어요. 진보적인 기독청년단체들이 유명무실한 거 보세요! 이것은 지금 말씀하신 대로 예수님의 복음에 대한 확신, 진리에 대한 뜨거운 열정이 사라졌기 때문입니다. 이 또한 '미지근한 짝퉁예수'에 빠져 있어서 헤어 나오지 못하고 있는 거예요.

조하나 앞에서 하나님에 대한, 예수님에 대한 '잘못된 열정'을 지적했는데, 여기서는 그 반대로 '미지근한 우리 심령'에 대해 말씀을 나누게 되는군요. 그래서 요한계시록에 기록된 예수님의 말씀을 떠올리게 됩니다. 예수님께서 라오디게아 교회에게 이렇게 말씀하십니다. "내가 네 행위를 아노니 네가 차지도 아니하고 뜨겁지도 아니하도다. 네가 차든지 뜨겁든지 하기를 원하노라. 네가 이같이 미지근하여 뜨겁지도 아니하고 차지도 아니하니 내 입에서 너를 토하여 내치리라." 이렇게 말씀하신 후에 끝에 가서서 이렇게 말씀하시네요. "무릇 내가 사랑하는 자를 책망하여 징계하노니 그러므로 네가 열심을 내라. 회개하라!" 이 말씀을 보면 당시 '라오디게아 교회'에도 벌써 안일함과 권태기 찾아왔나 봐요. 라오디게아 교회는 부자 교회, 안정된 교회였거든요. 그러니 신앙의 열정이 식어버리기 쉬운 상황이었어요. 개인이든, 교회든, 기독교든 이 신앙의 권태기에 빠지는 것을 주의해야 해요. 이것은 어떤 특정 교회만의 문제가 아니라 지금 안일하게 편하게 예수님을 믿고 있는 모든 사람들에게 내리는 경종입니다.

나정통 열정이 있다가도 삶의 도전이나 실망, 상실감에 식어버리는 경우가 많습니다. 그러다 보면 마음까지 닫혀 모든 것이 시시하게 여겨지지요. 예수님이 한 번은 당시 세대, 유대인들을 비유하면서 마치 그들의 삶이 마치 '아이들이 장터에 앉아 제 친구를 불러 피리를 불며 잔치 놀이를 하고, 또 곡을 하면서 장례식 놀이를 하는데도 사람들이 춤추지도 않고, 애곡해도 가슴을 치지 않는 모습'이라고 말씀하셨어요. 이것은 마음이 닫혀 있고, 가슴이 강팍한 사람들을 의미했습니다. 지금도 마찬가지 아닙니까? 예수님은 지금도 기뻐하시기도 하고, 또 가슴이 아파 애통해하시기도 하는데 그저 멀뚱멀뚱 바라만 보고 있는 기독교인이 얼마나 많습니까? 그런 기독교인들은 '미지근한 짝퉁예수'에 오염된 것이 분명합니다. 로마서 12장 11절에 보면 "부지런하여 게으르지 말고 열심을 품고 주님을 섬기라!"라고 말씀하십니다. 다른 어떤 번역본에는 "열성을 식게 말고 영으로 불타 주님을 섬기십시오!"라고 되어 있습니다. 이 얼마나 우리의 심령을 뜨겁게 하는 말씀입니까? 이런 열정 없이는 예수님을 믿고 따를 수 없습니다. 예수님을 향한 올바른 열정이 세상을 변화시키고, 사람을 변화시킬 것입니다.

조하나 성경에 '열성'에 해당하는 헬라어 단어는 '엔토우시아스모스 enthousiasmos'인데, 이 단어는 '하나님 안에'라는 뜻의 '엔테오스'에서 유래했어요. 그러나 우리의 열성은 하나님 안에 있을 때 일어날 수 있고, 또 하나님 안에서 일어나야 한다고 생각할 수 있어요. 열성이 없다는 것은 우리가 곧 하나님 안에, 예수님 안에 있지 않음을 의미합니다. 예수님과 함께하지 않는다는 의미도 되고요.

이성공 미지근한 짝퉁예수를 믿는 사람이나 교회에 나타나는 현상 중 하나는 '성령'을 별로 중요하게 생각하지 않거나, 언급은 하지만 강조하지 않는다는 거예요. '성령의 역사', '성령의 불'을 말하면 마치 하나님을 미신처럼 믿는 신앙인으로 쳐다봐요. 그런데 성령의 힘 없이 기독교인으로 어떻게 살아갈 수 있습니까? 이것은 하나님의 법칙이에요. 성령의 뜨거운 역사를 통해서만 우리가 예수님의 진리를 실천할 수 있는 거 아닙니까? 또 성령을 마치 무슨 한낱 비인격적인 '기운' 정도로 보면서 신앙의 액세서리 정도로 여기는 기독교인들이 많아요. 성령은 말이죠, 우리를 감동, 감화시켜서 우리 안에 열정을 불어 넣으시는 분이세요. 예수님의 삶 전체를 보세요. 성령에 충만해서 사탄을 물리치고, 십자가의 길도 마지못해 지신 것이 아니라 피하지 않고 적극적으로 그 길을 걸어가신 것 아닙니까? 성령의 역사, 성령의 불을 받아야 해요. 마가의 다락방에 내렸던 뜨거운 불같은 성령이 우리의 미지근한 영혼을 뜨겁게 만들 것입니다.

여시민 그렇게 지성주의 짝퉁예수에 오염된 신학자들과 목사들은 예수님의 기적사건을 별로 강조하지 않는 경향이 있어요. 예수님께서 일으킨 기적에 대한 설교를 해도 그 사실보다는 '의미'에 더 강조점을 두죠. 기적 그 자체가 별로 믿어지지 않는 거예요. 그것은 자신이 기적을 체험해보지 못했기 때문이기도 합니다. 어떤 신학자나 목사들은 그저 자연적인 현상을 무지한 사람들이 기적으로 봤다는 식이고, 혹은 과학이 발달하면 다 설명 가능한 자연현상으로 여길 뿐입니다. 그것도 과거에나 일어난 일이지 지금과 상관이 없는 것으로 생각해버려요. 그만큼 하나님의 역사에 대한 열정이 식는 것은 당연하겠죠.

나정통 하나님에 대한, 예수님에 대한 잘못된 열심이나 열정에 대해서 주의해야 하는 것은 분명합니다. 그렇다고 예수님의 말씀을 실천하는 데조차 열심을 내지 않는다면 그것은 사탄의 전략에 속아 넘어가는 것입니다. 예수님처럼 하나님의 열정을 가지고, 열심을 내야 이 세상을 이길 수 있어요. 초대교회처럼 모이기를 힘쓰고, 기도하고 말씀 보기를 힘쓰고, 예수님의 사랑을 실천하기를 힘쓸 때 열매가 있습니다. '미지근한 예수'라는 말 자체가 정말 예수님과 어울리지 않는 표현입니다. 이런 예수의 모습, 정말 짝퉁예수의 전형인 것 같습니다.

짝퉁예수 믿음의 결과들

신석기 네, 감사합니다. 긴 시간 동안 짝퉁예수에 대해 말씀을 주고받았습니다. 혹시 이 부분에 대해서 마지막으로 정리하실 분 계신가요?

남예혁 짝퉁예수와 진품예수는 아주 유사하고, 그 입을 통해 전달되는 말씀도 비슷하기 때문에 겉으로 봐서 구별하기 힘들다는 말을 거듭 드리고 싶습니다. 구별 기준 중 하나는 짝퉁예수와 달리 진품예수는 우리를 움직이게 하고 실천하게 하며, 또 그렇게 할 수 있도록 우리에게 힘을 줍니다. 그러나 짝퉁예수는 안주하게 하고, 말씀을 따르지 않아도 별 상관없이 신앙생활에 만족하게 만듭니다. 또 한 가지 중요한 사실은 잘못하면 우리도 모르는 사이에 짝퉁예수를 만드는 장본인이 될 수 있다는 점입니다. 만약 우리가 믿고 고백하는 예수님의 말씀을 온전히 실천하지 않고 모래 위에 집을 짓는 사람이 된다면 그 모습을 본 사람들은 우리 때문에 예수님을 잘못 알게 되는 결과를 초래할 것이기 때문입니다. 사실은 예수님의 말씀과 뜻이 그것이 아닌데도 우리의 잘못으로 다른 예수를 전할 수도 있다는 말입니다.

신석기 그렇다면 만약 짝퉁예수를 믿고 따른다고 할 때 신앙적으로 어떤 문제가 발생할까요? 어떤 결과가 생기는지, 또 기독교인들의 입장에서 볼 때 주의해야 할 부분도 있을 텐데요.

남예혁 앞서 이야기한 대로 짝퉁예수는 진품예수의 한쪽 면만 강조하고 예수님의 총체적인 뜻을 간과하면서부터 시작됩니다. 거기서부터 조금씩 참 예수님의 말과 뜻에서 멀어지게 됩니다. 짝퉁이 더 진품 같다고 할 정도로 짝퉁예수가 더 진품예수처럼 믿어질 수도 있습니다. 즉 짝퉁 때문에 가장 피해 보는 것은 진품인 것처럼 짝퉁예수의 가장 큰 피해자는 결국 진품예수님이죠. 왜냐하면 짝퉁예수로 인해 오히려 배척받게 될 수 있으니까요.

여시민 자꾸 예화만 들어서 죄송한데요. 지금 이야기와 관련된 예화가 있습니다.

한 여인이 술을 파는 가게 앞에서 서성거리고 있었습니다. 그래서 주인이 손을 흔들면서 들어오라고 했지만, 그녀는 고개를 가로저으며 "아니오"라고 대답했습니다.

"그러면 원하는 게 있나요?"

"어제 텔레비전을 봤는데, 붉은 포도주가 심장에 좋다고 해서요. 의학적인 목적으로 살까 하고요."

"들어오세요. 좋은 것을 드리지요."

그러나 그 여인은 다시 고개를 저으며 술 가게로 들어갈 수 없다고 말했습니다.

"왜요? 술은 저 안에 있어요."

"술병을 가져다주시겠어요?"

"그냥 들어오세요. 무엇을 두려워하세요?"

"저는 기독교인입니다. 알코올음료는 죄예요. 저는 이 가게에 발을 디 딜 수 없답니다."

"좋습니다, 부인. 그런데 사실 예수님도 포도주를 마셨거든요."

"아니오. 예수님은 마시지 않았어요!" 그녀는 소리를 질렀습니다.

"분명히 그는 마셨어요. 그 이야기는 성경에도 있어요." 주인은 확신 있게 말했습니다.

"절대 아니에요!" 그녀는 부들부들 떨면서 소리쳤습니다.

"성경에 예수님이 포도주를 마셨다는 말이 있다고요?"

"네, 확실해요."

"좋아요, 좋아요……." 여인은 말을 더듬기 시작했습니다.

"좋아요. 그러면 예수님이 잘못한 거예요!"

방청석에서 웃음이 터져 나온다.

신석기 하하, 재미있군요. 웃을 대목이 아닌데 역설적인 이야기라서 웃음을 참을 수 없었습니다. 계속 말씀하시죠?

여시민 가룟 유다의 예가 적절한지 모르겠지만, 그는 자신에게 박혀 있는 예 수님에 대한 잘못된 이미지와 기대 때문에 결국 참다운 예수님을 만 나지 못한 사람이었다고 봅니다. 가룟 유다가 얼마나 똑똑하고 신임 받는 제자였습니까? 그도 나름대로 예수님을 믿고 기대하면서 3년 동안 동고동락한 사람이었죠. 그러나 결국 그는 자신이 생각한 예수,

자신이 믿고 싶은 예수, 자신이 따르고 싶은 예수의 모습을 극복하지 못했어요. 예수님에 대한 자신의 기대에 못 미치자 진품예수님을 오히려 짝퉁예수로 알고 팔아넘기고 말았지요. 즉 예수님에 대한 환상에 사로잡혀 있다가 진품예수를 만나게 되면 오히려 예수님을 부인하고 배반할 수 있음을 주의해야 합니다.

예신자 그런데 우리는 나름대로 믿는다고 믿었는데 그분이 짝퉁예수였다면 정말 큰 낭패잖아요. 그동안의 우리의 모든 신앙과 활동이 하루아침에 무너지는 것이니까요. 그리고 이 문제는 구원과 직결된 문제가 아닙니까?

조하나 오늘날에는 사탄이 이전처럼 그렇게 확실한 이단학설로 우리를 유혹하는 것이 아님을 알아야 해요. 이 시대의 사탄은 더욱 교활해서 기독교인들이 눈치채지 못하도록 예수님을 잘못 믿게 만들고 있어요. 뱀이 하와와 아담으로 하여금 하나님을 못 믿게 했나요? 아니지요. 못 믿게 한 것이 아니라 잘못 믿게 했죠. 이것이 사탄의 특기입니다. 바울은 이 사실을 잘 알고 있었어요. 바울은 고린도후서 11장 3절에서 교인들이 '다른 복음'과 '다른 예수'를 따른다는 말을 꺼내기 전에 뱀과 하와의 이야기를 꺼냈습니다. 바울은 이렇게 말합니다. "뱀이 그 간계로 하와를 미혹하게 한 것같이 너희 마음이 그리스도를 향하는 진실함과 깨끗함에서 떠나 부패할까 두려워하노라." 바울은 짝퉁예수를 믿고 따를 때 그리스도를 향한 진실하고 깨끗한 마음을 저버리게 된다고 말합니다. 그 결과 마음이 부패하게 된다는 것이지요. 즉 예수님에 대한 마음을 아예 포기하는 것이 아니라 거짓되고 더러운 마음을 품게 된다는 것이에요. 그 마음이 부패된다는 말입니다. 이런 모습이 바로 짝퉁예수를 믿은 결과입니다. 짝퉁예수를 믿는데 끝나는 것이 아니라 참 그리스도를 향한 진실하고 깨끗한 마음이 더럽고 부패한 마음으로 된다니 이 얼마나 무서운 결과인가요? "기독교가 부패했다" "교회가 부패했다"는 말을 하잖아요? 사탄에 속아 짝퉁예수를 믿어서 그렇게 되는 거예요. 참 예수님을 믿으면 부족할 순 있지만 절대 부패할 수 없어요!

여시민 짝퉁 물건이야 나중에 가짜라는 걸 알게 된다면 버리거나 바꾸면 그만이지요. 그런데 짝퉁예수가 반영구적인 물품이 아니라 변질되기 쉬운 액체라고 생각해보세요. 그 피해가 실감 나게 다가옵니다. 예를 들어, 맛이 변한 우유를 계속 먹었다고 생각해보세요. 그러면 우유를 버리는 것으로 끝나는 게 아니라 상한 우유 때문에 식중독에 걸릴 수 있고, 잘못하면 죽을 수도 있습니다. 가짜물질을 만들 때 진짜처럼 하기 위해서 각종 색소, 화학첨가물을 더 첨가하는 것과 마찬가지로 짝퉁예수를 만들 때 다른 요상한 첨가물을 넣기 때문에 우리 영혼에 매우 해로운 것입니다. 짝퉁예수로 말미암아 우리 신앙이 오염되었다고 생각해보세요. 그것은 믿음뿐 아니라 삶에도 큰 타격이에요. 참 복음과 참 예수로 빨리 치료받아야 합니다.

남예혁 짝퉁예수가 큰 문제가 되는 이유는 구원의 문제와 직결되기 때문입니다. 예를 들어, 예수님인 줄 알았던 그 예수님이 참 예수님이 아니라 짝퉁예수라면 구원은 이미 물 건너간 것입니다. 그때는 어디에 호소해야 할까요? 하나님을 원망해야 할까요, 예수님을 원망해야 할까요? 그때는 이미 늦은 것입니다. 그렇기 때문에 그리스도인들은 항상 조심하고 주의 깊고 지혜롭게 판단해야 합니다. 설마라고 생각하는 기독교인들이 계실지 모르겠지만, 예수님께서 이미 예언하셨습니다. 마태복음 7장 22~23절에 이렇게 말씀하고 계십니다.

그날에 많은 사람이 나에게, "주님, 주님! 저희가 주님의 이름으로 예언을 하고, 주님의 이름으로 마귀를 쫓아내고, 주님의 이름으로 많은 기적을 일으키지 않았습니까?" 하고 말할 것이다. 그때에 나는 그들에게, "나는 너희를 도무지 알지 못한다. 내게서 물러들 가라, 불법을 일삼는 자들아" 하고 선언할 것이다.

예수님 앞에 나아와서 "주님, 주님의 이름으로 이런 일도 하고 저런 일도 했습니다"라고 자신 있게 고백하는 사람들에게 주님은 "내가 너희를 도무지 알지 못한다"라고 말씀하셨습니다. 예수님이 왜 그들을 모르시겠어요. 이때 '모른다'는 말은 '관계가 없다' 또는 '상관이 없다'라는 뜻입니다. 그들은 참 예수님이 아닌 짝퉁예수를 따라 일하면서 진품예수님은 만나지도 못했고, 실제 진품예수님을 위해 일한 것도 아니라는 말입니다. 그리고 예수님은 그들에게 불법不法을 행하는 자들이라고 말씀하셨습니다. 짝퉁예수를 만들고 그를 따르는 것은 곧 불법을 행하는 것입니다.

chapter 7

진품예수를
찾아서

예수 그리움

신석기 기독교인의 입장에서 보면 '짝퉁예수', 정말 심각한 문제가 아닐 수 없겠군요! 네, 다음 주제로 넘어가겠습니다. 지금까지 짝퉁예수의 모습 알아보았고, 이제 진품예수는 어떤 모습인지 알아보도록 하겠습니다. 여 선생님도 '참 예수'라는 표현을 쓰셨는데요. 진품예수에 대해 이야기를 나눠보겠습니다. 여기 계신 분들이 모두 기독교인들이시니 짝퉁예수에 대해 말하는 것보다 좀 더 쉬우리라고 생각하는데요? 어느 분부터 말씀해주시겠습니까?

조하나 진품예수님의 모습, 참 예수님의 뜻을 찾아가는 길은 하나의 영적 순례라고 생각해요. 그 순례의 길은 보이지 않는 존재를 손으로 직접 만지듯 실감 나게 체험하는 길이기도 하니까요. 그 여정에서 만나게 되는 예수님의 삶, 말씀을 깊이 알아가고 깨닫게 되지요. 물론 예수님에 대해 기록된 자료도 중요하고, 예수님의 본래 뜻을 왜곡하지 않기 위해서라도 자료의 시시비비를 가려야 합니다. 그러나 연구와 지식만으로 진품예수님을 알게 되는 것이 아니라고 봐요. 무엇보다 예수님을 알기 위해 중요한 것은 '예수님의 영과 내 영혼과의 불꽃 튀는 만남'입니다. 그것은 이 땅에 직접 인간의 몸으로 사셨던 역사적 예수님과 오늘 살아 계신 그리스도가 내 삶에 한 존재로 일체되는 영성의 교감이에요. 하나의 신비지요.

예신자 여기 계신 분, 혹은 기독교인이라면 다 그러시겠지만, 저는요 정말 예수님이 그립고 또 간절히 보고 싶어요. 2,000년 전 역사 속에서, 이 땅에서 생활하신 그 예수님이 너무 보고 싶고, 정말 궁금해요. 만약 타임머신이 있다면 가장 먼저 날아가 만나고 싶은 분이에요. 그가 한 말, 그가 한 행동, 그의 웃음과 눈물을 보고 싶어요. 저도 그 예수님과 함께 울고 웃고, 먹고 자고, 움직이는 경험을 하고 싶어요. 단 하루라도 그런 날이 오면 좋겠어요. 그런데 그것은 현실적으로 불가능한 희망이잖아요. 그러면 혼자 생각해봐요. '그러면 어떻게 해야 하나? 예수님을 만나고 싶은 마음을 포기해야 하나? 꿈에서 봐야 하나? 다른 방법이 없을까? 육신으로 못 만나도 예수님을 기쁨으로 만날 수 있는 길은 영영 없는 걸까? 아니 있을 거야. 예수님을 보아도 보지 못한 사람들이 있었던 것처럼, 사도 바울처럼 예수님을 보지 않았어도 본 것보다 더 분명한 만남이 있던 것처럼 말이야.' 그렇게 혼자 마음을 품고 있어요. 저는 보이지 않는 하나님을 볼 수 있듯, 예수님을 보고 느낄 수 있다고 믿어요. 예수님의 얼굴은 못 보아도 예수님의 마음을 볼 수 있고, 육신의 귀로 그의 목소리는 듣지 못해도 가슴으로 들을 수 있다고 생각해요. 예수님은 우리와 함께, 우리 안에 계시다고 하셨으니까요. 그러니 실망하지 않아요. 대신 예수님에 대한 그리움이 좀 더 커졌으면 해요. 그러면 예수님의 참모습이 더 뚜렷하게 보이겠죠. 죄송해요, 푼수처럼 방송에서 신앙고백해서……

남예혁 예 선생님 말씀을 듣다 보니 제가 가장 좋아하는 말씀이 떠올랐습니다. 고린도전서 13장 12절에 나오는 말씀인데요. "우리가 이제는 거울로 보는 것같이 희미하나 그때에는 얼굴과 얼굴을 대하여 볼 것이요 이제는 내가 부분적으로 아나 그때에는 하나님께서 나를 아신 것같이 내가 온전히 알게 될 것이다"라는 말씀입니다. 저는 이 말씀을 읽거나 생각할 때마다 눈물이 맺히곤 합니다. 예수 그리스도에 대해 언젠가는 온전히 알게 되리라는 희망 때문입니다. 우리가 그리스도를 아는 것은 정말 부분 중의 부분일 뿐입니다. 오늘 토론 가운데 제가 말씀드리는 것도 예수님에 대해 잘 알아서 말씀드리는 것이 아니고, 또 제 의견이 다 옳다고 생각하지도 않습니다. 그저 '어떻게 하면 이 생에서 예수님을 제대로 믿을 수 있을까' 하는 고민 가운데 꺼내는 말들이었습니다. 저는 진심으로 고백하건대, 붕어빵 기독교와 짝퉁예수를 믿는 기독교인을 미워하지 않습니다. 그들만의 잘못도 아닐뿐더러 하나님과 예수님도 분명 그들을 사랑하시기 때문입니다. 하지만 사도 바울이 그리스도인들에게 누차 강조했듯 분별할 수 있어야 하고, 교회 안에 들어온 잘못된 가르침을 거부해야 합니다. 그래야 온전한 믿음을 회복할 수 있습니다. 진품예수님에 대한 이해도 그런 이유로 필요하다고 봅니다.

이성공 남 교수님의 신앙고백을 들으니 반갑습니다. 예수님을 사랑하시는 것 같아서 말이죠. 아까 말씀 들을 때는 과연 목사가 맞나 싶었는데, 솔직히 예수님을 믿는 분인지조차 의심이 들 때가 있었거든요. (웃음) 그 말은 그만하고 이 주제에 대해 말씀드리자면, 참 예수 또는 진품예수의 모습은 성경에 다 나와 있습니다. 짝퉁예수는 만들어진 예수라는 뜻이니까 그 모습을 찾기 힘들지만, 예수님의 참모습은 성경에 나와 있는 예수님 모습 전부 다인데 굳이 토론할 이유가 있을까 싶네요. 기독교인들이 대충 다 알 텐데 말이죠.

남예혁 저의 신앙을 인정해주셔서 감사합니다. (웃음) 아직도 예수님의 참모습이 어떤 모습인지 모르거나 잊고 있는 기독교인들이 많아서 복습한다는 의미에서 한번 살펴보는 것도 좋다고 생각하는데, 이 목사님께서 넓은 마음으로 양해해주시면 감사하겠습니다. 우선 진품예수님의 모습을 찾아가는 데 고려해야 할 점 두 가지가 있습니다. 말씀하신 대로 예수님의 모습은 성경에 다 나와 있지만, 그것을 어떤 시각에서 바라보느냐에 따라 같은 예수님의 모습도 완전히 다르게 보일 수 있다는 점이고요. 또 한 가지는 지금까지 우리가 읽어온 소위 정경으로서의 신약성경 이외에 예수님에 대해 대단히 신빙성 있는 문서들이 발견되고 있기 때문에 이것 또한 우리가 예수님을 이해하는 데 눈여겨봐야 할 점입니다. 특히 그중에는 성경에 나타난 예수님의 모습과 상반되는 듯한 말씀이지만, 곱씹어보면 그 뜻이 통하는 말씀들이 많이 있거든요.

신석기 지금 말씀하신 것은 혹시 1945년 사해에서 발견된 나그함마디 문서를 말씀하신 건가요? 그중에서도 도마복음서가 많은 논란이 되고 있던데, 아직 한국 기독교에서는 논의가 그다지 활발하지 않습니다만. 어떤 말씀들이 기존 복음서와 다른가요?

남예혁 도마복음서에 보면 예수님께서 다음과 같이 말씀하신 것으로 되어 있습니다.

예수께서 이르시되 구하는 자는 찾을 때까지 구하기를 그치지 말라 찾으면 마음이 어지러울 것이요 마음이 어지러우면 놀랄 것이고 만물을 지배할 것이니라(2절)

예수께서 그들에게 이르시되 너희가 금식하면 너희 자신에게 죄를 부를 것이고 기도하면 저주를 받을 것이고 자선을 하면 영혼이 해를 입을 것이라(5절a)

예수께서 이르시되 세상을 발견하고 부를 얻은 사람은 누구나 세상을 버릴지어다(110절)

이런 말씀들 외에 도마복음서의 거의 대부분의 내용들이 복음서의 말씀과 크게 다르지 않게 기록되어 있습니다. 그런 걸 봐서는 이렇게 상반되는 듯한 말씀을 기록한 것도 예수님의 참모습을 전하려 한 저자의 의도였음을 짐작할 수 있습니다. 도마복음서가 정경은 아닐지라도 이런 기록들이 예수님의 기존 모습과 모순된다기보다 예수님을 좀 더 풍요롭게 이해시켜주는 재료라고 생각합니다.

나정통 사실 이 문제는 그리 간단한 문제가 아닙니다. 지금의 성경이 정경 Cannon으로 성립될 때 이미 수많은 문서들이 있었습니다. 그리고 당시 신학자와 교부들이 그 많은 문서들 중에서 오늘날 성경에 남아 있는 말씀들을 정경이라고 판단하고 결정한 것입니다. 그 외에 많은 문서들이 하나님과 예수님에 대해 잘못된 이해를 가져올 수 있다고 판단했기 때문에 경계했습니다. 그렇게 해서 오늘날까지 유지해온 것인데, 이제 겨우 발견된 지 70여 년 된 문서, 그것도 아직 연구가 덜 진행된 문서를 가지고 성경의 예수님을 이해하는 데 사용한다는 것은 위험한 일이라고 생각합니다. 신학자들은 그럴 수 있다고 생각합니다. 연구 성과를 소화할 수 있다면요. 그러나 평신도들에게 조금 전과 같은 말씀을 예수님이 하신 것처럼 말하면 혼동되어 시험에 걸릴 수도 있다고 생각합니다.

이성공 저도 나 교수님 의견에 전적으로 동감합니다. 어쩌면 도마복음서에 나타난 예수님의 모습이 그분을 더욱 잘 이해하는 데 도움이 될 수도 있습니다. 그러나 아직은 위험 요소가 더 많아요. 또 한 가지 생각해야 할 것은 우리가 성경에 나타난 예수님의 행적이나 말씀이 부족해서 제대로 못 보고 못 믿는 것은 아니지 않습니까? 저는 성경으로도 충분하다고 봐요. 예전에 성경공부를 함께했던 한 청년이 묻더군요. "목사님, 지금까지 성경 아닌 다른 문서에 나타난 예수님의 모습에 대해 어떻게 생각하십니까?" 그래서 저는 이렇게 말했습니다. "솔직히 나는 복음서에 나타난 예수님의 말과 모습도 따라가기 벅차다네. 우리가 역사적 예수님에 대한 지식이 부족해서 못 따르거나 안 따르고 있는 걸까?" 지금도 그렇게 생각합니다. 성경에서 말하는 예수님의 모습을 진품예수로 믿고 따르기에도 우리 인생이 짧지 않나요?

신석기 네. 오늘은 진품예수와 관련해서 성경 이외의 다른 문서나 신학적 이론을 다루기보다 되도록 성경 안에 있는 예수님의 모습에 국한해서 논의했으면 합니다. 그러면 이견이 없을 것 같습니다. 동의하시죠? 논의를 좀 더 좁혀서 이야기하도록 하지요. 그래서 예수님의 여러 가지 모습을 다 이야기할 순 없을 것 같고, 진품예수님의 모습 가운데 현대 기독교나 교회에서 잘 다루지 않는 예수님의 모습에 초점을 맞추어 이야기를 나눴으면 합니다.

죄인을 찾아오신 예수

조하나 조금 전 이 목사님이 말씀하신 것에 동의합니다. 우리가 예수님이 말씀하신 참 뜻을 몰라서 따르지 못하는 것이 결코 아니에요. 알고도 따르지 않고 또 못 따르는 것이지요. 예수님을 따르지 않으니 내 삶에서 예수님의 뜻이 점점 멀어지게 되고, 그로 인해 예수님을 알지 못하게 되는 악순환이 계속되고 있어요. 그러므로 늘 예수님을 새롭게 보고 발견하기를 노력하되, 그 깨달음을 실천하는 삶이 병행되어야 합니다. 새로 발견된 문서에 나타난 예수님의 모습이 아니어도 눈에 덮인 비늘을 벗긴 채 성경을 본다면 얼마든지 진품예수를 만날 수 있다고 믿어요.

신석기 그렇다면 조 목사님께서 생각하시는 진품예수님의 모습은 어떤 모습이죠?

조하나 제가 볼 때 예수님의 모습 가운데 현대 기독교에서 점점 잊혀가는 참 예수님의 모습 중 하나가 의인이 아니라 '죄인을 찾아오신 예수님' 모습이라고 생각해요. 이 말씀은 기독교인이라면 누구나 다 아는 말씀이에요. 예수님은 세상에 계실 때 그 당시 사회에서 죄인이라고 낙인찍힌 사람들을 찾아가셔서 이야기도 나누고 식사도 같이하고 또 제자로 부르시기까지 하셨습니다. 당시의 유대교 문화로 볼 때는 아주 파격적인 행동이었습니다. 그런 자신을 비판하는 사람들을 향해 예수님은 '나는 의인이 아니라 죄인을 부르러 온 사람'이라고 분명히 밝히셨습니다. 그런데 요즘 교회에서는 예수님이 유대 지도자들을 보면서 비판한 것과 똑같은 상황이 벌어지고 있어요. 왜냐하면 요즈음 기독교의 예수는 소위 사회에서 '잘나가는 의인義人'을 위한 예수'로 채색되었기 때문이죠. 오늘의 예수님은 세상에서 힘도 있고 돈도 있고 명예도 있는 이들을 위한 아주 세련된 예수님으로 보이지 않나요? 그것은 교회 안을 들여다보면 금방 알 수 있어요. 지금 예수님은 교회에서 영향력 있는 발언을 하고, 힘을 발휘하는 의인들을 위한, 의인들의 예수님이세요.

이성공 하나님 앞에서 우린 모두 죄인입니다. 그것을 인정하지 않는 기독교인이라면 기독교인이라고 할 수 없습니다. 죄인인 우리가 하나님의 은혜로 예수님을 통해서 의인이 된 것이지요. 그래서 이제는 더 이상 '죄인, 죄인' 그러지 않아요. 물론 죄를 짓고 살고는 있지만, 궁극적인 죄사함을 받았기 때문이에요. 예수님이 사회적 약자와 가난한 사람들을 위해 오셨고, 실제로 그렇게 사셨다는 것은 인정합니다. 그렇다고 예수님께서 원천적으로 부자나 사회지도층, 심지어는 정치인을 배제시키지 않았어요. 예를 들어 예수님을 후원하는 그룹 중에는 당시 정치인 부인들 그룹이 있었거든요. 지금 말씀하신대로, 가식적이고 율법적으로 스스로 의롭다 한 바리새인이나 사두개파 사람들을 향해 비판하신 것이지요. 그것을 오늘 교회에, 혹은 사회에 그대로 적용하는 것은 무리가 있다고 봅니다. 교회에는 부자도 있고 가난한 사람도 있으며, 지식이 있는 사람과 못 배운 사람이 있을 수 있어요. 그런데 교회생활을 하다 보면, 자신이 가진 것으로 봉사하다 보면 좀 많이 가진 자들이 더 베풀게 되고 지식 있는 사람이 지식도 사용하게 되는 것이고, 그러다 보면 아무래도 교회에서 발언권이 커지는 것이지요. 그것은 당연지사 아닙니까? 저도 부자다, 사회에서 좀 힘 있는 위치에 있다, 뭐 그런 기준으로 예수님이 사람을 판단하지 않는다고 믿어요.

남예혁 의인 혹은 죄인을 말씀하신 것은 당시 기준을 감안해서 말씀하신 것이고요. 그 기준은 소위 종교 권력을 가진 사람들이 만든 기준이었어요. 당시 의인은 실제로 의롭고 거룩한 사람들을 말한 것이 아니라 스스로 의인인 척 착각하는 유대인을 빗대어 한 말이었어요. 사실은 의인과 죄인이 뒤바뀐 것이죠. 오늘도 죄인을 위해 오신 예수님을 다시 한번 기억해야 합니다. 예수님은 오늘도 사회 주변에서 살아가면서 돈도 힘도 없는 사람들을 더 선호하신다는 사실을 기억해야 합니다. 그것은 그들이 사랑이 더욱더 필요한 사람들이기 때문입니다. 또 한 가지 이 문제와 관련해서 우리가 생각해야 할 것은 기독교 밖에 있는 사람들에 대한 기독교인들의 태도입니다. 예수님의 말씀을 단순하게 적용한다면, 기독교인들은 스스로 구원받은 의인이라고 생각하고, 비기독교인들은 마귀의 자식이자 죄인이라는 의식이 팽배해요. 그래서 예수님은 기독교인만을 위해 존재하는 분으로 생각하고 있어요. 그러나 죄인을 위해 오신 예수님이라면, 당연히 교회 안에 있는 사람보다 교회 밖에 있는 사람들에게 더 관심을 갖고 계시지 않을까요? 기독교인들이 사탄의 자식이라고 말하는 다른 종교인들을 위해 존재하는 예수님의 모습을 상상하는 것이 잘못일까요? 우리는 모두 의인이라고 생각하는 것 자체가 유대인처럼 착각하고 있는 것은 아닐까요?

이성공 비약이 너무 심하십니다. 예수님이 그렇게 이분법적으로 이 부류 아니면 저 부류를 편애하신다고 생각하는 것은 예수님의 사랑을 너무 편협하게 판단하는 것입니다.

남예혁 비약이 아닙니다. 의인과 죄인이 어떤 외형이나 신분의 문제가 아니라 하나님 앞에 선 영혼의 문제라면, 누구에게 더 예수님이 필요할지 생각해보면 결코 비약이 아님을 알 수 있을 것입니다. 지금 예수님은 소위 기독교인들이 말하는 예수 안 믿는 죄인이나 악마의 자식과 함께하고 계실지 모릅니다.

여시민 그런 관점에서 보면 예수님의 비유 중에 잃어버린 한 마리의 양에 대한 비유도 있고, 잃어버린 동전 한 닢을 다시 찾은 여인에 대한 비유도 매우 의미 있게 다가와요. 예수님은 이 비유를 말씀하시면서 마지막으로 다음과 같이 말씀하십니다. "하늘에서는 회개할 필요가 없는 아흔아홉 명의 의인보다 회개하는 죄인 한 명을 두고 기뻐할 것이다."[29] 스스로 의롭다 하고 잘난 체하는 교인들에게는 관심이 없어요. 예수님은 그런 사람들을 부르러 오신 분이 아닙니다. 더욱이 그들은 어떤 고난이 닥치지 않으면 예수님을 절박하게 필요로 하지도 않는 것 같아요. 한때 그들도 예수님이 필요한 때가 없었던 것은 아닙니다. 그러나 예수님을 믿어서 이미 구원받았다는 생각에 지금은 예수님을 그다지 필요로 하지 않는 것 같아요. 예수님은 교회 안에서 스스로 죄인이라고 생각하는 사람, 교회 밖에서 죄인으로 취급당하고 소외당하는 이들을 찾으러 나가십니다. 하나님을 잃어버린 사람들, 예수님을 사랑하지만 기독교는 싫고 교회 문화에 질려 교회를 떠난 사람들과 교회에서 소외된 사람들을 찾아 나섭니다. 예수님의 표현에 따르면 그런 죄인들의 변화야말로 하늘의 천사들이 가장 크게 기뻐할 일이기 때문이죠.

조하나 또 예수님은 "건강한 사람에게 의사가 필요하냐? 의사가 필요한 사람은 병든 사람이다"라고 말씀하셨어요. 그때나 지금이나 예수님은

---

29. 눅 15:7

결코 건강한 사람들이 아닌 병든 자들을 위해 일하시지요. 그래서 저는 예수님이 지금도 죄인들을 변화시켜 의인의 삶을 살게 하고, 병자를 치유하시는 분이라고 믿어요. 이런 예수님의 모습이 부각되어야 한다고 봅니다. 오늘날에도 작은 자, 부족한 자, 힘없고 약한 사람들을 위해 오신 예수님의 진짜 모습이 회복되어야 합니다. 이것은 기독교가 강자強者를 위한 종교가 아니라 사회적 약자弱子를 위한 종교로 거듭나야 함을 의미하는 것이고요.

나정통 성경에 보면 예수님께서 택하신 제자들은 물론이고 그를 쫓아다니던 사람들을 보면 하나같이 사회에서 못나고, 못 배우고, 가진 것 없는 사람들이었습니다. 그런 사람들을 택하셔서 똑똑한 사람, 부자들, 소위 의인들을 부끄럽게 만드셨습니다. 그것은 바울의 고백처럼 하나님의 뜻입니다. 바울은 우리가 얼마나 하잘것없는 존재인지 질그릇으로 표현하기도 하고, 세상의 쓰레기 또는 찌꺼기라는 표현까지 썼습니다. 하나님이 그런 우리를 택하여서 구원을 베푸셨다는 사실을 잊어서는 안 됩니다. 하나님과 예수님은 지금도 그 방식대로 일하신다고 믿습니다. 그러니 사회적 약자를 무시하는 사람은 곧 하나님을 무시하는 것과 같습니다. 그렇다고 예수님이 종교지도자와 부자와 권력자들을 배척하셨다고 볼 수 없습니다. 예수님은 그렇게 편파적으로 대하시지 않으셨어요. 또 예수님이 당시 의인이라고 자청하는 사람들을 배격했다고 보아서는 안 됩니다. 예수님은 그렇게 마음과 사랑이 좁은 분이 아니십니다.

남예혁 그러나 예수님은 그분이 진정으로 필요한 사람에게 가실 것입니다. 예수님이 자기 잘났다고 그분을 원하지 않는 기독교인들에게 무엇하러 가시겠습니까? 이처럼 의인이 아니라 죄인을 부르러 오신 예수님을 진품예수로 믿는다면 먼저 우리 기독교 안에서부터 큰 변화가 일어나리라 봅니다. 기독교가 지향하는 방향이 달라질 것입니다. 지금까지는 위로 향한 기독교였다면 이제는 더욱 아래로 내려가는 종교가 될 것입니다. 주변의 약한 사람들을 돌보고 사회에서 소외된 사람들의 친구가 되는 종교가 될 것입니다. 또 사람들을 사회적 기준이 아닌 하나님의 형상, 즉 하나님의 아들딸로 보면서 그들의 삶에 더욱더 가까이 다가가게 될 것입니다. 예수님처럼 기독교가 다시 한번 낮은 곳으로 향한다면 겸손한 종교가 될 것이고, 또한 세상을 다시금 변화시키는 힘이 될 것입니다.

불과 분열을 일으키러 오신 예수

신석기 말씀하시는 예수님의 모습은 지금의 현실 기독교에서 이야기하는 예수님의 모습과 사뭇 다른 점이 있어 보이네요. 몇 년 전에 외국에서 역사적 예수의 얼굴을 복원해보자는 취지로 역사·문화적 자료, 인종상의 특징 등을 종합해서 컴퓨터로 구현한 적이 있는데, 저도 그 예수님의 얼굴을 보고 충격을 받았습니다. 이전에 서양에서 그린 예수님의 초상화가 많지 않습니까? 피부색이 하얗고, 눈이 크고, 코는 부리부리하면서 오똑하고, 머리가 길고 수염도 멋지게 생긴 전형적인 예수님의 모습 말이죠. 그런데 새로 구현된 예수님의 얼굴은 전혀 달랐어요. 얼굴도 둥그렇고 피부색은 진한 갈색에 가까웠고요. 특히 눈빛은 다소 멍한 듯했지만 매우 사색적인 분위기였습니다. 코도 별로 높지 않았고요. 사실 그 모습도 정확한 것은 아니겠지만, 서양에서 그려낸 예수님 초상화보다는 훨씬 진실에 가깝다고 생각합니다. 그런데 그 초상화가 기독교에서 유행하지 않고 곧 사라진 걸 보면, 기독교인들은 옛날 예수님의 초상화에 익숙하고 또 그 모습을 더 선호하는 것 같습니다. 이처럼 우리가 지금 토론하고 있듯이 기존 예수님에 대한 이미지와 새로운 이미지의 충돌은 불가피한 것 같습니다. 다음 분 말씀해주시죠.

조하나 그리스도인으로서 예수님을 따르는 데 중요한 것은 그분의 뜻을 분명하게 인식하는 것이에요. 예수님은 하나님의 뜻을 분명하게 알고 나서 그 뜻을 따랐어요. 우리 또한 예수님의 뜻을 무턱대고 따르기 전에 확실하게 알고 품어야 하는 것이 당연하다고 생각해요. 그런데 기독교가 오랜 세월을 지나오면서 예수님의 뜻을 정확하게 아는 것이 쉽지 않아졌어요. 그래서 예수님의 뜻을 제대로 알기 위해 때로는 성경에서 말하는 예수님과 기독교나 교회에서 말하는 예수님의 충돌을 감수해야 합니다. 그리고 선입견을 버리고 진정한 예수님의 뜻을 따라야 해요. 물론 쉽진 않겠죠. 사회자께서 예를 드신 것처럼 우리에게 고정된 이미지가 워낙 강하기 때문이죠.

남예혁 오랫동안 기독교가 전해준 예수님 이미지 때문에 때로는 성경에 기록된 예수님의 모습이 오히려 낯설고 당황스러울 때가 종종 있습니다. 그런 모습을 보여주는 예수님의 말씀이 있습니다. "나는 세상에 불을 지르러 왔다. 그 불이 이미 타올랐으면 얼마나 좋으랴? 내가 받아야 하는 세례가 있다. 이 일이 다 이루어질 때까지 내가 얼마나 짓눌릴 것인가?[30] 이 말씀이 성경에 있다는 것 자체가 파격적이고 이런

---

30. 눅 12:49~50

말씀을 하신 예수님의 모습을 상상하기도 쉽지 않지요. 도대체 예수님이 '이 땅에 불을 지르러 오셨다'고 한 말은 무슨 뜻일까요? 또 예수님이 말한 불은 무슨 의미일까요?

이성공 그것은 성령의 불, 즉 성령의 세례를 의미하는 것 아닙니까? 예수님께서도 내가 받아야 할 세례라고 말씀하셨잖아요? 여기서 불은 성령을 상징한다고 봅니다. 성령의 충만함이 더 이뤄지기를 바라는 맘이 담겨 있는 것이지요.

남예혁 그런데 예수님이 오신 목적을 성령의 세례를 주기 위해서라고 보기에는 어딘가 어색한 점이 있지 않습니까? 그렇게 보면 진품예수님의 참모습을 보지 못한다고 생각합니다. '불을 지르러 왔다'는 표현이 매우 충격적인 말씀이잖아요. 이 말씀을 이해하기 위해서 불에 대한 유대교의 이해를 살펴보아야 합니다. 유대교에서 불은 세상 마지막 때 세상을 정화淨化시키는 수단을 상징합니다. 불은 인간의 영혼과 세상을 연단하고 단련시켜 순결하게 만드는 도구입니다. 그래서 불은 시험과 정화의 도구이기도 합니다. 또한 예언자의 입에서 뿜어져 나오는 하나님의 정의로운 말씀을 상징합니다. 예언자가 선포하는 하나님의 말씀이 마치 불과 같은 역할을 하기 때문이죠. 이런 구약의 전통에서 보면 예수님이 '불을 지르러 왔다'고 말씀하신 뜻이 더욱 분명해집니다. 즉 이 말씀은 세상을 하나님의 말씀으로 정화하고 철저하게 변화시키기 위해 오신 예수님 자신의 혁명적인 삶을 표현한 것입니다. 이 말씀을 보면 예수님은 세상과 사람의 근본적인 변화를 추구한 분임을 알 수 있습니다. 마치 세상에 불을 놓아서 낡은 것을 태워버리고 개인의 삶과 사회적 삶, 영성의 세계가 혁명적으로 새로워지기를 희망했지요. 예수님은 그 불이 이미 붙었다면 더 이상 바랄 것이 없다고 말할 정도로 변화의 불을 갈망했습니다. 그리고 실제로 세상의 거짓과 억압, 폭력, 미움과 분노 등을 말씀의 불로 태워버리고 새로운 존재, 새로운 세계를 보여주었습니다. 이것이 예수님이 온 이유이며, 기독교가 잃어버리고 있는 참 예수님의 모습입니다.

이성공 바로 그것이 성령의 역사로 가능한 것 아닙니까? 성령께서 일으키시는 정화의 역사라고 볼 수 있습니다.

남예혁 그렇게도 볼 수 있겠지만, 불을 성령으로 대치하면 성령에 대한 기존 기독교의 이해 때문에 예수님의 절박함, 견결함, 비장한 모습이 가려지는 것 같습니다. 그리고 그때 성령은 우리 영혼의 죄나 잘못을 사르는 모습으로 내면적인 측면에 치우칠 수 있습니다. 그러나 예수님의 활동을 보면 단순히 내면적인 변화만이 아니라 그 당시 종교, 사회, 문화 전반에 걸친 새로운 변화와 개혁을 의미했어요. 왜냐하면 그 당시는 종교와 정치, 경제, 문화가 하나로 연결된 사회이기 때문입니다.

조하나 성경에 기록된 예수님의 모습 가운데 그렇게 날카롭고 때로는 획기적인 모습들이 지금까지 간과되었다고 보는데요. 지금 말씀하신 것을 보더라도 역사적 예수님은 결코 남의 비위를 맞추거나 권력자에게 아부하러 온 사람이 아니었어요. 세상의 불의를 지나쳐버리거나 개인의 위선을 수용하는 존재도 아니었고요. 때로는 마치 세상의 종말에 선 심판자의 모습처럼 이 세상의 잘못을 확실하게 지적하고 살라버리는 과격한(?) 사람이셨어요. 강한 자에게 약한 척하고, 약한 자에게 강한 척하는 사람이 아니라 오히려 강한 자들의 교만과 욕심을 불사르는 포효하는 사자 같은 분이셨어요. 더불어 미움과 원망과 걱정에 짓눌린 약자들에게 사랑과 믿음과 희망의 불을 일으킨 사람이셨죠.

여시민 지금도 예수님은 우리 기독교를 불로 정화淨火시키기를 원하시지 않을까요? 예수님이 우리를 보시면서 그 불이 다시 타오르면 좋겠다고 말씀하시는 것 같아요. 그러면 저부터 타버릴지 모르겠지만요. (웃음) 그래도 그런 모습 한번 보면 좋겠네요. 기독교의 반反예수적인 모습, 기독교인의 위선, 교회 권력을 좌지우지하는 목사들의 욕심, 정권에 빌붙어서 아부하는 목사들의 권력욕 등을 한꺼번에 다 태워버리고, 정화된 종교로 다시 태어나면 좋지 않을까요?

남예혁 이 말씀과 관련하여 요즘 기독교에서 사라지고 있는 진품예수의 모습 중 하나가 분열을 일으키는 분으로서의 예수님입니다. 예수님께서 이렇게 말씀하신 것을 기억하십니까? "내가 세상에 평화를 주러 왔다고 생각하느냐? 내가 너희에게 말한다. 그렇지 않다! 오히려 분열을 일으키러 왔다. 칼을 주러 왔다"[31]고 말씀하셨어요.

신석기 그런 말씀이 있었나요? 금시초문인데, 보통 예수님에 대해 갖고 있는 이미지와는 사뭇 다른 모습이군요.

남예혁 그렇지요. 이 말씀을 가지고 설교하는 목사님들은 별로 없으니까요. 예수님은 자신이 평화를 주러 온 사람이 아니라고 말합니다. 평화는커녕 오히려 분열을 조장하러 온 사람이라고 말합니다. 선뜻 이해할 수 없는 대목입니다. 하지만 잠시 생각해보면 그 뜻이 분명해 보입니다. 여기서 예수님이 거부하는 평화는 세상의 거짓 평화, 포장된 평화, 가짜 평화를 말합니다. 진품예수는 거짓 평화를 깨부수는 분열과 칼을 주러 온 이라고 잘라 말합니다. 예수님은 거짓 평화가 덮고

—

31. 눅 12:51

있는 허상을 깨뜨리려고 분열을 일으키러 온 분입니다. 참을 드러내기 위해 칼로 거짓을 잘라내고, 그 과정에서 참과 거짓 사이, 참 평화와 거짓 평화 사이에 분열을 일으키는 분이시라는 것입니다. 이것이 진품예수님 모습에서 간과되어서는 안 될 모습입니다.

조하나 저는 감히 말씀드리는데 지금 우리는 정화의 불을 일으키며 거짓된 평화의 분열을 일으키는 예수님을 전할 때라고 믿어요. 그 예수님이 잘못된 기독교와 교회의 가르침을 다시 분열시켜야 해요. 이기심과 욕심으로 인한 기독교의 교권 싸움과 권력 싸움 때문에 뭉쳐진 것들을 진리로 분열시켜야 해요. 그 속에 감추어진 거짓과 욕망과 교만이 속 시원하게 드러나는 분열 말이죠. 그 분열을 통해 불의와 거짓과 위선, 비방, 모략 등 기독교와 교회 내에 판치고 있는 더러운 것들이 드러날 것입니다. 예수님이 그런 분열을 일으키시고, 다시 하나님의 불로 그 모든 것을 정화시킬 수 있다면 얼마나 좋을까요? 채색된 예수, 짝퉁예수의 이미지를 태워버리고, 하나님의 말씀으로 위장한 거짓 설교, 위선적이고 형식적인 예배, 돈으로 치장된 예배당을 뽑아내야 합니다. 더 늦기 전에 예수님의 불과 칼이 다시 한번 휩쓸아쳐서 일순간에 휩쓸고 태워버렸으면 하는 마음이 간절해요. 그 자리에 다시 하나님나라의 참 평화가 자리 잡아야 할 때라고 봐요. 예수님은 그 칼을 우리에게 쥐여주셨고, 이제 우리가 그 칼을 들고서 싸워야죠.

이성공 너무 과격하게 표현하시는군요. 조금 전에 지상에서는 '섬김의 수건'이 더 강하다고 말씀 나눴는데 말이죠. 그래요 그 말씀이 성경에 있기 때문에 저도 예수님의 말씀으로 믿습니다. 하지만 사회나 교회에 적용하기 전에 우리 개인의 신앙생활부터 적용하면서 차츰 넓혀가는 것이 좋겠어요. 그런 면에서 말씀드리면, 목회를 하다 보면 신기한 모습들이 보입니다. 한 가지는 교회에 나오면서도 전혀 변화되지 않을 뿐 아니라 열정도 없이 다니는데도 교회 예배에는 꼬박꼬박 출석하는 모습이에요. 그렇게 오랫동안 교회를 다니면서 변화되지 않는 것도 신기하지만, 그러면서도 예배에 빠지지 않는 것 또한 신기합니다. 그들은 예수님을 믿고 산다는 것이 어떤 것인지 모르는 사람들이에요. 그런데 말이죠. 그렇게 살 수 있는 것은 자기 안에 갈등이 없기 때문입니다. 예수님을 믿는 것과 세상 속에서 사는 것 사이에 갈등이 없다는 것이죠. 믿음이 좋아서가 아니라 세상과 타협하면서 두 세계가 혼합되어 있기 때문이지요. 즉 이중생활인 거죠. 저도 과격하게 표현하자면, 이런 신앙인들에게는 예수님께서 분열의 칼을 집어드셔야만 합니다. 지금 말씀하신 대로 분열을 통해 갈등이 일어나고, 그로 인해 힘들어 하나님 앞에 꼬꾸라져서 새로운 선택을 해야 됩니다. 그저 이것도 좋고 저것도 좋다는 식은 정말 거짓 평화죠. 또한 믿음생활을 한다고 하면서도 믿음이 잘 자라지 않는 사람들 내면에 있는 각종 미움과 상처의 쓴뿌리들도 잘라내야 합니다. 나쁜 기억들과 죄책감 등 예수님께서 칼을 대야 할 곳이 많은 우리들입니다.

신석기 지금 예수님께서 토론을 보고 계신 시청자분들에게 분열을 일으키고 계신 것은 아닌지 모르겠네요. 아마 찬성과 반대의 크고 작은 분열이 일어나고 있을 것 같습니다. 물론 분열 그 자체로 끝나는 것이 아니라 좋은 뜻으로 다시 모아져야겠지요. 그나저나 방송국이 좀 걱정되네요. 모 방송국처럼 졸지에 '여리고 성'이 되지 않을까 우려됩니다. 아무튼 계속 토론을 진행하겠습니다.

여시민 기독교인이라면 '불을 지르러 오신 예수님', '분열을 일으키러 오신 예수님', '칼을 주러 오신 예수님'과 같은 진품예수의 모습을 더 이상

피해서는 안 된다고 봅니다. 예수님의 불과 칼과 분열을 무서워해서는 안 돼요. 그 예수님의 불을 가까이 두어야 합니다. 목사는 불같은 말씀을 선포해야 하고, 날선 검처럼 날카로운 말씀을 전해야 하고, 거짓의 벽을 깨트려야 합니다. 기독교 밖이 아니라 기독교인들에게, 교회 밖이 아니라 교회를 향해 정금처럼 단련시키는 말씀의 불이 임해야 합니다. 나아가 사회적으로는 거짓 평화를 거부해야 합니다. 더 이상 예수님 없는 기독교, 예수님 안 믿는 기독교인이 되지 않기 위해서라도 예수님의 불 가까이 있어야 합니다. 예수님에게서 멀리 있는 자는 하나님나라도 멀리 있기 때문입니다.

향유의 도둑질?

신석기 말씀 잘 들었습니다. 짝퉁예수와 진품예수에 대해 이런저런 이야기를 들어봤습니다. 어느 것이 '맞다, 틀리다'를 이 자리에서 규명할 수는 없고, 시청자 여러분들의 판단에 맡기겠습니다.

나정통 그런데 진품예수의 가장 중요한 모습이 빠져 있다고 생각합니다. 아마도 평소에 기독교와 교회가 간과한 예수님의 모습을 주로 보려고 하다 보니 그런 것 같습니다. 그러나 그런 모습이 다 진품예수님의 모습이라고 해도 우리가 잊지 말아야 할 모습은 사랑의 예수님입니다. 예수님의 모든 말과 행동, 삶과 죽음, 그리고 부활 등 그의 전 생명은 사랑에 기반하고 있습니다. 그분은 인간이 하나님을, 또는 사람이 사람을 어디까지 사랑할 수 있는지에 대한 최고의 한계를 보여주신 분입니다. 우리가 예수님을 주님으로 믿고 감격하고 눈물을 흘리며 그리워하는 것은 그분의 지혜로움, 날카로움, 정의로움, 평화 등이 있겠지만, 누가 뭐래도 그분을 통해 만난 하나님의 진한 사랑 때문입니다. 그래서 그분의 사랑을 한 번이라도 경험한 사람은 영원히 그를 놓을 수 없습니다. 그분에게 있는 진품 중의 진품 모습은 바로 사랑입니다. 그런데 그 사랑은 결코 말에 머무는 사랑이 아니었습니다. 그분의 말 한마디와 움직임 하나하나가 사랑의 실천이었고, 사랑의 수고였습니다. 그래서 사람들은 그 사랑에 놀라워하며 변해갔던 것입니다. 그 예수님의 사랑은 짝퉁으로 흉내 낼 수 없는 사랑입니다. 그 사랑에 감전된 우리가 그의 사랑을 품지 않고서는 전할 수도 없는 사랑입니다. 우리가 짝퉁예수를 믿고 있는지, 진품예수를 믿고 있는지는 이 사랑의 실천 여부로 판가름 날 것입니다. 남 교수님 말대로 말로만 예수님을 전하는 것은 우리가 진품예수를 다시 한번 짝퉁예수로 만드는 것입니다. 그 사랑을 하나님께 표현하고, 이웃과 나누는 삶에서 진품예수의 사랑은 더욱더 확연하게 다가올 것입니다.

신석기 말씀 잘 들었습니다. 지금까지 많은 시간을 할애해서 붕어빵 기독교와 짝퉁예수 그리고 진품예수에 대한 토론을 벌였습니다. 다음 주제로 넘어가기 전에 지금까지 토론한 부분에 대해서 짧게 한두 분 정도 정리해주시고, 시민논객 분들의 말씀을 들어보겠습니다. 우선 여 선생님부터 말씀해주시겠습니까?

여시민 '릴루전Relusion'이란 말이 있어요. 리처드 도킨스가 사용한 단어인데 '종교religion'라는 단어와 '망상delusion'의 합성어죠.[32] 종교적 망상을 뜻하는 '릴루전'은 도킨스와 그 동조자들이 제안한 용어입니다. 망상

---

32. 리처드 도킨스, 《만들어진 신》, 김영사, 2007, p. 13~14.

은 '잘못된 믿음 혹은 인상'을 뜻하는 일종의 정신장애 증상입니다. 도킨스는 종교 자체를 하나의 망상으로 보고 있는데, 저는 좀 다른 뜻을 첨가해 '종교적 망상religious delision'이라는 말을 하고 싶습니다. 이것은 어떤 잘못된 종교적 믿음 때문에 생기는 망상 현상을 표현합니다. 즉 우리가 어떤 종교나 대상에 잘못된 믿음을 고집한다면 그것은 종교적 망상 증세로 나타날 수 있습니다. 잘못된 믿음으로 생기는 일종의 정신장애죠. 예를 들어 짝퉁예수에 대한 잘못된 믿음을 고집한다면 기독교인들은 '예수망상Jeslusion'에 빠지게 됩니다. 그렇게 되면 예수님에 대한 사랑이 아니라 예수님에 대한 자기의 생각에 집착하게 되죠. 그리고 거기에 갖가지 욕망을 투여합니다. 거기에 한번 빠지면 빠져나오기 무척 힘듭니다. 왜냐하면 짝퉁예수에 대한 믿음이 잘못된 망상인 줄 깨닫기까지는 시간이 너무 오래 걸리기 때문이죠. 게다가 중독성까지 있거든요. 로버트 퍼시그Robert M. Pirsig는 "누군가 망상에 시달리면 정신이상라고 한다. 그러나 다수가 망상에 시달리면 종교라고 한다"라고 말했습니다.[33] 저는 이 문장을 이렇게 고쳐서 말하고 싶어요. "오늘 누군가 진품예수를 믿으면 정신이상으로 취급당하고, 다수가 짝퉁예수를 믿으면 붕어빵 기독교가 된다."

신석기 여 선생님이 아주 강하게 말씀하셨는데요. 이번에는 나정통 교수님께서 말씀해주시죠.

나정통 붕어빵 기독교와 짝퉁예수 그리고 진품예수에 대한 이야기는 우리가 믿는다고 하는 예수님의 모습을 전체적으로 조망해보는 좋은 토론이었다고 생각합니다. 예수님에 대한 잘못된 이해가 잘못된 믿음을 불

---

33. 《만들어진 신》, p. 5

러일으킬 수 있다는 하나의 경종이기도 했습니다. 토론 가운데 예수님의 말씀이 하나 떠올랐습니다. 한번은 요한이 예수님께 와서 "어떤 사람이 선생님의 이름으로 귀신들을 쫓아내는 것을 우리가 보았습니다. 그런데 그 사람은 우리를 따르는 사람이 아니므로, 우리는 그가 그런 일을 하지 못하게 막았습니다"라고 말합니다. 그때 예수님께서는 "막지 말아라. 내 이름으로 기적을 행하고 나서 쉬이 나를 욕할 사람은 아무도 없기 때문이다. 우리를 반대하지 않는 사람은 우리를 지지하는 사람이다"라고 말씀하십니다.[34] 이 예수님의 말씀이 우리 모두에게 깊이 새겨지기를 바랍니다. 즉 우리와 함께하지 않는다고 해도 그들도 예수님의 한 모습을 전하는 것인데, 배척하거나 무시하는 태도는 옳지 않다고 봅니다. 적어도 붕어빵 기독교와 짝퉁예수는 거부해야겠지만, 각자의 자리에서 예수님을 진실하게 전하려고 하는 사람들을 지지하지는 못할망정 막지는 말아야 할 것입니다. 그리고 하나님의 큰 뜻 가운데 서로 반대하는 사람들이 아니라는 것을 보여주었으면 합니다. 같은 신학적 방향, 같은 신앙의 색깔, 같은 교단과 교회에 속하지 않았다고 해서 다른 사람들의 믿음을 배척하는 폐쇄적인 자세는 없어야 합니다. 그것은 예수님이 원하시는 것이 아닙니다.

여시민 무슨 말씀이신지 알겠습니다. 저도 동의합니다. 그러나 예수님께서 지금 인용하신 말씀과 정반대의 말씀도 하셨다는 것을 기억할 필요가 있어요. 마태복음 12장에 보면 "나와 함께 아니하는 자는 나를 반대하는 자요 나와 함께 모으지 아니하는 자는 헤치는 자"라고 말씀하셨습니다. 두 말씀 다 상황이나 대상에 따라 각기 다르게 적용

---

34. 막 9:38~40

될 수 있는 옳은 말씀이라고 봐요. 그런데 지금 한국 기독교 상황에서, 짝퉁예수가 판을 치는 이때에 어느 말씀을 먼저 믿고 따라야 하는 것이 옳을까요? 예수님의 이름을 이용하고 활용해서 자기 욕심이나 이익을 챙기려는 기독교인들이 점점 많아지는 이때에 단지 겉으로 예수님을 반대하지 않는다는 이유로 용납할 수 있나요? 그럴 수 없어요.

신석기 네, 감사합니다. 그럼 시민논객들의 의견을 들어보도록 하겠습니다.

시민논객 7(남자) 슬라보예 지젝이 '향유의 도적질'이라는 말을 사용한 적이 있습니다. 그것은 애당초 결코 소유된 적이 없었던 것이 마치 도둑맞은 것으로 느껴진다는 것이지요.[35] 다시 말해 본래 없었던 것인데 우리가 한때 향유했던 어떤 것이며, 또 도둑맞았다고 착각할 수 있다는 것입니다. 짝퉁예수와 진품예수에 대한 토론을 보면서 이 말이 떠올랐는데요. 소위 정통orthodoxy 기독교에서 예수님을 제대로 보고 만나며 품은 적이 있었던가요? 그리고 정통 기독교가 한 번도 가진 적이 없는 예수님을 마치 개혁적이고 진보적인 기독교를 지향하는 분들은 도둑맞은 것으로 착각하면서 '잃어버린 대상' 또는 '도둑맞은 예수'라는 하나의 향유물로 생각하고 있는 것 아닌가요? 기독교라는 종교에는 아예 예수가 없지 않았나요? 그렇지 않다면 역사적으로 볼 때 기독교와 예수 이름으로 어떻게 그 많은 죄악을 저지를 수 있었는지 의문입니다. 또한 진보적 기독교인들은 현실 기독교에서 예수님을 다시 되찾을 수 있다는 환상과 기대를 갖고 있는 것 같은데요. 애초에 없었던 것을 어떻게 다시 찾아오겠습니까? 그 예수님을 다시 찾아오

---

35. 이안 파커,《지젝》, 도서출판 b, 2008, p. 58

겠다는 생각은 좋지만 하나의 이상理想이죠. 기존 기독교 세력이 그 것을 용납하겠습니까? 이단, 삼단 운운하며 현대판 종교재판을 벌일 것입니다. 제 생각에는 차라리 처음부터 다시 시작하는 것이 빠를 것 같습니다. 개인 신앙의 차원에서든, 기독교라는 종교의 차원에서든, 아니면 교회라는 공동체 차원에서든 말이죠. 자신들이 본 진품예수를 품고 다시 시작한다면 비전이 있다고 생각합니다.

신석기 네, 감사합니다. 다음 시민논객 분 말씀해주시죠.

시민논객 8(여자) 짝퉁예수와 진품예수를 구분해서 말씀하셨는데, 이 두 모습은 모두 기독교인이든 교회나 기독교 안에서든 중첩되어 있지 않나요? 어떤 사람은 짝퉁예수만 믿고 어떤 교회는 진품예수만 따라가는 것 같지 않아요. 저 자신을 볼 때도 두 가지 모습이 겹치기도 하고, 어떤 면에서는 한쪽이 더 강한 영향력을 끼치는 것 같고요. 그래서 이런 내용을 너무 경직되게 적용하면 오히려 의도와 달리 신앙의 부작용이 일어날 수 있다고 봅니다. 그리고 신앙이라는 정신작용이 그렇게 물리적인 판단처럼 단계마다 분명하지 않다고 생각해요. 그래서 예수님에 대한 생각도 조금씩 변화하고 성장하거나 변질할 수도 있겠지만, 하나의 과정이라고 생각하거든요. 그 과정에서 다양한 예수님의 모습들이 나타나고, 결국 하나의 온전한 모습으로 형성되리라 믿어요. 무한한 신비라고 고백되는 그리스도를 정형화하는 잘못을 저질러서는 안 된다고 봅니다. 늘 새롭게 다가오시는 그분에 대해 우리는 늘 열린 마음과 신앙으로 받아들여야 한다고 생각하는데요. 물론 잘못된 것을 받아들여서는 안 되겠지만, 그렇다고 예수 그리스도에 대해 너무 경직된 자세를 갖는 것 또한 살아 계신 예수님의 활동을 제한하는 결과를 초래할 수 있다고 봅니다. 오늘 토론이 기독교

와 예수 그리스도에 대해 새롭게 생각하는 계기가 되었고, 무엇보다
한 사람의 기독교인으로서 안일하지 말아야겠다고 생각하게 해주었
습니다.

chapter 8

예수님에
'대한'
믿음

신석기 좋은 의견 감사합니다. 그러면 오늘의 마지막 토론 주제이자 결론으로 넘어가겠습니다. '예수를 믿는다는 것이 무엇인가'라는 주제로 토론하도록 하겠습니다. 어쩌면 이 질문이 기독교 신앙의 가장 본질적인 질문이기도 한데요. 전체 토론을 정리한다는 뜻에서 허심탄회하게 말씀해주시기 바랍니다. 진품예수의 모습은 셀 수 없이 많을 것입니다. 자, 그러면 이제 좀 더 본질적인 문제를 토론하면서 결론적인 대화를 나눠보겠습니다. 찬반양론의 문제는 아니고, 각자 나름대로 '예수를 믿는다'라는 것의 의미를 풀어주시면 좋겠습니다.

나정통 전통적으로 기독교는 예수님을 믿는다고 할 때 크게 두 가지로 이해했습니다. 그 하나는 '예수님이 누구시냐'에 대한 믿음입니다. 그 내용은 '예수 그리스도, 하나님의 아들, 구원자'라는 표현에 다 들어 있습니다. 이 단어들의 헬라어 첫 글자를 모으면 '익투스($IX\ThetaY\Sigma$, 물고기)'라는 단어가 되는데, 지금도 자동차에 물고기 그림을 붙이고 다니는 것을 보시지 않습니까? 박해를 받던 기독교인들은 이 물고기 표시로 서로가 기독교인임을 확인할 수 있었다고 합니다. 아무튼 '예수님이 누구시냐'에 답으로 '예수 그리스도, 하나님의 아들, 구원자'라는 믿음이 먼저 확고해야 한다는 데에는 의문의 여지가 없었습니다. 다른 하나는 예수님께서 하신 말씀, 행동, 삶의 모습, 죽음, 부활 등 역사적 예수님에 대한 믿음입니다. 즉 '예수님이 무엇을 하셨는가'에 대한 믿음입니다. 성경에 많이 기록되어 있는 예수님의 말씀과 행적을 믿는 것입니다. 즉 예수님의 말씀이 진리이고, 구원이고, 생명이라는 사실을 믿는 것입니다. 세 번째는 오늘도 살아서 역사하시는 그리스도에 대한 믿음입니다. 예수님은 결코 과거에 머무른 예수님이 아니라 지금도 살아 계신 그리스도입니다. 그러니 그 그리스도를 체험하고 믿는 것은 당연한 믿음 생활이지요. 이 세 가지 믿음이 하나로 만날 때 우리가 예수님을 제대로 믿는다고 말할 수 있습니다.

남예혁 나 교수님이 예수님을 믿는 믿음을 세 가지로 말씀해주셨는데, 주로 '예수님에 대한 믿음faith about Jesus'을 말씀해주셨다고 봅니다. 그런데 예수님을 믿는다고 할 때 예수님에 '대한' 믿음도 중요하지만, '예수님의 믿음'도 중요합니다. 즉 예수님이 가지셨던 믿음을 우리의 믿음으로 삼을 때 예수님을 올곧게 믿을 수 있는 것입니다. 그래서 예수님을 온전하게 믿는 믿음은 예수님에 '대한' 믿음과 예수님'의' 믿음이라는 두 물줄기가 하나로 만나는 믿음입니다. 예수님에 '대한' 믿음이 지니는 세 영역에 대해서는 나 교수님이 잘 설명해주신 것 같습니다.

조하나 저도 예수님에 '대한' 믿음은 매우 중요하다고 생각합니다. 예수님의 존재와 말씀, 그리고 행하신 일들을 믿는 것이 곧 우리 믿음의 내용이 되니까요. 하지만 여기서 중요하게 생각해야 할 것은 올바른 앎에 기초한 믿음입니다. 앞서 우리가 이야기한 붕어빵 기독교나 짝퉁예수

등은 바로 올바른 앎에 근거하지 않는 믿음에서 비롯된 것이잖아요. 성경에 분명하게 기록된 예수님의 말씀과 예수님의 모습이 있는데, 이것을 제대로 알지 못해서 잘못된 지식에 근거한 믿음을 갖게 되었을 수 있어요. 예수님께서 말씀하신 분명한 복음이 있는데도 그것을 올바르게 알지 못해서 참믿음이 형성되지 못한 경우가 많아요. 결국 예수님과 복음을 잘못 믿기 때문에 믿음의 힘과 열매가 없는 것입니다. 예수님에 대한 믿음을 확실하게 갖는 것도 중요하지만 올바르게 갖는 것이 더 중요하겠죠.

나정통 사실 믿음과 앎의 관계는 상호보완적이어서 예수님에 대한 올바른 앎이 없는 믿음은 감성적이고 비상식적인 믿음으로 전락하기 쉽습니다. 또 예수님에 대한 올바른 믿음이 없는 앎은 한낱 지식이나 정보에 그칠 위험이 있습니다. 그런데 전통적으로 기독교는 이 앎과 믿음의 조화에 대해 늘 불안한 모습을 보였습니다. 특히 평신도를 향해 일단 '무조건 믿어라!'는 식의 신앙 분위기가 지배해온 것이 사실입니다. 그 결과가 예수님을 믿지 않는 것과 같은 기독교인, 믿어도 예수님의 뜻과 다른 앎에 근거한 짝퉁믿음이 생겨났다고 봅니다. 이럴 때일수록 우리가 예수님에 대한 올바른 앎을 근거로 한 예수님에 대한 믿음이 절박하다고 봅니다.

여시민 우리가 예수님에 대한 올바른 앎과 믿음을 유지하려면 예수님은 누구신지, 그리고 어떤 분이신지 계속 물어보는 습관이 필요합니다. 예수님께서 제자들에게 "너희는 나를 누구라 하느냐?"라고 물으신 적이 있으시잖아요.[36] 지금도 예수님은 "사람들은 엘리야라고도 하고

---

36. 눅 9:20

세례 요한이라고 하는데, 정작 너희는 나를 제대로 알고 있고 믿느냐?"라고 묻고 계십니다. 물론 신앙고백으로는 정답이 있겠지요. 하지만 그 고백이 진실로 내 믿음의 고백이 되려면 내게 예수님이 누구신지, 그분은 지금 내 삶에서 어떤 일을 하고 계시는지에 대해 깨달음으로 얻은 앎이 있어야 할 것입니다. 그리고 그 앎을 통해 예수님에 대한 참 믿음이 자라나지 않을까요?

남예혁 그러기 위해서는 먼저 예수님에 대해 아는 것이 별로 많지 않다는 것을 인정해야 합니다. 기독교인들이 가장 착각하기 쉬운 것 중 하나는 자신이 교회를 오래 다니고 설교도 많이 들었기 때문에 예수님에 대해 아주 잘 알고 있다는 생각입니다. 하지만 실제로는 그렇지 못합니다. 만약 우리가 예수님에 대해 아는 것을 이야기한다고 해봅시다. 교리적인 문장 몇 마디만 하고 나면 그분에 대해 알고 있는 것이 별로 없다는 것이 곧 들통날 것입니다. 이런 현상이 벌어지는 이유는 분명합니다. 예수님을 아는 지식은 그렇게 지식적인 앎뿐 아니라 직접 체험으로 예수님을 알게 될 때 비로소 올바르게 알 수 있는 것입니다. 내 영혼으로 예수님과 그분이 하신 일을 체험하지 못하면 예수님에 대한 앎도 늘어나지 않고, 믿음도 자라지 못할 것입니다. 그러므로 예수님을 아는 것은 단지 예수님에 대한 성경의 기록과 다른 사람의 고백만으로는 부족합니다. 결론적으로 지식이 곧바로 앎으로, 앎이 곧바로 믿음으로 전환되지 않음을 명심해야 합니다.

교리적인 믿음

조하나 여기에서 믿음에 관한 중요한 논제가 생긴다고 보는데요. 예수님에 대해 믿는다고 할 때 태도에 주의해야 하고, 그런 믿음의 태도가 빠질 수 있는 한계와 함정을 주의해야 합니다. 왜냐하면 우리가 무엇에 대해 믿는다고 한다면 그 믿음은 대상에 대한 자신의 일방적인 신념에 머무를 수 있기 때문입니다. 예를 들어 예수님에 대한 여러 가지 사실들을 믿는다고 할 때 살아 계신 예수님과 나와 관계에서 형성되는 믿음이 아니라 고정된 대상에 대한 믿음이 될 수 있다는 것이지요. 사실 이것은 믿음^faith이라기보다 '교리적 믿음^belief'이라고 표현하는 것이 적절합니다. 교리적 믿음은 예수님에 대한 형식화된 믿음을 뜻해요. 예수님에 대해 어떤 것을 생각하면 믿어지고 입으로 믿는다고 말하지만, 실제 삶에서는 어떤 믿음의 능력도 발휘하지 못하는 믿음이죠. 이런 교리적 믿음 중 하나가 예수님에 대해 믿는 것이 그저 교리 내용을 믿는 것에 그치는 믿음입니다. 그것은 문자로 표현된 교리를 인정하는 데 만족하고 거기에 머무는 것입니다. 많은 기독교인이 기독교가 형성해온 교리에 관한 생각과 신념을 예수님에 대한 믿음과 신뢰로 착각해요. 즉 교리가 말하는 것을 믿는 것이 곧 예수님과 그의 말씀을 믿는 것으로 오해하는 것이죠.

이성공 모든 종교에는 도그마^dogma, 즉 교리가 있기 마련이에요. 많은 사람이 도그마라는 말에 부정적인 어감을 갖고 있지만, 그것은 교리를 잘못 이해하고 사용하기 때문이에요. 기독교 교리는 본래 기독교가 지닌 올바른 믿음으로 안내하는 길입니다. 기독교 교리는 믿음의 핵심을 이해하기 쉽게 언어로 표현한 거예요. 교리를 보면 그 기독교가 지닌 신앙 내용과 지향을 모두 볼 수 있습니다. 그래서 기독교인들은 교리를 통해 신앙의 정수精髓를 쉽고 빠르게 이해할 수 있는 것입니다. 다시 말해 교리는 하나의 신앙의 토대요, 기초이기 때문에 교리를 잘못 믿으면 믿음도 무너지게 되어 있어요.

남예혁 물론 교리는 중요합니다. 그렇지만 분명한 것은 교리가 믿음의 대상이 될 수 없다는 거예요. 교리가 믿음의 표현이기는 하지만, 믿음 그 자체는 아니니까요. 교리를 마치 계시처럼 생각하면 오산이에요. 그래서 교리로 예수님을 표현한 것을 믿는다고 해서 그것이 예수님을 믿는 것이라고 말할 수는 없는 거예요. 이것을 혼동하면 큰일 납니다.

조하나 교리를 믿는다고 해서 다 교리적 믿음이라는 것이 아니라 진심이 담기지 않은 채 문장이나 내용만 읊조리는 신앙을 말하는 거예요. 그런데 교리만 줄줄 외우고 믿을 때 특히 그런 현상이 많이 일어나기 때문에 교리적 믿음이라고 말하는 것이지, 교리를 문제 삼는 것은 아니에요. 예를 들어 기도할 때 흔히 '전능하신 하나님, 사랑의 하나님'이라고 말하지만, 그것이 교리적 믿음에 그친다면 내 삶에서 하나님의 전능하심을 믿지 않는 것과 다름없어요. 그렇다고 해서 하나님이 전능하신 분이라는 사실을 안 믿는 것 같지도 않아요. 또 그 전능하심이 내 삶에 구체적으로 나타나고 있다고 믿지도 않고요. 결국 '나는 하나님이 전능하시다고 믿는다'라는 '생각'을 믿는 것이지, 하나님 그분을 믿는 것은 아니죠. 이것은 온전한 믿음이 아닙니다. 사도 바울은 고린도후서 13장 5절에서 "자기가 믿음 안에 있는지를 스스로 시험해보고, 스스로 검증해보십시오"라고 했는데, 우리의 믿음이 제대로 된 믿음인지 스스로 시험해봐야 해요.

여시민 교리적 믿음이라는 표현은 단순히 교리에 대한 믿음이 가진 문제만 지적한 것이 아니라 하나의 경직된 믿음을 표현한 것입니다. 그런 믿음은 이데올로기로 변질되기도 쉽죠. 하나님과 만남 가운데 계속 성숙해가는 믿음이 아니라 정체되어 있다면 그 믿음은 살아 있는 믿음이라고 볼 수 없어요. 예를 들어, 삼각형의 내각의 합은 180도라고 굳게 믿는 사람들이 있어요. 평면 상태에서는 맞는 이야기입니다. 하지만 항상 그런 것은 아니죠. 만약 지구본과 같은 둥근 모양에서 그려진 삼각형이라면 내각의 합은 270도가 될 수 있습니다. 또 평면에서는 두 점 사이의 직선이 최단 거리지만, 지구와 같은 둥근 모양에서는 최단 거리가 곡선이 되잖아요. 그래서 피타고라스의 정리도 항상 진리가 아니죠. 전통적인 교리를 믿어야 정통이고 안 믿으면 이단이라고 판단하는 사람들은 아직도 '지구는 평평하다'라고 생각하는 시대의 사람들이나 '삼각형 내각의 합은 무조건 180도다'라고 믿는 사람들과 같은 경직된 신념을 가진 사람들입니다. 그것이 '평면적 믿음'에서나 가능할지 모르겠습니다. 그러나 오늘날처럼 인간과 자연, 우주와 하나님이 통전되는 입체적 삶에서는 적합하지 않은 믿음입니다. 즉 교리들을 앵무새처럼 외운다고 해서 믿음이 저절로 생기지는 않을 것입니다.

신석기 잠깐만요. 교리적 믿음에 대한 성경의 예가 있으면 말씀해주시겠습니까? 설명만 하니까 분명하게 다가오질 않네요. 성경에서 예수님을 교리상으로 믿는 모습을 보여준 예를 말씀해주시면 훨씬 이해가 잘 될 것 같습니다.

조하나 마르다 이야기가 좋은 예일 것 같아요. 요한복음 11장을 보면, 마르다와 마리아의 오라비인 나사로가 병들어 죽게 됩니다. 마침 예수님께서도 그곳으로 찾아가시는데, 길에서 마르다를 만나게 됩니다. 그

때 예수님께서는 "나는 부활이요 생명이니 나를 믿는 자는 죽어도 살겠고 무릇 살아서 나를 믿는 자는 영원히 죽지 아니하리니 이것을 네가 믿느냐"라고 물으셨어요. 그러자 마르다는 확신 있게 말합니다. "주여 그러하외다." 그리고 한 걸음 더 나아가 "주는 그리스도시요 세상에 오시는 하나님의 아들이신 줄 내가 믿나이다"라고 고백합니다. 아주 모범답안을 말했어요. 그러나 조금 뒤 나사로의 무덤 문을 열려 하자 마르다는 죽은 나사로의 몸에서 나는 냄새 앞에서 부활신앙은 온데간데없이 사라지고 말았어요. 방금 전 살아서 주님을 믿는 자는 영원히 죽지 않는다는 말씀을 믿는다고 고백했지만, 마르다는 자신의 눈으로 이미 썩어서 냄새나는 나사로 시신을 보자, 그 믿음은 아무런 효력이 없는 믿음이 되고 맙니다. 그래서 예수님께 꾸중 아닌 꾸중을 듣습니다. "내 말이 네가 믿으면 하나님의 영광을 보리라 하지 아니하였느냐." 즉 마르다에게 머리로 믿는 것과 실제 믿음 사이에는 큰 거리가 있었으며, 바로 그것을 교리적 믿음이라고 할 수 있습니다. 우리도 예수님에 대해 교리적으로는 다 믿는다고 할 수 있어요. 그러나 그 믿음이 현재 살아 있는 믿음으로 발휘되지는 못하는 것이죠.

예신자 대화를 듣다 보니 교리적 믿음에 대해 조금 이해가 되네요. 평신도끼리 목사님의 믿음을 은근이 비웃으면서 하던 예화가 생각나요.

많은 교인들을 거느린 목사님이 있었어요. 교인들은 그 목사님을 신뢰하고 있었습니다. 어느 날 한 청년이 강을 건너 다른 마을로 가려고 하는데, 비가 너무 많이 오자 겁을 잔뜩 먹고 건너지 못했습니다. 그래서 목사님을 찾아갔어요. 목사님은 "겁내지 말고 항상 우리를 돌보시는 예수님의 이름을 믿고 부르면서 건너가라"고 했어요. 그 청년은 솔직히 너무 무서웠지만 그 말을 믿고 예수님의 이름을 믿음으로 부르면서 강을 건너갔어요. 결국 무사히 강을 건널 수 있었어요. 문제는 그다음 날인데, 이번에는 목사님이 강을 건너가야 했어요. 강물은 더 불어나 있었고, 비는 계속 내리고 있었어요. 목사님은 덜컥 겁이 났지만 어제 그 청년이 자신의 말을 듣고 무사히 건너갔으니 자신도 건널 수 있다고 생각했어요. 그래서 강으로 발을 내디뎠는데, 그 순간 두려움이 엄습해왔습니다. 예수님의 이름을 부르는 것은 아예 생각이 나질 않았고, 한 발자국도 움직이지도 못한 채 떨고만 있었어요. 그러다가 결국 강물에 몸이 휩쓸리기 시작했어요. 목사님은 힘을 내서 수영을 하려 했으나 강물과 함께 떠내려가고 말았어요.

이 예화가 실화인지 아닌지는 모르겠지만, 오늘 토론을 듣다 보니 이 목사님이 품고 있었던 믿음은 예수님에 대한 교리적인 믿음이라고 말할 수 있겠네요. 그는 예수님에 대해 설명한 것은 믿었지만, 예수님과의 인격적인 만남 속에서 진정한 믿음을 갖지 못했다는 것이지요. 즉 예수님을 믿으라고는 했지만, 정작 자신은 예수님을 믿지 못했던 거예요. 아마 자신은 이미 믿고 있다고 생각했겠죠? 그러나 막상 현실 앞에서는 그 믿음이 움직이지 않았던 것이에요.

신석기 그러면 여러분이 생각하실 때 어떻게 믿는 것이 교리적 믿음이 아닌가요?

조하나 그것은 유대교 지도자들과 예수님의 믿음을 비교해보면 쉽게 알 수 있어요. 성경을 보면 바리새인이나 율법학자들은 안식일에 예수님께서 병자를 고치는 것을 보고 매우 못마땅하게 여겼습니다. 그래서 그것을 빌미로 예수님을 시험에 빠트리려고 노력했죠. 이 모습에서 우리는 유대 지도자들이 가졌던 전통과 계율에 대한 경직된 교리적 민음을 볼 수 있습니다. 반대로 예수님은 하나님의 사랑을 기반으로 한 참 믿음을 보여주셨어요. 예수님은 하나님이 안식일을 만드신 본래의 뜻에 대한 믿음이 있었고, 바리새인과 율법학자들은 계율 그 자체를 이행하는 것이 중요하다는 믿음을 가지고 있었던 것이지요. 두 믿음의 차이는, 하나는 생명을 살리는 믿음이 되고, 다른 하나는 오히려 생명을 죽이는 믿음이 되는 거죠.

남예혁 참 믿음은 예수님에 관한 어떤 사실에 대한 믿음이 아니라 예수님과의 친밀한 관계에서 형성되는 신뢰와 신실함을 의미합니다. 즉 예수님에 대한 믿음은 서로 살아 있는 관계 안에서 형성됩니다. 평소에 예수님에게 신뢰와 친밀함을 갖지 않았던 사람이 예수님에 대해 올바른 믿음을 갖기란 어렵습니다. 교리적 믿음이 참 믿음이 아닌 이유는 예수님과 나 사이의 상호적인 관계가 배제되어 있기 때문입니다.

나정통 그런데 한 가지 진지하게 나누고 싶은 것은, 참 믿음은 하나님의 은혜이자 성령의 역사라는 사실입니다. 참 믿음은 억지로 믿으려고 노력해서 믿어지는 게 아니라 보이지 않는 어떤 큰 힘의 작용으로 내 안에 확신이 들면서 믿어지게 됩니다. 그래서 온전한 믿음이란 예수님에 대해 '믿어서 믿는 믿음'이 아니라 자연스럽게 '믿어져서 믿는 믿음'입니다. 안 믿으려고 해도 그저 믿어지는 믿음의 세계가 있는데, 그 믿음은 목에 칼이 들어와도 거부할 수 없는 믿음입니다. 그래서 믿음은 전적으로 하나님께서 주시는 은혜라고 말할 수 있습니다. 사도행전 3장 16절에서 베드로는 '예수로 말미암아 난 믿음'이 사람을 치유했다고 말합니다. 믿음 또한 예수님으로부터 오는 것입니다. 예수님이 대한 믿음도 분명 그 차원을 배제할 수 없습니다.

조하나 그런 믿음의 차원이 있다는 데 공감합니다. 그런 참 믿음은 예수님에 관한 어떤 사실에 대한 믿음에 그치는 것이 아니라 그 사실이 담고 있는 진리에 대한 믿음으로 드러나게 되죠. 예를 들어, 예수님이 귀신을 내쫓고 병을 고치는 놀라운 기적을 행하셨다고 믿을 때 '아, 예수님은 놀라운 능력의 소유자구나'라고 믿는 것에 그친다면 교리적 믿음으로 전락할 위험이 크죠. 그 사실도 믿어야겠지만, 기적을 일으키시는 예수님의 사랑에 대한 믿음, 사랑의 실천에 대한 믿음이 일어나야 해요. 또 무덤에서 삼 일 만에 부활하셨다는 '기록'에 대한 믿음은 교리적 믿음에 그칠 수 있지만, 부활하신 예수님이 지금도 내 삶 속에서 현존하시는 생명임을 믿는 것은 우리도 부활의 삶을 살아가게 만드는 참 믿음이에요. 이렇게 예수님이 누구신지, 그리고 그분이 행하신 일이나 사실에 담긴 뜻을 믿고 내 삶 속에서 실천할 때 비로소 예수님을 올바로 믿는 것입니다. 예수님의 진리와 사랑 그리고 생명에 대한 확실한 믿음으로 말미암아 우리도 예수님의 진리와 사랑과 생명을 펼치기 위해 행동하고 실천하는 믿음의 삶을 살아가게 되는 것이죠.

예수에 대한 참 믿음

신석기 잘 알겠습니다. 그러면 교리적 믿음이 아니라 기독교인으로서 꼭 믿어야 할 예수님에 대한 참 믿음이 있다면, 예수님의 어떤 모습에 대한 믿음일까요?

남예혁 너무도 많아서 일일이 다 말씀드릴 수 없지만, 예수님에 대한 믿음의 두 기둥을 말씀드리고 싶네요. 그것은 선지자의 입을 통해 전해진 모습인데요. 첫 번째는 이사야서에서 나오는 '고난받는 종'으로서 예수님에 대한 믿음입니다. 이사야서 53장 5절에 "그가 찔림은 우리의 허물 때문이요 그가 상함은 우리의 죄악 때문이라 그가 징계를 받으므로 우리는 평화를 누리고 그가 채찍에 맞으므로 우리는 나음을 받았도다"라는 말씀이 나옵니다. 그리스도인이라면 누구든 이 말씀 속의 고난 받는 종이 바로 예수님임을 믿고, 또 그 예수님이 베푸신 '대속의 은혜'에 대한 확실한 믿음이 필요합니다. 예수님에 대한 믿음의 두 번째 기둥은 예수님께서 자신에 대해 직접 인용하신 말씀에서 찾을 수 있습니다. 누가복음 4장을 보면 예수님께서 회당에서 이사야서를 펴시고 "주의 성령이 내게 임하셨으니 이는 가난한 자에게 복음을 전하게 하시려고 내게 기름을 부으시고 나를 보내사 포로 된 자에게 자유를, 눈 먼 자에게 다시 보게 함을 전파하며 눌린 자를 자유롭게 하고 주의 은혜의 해를 전파하게 하려 하심이라 하였더라"라는 말씀이 이뤄지셨음을 선포합니다. 우리가 예수님에 대해 가져야 할 믿음은 십자가 사건뿐 아니라 우리 일상의 삶에서 가난한 자, 억압받는 자, 소외된 자들을 위해 새로운 자유와 해방의 삶을 일으키시는 분임을 믿어야 합니다. 이 두 믿음에서 중요한 것은 예수님께서 행하신 것과 지금 행하고 계신 역사에 대한 믿음입니다. 이 믿음이 있으면 예수님이 누구신가에 대한 믿음은 저절로 고백됩니다. 반대로 이 믿음이 없으면 예수님이 그리스도요 하나님의 아들이라는 믿음은 공허한 교리적 믿음으로 전락할 수 있습니다.

나정통 아주 중요한 말씀을 하셨네요. 그런데 앞에서도 지적했듯이 가만히 보면 보수 신앙을 가진 사람들은 이 대속신앙을 값싼 신앙으로 왜곡하는 경향이 있고, 진보 신앙이라고 자처하는 사람들은 대속신앙의 소중함을 등한시하는 경향이 있습니다. 실제 요즘 기독교인들을 보면 예수 그리스도의 대속의 은혜에 대한 감사와 감격이 모두 약해졌어요. 이것 자체가 교리적 믿음이 되어버린 것입니다. 실제 삶 속에서 예수님의 대속에 대한 믿음과 은혜가 넘쳐난다면 어떤 환경과 고난 속에서도 감사의 삶이 이어질 것입니다. 누가 뭐래도 예수님에 대한 이 믿음이 없다면 신앙생활은 한 발짝도 앞으로 못 나갑니다.

예신자 그 말씀에 저도 동의해요. 그런데 대속의 은혜는 이해되고 또 믿어지는데, 평소에는 왜 이렇게 실감이 안 나는지 몰라요. 그냥 법조문에 쓰여 있는 것을 믿는 것처럼 느껴질 때가 많아요. 또 그렇게 쉽게 잊어버리는 것을 보면 평소에도 그 은혜의 깊이를 되새기지 못하는 것 같아요. 그 믿음이 좀 더 절박해졌으면 좋겠어요.

조하나 다른 한편에서 보면, 보수 기독교인들은 가난한 자에게 복음을 전하고, 포로 된 자를 자유케 하고, 눈먼 자를 보게 하고, 절름발이와 문둥병을 낫게 하면서 은혜의 해를 선포하시는 예수님에 대한 믿음이 너무 약해진 것 아닌가요? 아니면 너무 영적으로만 해석하고 적용하는 경향도 보이고요. 또 진보 기독교인들은 이 말씀을 너무 경직되게 사회적인 영역에만 적용하는 양상을 보여요. 이 말씀은 예수님이 세상과 인간의 총체적인 구원을 가져오는 메시아적 활동을 시작하셨음을 선포하신 것이에요. 그러니까 예수님에 대한 우리 믿음 또한 총체적이어야 해요.

이성공 오랜만에 제가 100퍼센트 동의하는 말씀들을 나누시니 마음이 흡족하네요. 그런데 앞에서 언급하셨다시피 예수님에 대한 믿음의 두 기등은 둘 중 하나를 취사선택할 수 있는 문제가 아닙니다. 또한 자신들의 신학이나 신앙의 입맛에 맞게 적용할 말씀도 아니고요. 조화가 필요합니다. 어느 한쪽에 치우치면 예수님에 대한 온전한 믿음을 가질 수 없습니다. 오늘날 기독교인들이 예수님을 믿지 않는다는 평가를 받는 것은 바로 이 믿음이 제대로 드러나지 않기 때문이라고 볼 수 있어요.

chapter 9

예수'의'
믿음

신석기 지금까지 예수님에 대한 믿음에 대해 이야기를 나눴는데요. 그 믿음
이 교리적 믿음으로 왜곡될 수 있다는 것과 어떻게 믿는 것이 교리
적 믿음이 아닌지 이야기를 나눠보았습니다. 그럼 이제 마지막으로
예수'의' 믿음에 대해 이야기를 좀 나눠볼까요?

남예혁 우리가 예수님의 믿음에 대해 관심을 가져야 하는 이유는 예수님
에 '대한' 믿음만으로는 예수님의 진리를 옹골차게 실천하며 드러내
는 것이 어렵기 때문입니다. 예수님에 대한 믿음은 자신의 상황과 조
건에 따라 얼마든지 변화될 수 있어요. 그러므로 예수님에 대한 믿
음은 '예수님의 믿음faith of Jesus'과 하나가 될 때 비로소 힘을 발휘할
수 있습니다.

예신자 예수님의 믿음이라는 말이 참 생소하지만 한편으로는 신선한 표현이
네요. 그런데 저도 그렇습니다만 기독교인들은 예수님의 사랑은 많
이 언급하잖아요. 하지만 예수님의 믿음이나 예수님의 희망 같은 표
현은 잘 하지도 않고, 또 그 내용을 들여다보려고 하지 않는 것 같아

요. 왜냐하면 예수님은 하나님의 아들이시니까 당연히 믿음이 좋으시겠거니 생각한 거죠. 그런데 말 그대로 예수님의 믿음이 우리 믿음의 일부가 될 수 있다면, 나아가 우리의 믿음과 예수님의 믿음이 하나로 합치가 된다면 정말 두려울 것이 없겠네요.

조하나 우리는 예수님이 믿음의 사람이었음을 확신해요. 그는 하나님의 말씀과 그분의 뜻에 대한 믿음, 하나님의 부르심에 대한 확고한 믿음을 지니고 있던 분이셨어요. 또한 예수님은 사람은 모두 하나님의 형상으로 지은 바 된 하나님의 자녀들이라는 믿음을 가지고 있었습니다. 예수님을 믿는다는 것은 그 예수님의 믿음이 바로 우리의 믿음이 된다는 것을 의미해요. 우리에게 예수님의 믿음이 없다면 예수님조차 제대로 믿을 수 없고, 또 예수님을 믿지 못하면 우리가 예수님의 믿음을 닮아갈 수도 없어요. 나중에 다시 말씀드리겠지만, 결국 이 둘은 하나의 믿음이지요.

이성공 수사학적으로 아름다운 표현이고 우리의 실제 믿음의 내용도 그러면 좋겠다는 생각이 들지만, 너무 어려운 것 아닙니까? 우리가 율법이 아니라 예수님께서 베푸신 구원을 믿을 때 구원받는다고 말하면 모든 것이 간단한데 말이죠. 우리 믿음이 예수님의 믿음의 경지에 이르지 못하면 마치 예수님을 안 믿는 것과 같다는 식의 말씀을 하시니 보통 기독교인들은 참 따르기 어렵다고 생각합니다. 또 우리가 가져야 할 예수님의 믿음이 무엇인지도 잘 모르고요. 성경에서도 '예수님을 믿어 구원받는다, 예수님의 이름을 부르는 자는 구원을 얻는다'라고 기록되어 있잖아요.

남예혁 구원과 관련해서는 '예수님의 믿음'이 더욱 중요합니다. 갈라디아서 말씀을 보면 오늘날 기독교가 말하는 것과 달리 바울은 놀랍게도

'예수님에 대한 믿음'이 아니라 '예수님의 믿음'을 말하고 있습니다. 그런데 한글 성경에는 헬라어 원어대로 소유격으로 '예수님의 믿음'이 아니라 목적격으로 '예수님을 믿음' '예수님에 대한 믿음'으로 번역되어 있습니다. 이 작은 번역의 차이 하나가 예수 믿음의 세계를 하늘과 땅 차이로 만들고 있습니다. 개역개정판 성경은 갈라디아서 2장 16절 말씀을 이렇게 번역했습니다.

사람이 의롭게 되는 것은 율법의 행위로 말미암음이 아니요 오직 예수 그리스도를 믿음으로 말미암는 줄 알므로 우리도 그리스도 예수를 믿나니 이는 우리가 율법의 행위로써가 아니고 그리스도를 믿음으로써 의롭다 함을 얻으려 함이라 율법의 행위로써는 의롭다 함을 얻을 육체가 없느니라

이렇게 번역된 문장을 그대로 받아들이면 예수님을 하나의 대상으로서 믿으면 의롭게 되는 것으로 이해되지요. 그런데 이것이 신학적으로 맞는 것일까요? 언뜻 보면 맞는 말 같아요. 그러나 만약 위와 같이 해석하면 우리가 의롭게 되는 것은 예수 그리스도와 상관없이 그를 믿는 우리의 믿음에 따라 좌우되는 것이 되지요. 하지만 성경적으로나 신학적으로 볼 때 우리가 의롭게 되는 것은 하나님의 의롭게 하심이 먼저 있고 나서 그것을 믿는 믿음이 뒤따라야 합니다. 만약 우리의 믿음만으로 의롭게 된다면 하나님과 예수 그리스도의 의롭게 하심은 아무런 의미가 없습니다. 우리를 의롭게 하시는 예수님의 믿음이 중요합니다. 그러므로 이 말씀은 다음과 같이 번역해야 합니다.

사람은 율법의 행위가 아니라 예수 그리스도의 믿음으로 의롭게 된다는 사실을 알기 때문에 예수님을 믿게 되었습니다. 이로써 우리는 율법의 행위가 아니라 그리스도의 믿음으로 의롭게 됩니다. 왜냐하면 율법의 행위로는 의롭게 될 수 없기 때문입니다.

여시민 저도 갈라디아서 말씀은 많이 들었지만, 그런 말씀은 처음인데요. 정말 원어 성경에는 그렇게 되어 있나요?

남예혁 네, 분명히 성경 원어로는 '예수 그리스도의 믿음($\delta\iota\grave{\alpha}\ \pi\acute{\iota}\sigma\tau\epsilon\omega\varsigma\ \text{'}I\eta\sigma o\tilde{\upsilon}\ X\rho\iota\sigma\tau o\tilde{\upsilon}$)' '그리스도의 믿음($\pi\acute{\iota}\sigma\tau\epsilon\omega\varsigma\ X\rho\iota\sigma\tau o\tilde{\upsilon}$)'이라고 표현하고 있어요. 그리고 그 예수님의 믿음이 우리를 의롭게 하는 줄 알고 예수 그리스도를 믿는다는 것입니다. 그러므로 "예수님의 믿음으로 말미암아 우리가 의로움을 얻게 되었다는 것을 알고 믿을 때 우리 또한 의롭다 함에 이를 수 있다는 거예요. 미묘한 차이 같지만 잘못하면 예수님의 믿음과는 상관없이 우리의 믿음만으로 구원받는 줄 착각하게 만들 수 있습니다. 사실 이것이 이해가 잘 안 되니까 헬라어 원문의 소유격을 문법적으로 다시 목적격으로 재해석해서 '예수 그리스도를 믿는 것'으로 번역했지만 궁색하고 부족한 해석이라고 봐요.

신석기 이것은 다소 전문적이고 신학적인 논쟁이 될 텐데요. 이왕 말이 나왔으니 시청자들을 위해 좀 쉽게 설명해주시죠.

남예혁 예수님의 치유사역을 다시 보시기 바랍니다. 예수님은 믿음으로 병자를 낫게 하셨고, 자신의 믿음을 믿는 사람들에게 구원을 베푸셨습니다. '네 믿음이 너를 구원했다'라는 의미가 바로 그것입니다. 치유받는 사람들이 예수님의 믿음을 자신의 믿음으로 삼았다는 것이지요. 하나님을 향한 예수님의 믿음과 그 사람들의 믿음이 하나가 된 것입니다. 그 믿음이 치유의 기적을 일으킨 것입니다. 이런 말씀을 보더라도 예수님의 믿음이 전제되지 않는 예수님에 대한 믿음은 반쪽 믿음입니다. 그리고 이 목사님께서 예수님의 믿음을 갖는 것이 더 어렵고 복잡한 것이 아니냐고 말씀하셨는데, 오히려 그 반대입니다. 예수님의 믿음이 무엇인지 분명히 알고 또 그것이 우리의 믿음이 된다면 지금보다 더 확실한 믿음의 삶을 살 수 있다고 봅니다. 우리는 간혹 뭘 어떻게 믿어야 참 믿음인지 고민하잖아요. 그런데 우리가 믿어야 할 믿음의 내용을 예수님께서 이미 보여주셨으니 얼마나 좋습니까? 그냥 따라가기만 하면 되니까요.

신석기 너무 신학적인 이야기라 어렵게 느껴지는데, 중요한 이야기임에는 분명한 것 같습니다. 그렇다면 예수님의 믿음이 구체적으로 어떤 믿음이었는지 짚고 넘어가야겠네요. 그래야 '예수님의 믿음을 우리의 믿음으로 삼아야 한다'는 명제도 성립될 테고요.

예수의 믿음 1 : 천지회통

남예혁 예수님이 품었던 믿음의 세계 전체를 알 수는 없어도 적어도 성경이 말하고 있는 '예수님의 믿음'의 큰 틀과 내용은 알 수 있을 것입니다. 성경의 많은 말씀 중에서 우리가 잘 아는 예수님의 세례 장면과 공생애 초기 모습을 보면 그분의 믿음의 골격과 내용을 한눈에 볼 수 있어요. 그 장면을 요약하면 다음과 같습니다. 예수님께서 세례를 받으실 때 첫 번째로 하늘이 열렸고, 두 번째로는 성령이 비둘기처럼 내려오는 것을 보았습니다. 세 번째로 "너는 내 사랑하는 아들, 내 마음에 드는 아들이다"라는 소리를 들었고, 네 번째로 광야에서 말씀으로 사탄의 유혹을 이기셨습니다. 마지막 다섯 번째로 하나님나라가 가까웠다고 선포합니다. 이 말씀을 통해 예수님이 지녔던 믿음을 발견할 수 있다고 봅니다.

신석기 그 장면에서 어떤 예수님의 믿음을 볼 수 있지요? 잘 와닿지 않는데…… 하나씩 짚어가면서 이야기를 나누도록 하지요.

조하나 제 의견을 먼저 말씀드리면, 성경에는 세례를 받으실 때 예수님 자신이 하늘이 갈라지는 것을 보았다고 기록되어 있어요. 매우 종교적이고 상징적인 표현인데요. 하늘이 열렸는데 그 모습을 주위에 있던 사람들이 아니라 예수님 그 자신이 보았다고 전하고 있어요. 이것이 중요한데, 남이 아니라 예수님 자신이 보았다는 거예요. 그것은 예수님의 확실한 믿음을 표현한 것입니다. 예수님 눈으로 똑똑히 보았다고 표현한 것은 예수님 자신이 그렇게 분명하게 체험하고 믿었음을 보여주는 것입니다. 그러면 '하늘이 열렸다'라는 표현은 무엇을 뜻할까요? 이때의 하늘은 자연·물리학적 차원에서의 하늘만 의미하지 않을 거예요. 하늘이 열리는 개천開天의 모습은 하나님의 세계 또는 진리의 세계가 열린 것을 상징해요. 예수님에게 하늘이 열리고, 하나님의 가슴이 열린 것이지요. 예수님 위에서 하늘의 뜻이 펼쳐 내려오기 시작하고, 하나님과 예수님이 서로 하나로 연결되어 있음을 표현한 것이기도 합니다. 이제 하나님의 섭리와 예수님의 뜻이 서로 만나는 천지회통天地回通의 출발을 알리는 것이죠. 예수님 자신을 그런 존재로 믿었다는 것입니다. "하나님께서 내게 당신의 마음을 여셨다." 나중에 예수님은 "하늘이 열리고 하나님의 천사가 인자 위에 오르락내리락하는 것을 볼 것이다"라고 말씀하셨는데, 이 천지회통을 이미지화한 말씀이에요.[37] 이것이 바로 예수님이 지녔던 믿음의 시작이었습니다.

예신자 그런 믿음을 우리가 어떻게 갖죠? 우리 눈앞에서 하늘이 열리는 것을 어떻게 볼 수 있다는 것이지요? 그것은 예수님이시니까 가능한 것 아닌가요? 하늘은 둘째치고 남의 마음이 열리는 것도 보지 못하는데…… 참 어렵군요.

조하나 그렇게 생각할 수도 있죠. 그러나 너무 신비하고 초자연적인 현상으로만 생각하지 마시고, 하늘을 하나님의 마음으로 생각해보세요. 하나님의 마음이 항상 우리를 향해 열려 있지 않나요? 하나님은 당신의 자녀들에게 자신의 마음을 보여주는 분이시잖아요. 하나님의 마음은 이미 열려 있어요. 하지만 그 믿음이 우리에겐 없어요. 그래서 우리가 하나님의 마음을 만나지 못하는 것이지요. 우리가 열려 있는 하늘, 곧 하나님의 마음을 느끼지 못하고 있어요. 그 신비를 체험하지 못하는 것이고요. 예수님의 그 믿음이 없기 때문이에요. 그래서 먼저 믿어야 하나님의 마음을 만날 수 있어요. 하나님의 마음이 내게 열려 있다는 믿음 없이 어떻게 하나님을 체험할 수 있겠어요? 그래서 예수님의 이러한 믿음이 우리의 믿음이 되어야 해요.

예수의 믿음 2 : 하나님의 영을 받은 존재

남예혁 다음 묘사를 보면 좀 더 이해가 될 것 같습니다. 그때 하늘이 열리고 내려온 것은 '하나님의 영'이었습니다. 하나님의 영이 그에게 내려

---

37. 요 1:51

와서 그를 휘감습니다. 이것은 예수님이 단순히 세례요한의 물세례를 받는 것이 아니라 영의 세례를 받았음을 보여주는 것이지요. 이 기록을 보면 예수님 자신이 하늘의 영을 받았다는 확실한 믿음이 있었음을 볼 수 있습니다. 성경은 그것을 실감 나게 예수님이 직접 보았다고 말하고 있습니다. 만약 예수님에게 이 믿음이 없었다면 결코 하나님의 뜻을 펼칠 수 없었을 것입니다. 이 믿음은 예수님 자신이 단순히 육의 존재가 아니라는 확신, 즉 육신의 '나사렛 예수'가 아닌 하나님의 영을 품고 있는 존재라는 믿음입니다. 이것이 두 번째 믿음입니다.

나정통 실제로 우리가 예수님의 삶을 보면 예수님은 하나님의 영에 사로잡힌 사람이었음을 잘 알 수 있습니다. 하나님의 영을 통해 그분의 뜻을 아셨고, 펼치셨습니다. 하나님의 영을 통해 기적을 일으키셨고, 하나님나라를 드러내셨습니다. 하나님의 영을 통해 하나님과 하나가 되셨고, 그의 영 안에서 자유로우셨습니다. 예수님은 하나님의 영이 자신에게 내려오는 것을 보았고, 하나님의 영이 함께함을 믿었습니다. 만약 우리도 성령의 세례를 받았다고 믿는다면, 이미 예수님처럼 하나님의 영이 임했음을 더욱 확실하게 믿어야 합니다. 그럼에도 우리는 그 믿음이 약합니다. 영적인 존재로서의 자신보다는 육적인 모습에 더 집착하게 됩니다. 영혼에 관심을 두기보다는 모든 삶의 에너지가 눈에 보이는 세계에 빼앗기고 있어요. 하나님이 보내주신 성령의 힘으로 살려고 하기보다 자기의 힘으로 살려고 하니까 삶이 힘든 거예요. 하나님께서 영의 법칙대로 살라고 성령을 보내주셨는데, 그것을 믿지 않고 달리 살려고 하니 당연히 힘들 수밖에 없어요. 안 힘든 게 이상한 것이죠. 우리는 하나님의 영이 함께한 존재라는 것을 다시 한 번 예수님처럼 확실하게 믿어야 합니다.

신석기 너무 종교적인 문답이 오가는 것 같은데요. 그런데 비둘기는 무엇을 상징한 건가요? 평화인가요?

이성공 구약과 신약에 비둘기에 대한 여러 이미지가 있습니다. 구약에 보면 노아 홍수 이후에 땅에 물이 어느 정도 말랐는지 알아보려고 노아가 비둘기를 날려보잖아요. 그래서 이 노아 방주의 비둘기는 구원의 메시지를 상징한다고 볼 수 있어요. 또 아가서에서는 비둘기를 사랑하는 연인을 묘사하면서 아주 애틋하게 표현합니다. 그런가 하면 예수님은 비둘기를 순수함의 상징으로 생각해서 "비둘기처럼 순수하라"고 말씀하시기도 하셨어요. 여기서 하나님의 영이 비둘기처럼 내려왔다고 하는 것은 역시 성령의 특성을 표현하면서 동시에 성령에 실려 내려오심을 더욱 사실적으로 묘사한 것이라 봅니다. 그냥 성령이 내려오셨다고 말하면 잘 실감이 안 나잖아요.

조하나 당시에 비둘기 모습 자체가 평화를 상징한다고 할 수는 없지만요. 이 목사님이 말씀하신 비둘기 이미지와 또 성령의 실재감, 이 모든 것을 총체적으로 볼 때 결국 이 비둘기같이 성령이 임하셨다는 말은 예수님이 샬롬, 평화의 온전한 모습을 표현한다고 말할 수 있어요. 즉 이 모습은 지금 예수님 자신이 평화의 영에 완전히 휩싸여 있음을 뜻해요. 이것은 예수님이 어떤 일을 몸으로 행하시기 전에 하나님의 평화에 감싸인 평화의 존재이셨다는 겁니다. 예수님은 자신의 온 존재가 평화로 젖어 있음을 체험했고, 하나님의 평화로 감싸인 존재임을 믿으셨어요. 예수님은 외부 상황이나 조건에 좌우되지 않는 평화의 존재이셨죠. 무엇보다 그 자신이 그렇게 확신하신 거예요. 그래서 예수님은 그 믿음을 통해 하나님의 평화를 누릴 뿐 아니라 평화를 나누는 존재가 되신 것이죠. 만약 자신이 누리는 평화에 대한 믿음이 없었다면 어떻게 평화를 나눌 수 있었겠어요? 또한, 예수님은 평화야말로 하나님의 자녀가 지녀야 할 중요한 정체성이라고 믿으셨어요. 예수님이 "평화를 위해 일하는 사람은 하나님의 자녀로 불릴 것이다"라고 말씀하셨죠? 그런데 우리는 어떤가요? 이미 예수님께서 "내가 너희에게 평화를 준다. 이 평화는 세상이 주는 평화와 다르다"라고 말씀하셨는데, 평화를 지닌 존재라는 믿음이 별로 없어요. 만약 이 믿음만 확실하다면 어떤 상황에서도 중심을 잃지 않고 살아갈 수 있을 텐데 말이죠. 하지만 우리가 가지고 있는 평화는 금방 있다가도 없어지고, 없다가도 생기는 가벼운 평화스러움 정도 같아요. 평화를 지닌 존재라는 이 믿음은 우리도 품어야 할 중요한 믿음이라고 봅니다.

예신자 요즘 시대에 평화는 정말 중요한 문제라고 생각해요. 제가 국제 구호 단체를 후원하면서 제3세계의 곳곳을 많이 다녔어요. 정말 어른들의 폭력과 전쟁으로 너무 많은 아이들이 가난과 질병으로 죽어가고 있어요. 전 세계 10억에 가까운 사람들이 굶주림에 고통받고 있어요. 매일 3만 명의 어린이가 가난으로 죽어가는데, 일주일이면 21만 명, 일 년이면 1,100만 명의 아이들이 굶어 죽어가는 거예요. 정말 어마어마한 숫자지요. 더욱이 그들 중 대부분이 5세 미만의 아이들이에요. 이런 수치들은 말로 다 설명할 수가 없어요. 그곳 아이들을 볼 때마다 하루빨리 이 땅에 평화가 찾아오기를 바라는 마음 간절해요. 그런데 갈수록 평화가 요원해 보이니 어쩌죠? 세상에는 전쟁을 원하는 사람보다 평화를 원하는 사람이 더 많은데, 왜 평화가 이뤄지지 않는지 참 답답할 때가 많아요. 그럴 때면 나도 모르게 눈물이 나고 하나님을 원망하게 돼요.

나정통 평화는 정말 종교적인 문제를 떠나서 전 세계적인 문제입니다. 평화를 애쓰는 분들도 참 많고요. 저처럼 책만 들여다본 사람은 참 부끄럽습니다. 평화를 위해 일하는 사도들이 더 많이 일어나야 한다고 생각합니다. 그리고 지금 전 세계에 퍼져 있는 17,000명의 선교사들이 평화의 사도라는 정체성을 갖는다면 한국 기독교는 세계를 변화시키는 기독교가 될 것입니다. 한 가지 더 첨부하고 싶은 말은 평화운동을 하시는 분들은 '평화를 위해 일한다'는 말씀을 너무 사회적·정치적으로만 읽고 해석하고 있어요. 예수님이 말씀하신 '평화'는 개인의 안팎과 공동체 모두의 평화잖아요? 그런데 이 둘이 통전 되지 않고 한쪽으로 치우친 느낌을 받습니다. 한쪽에서는 내면의 평화만을, 다른 한쪽에서는 외부의 평화만을 강조합니다. 특히 '평화를 위해 일한다.' '평화를 위해 싸운다'는 표현은 오로지 사회적·외적인 평화에만 해당하는 말처럼 축소되었어요. 이 시대에 비록 사회적 평화와 세계평화도 중요하지만, 그런 평화를 위하여 일하기 전에 자신의 평화와 내면의 평화를 더욱 열심히 지켜내야 합니다. 내 안에 평화 없이는 이웃의 평화를 위해 일할 수 없습니다. 사회운동가 안에서도 '내 안의 평화' '영혼의 평화'를 위해 일하는 사람들이 지금보다 훨씬 더 많아져야 한다고 봅니다. 예수님도 먼저 평화로운 존재로서의 자신을 믿었습니다. 그래서 평화됨being peace과 평화함doing peace이 서로 조화를 이뤄야 한다고 생각합니다.

남예혁 정리하자면 이렇습니다. 성경에서 말하는 평화, 즉 구약의 '샬롬'이나 신약의 '에이레네'라는 말은 단순한 사회적 평화나 개인의 내면적 평화만 의미하는 것이 아니라 하나님과 인간, 인간과 인간, 그리고 인간과 자연의 모든 관계가 회복된 상태를 의미합니다. 그것은 영적인 것, 개인적인 것, 사회적인 것 등 모든 것의 온전한 삶을 의미하는 것입니다. 또한 그것은 곧 구원받은 자의 삶이요, 하나님나라의 삶을 표현합니다. 조금 전에 말씀을 나눈 것처럼 이런 총체적인 평화의 삶을 누리려면 우리 안에 예수님께서 주신 평화를 믿어야 합니다.

예수의 믿음 3 : 하나님의 사랑을 받는 존재

신석기 평화에 대한 더 넓고 깊은 이해가 필요해 보입니다. 그럼 다음 주제로 넘어갈까요?

이성공 저 개인적으로 오늘 가장 눈에 띄는 예수님의 믿음은 하나님 아들로서 사랑받는 존재라는 믿음입니다. 이전에 많이 읽고 또 설교도 한 말씀인데, 오늘 귀에 확 들어오네요. "너는 내 사랑하는 아들이라 내가 너를 기뻐하노라." 마가는 이번에도 예수님이 직접 이 음성을 들었다고 강조하고 있어요. 이 또한 예수님 스스로 가졌던 자기 자신에 대한 확신과 믿음의 표현이라고 봅니다. 실제로 제자들과 사람들은 예수님이 '하나님이 사랑하시는 존재'로서 삶을 살아가는 것을 보았으니까 이렇게 기록할 수 있었을 것이고요. 자신이 하나님으로부터 사랑받는 아들이자 기쁘게 여기는 존재라는 믿음이야말로 예수님이 그 숱한 고난을 이기게 하는 힘이었을 것입니다.

예신자 사실 기독교인이라면 하나님 사랑만큼은 확실하게 믿고 있으며, 또 그렇게 믿어야 할 사람들이 아닌가요? 그런데 실제는 그렇지 못한 것 같아요. 겉으로 볼 때 기독교인 가운데 하나님의 사랑을 의심하는 사람은 별로 없다고 생각해요. 기도할 때도 매번 '우리를 사랑하는 하나님 아버지'라고 기도하잖아요? 그만큼 우리 머릿속에 세뇌되어 있어요. "하나님은 사랑이시다. 예수님은 사랑이시다." 하지만 기독교의 단골 구호임에도 실제로 그 사랑을 깊이, 그리고 매 순간 체험하고 감격하는 기독교인들은 많지 않은 것 같아요. 말로는 "나를 사랑하시는 하나님, 우리를 사랑하시는 주님"이라고 하지만, 그럴 때마다 그 사랑이 가슴에 콱 박히나요? 저는 솔직히 그러지 못할 때가 많아요. 하나님이 나를 사랑하신다는 사실을 의심하지는 않지만, 그 사랑을 삶 속에서 절절하게 느끼지 못할 때가 많아요. 지금 생각하니 사랑에도 믿음이 필요하군요.

조하나 맞아요. 기독교인들은 아주 쉽게 "하나님이 당신을 사랑합니다", "하나님이 우리를 사랑합니다"라고 말해요. 그런데 그 사랑이 단지 말이나 표현이 아니라 실제 자신의 존재를 사랑하는 하나님으로 잘 체험하지는 못하는 것 같아요. 사랑이 구체적으로 느껴지지 않고 실감이 나지 않는다고 고백하는 기독교인이 많아요. 요사이 자살하는 연예인들이 많은데, 대부분 기독교인이라는 사실이 결코 우연이 아니라고 봐요. 하나님이 사랑하는 자녀라고 믿고, 또 그 사랑을 체험한다면 자살하지는 않을 거예요. 물론 우리가 자살할 만큼 힘겨움을 느낄 수는 있어요. 하지만 그렇게 힘들 때 예수님처럼 하나님의 잔잔한 사랑의 음성을 들어야 하는데, 현실의 고통에 빠져 그 음성이 들리지 않는 거예요. 이것을 보더라도 결국 하나님의 사랑도 믿음이 있어야 체험할 수 있는 것이죠. 그저 머리로 인정하는 것에 그치는 것이 아니라 자신의 확실한 믿음으로 체감되어야 한다고 봐요.

예신자 그 말씀이 생각나네요. 우리가 찬양으로도 많이 부르는 스바냐 3장 17절 말씀 있잖아요. "너의 하나님 여호와가 너의 가운데 계시니 그는 구원을 베푸실 전능자시라. 그가 너로 인하여 기쁨을 이기지 못하시며 너를 잠잠히 사랑하시며 너로 인하여 즐거이 부르며 기뻐하시리라"는 말씀 말이에요. 참 놀라운 은혜의 말씀이에요. 하나님이 정말로 이런 부족하고 연약한 나를 향해 기쁨을 이기지 못하시는 분, 나를 잠잠히 사랑하시는 분, 나 때문에 즐거이 노래를 부르시는 분이라는 이 믿음만 있다면 세상에서 어떤 어려운 일, 고난을 겪어도 이겨나갈 수 있을 거예요. 아마 예수님도 이 말씀을 읽으셨고, 자신을 그렇게 사랑하시는 하나님을 확실하게 믿으셨을 거예요.

남예혁 여기서 놓치지 말아야 할 부분이 있습니다. 하나님께 사랑받는 존재라는 믿음은 예수님이 하나님 앞에서 많은 일을 행하고 실천해서 그 결과 때문에 하나님 마음에 드는 사람이라고 생각한 것이 아니라는 것입니다. 이 믿음은 예수님이 하나님 앞에서 어떤 일을 하시기 전에 하나님 앞에서 갖게 된 믿음입니다. 그래서 이 말씀에 사용된 사랑이라는 헬라어 단어도 아가페예요. 이유가 없고 조건도 없어요. 우리도 이렇게 생각할 때가 있어요. '내가 하나님 앞에서 이런저런 행동을 잘해야, 하나님 보시기에 어여쁜 일을 많이 해야 사랑받는 자녀가 될 수 있을 것이다'라는 생각 말이죠. 즉 내 행동의 어떤 결과를 보고 그것에 대한 반응으로 하나님께서 우리를 사랑하신다는 것입니다. 하지만 아이들을 키워보면 알잖아요? 자녀들이 부모에게 무엇을 잘해서라기보다는 그저 사랑스럽고 마음에 들잖아요. 하물며 하나님은 어떠시겠습니까? 우리가 자신을 볼 때 비록 형편없어 보이고, 무가치하게 보이고, 또 무능력하게 보일 수 있어요. 잘못할 수도 있습니다. 하지만 그럴지라도 우리는 하나님께서 예수님의 거룩한 희생과 피 값으로 산 존재라는 확고부동한 사실을 믿어야 합니다. 당신의 아들의 생명을 담보로 우리를 사셨는데, 하나님께 우리가 얼마나 사랑스럽고 소중한 존재겠어요. 그것은 조건 없는 사랑입니다. 이 믿음이 우리를 행복하게 만드는 것이죠.

나정통 현재 우리나라 일류 대학에는 전문 상담 인력이 부족해서 난리라고 합니다. 학생들의 우울증이 심한데 감당할 수 없을 정도라고 하더군요. 작년에 모 종합대학에 강의 목적으로 방문한 적이 있는데, 학과 담당 교수님 중 한 분이 이런 말씀을 하셨어요. 얼마 전에 상담 차례를 기다리던 학생이 자살하는 사건이 벌어졌다는 거예요. 그만큼 상담자들이 밀려 있다는 것이죠. 그 말을 듣고 참 가슴이 아팠습니다만, 비단 일반인뿐 아니라 기독교인들도 사정이 크게 다르지 않습니다. 기독교인들을 상담하다 보면 많은 사람이 우울증에 시달리고 있음을 알게 됩니다. 우울증은 자신의 존재 가치를 느끼지 못할 때 더욱 심해지잖아요? 기독교인들조차 이런 문화를 좇아가고 있어요. 이것은 하나님의 사랑을 믿지 못하기 때문이죠.

이성공 저도 목회를 하다 보면 그런 우울증이나 조울증을 겪는 교인들을 종종 상담하게 되는데요. 그들 중 다수가 예수님을 믿는다고 하면서도 남과 자신을 견주면서 열등감을 느끼고 있었어요. 사람이라면 얼마간의 열등감은 있겠지만, 병이 깊어질 정도가 되면 곤란하죠. 그것은 사탄이 아주 좋아하는 것입니다. 자신의 가치를 계속 남과 비교하니까 더 우울해지는 거예요. 또 자살하는 사람들 가운데 못생겼다고 자살하는 사람들을 보면 정말 화가 나요. 죽은 사람한테 화내는 게 아니라 그렇게 생각하도록 만드는 이 사회에 대해 화가 나요. 또 공부 못한다고 자살하거나 자식이 공부를 못한다고 부모가 자살하는 예도 종종 있는데, 이건 정말 아니지요. 공부 하나로 자신의 존재 가치를 깎아내리니 말이에요. 기독교인들이 사탄의 꾐에 빠지지 않으려면 이 부분에서 정말 정신 똑바로 차려야 합니다. 예수님처럼 사회적인 위치, 신분, 빈부에 상관없이 본래 자신이 '하나님이 귀하게 여기는 존재요 하나님이 기뻐하시는 자녀다'라는 믿음을 깊이 가져야 해요.

나정통 우리가 기독교의 여러 가지 모순되고 약한 부분에 관해 토론하고 있는데요. 진정한 사랑이 부족한 이 세상에서 기독교인들이 다시 한번 사랑의 전령이 될 수 있다면 그 많은 문제가 한순간에 사라질 것입니다. 사랑은 단순히 기독교만 변화시키는 것이 아니라 세상을 변화시키는 힘이 될 수 있습니다. 교회개혁, 제도개혁, 사회정의 등 모두 좋지만, 그것이 먼저 사랑으로 농익어 표출되지 않으면 성공할 수 없을 겁니다. 그래서 무엇보다 기도해야 할 것은 우리 안에 사랑이 다시 회복되기를, 하나님과 이웃에 대한 사랑이 차오르도록 하는 것입니다. 그것을 위해 먼저 자신이 하나님으로부터 사랑받는 존재임을 확실하게 믿어야만 합니다.

조하나 그 믿음을 위해서라도 우리는 자신을 하나님의 눈으로 바라보며 사랑하는 법을 배워야 해요. 먼저 자신을 참으로 사랑할 수 있는 사람이 남도 사랑할 수 있어요. 자신을 미워하면서 어떻게 남을 진정으로 사랑할 수 있겠어요. 또 자신을 미워하면서 어떻게 하나님의 온전한 사랑을 받을 수 있겠어요. 많은 사람이 자신을 잘못 사랑하고 있거나 진정으로 사랑하는 법을 잊어버렸어요. 그래서 사랑이 자꾸 축소되거나 왜곡되고 있어요. 드라마나 영화에서 그려지는 사랑을 보면 절망스러울 때가 많아요. 감각적이고 표피적인 사랑 이야기가 대부분이거든요. 그런 사랑 말고, 예수님께서 보여주시는 사랑과 하나님의 사랑에 익숙해져야만 진정으로 자신과 이웃을 사랑할 수 있게 될 거라 믿어요.

여시민 하나님의 사랑이 잘 믿어지지 않는 이유는 사람들이 그런 사랑을 받은 경험이 별로 없기 때문이에요. 다른 말로 하면 우리가 사랑을 말하기는 하지만 사랑을 표현하는 데에는 그만큼 인색해요. 지금도 많이 부르는 복음성가 중에 "당신은 사랑받기 위해 태어난 사람, 당신의 삶 속에서 그 사랑 받고 있지요"라는 가사가 있는데, 참 은혜스럽고 부를 때마다 감동이 있는데요. 이 찬양을 다른 사람에게 불러주는 데에만 그치지 말고, 실제로 '당신이 사랑받고 있다'라는 사실을 우리의 사랑으로 보여줘야죠. 세상 사람들이 하나님을 체험하는 길은 사랑밖에 없어요. 우리 또한 사랑을 실천할 때 하나님의 사랑을 더 깊이 깨닫게 되죠. 이것이 예수님이 보여준 사랑의 법칙 아닌가요?

남예혁 '사랑받는 존재'와 관련하여 중요한 예수님의 믿음은 하나님을 '아버지'로 믿는 믿음입니다. 우리가 너무 쉽게 '하나님 아버지'라고 말하다 보니 이 믿음을 쉽게 잊어버리거나 소홀하게 믿는 것 같습니다. 예수님이 당시의 야훼, 즉 여호와 하나님을 아버지라고 부르고 믿은 것은 정말 획기적이고 혁명적인 믿음의 전환이었습니다. 천지를 창조하셨으며 위대하신 분인 하나님이 나의 아버지라는 믿음과 고백은 아무리 강조해도 지나치지 않습니다. 우리 각자가 '나는 양자의 영을 받은 자요, 하나님은 나를 사랑하는 나의 아버지이시다'라는 믿음만 잃지 않아도 지금보다 훨씬 행복하게 살 수 있을 것입니다.

예수의 믿음 4 : 하나님의 말씀은 진리

신석기 그러고 보니 많은 사회 인사나 연예인들의 자살 보도를 보면 의외로 기독교인들이 많더군요. 좀 더 세세하게 논의할 내용이 많아서 다음 이야기로 넘어가겠습니다. 예수님의 또 다른 믿음은 무엇이죠?

조하나 성령에 이끌려 광야로 가신 예수님의 모습이 시사하는 바가 큽니다. 예수님은 위에서 하늘이 열리고, 성령을 체험하고, 하나님의 말씀을 듣는 큰 영적인 체험을 하신 후 바로 사역하러 세상으로 나가지 않았습니다. 대신에 성령에 이끌려 광야로 가시게 됩니다. 성경에서 광야는 하나님이 우리를 단련시키는 은총의 시공간이에요. 광야에서 우리는 연단을 받고 성숙한 존재로 변화됩니다. 척박한 땅과 상황 가운데 오히려 하나님의 뜻을 새롭게 받아내고, 하나님의 말씀과 영으로 힘 있는 영성을 회복하게 되지요. 예수님 또한 예외가 아니었어요. 예수님은 영의 이끌림을 받아 광야로 가셨어요. 그리고 그곳에서 40일간 머무시면서 하나님과 깊은 대화를 나누는데, 저는 이 장면이 매우 성스럽다고 생각해요.

이성공 많은 기독교인이 가지고 있는 예수님에 대한 오해 중 하나는, 예수님은 하나님의 독생자이며 그리스도시니까 그의 모든 능력과 지혜와 용기 그리고 마음의 상태 등이 아무런 노력이나 기도 없이 저절로 이뤄진 것으로 생각하는 거예요. 마치 완전한 모습으로 하늘에서 뚝 떨어진 존재로 이해하죠. 그러나 성경에 나타난 예수님의 모습을 보면 그렇지 않아요. 예수님은 십자가에 매달릴 때까지 기도하시고, 하나님의 말씀을 곱씹으면서 끊임없이 자신을 수련하신 분이에요. 그분이 온전한 존재가 아니어서가 아니라 하나님의 뜻을 사람들에게 온전하게 드러내기 위해서 먼저 그 자신이 하나님 앞에서 영적으로 수련하셨어요. 예수님은 기도를 게을리하지 않으셨어요. 먼동이 트기도 전에 외딴곳으로 가서 기도하셨고, 밤에도 기도하셨고, 혼자 있기를 좋아하셨잖아요. 예수님조차 기도하셨는데, 우리가 어떻게 기도 없이 살아갈 수 있을지 생각하면 좀 답답해지죠. 우리 기독교인들이 반성해야 합니다.

남예혁 개신교에서 가장 약한 부분이 영성훈련 또는 영성수련입니다. 대부분 사람은 수련이 무엇인지, 왜 필요한지 모릅니다. 새벽기도나 40일 작정기도 등 기도 시간은 많아도, 기도 그 자체를 어떻게 하면 하나님과 깊은 소통이 되게 할 수 있는지에 대한 수련이 별로 없어요. 명상수련은 불교만의 수련인 줄 알고, 마음공부는 원불교만의 수련인 줄 압니다. 그러나 예수님도 명상하셨습니다. 예수님은 우리에게 마음을 잘 다스리라고 여러 번 말씀하셨어요. 저는 기독교에서 가장 부족한 부분인 영성수련이 회복되어야 한다는 말씀을 드리고 싶네요.

나정통 사도 바울은 '경건의 훈련'이라는 표현을 썼는데요. 사도 바울 자신도 회심하고 나서 아라비아 광야에서 3년 동안이나 경건의 훈련을 하셨습니다. 하나님의 뜻을 믿고 따르려는 사람들에게 경건의 훈련은 필수적입니다. 앞에서 언급한 대로 우리에게 하늘이 열리고, 평화의 영을 체험하고, 또 우리 자신이 하나님의 자녀요 가치 있는 존재라고 믿는다고 할지라도 그 믿음이 동력으로 전환되기 위해서는 경건의 훈련이 절대적으로 뒤따라야 합니다. 바울이 경건의 모양은 있으나 실제적인 경건함이 없다고 말씀하신 것을 보더라도 실제적인 경건의 훈련이 꼭 필요합니다. 그리고 우리가 제대로 하나님 자녀의 몫을 다하기 위해 성장하고 성숙해지려면 반드시 훈련해야 합니다. 그런데 우리의 신앙생활을 보면 성경공부는 있어도 성경 말씀을 하나님의 영의 임재 가운데 깊이 읽어내는 훈련은 없습니다. 기도하는 시간은 있어도 기도를 올바르게 할 수 있도록 하는 기도수련 문화도 없습니다. 다른 말로 표현하면 '학學'은 있어도 '습習'이 없다는 말입니다. 배우기만 하고 실제로 익히고 또 익혀서 자기의 것으로 체화하는 경건의 훈련이 없다는 뜻이지요. 성경을 보면 예수님도 습관에 따라 아침 일찍 기도하러 가셨다고 기록되어 있습니다. 배우고 익혀서 자기의 것으로 체화하는 경건의 훈련이 있어야 합니다.

여시민 일반적으로 기독교가 영성수련에 대해 더욱 체계적이고 전문적인 전통이 축적되지 않은 이유 중 하나는 영성수련에 대한 오해에서 비롯되었죠. 즉 수련이 마치 무엇인가 모자라기 때문에 하는 훈련 정도로만 생각한다는 거죠. 물론 그런 측면도 있겠지요. 그런데 수련은 꼭 그런 것만이 아니라 하나님과 사람 또는 사회와의 관계에서 지속적으로 하나님의 뜻을 제대로 읽어내기 위한 영적 행동으로 볼 수 있지 않을까요? 계속 하나님의 뜻을 받아내고 실천하기 위한 영성수련 말이죠. 예수님도 그런 면에서 계속 기도하셨고, 또 말씀을 명상하셨다고 생각해요. 바울도 육체의 훈련은 조금의 유익이 있으나 영적인 훈련은 큰 유익이 있다고 말씀하셨잖아요? 우리가 건강하지 못해서 운동할 수도 있지만, 건강한 몸을 계속 유지하기 위해서라도 운동을 해야죠. 그런 측면에서 기독교의 수련 문화가 새로워져야 합니다.

이성공 예수님께서 광야생활을 마치고 마귀의 유혹을 말씀으로 물리치셨다는 것은 평소에도 말씀으로 무장하고 계셨다는 것을 의미하지요. 저는 이것이 예수님이 지닌 중요한 믿음이라고 봅니다. 만약 예수님이 평소에 말씀을 진리로 믿지도, 깨닫지도 못했다면 마귀의 유혹을 말씀으로 이길 수 있었을까요? 우리 기독교가 새롭게 변화되려면 이 말씀의 권위와 힘이 회복되어야 한다고 봅니다.

조하나 이 목사님의 말씀대로 광야에서 보여준 예수님의 믿음, 즉 하나님 말씀에 대한 믿음에 덧붙이고 싶은 말이 있는데요. 예수님이 사탄의 유혹을 구약성경에 기록된 하나님의 말씀으로 물리친 모습 또한 기독교인들에게 큰 도전이 아닐까요? 예수님이 사용한 가장 큰 무기는 돈도, 권력도, 명예도, 지식도 아닌, 바로 하나님 말씀을 통한 자신의 깨달음이었어요. 오랜 기도를 통해 얻은 말씀의 깨달음이야말로 사탄의 유혹을 물리치는 강력한 힘이었죠. 그렇다면 예수님은 어떻게 하나님 말씀을 진리의 검으로 사용할 수 있었을까요? 성경을 자세히 살펴보면 그것은 하나님과 깊은 소통 속에서 가능했음을 알 수 있습니다. 40일 동안 식사도 안 하시면서 무엇을 하셨을까요? 하나님과 깊은 일치 가운데 소통하셨을 것입니다. 예수님은 광야에서뿐만 아니라 삶 속에서도 항상 하나님을 만나고 말씀을 새롭게 듣고 믿으면서 영혼의 양식으로 삼아 진리를 펼치셨어요. 우리도 이런 진리에 대한 믿음을 가지려면 먼저 말씀의 힘을 체험해야 합니다. 영성수련 또는 경건 훈련의 기둥은 역시 말씀과 기도수련이라고 봐요. 말씀으로 기도하고, 기도 가운데 말씀을 깨닫는 과정을 통해 하나님의 말씀이 진리로 임하게 되리라 믿습니다.

이성공 그런데 한 가지 짚고 넘어갈 부분은, 마귀는 아무나 유혹하지 않는다는 거예요. 여러분들은 마귀의 유혹을 받아본 적이 있나요? 우리는 툭하면 '마귀의 시험을 받았다, 사탄의 유혹을 받았다'라고 하지만, 사실은 자기의 욕심에 스스로 넘어가는 거예요. 야고보서 1장 14절에는 "사람들은 저마다 자기 욕망에 사로잡혀 꼬임에 넘어가는 바람에 유혹을 받는다"고 했어요. 즉 우리 자신의 욕망 때문에 유혹을 받는 거예요. 다시 말해 마귀가 힘들게 고생하면서까지 우리를 유혹할 필요가 없어요. 마귀도 힘이 있어서 예수님처럼 영적인 힘이 있는 사람을 유혹하는 거예요. '내가 이 녀석을 살려두었다간 내 세력이 약화되겠구나'라고 생각되는 사람을 유혹하죠. 마귀도 우리 같은 조무래기들은 상대하지 않죠. 알아서들 잘 넘어가니까……. 역설적이지만 우리가 예수님을 믿는다면 적어도 사탄조차 두려워서 유혹하려고 하는 존재가 되어야 하지 않을까요? 물론 그 유혹을 능히 이겨내야겠지요.

예수의 믿음 5 : 하나님나라가 지금 여기에

신석기 네, 의견들 감사합니다. 이제 중요한 주제입니다. 기독교 안에서 하나님나라에 대한 이해가 다양하다고 들었습니다. 예수님은 하나님나라에 대해 어떻게 생각하고 믿었는지에 대한 문제인데요. 의견 부탁드리겠습니다.

남예혁 사실 하나님나라는 예수님의 삶과 믿음의 중심입니다. 하나님나라에 대해 예수님이 지녔던 믿음은 독특하고 차별화된 믿음이었습니다. 당시 하나님의 새로운 움직임을 기대하던 사람들은 모두 하나님나라에 대한 희망을 품고 있었습니다. 그러나 그들이 가지고 있던 하나님나라에 대한 생각과 예수님이 믿었던 하나님나라는 확연하게 구별됩니다. 우선 예수님이 믿었던 하나님나라는 현재 기독교가 믿고 전하는 '천당天堂'과는 다릅니다. 물론 영원한 하늘나라에 대해서도 말씀하셨는데, 그것은 행위의 결과를 말씀하실 때 언급하셨을 뿐입니다. 예수님의 하나님나라는 지금 우리 일상의 삶과 내면 그리고 사람들 사이의 관계에 존재하는 아주 구체적인 세계를 의미했습니다. 그분 자신이 삶으로 보여주신 하나님나라는 하나님의 사랑과 평화가 지배하는 세계예요. 그것은 '이미' 실현되고 있으며, 지금도 계속 진행되고 있는 세계임을 확실하게 보여주셨어요. 오늘날 기독교인들이 잘못 생각하듯이 하나님나라는 내세에 죽어서 가는 미래의 도피처가 아니라 지금 현존하는 세계입니다. 우리는 지금 하나님나라에서 먹고 마시고, 직장을 다니고, 살림하며 사는 것입니다. 예수님은 하나님나라를 그렇게 믿고 가르쳤습니다.

예신자 그러면 예수님이 말씀하신 하나님나라를 죽어서 가는 천국으로 믿는 것은 잘못인가요? 지금 여기서 하나님나라를 구체적으로 체험하는 것과 죽어서 하나님과 영원히 함께 사는 하나님나라를 체험하는 것이 분리되는 것인가요? 저는 그렇게 믿고 있지 않은데요. 예수님께서 "하나님나라가 가까이 왔다"고 말씀하셨지, 벌써 왔다고 말씀하시지 않으셨잖아요?

남예혁 예수님께서 그렇게 표현하신 것은 회개할 시간을 염두에 두었기 때문입니다. 사실 이 선포는 예수님 이전에 세례요한이 이미 한 것입니다. 세례요한도 동일하게 선포하면서 "회개하라"라고 강조했거든요. 가까이 왔다고 해서 아직 안 왔다는 표현이 아니라 이미 왔으니 더 늦기 전에 회개하고 복음을 믿으라는 긴박한 말씀으로 보아야 합니다. 예를 들어, 집의 주차장에서 아버지가 집으로 전화를 해서 "여보, 나 집에 왔어"라고 말했다고 합시다. 그러면 엄마는 이렇게 말할 것입니다. "아빠가 주차장에 계신대. 아빠 오셨으니까 집 좀 치우자"라고 말하면 아이들이 "아직 집에 오신 것은 아니잖아"라고 말하겠습니까? 그들에게 아빠가 온 것이 아닙니까? 이미 온 것입니다. 그런데 시간을 조금 주는 것이지요. 마찬가지로 예수님은 세례요한처럼 말씀하셨을 뿐 아니라 직접 그 하나님나라와 함께 세상에 등장하신 것입니다. 그래서 '가까이 왔다'라는 헬라어 동사의 시제는 미래형이 아니라 완료형으로 되어 있습니다.

여시민 도마복음서를 보면 예수님께서 하나님나라와 관련해 이렇게 말씀하십니다. "그 나라는 하늘에 있다고 하면 하늘의 새들이 너희보다 앞설 것이고, 만일 바다에 있다고 하면 물고기들이 너희보다 앞설 것이다. 하늘나라가 너희 안에 있고 또 너희 밖에 있다." 정경에서 제외된 문서에도 이런 말씀이 있는 것을 보면, 예수님의 하나님나라에 대한 강조는 분명 과거나 미래가 아니라 현재 우리의 삶 가운데 있다는 말씀으로 이해하는 것이 옳습니다.

나정통 맞습니다. 헬라어 원문에도 보면 예수님은 성경 곳곳에서 분명 하나님나라가 현재, 우리의 내면, 그리고 우리의 관계에 있다고 말씀하셨습니다. 하지만 그 하나님나라를 죽어서 가는 천국과 아주 별개로 생각하는 것은 하나님나라에 대한 이해가 부족한 것입니다. 기독교가 예수님의 하나님나라를 죽어서 가는 하늘나라로 생각한 것은 하나님나라를 축소했다기보다 더 확대한 것으로 받아들였으면 합니다. 물론 그럴 때 부작용도 있어요. 현실에 대한 책임보다는 내세로 도피하려는 신앙의 근거가 될 수도 있기 때문입니다. 또한 지금 말씀하신 것처럼 하나님나라를 이상화하거나 추상화할 위험도 있습니다. 그럼에도 미래에 죽은 후에 가는 하나님나라는 여기서 누리는 하나님나라의 연장입니다. 또한 기독교인들의 소망입니다. 천국은 현실을 도피하는 곳이 아니라 현실의 힘듦을 이겨내게 하는 믿음의 근거입니다. 하나님나라에 대한 잘못된 이해가 갖는 위험은 비단 내세 신앙에만 있는 것이 아닙니다. 기독교 역사에서 하나님나라를 너무 현실 세계와 동일시함으로써 벌어진 잘못도 보지 않았습니까?

신석기 구체적으로 어떤 역사적 경험을 말씀하시는 것이죠?

나정통 19~20세기 초, 유럽에서 팽배했던 소위 자유신학의 오류인데요. 그들은 이 땅을 하나님나라로 믿고, 영원히 지속할 뿐 아니라 진보한다고 확신했습니다. 그리고 이 땅에 그런 하나님나라를 인간의 합리적 이성과 과학으로 구현할 수 있다고 믿었습니다. 하지만 그들의 오만이 기독교인들에게 잘못된 신앙을 불러일으켰고, 결국 기독교 국가들이 1차, 2차 세계대전의 씨앗을 제공하기도 했습니다. 기독교 국가인 독일의 기독교인들이 히틀러에게 쉽게 동화되어 전쟁에 동조할 수 있었던 것도 이러한 신학적 배경이 작용했기 때문입니다. 하나님나라가 잘못된 '천당 이데올로기'로 변질될 수 있듯이 하나님나라의 현실성과 구체성 또한 잘못 강조되면 또 다른 세속이데올로기로 변질될 소지가 많습니다. 이런 점에서 보수 기독교나 교회에서 추진하는 '성시화聖市化 운동'도 조심해야 합니다. 그것을 마치 지상에서 '천국처럼 모든 시민이 다 예수님을 믿게 하자'는 구호처럼 들릴 수 있기 때문입니다. 그래서 하나님나라를 믿을 때는 '이미 그러나 아직already but not yet'이라는 명제를 기억해야 합니다. 즉 이미 하나님나라는 존재하지만, 아직 완성된 것은 아니라는 뜻에서 말입니다. 그래서 주기도문처럼 하나님나라에 살고 있지만, 한편으로는 하나님 아버지의 나라가 임하기를 계속 기도해야 합니다. 어느 한쪽에 치우치지 말고 '이미와 아직' 사이에 존재하는 긴장의 끈을 놓치지 말아야 합니다.

남예혁 맞습니다. 예수님 당시에 하나님나라의 도래를 지극히 정치적으로 이해해서, 로마 식민지에서 해방되어 하나님이 다스리는 독립국가를 꿈꾸던 사람들도 있었습니다. 하나님나라에 대한 이런 이해 방식은 주의해야 합니다. 한편, 하나님나라를 영원히 하나님과 함께하는 하늘나라로 이해한다고 해도 절대 용납할 수 없는 것은, 예수님이 믿었던 하나님나라를 유토피아나 이상향으로 보는 견해입니다. 예수님이 말씀하신 하나님나라는 이상과 상상의 세계에만 존재하는 가상의 세계가 아닙니다. 또한 우리가 오늘 살아가는 하나님나라는 흔히 생각하는 것처럼 아픔이나 슬픔이 존재하지 않는 완벽한 무릉도원武陵桃源도 아닙니다. 예수님은 하나님나라를 절대 이상화해서 묘사하지도 않았어요. 하나님나라에 대한 예수님의 이해와 기독교에서 소위 죽어서 가는 천국을 직접 연결할 수 없는 이유가 바로 이 부분입니다. 예수님은 하나님나라에 대한 가라지(잡초) 비유에서 분명하게 말씀하고 있지 않습니까? 하나님나라에는 알곡과 가라지가 같이 자라고 있어요. 즉 선과 악, 천사와 악마, 불행과 행복, 슬픔과 기쁨이 공존하는 곳입니다. 이런 의미에서 지옥은 하나님나라의 반대말이 아닙니다. 하나님나라는 지옥까지 포함됩니다. 왜냐하면, 하나님은 지옥까지도 다스리시는 분이기 때문입니다. 사탄의 측면에서 보면 자신의 영역에 선, 정의, 행복, 기쁨이 함께 자라면서 자신의 나라를 위협하는 형국일 것입니다. 그래서 이 땅에서 우리는 하나님나라 안에 있으면서도 지옥을 경험합니다. 그리고 그 지옥이라고 할 수 있는 사탄의 다스림을 이겨나가는 것이 곧 하나님나라를 더욱 확실하게 드러내는 것입니다.

나정통 예수님이 말씀하신 하나님나라에 대해 숙고할 때 또 한 가지 간과하기 쉬운 것은 예수님은 하나님나라를 어디서 어떻게 깨우쳤을까 하는 부분입니다. 예수님 당시에도 하나님나라의 도래나 메시아 도래 사상은 많이 퍼져 있지 않았습니까? 그중에서 예수님이 다른 사람들의 주장이나 사상과 다른 하나님나라를 선포하셨다는 것은 하나님과의 관계 속에서 하나님나라를 새롭게 깨달았기 때문입니다. 즉 하나님나라는 실제로 존재하는 실재였고, 예수님은 자신이 체험한 하나님나라를 인간 세계에 선포하신 것입니다. 그 하나님나라는 말 그대로 시공간을 넘어서 하나님께서 다스리는 세계 전체를 뜻한다고 볼 수 있습니다. 그 하나님나라는 우리가 죽은 후 영혼이 거하게 되는 세계뿐 아니라 오늘 여기에도 있다고 말씀하신 것입니다. 즉 저세상의 세계로만 치부하는 하나님나라나 혹은 이 세상에서 정치적으로 해방된 나라로서의 하나님나라 모두를 거부하시고, 그것이 하나로 통전된 하나님나라를 깨닫고 선포하셨습니다. 그런데 당시에는 하늘만 쳐다보는 하나님나라 주의자들이 많다 보니, 더 적극적으로 우리 안에 있는 하나님나라를 강조하셨다고 봅니다. 그런데 오늘날 우리의 영원한 생명이 살아갈 그 하나님나라를 믿지 않거나 강조하지 않는 것도 또한 모순이고 오류라고 생각합니다. 천국이 다른 곳이 아니라 바로 여기 내 마음속에 있다는 말씀이 이 땅 위에만 있다는 말씀은 아니지 않습니까?

이성공 또 한 가지가 더 있는데요. 하나님나라의 현재성과 구체성을 주장하는 분들이 간과하는 중요한 오류가 하나 있어요. 앞서 자유신학의 오류에서도 지적했듯이 그들은 '하나님나라를 만든다' '하나님나라를 건설한다'라는 표현을 거리낌 없이 사용해요. 그것이야말로 하나님나라에 대한 예수님의 뜻을 잘못 이해하고 있는 거예요. 성경을 보면 하나님나라는 우리가 만들고, 안 만들고 할 수 있는 것이 아니에요. 하나님나라는 이미 우리 가운데 있든, 아니면 죽어서 가는 나라든 간에 그것은 결코 인간이 만드는 세계가 아닙니다. 그렇게 이해하는 것은 정말 큰 잘못이에요. 하나님나라는 우리에게 주어진 것입니다. 감추어진 은혜입니다. 우리가 할 수 있는 것은 없는 하나님나라를 만드는 것이 아니라 감춰져 있는 것을 드러내는 것이에요. 개인의 경우에는 그 하나님나라가 제대로 드러나도록 마음을 깨끗하게 하고, 거짓과 죄를 멀리해야 하죠. 마음이 깨끗한 자가 하나님나라를 본다고 말씀하셨으니까 말이죠. 그리고 사회적으로 볼 때 하나님나라의 평화와 사랑을 막는 불의不義를 정의와 평화로 이겨내서 드러내는 것이고요. 하나님나라를 만드는 것과 드러내는 것, 이것이 작은 차이로 느껴질 수 있습니다. 하지만 거기에 따르는 행동과 마음 자세는 하늘과 땅 차이입니다.

남예혁 저도 지금 하신 말씀에 전적으로 동의합니다. 하나님의 사랑과 평화가 다스리는 하나님나라는 우리가 인위적으로 만드는 세계가 아니라 드러내고, 또 지금 여기에서 누려야 할 실재입니다. 거기에 마지막으로 더하고 싶은 것은, 하나님나라가 드러날 때 그 자체로 역동성이 있다는 거예요. 예수님의 비유처럼 작은 겨자씨가 자라나 새들이 깃들 수 있는 나무로 자라듯이, 적은 누룩이 반죽 전체를 부풀게 하듯이 하나님나라는 생명의 역동적인 힘을 가지고 있어서 스스로 자라고 번져나갑니다. 그래서 하나님나라에 대해 '이미, 그리고 아직'이라는 명제도 중요하지만, '하나님나라는 명사가 아니라 동사動詞다'라는 명제도 꼭 기억해야 합니다.

조하나 예수님의 하나님나라에 대한 이해와 실천은 두고두고 논의할 수 있겠지만, 중요한 것은 예수님 자신이 하나님나라에 대한 뚜렷하고 강한 믿음을 가졌다는 것 아니겠어요? 우리가 가져야 할 또 하나의 믿음도 하나님나라에 대한 믿음입니다. 하지만 그런 하나님나라에 대한 믿음이 너무 약하지 않나요? 죽어서 가는 하나님나라든 현실에서 누리는 하나님나라든 말이죠. 만약 우리가 죽어서 가는 천당을 하나님나라로 믿는다면 어떻게 현실에서의 물질의 축복이나 성공에 연연하거나 세상에 집착할 수 있나요? 또 이미 현실에 존재하는 하나님나라를 믿는다고 하면서 왜 그 하나님나라를 제대로 누리지 못하는 걸까요? 게다가 하나님나라를 믿는다고 하면서 고난 앞에서 그렇게 쉽게 절망하고 포기할까요? 이것은 우리가 어떤 하나님나라를 믿든 하나님나라에 대한 우리의 믿음이 약하다는 것을 보여주는 것 아닐까요?

신석기 네, 잘 알겠습니다. 지금까지 예수님이 지니신 믿음의 얼개와 내용을 살펴보았는데요. 토론의 마지막 주제로……

나정통 잠깐만요. 마지막으로 강조하고 싶은 예수님의 믿음이 있는데요. 예수님 믿음의 정점은 자신의 십자가 고난을 통해 하나님께서 인류에게 구원과 사랑을 베푸시리라는 확실한 믿음에 있다고 봅니다. 예수님께서는 온 삶을 모아서 이 한 가지 믿음을 향해 걸어가셨고, 그래서 십자가에 달리셨습니다. 이 십자가 사건이야말로 하나님의 인간 사랑의 정점이자 동시에 예수님의 믿음의 총체입니다. 만약 우리에게 그 믿음이 없다면 지금 우리의 믿음은 다 헛것입니다. 우리 자신 또한 예수님의 십자가와 고난을 통해 생명과 부활을 맞이할 수 있다는 믿음, 또한 이 세상 누구라도 이 십자가 사건만을 받아들인다면 구원받을 수 있다는 믿음을 가져야 합니다.

예수에 '대한' 믿음과 예수'의' 믿음을 하나로

신석기 네, 감사합니다. 예수님의 믿음에 대해서는 많이 이해가 되었습니다. 그렇다면 지금까지 논의한 '예수님에 대한 믿음'과 '예수님의 믿음'이 어떻게 조화가 될 수 있는지가 중요한 문제라고 생각합니다. 오늘 토론을 정리하는 차원에서 간단하게 말씀을 나눴으면 합니다.

예신자 그렇게 예수님이 가지신 믿음, 즉 '나는 하늘로부터 평화의 성령을 받은 존재'이자 '하나님의 마음에 드는 존재'라는 믿음, '말씀을 진리'로 믿는 믿음, 그리고 마지막으로 '하나님나라가 바로 여기에 우리와 함께 있다'라는 믿음들이 우리의 믿음이 된다면 얼마나 좋겠어요. 정말 행복할 것이고, 또 이 세상을 믿음으로 살아갈 수 있을 것 같아요. 저도 그렇게 믿고 있다고 생각했는데, 오늘 말씀을 듣고 보니 턱없이 부족하네요.

이성공 예수님의 믿음을 바라는 것은 좋은데, 어떻게 우리 같은 보통 사람들이 하나님의 아들이신 예수님과 똑같은 믿음을 가질 수 있겠습니까? 그것은 우리의 꿈이자 소망이지요. 하지만 당위적으로 예수님의 믿음을 가져야 한다고 말한다면, 자칫 더 깊은 절망의 수렁에 빠질 수 있습니다. 바라는 만큼 이뤄지지 않으니까요. 아예 불가능하다고 말하는 것은 아닙니다. 비록 우리가 바란다고 해도 그 믿음이 우리의 믿음이 되기까지는 상당한 시간이 필요하다고 봅니다. 하나님으로부터 단련도 많이 받아야 하고요. 그것은 우리의 신앙 여정에서 계속되어야 할 과정이지, 결코 단번에 이뤄질 수 없다고 생각합니다. 조금씩 닮아갈 수는 있겠지만, 한 번에, 그것도 전체적으로는 불가능한 것입니다. 그렇지 않다면 누구나 예수님처럼 살 수 있겠죠. 그럴

수만 있다면 왜 예수님이 이 땅에 오셨겠어요? 그러니 우리가 너무 기준을 높게 잡으면 실망과 절망이 앞설 수 있으므로 예수님의 수준을 일반 기준으로 삼아서는 곤란합니다. 그 기준에 맞추려고 한다면 제대로 된 기독교인은 하나도 없을 것입니다.

조하나 이 목사님의 말씀에 일부는 동의해요. 그러므로 예수님이 오셨고, 또 그 어려운 길을 먼저 걸어가신 것이겠죠. 그 길이 결코 쉬운 건 아니지만, 먼저 길을 터놓으시고 장애물을 제거해놓으셨기 때문에 상대적으로 쉽고 지혜롭게 따라갈 수 있다고 봅니다. 나 교수님께서 참 믿음은 믿어서 믿어지는 게 아니라 믿어져서 믿는 차원이라고 말씀하셨지요? 저는 예수님의 믿음이 우리의 믿음이 되는 것도 결코 인간의 노력만으로는 불가능하다고 생각해요. 그것은 먼저 예수님을 온전히 믿을 때 비로소 가능해요. 그러니까 예수님의 믿음이 우리의 믿음이 되기 위해서는 먼저 예수님을 믿어야 해요. 그 믿음이 예수님의 믿음으로 나아가는 힘을 줍니다. 한편으로는 예수님에 대한 믿음을 위해서 예수님의 믿음이 있어야 하고요. 우리가 지금까지 살펴본 믿음을 붙들고 예수님을 바라볼 때 예수님에 대한 온전한 믿음이 생길 거예요. 이것이 '닭이 먼저냐 알이 먼저냐' 하는 이야기 같지만, 이 둘은 본래 하나로서 서로 상생相生하는 믿음이에요. 체험해보면 알겠지만, 실제로 예수님이 지니신 그 믿음이 우리에게 있는 만큼 예수님의 말씀과 행동과 삶이 믿어지게 되죠. 또 예수님의 말씀이나 삶을 믿을 때 예수님이 가지신 믿음이 나의 믿음으로 전환되는 것이고요. 그래서 예수님에 대한 믿음과 예수님의 믿음은 결코 분리될 수 없어요. 두 믿음의 세계는 서로 영향을 주고받으면서 결국 하나의 믿음으로 남게 될 거예요.

남예혁 예수님에 대한 믿음과 예수님의 믿음이 내 안에서 하나로 통전되어야 한다고 했고, 실제로 하나라고 이야기했는데요. 실제 생활에서 이 통전을 체험하려면 이론이나 사고의 통합이 아니라 실천 속에서 통전되어야 합니다. 예를 들어서 예수님께서 "내가 곧 길이요, 진리요, 생명이다"라고 하신 말씀을 믿는다면, 우리 또한 예수님이 실제 길이요, 진리요, 생명이라는 사실을 드러내야 합니다. 머리로만 믿는 것이 아니라 예수님께서 그렇게 자신을 믿은 그 믿음대로 길과 진리와 생명을 드러내야 합니다. 삶의 길에서 방황하는 이들에게는 예수님이 길이 되심을 보여주어야 합니다. 그러나 길만 있다고 다 되는 것은 아니죠. 그 길을 비출 수 있는 진리의 빛도 있어야 하잖아요? 그러니 예수님의 진리를 드러내야 합니다. 또 빛만이 아니라 그 길을 걸어갈 수 있는 에너지, 즉 생명력이 있어야 합니다. 그러니 예수님의 생명력을 그들에게 전해주어야 합니다. 그럴 때 예수님께서 말씀하신 '길과 진리와 생명'에 대한 말씀을 믿는 것과 예수님의 그 믿음이 내 삶에서 드러나게 됩니다. 예수님의 말씀과 행동은 예수님 자신이 지니신 믿음의 표현이자 실천이었기 때문에 우리 또한 예수님의 말씀을 믿고 실천함을 통해 예수님이 지니신 믿음의 세계에 한 걸음 더 나아갈 수 있는 것입니다.

신석기 지금 말씀하신 것처럼 예수님에 대한 믿음과 예수님의 믿음이 통전된 믿음을 가진 사람의 예를 성경에서 찾아볼 수 있나요? 그러면 시청자분들도 훨씬 이해가 빠를 것 같은데요.

조하나 적절한 예가 될 수 있는 믿음의 사람이 있어요. 예수님을 깜짝 놀라게 하고, 감탄하게 만든 사람입니다. 바로 자신의 종을 위해 예수님을 만나러 온 백부장의 이야기입니다. 마태복음을 보면 이 백부장은 매우 사랑이 많은 사람이라는 것을 알 수 있어요. 그는 아픈 자기 종의 괴로움을 함께 느끼고 아파하면서 예수님을 찾아와 그의 병 고침을 간절히 원했어요. 그는 이렇게 말합니다. "주님, 제 종이 중풍으로 집에 누워 있는데, 몹시 괴로워하고 있습니다." 여기서 백부장은 예수님을 '큐리에(Κύριε),' 즉 '주님'이라고 부르는데요. 이전에 단 한 번도 만난 적이 없는 백부장에게 예수님은 이미 주님이신 겁니다. 그는 예수님을 선생님이나 랍비가 아닌 주님으로 믿었습니다. 이것이 예수님에 '대한' 그의 믿음의 중심입니다. 그가 믿은 예수님은 한낱 유랑하는 랍비가 아니었습니다. 이 백부장은 유대인을 지배하는 로마의 군인으로서 사회적 힘이나 권위로 볼 때 예수님보다 훨씬 높은 사람이라고 생각할 수 있었을 테지만, 그는 예수님을 그런 기준으로 보지 않았어요. 백부장은 예수님을 주님으로 믿었습니다. 그리고 주님이신 예수님에 대한 믿음을 감히 자신의 집에 차마 모시지 못하겠다는 겸손함으로 표현했죠. 또한 그 겸손은 자신이 감히 예수님을 오라 가라 할 수 없고 오히려 순종해야 할 분이라는 고백에서도 잘 드러납니다. 예수님은 벌써 백부장의 믿음을 보셨습니다. 그래서 그 믿음 때문에 마음이 움직이신 예수님은 "내가 가서 그를 고쳐주마"라고 말씀하셨습니다. 그런데 백부장이 한 걸음 더 나아가 놀라운 고백을 하게 됩니다. "주님, 그저 한 말씀만 해주시면 제 종이 나을 것입니다." 지금 백부장은 '예수님의 믿음'이라면, 또 예수님의 능력이라면 군이 집으로 가지 않고 여기서 '단 한 말씀만' 하셔도 자신의 종이 나을 수 있다고 믿은 거예요. 이것은 곧 예수님의 믿음을 자신의 믿음으로 삼고 예수님께 고백하는 것이죠. 예수님께서 그렇게 믿는 것처럼 자신도 그렇게 믿고 있다는 것입니다. 그는 예수님의 믿음을 조금도 의심치 않는 믿음을 가지고 있었어요. 예수님께서는 이방인 백부장의 믿음을 보시며 얼마나 감동하셨는지, "이스라엘의 누구에게서도 이런 믿음을 본 일이 없다"라고 말씀하셨어요. 유일무이한 믿음이라고 표현한 것입니다. 정말 굉장한 칭찬이지요. 예수님은 백부장에게 "가거라. 네가 믿은 대로 될 것이다"라고 말씀하심으로 종의 병을 치료해주셨습니다. 이 백부장의 믿음은 주님으로서의 예수님에 '대한' 믿음과 단 한 말씀만으로도 병을 낫게 할 수 있는 예수님'의' 믿음이 일치된 믿음이었습니다.

나정통 그 이야기는 들으면 들을수록 감동적입니다. 우리 또한 그런 믿음이 있어야 하는데, 이 시대는 점점 예수님 믿는 것이 어려워지고 있습니다. 그러면 그럴수록 믿음을 회복해야지요. 한 가지 말씀드리고 싶은 것은, 우리가 흔히 '믿음이 있다, 없다'라는 식의 소유 개념으로 표현하는데, 사실 믿음은 우리가 가지거나 버리거나 할 수 있는 것이 아닙니다. 예수님의 믿음이 우리의 믿음이 된다는 차원은, '예수님의 믿음을 소유한다'는 것보다 '예수님의 믿음이 나를 통해 흘러간다'라고 생각하는 것이 옳다고 봅니다. 제가 '기독교적 무소유'의 개념을 이야기한 것과 같은 맥락인데요. 우리는 예수님의 믿음이 흘러가는 하나의 통로요, 파이프요, 수단일 뿐입니다. '나'라는 파이프를 통해 예수님의 믿음이 흘러가는 것이지요. 그 믿음은 내 것이 아닙니다. 우리는 예수님의 믿음의 도구일 뿐입니다. 믿음의 실천도 결국 예수님의 믿음을 드러내는 것입니다. 사랑과 평화도 다 마찬가지입니다. 나의 사랑이나 나의 평화가 따로 있는 것이 아니라 하나님의 사랑과 평화가 '나'라고 하는 파이프를 통해 흘러가는 것이지요. 계속 그렇게 흘러간다면 파이프 안에 담겨 있으므로 남들이 볼 때는 내 안에 있는 사랑, 또는 내 안에 머무는 평화로 볼 수 있겠지요. 하지만 그래도 내 것은 아니죠. 예수님의 믿음도 그렇게 바라보고 믿으면 '예수님의 믿음을 어떻게 내 믿음으로 삼는 것이 가능할까'라는 회의적인 생각도 사라질 것입니다.

예신자 말씀을 들으면서 새롭게 깨달아지는 부분이 많네요. 한편으로는 좀 더 일찍 예수님의 믿음에 대해 들었으면 좋았을 것 같다는 아쉬움도 있지만, 그래도 이제라도 알게 되어 다행이에요. 정말 예수님에 대한 믿음과 예수님의 믿음이 하나로 통전될 수만 있다면 더없이 좋겠다는 바람이 생겼어요.

여시민 저는 들으면서 예수님께서 하신 말씀 중에 "나를 믿는 자는 내가 하는 일을 그도 할 것이요, 또한 그보다 큰일도 하리니"[38]라는 말씀이 자꾸 맴돌았습니다. 이전에는 사실 이 말씀이 믿어지지 않았거든요. 어떻게 우리가 예수님이 하신 일보다 더 큰 일을 할 수 있겠습니까? 그런데 오늘 예수님의 믿음에 대해 들으면서 어렴풋이나마 실마리가 풀리는 듯합니다. 실제는 어떨지 몰라도, 이론적으로는 예수님에 대한 믿음과 예수님의 믿음이 내 삶에서 하나로 드러나면 그 일도 가능하겠다는 생각이 듭니다.

조하나 한 가지 더 말씀드리고 싶은데요. 예수님의 믿음을 우리의 믿음으로 삼아 예수님을 믿고 따르는 삶을 살아야 하지만, 그렇다고 그런 삶이 내게 빨리 이뤄지지 않는다고 조급해하거나 실망하는 것은 옳지 않다고 봐요. 그런 믿음의 경지는 한순간에 이루어지는 것이 아니라 날마다 조금씩 이뤄가는 여정이라고 생각해요. 바울도 자신은 '매

---

38. 요 14:12

일 죽는다'라고 표현했잖아요. 갈라디아서 2장 20절에서 "이제는 내가 사는 것이 아니요 오직 내 안에 그리스도께서 사시는 것이라"라고 고백한 것은 그가 회심한 지 20년이 지난 후였어요. 그러니 우리가 예수님에 대한 믿음과 예수님의 믿음을 하나로 믿고 따르는 삶이 어렵다고 미리 단정 짓지 말고, 매일매일 꾸준히 믿음의 길을 걸어가야 한다고 생각해요.

나정통 마지막으로 믿음과 관련해서 꼭 말씀드리고 싶은 것이 있습니다. 성경은 믿음 있는 사람들의 삶을 기록한 책이 아니라 믿음 없는 사람들의 모습을 적나라하게 보여준 책이라는 사실입니다. 구약성경은 이스라엘 백성들이 얼마나 하나님을 믿지 못해서 헤맸는지 보여주고 있고, 복음서를 보면 사람들이 얼마나 예수님을 못 믿고 또 안 믿었는지 강하게 보여주고 있습니다. 얼마나 믿는 자가 없었으면 예수님도 "믿음이 없고 패악한 세대여 내가 얼마나 너희와 함께 있으며 얼마나 너희에게 참으리오"라고 한탄 섞인 말씀을 하셨을까요?[39] 예수님과 가장 가까이에서 함께한 제자들도 제대로 믿지 못했으니까요. 그런데 성경은 역설적으로 그 모습을 통해 우리에게 얼마나 믿음이 필요한지, 또 어떤 믿음을 어떻게 가져야 하는지 말해주고 있습니다. 우리가 믿음에 대해 희망을 놓지 않는 이유도 여기에 있습니다. 하나님은 그렇게 믿음 없던 사람들을 믿음의 사람으로 변화시켰으니까요. 이제 '왜 기독교인은 예수를 믿지 않을까'라는 질문에 대한 답이 분명해지는 것 같습니다. 그것은 신약시대 사람들처럼 우리 또한 예수님을 믿는 믿음이 없기 때문입니다. 그러니 어쩌면 '믿지 않는 것'

---

39. 마 17:17, 막 9:19, 눅 9:41

이 아니라 '믿지 못하는 것'이라는 말이 더 어울립니다. 그래도 '왜 기독교인은 예수를 믿지 않을까'라는 질문의 끄트머리에 예수님의 음성이 들려오는 것 같습니다. "너희가 진정으로 나를 믿게 될 날이 올 것이다." 우리가 주님을 직접 뵈는 그날까지 그 믿음에 대한 희망을 놓지 말아야 합니다.

사랑하고,
또 사랑하라!

신석기 말씀 감사합니다. 긴 시간 수고 많으셨는데요. 오늘 〈신석기의 100분 토론〉은 기독교의 현실과 예수님을 믿는 믿음을 돌아보는 시간으로 꾸며봤습니다. 한국 공중파 방송 역사상 처음으로 이런 주제를 가지고 토론해서 그런지 참 많은 내용이 오고 갔습니다. 잘 소화하지 못한 내용은 곱씹어보면서 이해하시기 바랍니다. 지금까지 한국 기독교와 교회에 대해 부정적이고 비판적인 이야기들을 주로 나눴는데요. 마지막으로 한국 기독교와 교회를 위해 희망적이고 긍정적인 이야기를 나누면서 정리했으면 합니다. 어느 분이 먼저 하시겠습니까? 네, 조 목사님!

조하나 요즈음 많은 개혁적인 기독교인들이 한국 기독교와 교회를 비판하는 책을 쓰고 강연을 합니다. 저 또한 그런 주장에 많이 동조하는 편이고요. 하지만 그런 책을 읽고 강연을 들을 때마다 아쉬운 것은 예수 그리스도와 기독교 또는 교회와 기독교인들을 진정으로 사랑하는 마음이 잘 느껴지지 않는다는 거예요. 개혁해야 한다는 내용도 옳고 방향도 맞지만, 거기에서 자신은 빠져 있는 듯한 인상을 받아요. 함께 아파하는 마음이 부족한 것 같아요. 그런데 역사를 보면 모든 성공한 개혁과 혁명은 사랑의 힘으로 가능했어요. 예수님도 유대교가 하나님의 이름으로 사람들을 억압할 때 하나님의 사랑으로 인간을 향한 최고의 사랑을 보여주심으로써 새로운 사랑의 혁명을 이루셨어요. 종교개혁도 중세 가톨릭이 하나님의 이름으로 사람들을 억압할 때 다시 사랑의 힘으로 개혁을 이뤄냈고요. 크든 작든 모든 의미 있는 변화들은 사랑의 힘으로 가능했어요. 지금도 마찬가지입니다. 한국 기독교의 개혁도 사랑 없이는 불가능합니다. 사랑함이 목적이 되지 않는 개혁은 그저 한낱 개혁으로 끝나고 말 것입니다. 한국 교회를 향한 개혁의 소리가 울려 퍼진 지도 꽤 오래되었지만, 아직 변화가 없는 것은 사랑이 없기 때문입니다. 하루빨리 교회가 하나님과 사람에 대한 사랑, 그리고 예수님에 대한 첫사랑을 회복함으로써 세상에 빛과 소금의 역할을 다하는 종교가 되어야 합니다. 저는 사랑이 변화를 일으킨다고 믿고, 또 변화를 일으키는 힘은 하나님에게서 온다고 믿기 때문에 좌절하지 않아요. 먼저 기독교 안에서 사랑의 혁명이 일어나야 합니다. 그리고 오늘 우리가 곱씹은 '왜 기독교인은 예수를 믿지 않을까'라는 화두를 품고 다시 한번 한국 교회가 예수님의 사랑과 평화를 실천하는 공동체가 되고, 기독교인들이 사랑의 화신이 되어 세상을 변화시키는 제자들이 되기를 바랍니다. 오늘 우리가 되새긴 예수의 믿음을 우리의 믿음으로 삼는다면 두려울 것이 하나도 없을 겁니다.

이성공 오늘 이 자리가 저에게는 뜻깊기도 하고, 부끄럽기도 했습니다. 그동안 한국 기독교에 대해 너무 안일하게 생각하고 있는 자신을 보게 되었습니다. 좀 더 긴장감을 느끼고 목회를 하고, 또 교인들을 그렇게 대해야겠다는 생각이 듭니다. 오늘 토론하면서 제가 마치 보수 교회를 대표하는 사람으로 나온 것 같아서 교회의 부족함과 잘못을 변호하려고 노력했습니다만, 왜 저도 한국 교회의 위기를 느끼고 있지 않겠습니까? 오늘 이 자리를 계기로 좀 더 반성하고 실제적인 변화를 위한 행동도 해야겠다는 다짐을 해봅니다. 먼저는 제가 교회를 담임하고 있으므로 이제는 좀 더 세상을 향하는 교회가 되고, 교인들을 세상으로 파송하는 목회를 해야겠다는 생각이 드네요. 그동안 교회 안에서 교회 일만 한 것 같은데, 이제 교인들을 세상으로 내보내야겠어요. 그래서 지금까지 기독교인들은 마치 무슨 비밀스럽고 이기적인 집단처럼 보이던 이미지를 깨고 정정당당하게 사랑을 전하고 세상을 섬기면서 마음을 나누는 기독교인들로 내보내야겠다고 생각합니다. 하지만 한국 기독교와 교회가 사람들에게 손가락질을 받고 있다 해도 기독교인들이 위축되거나 기죽지 말아야 합니다. 그동안 예수님을 믿고 세상을 변화시킨 놀라운 믿음의 선배들이 구름같이 많잖아요. 또 예수님께서 많은 능력을 주시겠다고 약속하셨고요. 이럴 때일수록 용기를 가지고 힘을 내야 해요.

남예혁 오늘 토론 중에 제가 비판의 검을 가장 많이 사용한 것 같아서 미안한 마음이 듭니다. 고백하건대 저 또한 기독교를 사랑하고 교회를 그리스도의 몸으로 고백하는 사람이고, 또 기독교인들을 사랑하는 목사입니다. 사랑하기 때문에 더욱 현실 기독교의 모습을 아파하고 있는지 모릅니다. 그러면서도 희망을 놓고 싶지 않습니다. 예수님이 이 시대의 대안이라고 믿고 있습니다. 예수 그리스도께서 말씀하신 진리가 아직도 살아 있고, 그 진리가 세상을 바꾸는 힘이라고 믿기 때문입니다. 복음의 힘은 여전히 살아 있습니다. 또한, 하나님께서 우리를 부르셔서 사랑과 평화의 사도로 세상에 파송하고 계시기 때문에 현실 기독교의 모습에 절망하지 말고 세상으로 나가야 합니다. 우리가 하나님과 예수 그리스도에 대한 올바른 믿음을 회복하고 세상을 섬기면서 나아간다면, 세상이 다시 기독교인을 예수님의 제자들이요 하나님의 사람들로 바라볼 것이라고 믿습니다. 교회와 기독교인들에 대한 비판은 거울로 삼되 낙심하지 말고, 예수님이 세상을 이기셨듯이 우리 그리스도인들도 사랑과 믿음과 소망을 가지고 세상을 변화시키는 용기 있는 사람이 되기를 희망합니다. 그러기 위해서라도 다시 성경에 기록된 예수님께 집중하고, 그에게로 다시 돌아갑시다.

신석기 갑자기 토론장 분위기가 확 바뀌는 것 같습니다. 다들 부활하고 계신가 봅니다. 조금 전까지만 해도 분위기가 어둡더니 아주 밝아진 느낌입니다. 예 선생님, 한국 기독교에 바라는 점이 있다면 말씀해주시죠.

예신자 감히 주제넘게 한국 기독교에 뭘 바란다고 말하진 못하겠고요. 저부터 좀 더 순수하고 단순한 기독교인이 되기를 바랄 뿐이에요. 그동안 교회 문화에만 빠져 있다 보니 생각 없이 습관적으로 말하고 행동할 때가 많았어요. 그저 예수님이 말씀하신 것 그대로 실천하면서 살고 싶어요. '원수를 사랑하라'고 했으니 원수를 사랑하고, 이웃을 섬기라고 하셨으니 다른 사람들을 섬기고 싶어요. 말처럼 쉬운 것이 아니라는 것은 알지만, 순박하게 그 길을 걸어가고 싶어요. 더 변명하거나 핑계 대지 않았으면 좋겠어요. 토론 전에는 '왜 기독교인은 예수를 믿지 않을까'라는 질문이 이상하게 느껴졌는데, 이젠 얼마든지 그럴 수 있겠다는 생각이 드네요. 짝퉁예수를 믿는 것은 곧 예수님을 안 믿는 것과 다름없으니까요. 마지막으로 기독교와 기독교인에 대해 부정적인 이미지를 많이 가지고 계신 분들이 있다면 이번 기회에 좀 더 열린 마음으로 봐주시기를 바랍니다. 부족한 것은 부족한 것이지만, 너무 선입견을 품고 보지 말아주셨으면 해요. 그리고 이 자리에 계신 방청객 여러분! 그동안 기독교가 잘못한 것 널리 이해해주시고, 앞으로 우리 서로 싸우지 말고 잘 지내요.

방청객들이 웃는다.

여시민 오늘 저도 현실 기독교를 비판하는 뜻에서 말씀을 드렸지만, 저 자신도 많은 도전을 받게 되네요. 이제 한국 기독교와 교회가 '예수가 살아 있는 기독교', '예수 제자들의 교회'라는 소문이 널리 퍼지기를 바랍니다. 요한계시록을 보면 예수님께서 일곱 교회에 편지를 보내시는 내용이 나옵니다. 그중 사데 교회에 이렇게 말씀하십니다. "나는 네가 한 일을 안다. 너는 살아 있다고 하지만 사실은 죽은 것이다. 깨어 있어라. 아직 남아 있지만 죽어가는 것들을 튼튼하게 만들어라" 이 말씀이 오늘날 한국 기독교와 교회에 던지는 예수님의 권면이라고 생각해요. 한국 교회에서 죽어 있는 부분이 많은 게 사실입니다. 그러나 예수님의 말씀처럼 아직 죽지 않은 것들을 다시 살려서 튼튼하게 만들었으면 해요. 성령께서 우리에게 주신 아름다운 것을 지켜야 합니다. 그것이 구체적으로 무엇일지는 기도하면서 좀 더 깊게 생각해보고 꾸준하게 변화시켜가야 한다고 봅니다.

나정통 솔직히 고백하면 저도 학교강단을 떠나고 나니까 비로소 기독교도 보이고 세상도 보였습니다. 교단이 중심인 신학대학에서 가르치다 보면 교단 신학 눈치 보랴, 교단 정치 눈치 보랴 제대로 가르치지도 못해요. 그래서 사실 오늘 비판한 기독교, 교회, 혹은 기독교인의 모습은 사실 모두 제 모습이라고 해도 과언이 아닙니다. 지금 생각하면 어떻게 평생을 그렇게 꽉 막힌 신앙을 '정통'으로 알고 살았는지 스스로 생각해도 창피합니다. 하나님 만날 날이 가까워지니까 정신이 좀 듭니다. 그래서 지금 많이 회심하고 있고 정신 차리는 중입니다. 그런데도 기독교를 옹호하고 싶은 마음은 어쩔 수 없나 봅니다. 기독교는 지난 2,000년 동안 나름대로 예수님의 정신을 담는 그릇으로 많은 역할을 해왔습니다. 그 와중에 잘한 것과 잘못한 것이 있습니다만, 이제 차분하게 '우리는 무엇을 해야 할 것인가'를 되돌아보는 시간이 필요합니다. 기독교 역사를 볼 때 한국 기독교는 이제 겨우 개신교 140년, 가톨릭 포함해도 200년 정도 된, 아직 자라고 있습니다. 아직 '아기'에 불과해요. 너무 열심을 낸 나머지 기형적인 성장이 있었다고 봅니다. 그러니 이제 좀 더 균형 잡힌 모습으로 성숙해가리라 믿어요. 여기서 한 가지 부탁하고 싶은 것은, 우리 스스로 '한국 기독교에는 희망이 없다'는 패배의식을 갖지 말고 믿음을 가졌으면 합니다.

남예혁 한 말씀 더 드리면, 세상이 우리를 미워하는 경우가 두 가지입니다. 오늘 토론한 대로 우리가 예수님의 제자로서 행동하지 못할 때 세상이 우리를 미워하고 비판해요. 반대로 우리가 예수님의 제자로 올곧게 살아도 또한 세상은 우리를 미워할 것입니다. 그래서 주님이 예언처럼 말씀하셨잖아요. "세상이 너희를 미워하거든 너희보다 먼저 나를 미워하였다는 것을 알아라. 너희가 세상에 속한다면 세상은 너희를 자기 사람으로 사랑할 것이다. 그러나 너희가 세상에 속하지 않을 뿐만 아니라 내가 너희를 세상에서 뽑았기 때문에 세상이 너희를 미

위할 것이다."⁴⁰ 그러므로 예수님의 제자라면 이래저래 세상으로부터 미움을 받게 되어 있습니다. 그것이 정상입니다. 다만 지금까지는 잘못해서 미움을 받았다면, 이제는 잘해서 미움을 받아야 제대로 된 제자라고 말할 수 있을 것입니다. 성경의 말씀대로 우리의 싸움은 혈과 육에 대한 싸움이 아니라 영적인 세계와의 싸움입니다. 이럴 때일수록 사도 바울의 말씀대로 진리의 허리띠를 두르고, 의로움의 갑옷을 입고, 구원의 투구를 쓰고, 믿음의 방패와 말씀의 검을 가지고, 그리고 복음의 신을 신고 이 세상을 향해 힘차게 나아가야 합니다. 우리는 지금 세상을 휘감고 있는 미움과 불의와 폭력과 반 인간적인 세상과 싸워야 하는 그리스도의 군사요, 평화의 군대입니다. 이런 특권과 소명을 동시에 받은 우리가 힘없이 주저앉을 수는 없습니다. 우리 자신이 앞에는 겸손을 두르고, 뒤에는 용기를 가지고 예수님의 사랑을 전하다 보면 다시 한번 세상을 변화시키는 놀라운 기적이 일어나리라 믿습니다.

토론자들이 말하고 있는 사이, 진행자에게서 쪽지 하나가 전달된다.

신석기 네, 감사합니다. 한국 기독교와 교회에 여러 가지 부족한 부분도 많습니다. 하지만 그것을 극복하고 새로운 기독교, 예수님의 뜻이 살아있는 교회, 그리고 예수님의 사랑으로 세상을 변화시켜가는 데 힘을 모으자는 희망의 메시지로 토론이 마무리된 것 같습니다. 이제 토론을 마치려 하는데요. 마지막으로 시청자 한 분의 전화가 연결되어 있

---

40. 요 15:18~19

다고 합니다. 너무 오래 기다리고 계셔서 마지막으로 받아보겠습니다. 여보세요, 어디 사는 누구시죠?

소리 하늘나라에 사는 예수요.

신석기 누구시라고요? 아~ 네. 참 유머가 있으신 분이군요. 오래 기다리셨다고 들었는데요. (시계를 본다. 시계는 새벽 1시 11분을 막 지나고 있다) 죄송하지만, 이제 마치는 시간이라 간단하게 의견을 말씀해주시면 고맙겠습니다.

소리 나 예수가 말한다.

'하나님은 없다' 하는 자들은 '하나님이 어디 있느냐'고 비웃고,
'하나님은 있다' 하는 자들은 '하나님이 계시는데 왜 안 드러내느냐?'고 원망한다.

'하나님이 없다' 하는 자들은
'하나님이 계신다면 세상이 왜 이렇게 고통과 불의가 난무하느냐?'고 냉소 짓고,
'하나님이 있다' 하는 자들은
'언제까지 이런 세상으로 내버려둘 것이냐'고 투정한다.

'하나님이 없다' 하는 자들은 '하나님이 없으니 자유롭게 살자'고 하고,
'하나님은 있다' 하는 자들도 '하나님은 상관 말고
우리의 욕심을 채우며 살자'고 한다.
'하나님이 없다' 하는 자들은 귀를 막고 살고,
'하나님이 있다' 하는 자들은 마음을 닫고 산다.

결국 하나님은 '하나님이 없다' 하는 자들에게는 하나님이 없으니 없고,
또 '하나님이 있다' 생각하는 자들에게는 하나님이 있으나 없다.

오직 하나님을 믿고 따르는 자에게만 하나님이 있으니, 또 있다.

나, 예수가 기독교인들에게 말한다.

나는 너희들에게 믿지 못할 것을 말한 적이 없고,
행하지 못할 것을 권한 적도 없다.
내가 너희에게 이른 것은 모두 믿을 수 있고, 또 행할 수 있는 것이다.

너희들이 내 이름으로 모여놓고도 나를 모른 체하고,
내 이름을 찬양하면서도 내 마음에는 관심이 없다.
나는 너희와 함께하고 있으나 너희들은 나와 함께하지 않는다.
너희가 교회에서 하나님을 예배한다고 하나, 너희는 그 자리에 없다.
비록 너희들이 그곳에 앉아 있어도 마음은 다른 곳에 있기 때문이다.

너희가 내 이름으로 기도하지만 나는 아무 소리도 들을 수 없고,
내가 소리치는 음성을 너희는 듣지 못한다.
나는 교회 안에 있는데, 너희 교회 안에는 내가 없다.
나는 지금 너희에게 있으면서도 없고, 없으면서도 있다.
너희에게는 여전히 내가 죽어 있다.
너희, 나를 믿는다고 하는 자들아!
너희는 나의 사랑을 더욱 깊이 깨달아 알고 느껴라!

너희가 나의 일을 한다고 말하기 전에
나와 사랑의 사귐에서 기뻐하고 만족하라!
너희는 너희 이웃에 대해 나를 섬기듯 섬기고,
네 이웃 사랑하기를 나를 사랑하듯이 하라!
그들 또한 하나님이 사랑하는 자녀들이다.
절대로 그들의 몸이나 마음에 상처를 주거나 아프게 하지 마라!

나를 만나고 싶으냐, 나를 보고 싶으냐? 그러면 마음의 빛을 밝혀라!
나의 음성을 듣고 싶으냐? 그러면 영혼의 귀를 열어라!

너희 목사들아!
다른 곳에 마음을 두지 말고
오직 내 양을 사랑으로 돌보는 일에 전념하라!
기억하라, 너의 양이 아니라 내 양이다.
내가 진정으로 말하노니 너희부터 교회를 나의 몸으로 믿어라!
너희가 그렇게 믿지 않는데,
다른 사람인들 무엇으로 교회에서 나를 만나겠느냐?
교회 일을 일로 생각하지 말고 사랑의 나눔이요 고백으로 여기며,
은혜에 대한 감사의 표현으로 삼아라!
교회 안에 가장 작은 자, 약한 자부터 살펴라!
나 또한 병든 양과 약한 양부터 돌보지 않느냐?
너희는 말씀에 거하고, 말씀을 믿고, 그 말씀에 취해 살아라!
내가 보여준 모든 것을 몸과 마음, 성품과 뜻을 다해
하나님을 사랑하고, 네 이웃을 사랑하라!

한 말씀에 모두 담겨 있으니 무릇 누구든 나를 믿는다 하는 자는
이 말씀에 죽고, 이 말씀으로 다시 살 것이다!

너희 사람들아,

너희 안에 있는 하나님의 형상이 온전하게 드러나도록
너희 영혼을 깨끗하게 하고, 이웃을 섬기고 봉사하면서 살며,
너희가 가진 달란트와 물질로 세상을 이롭게 하라.
너희가 무엇을 하든 이것을 실천하면 너희는 행복하게 될 것이다.

진실로 진실로 말한다.
지구는 너희 영혼의 학교다.
이 지구에서의 삶은 영원한 삶을 위해 준비하고 배우는 삶이다.
이 생生은 결코 길지 않으니
이제라도 버릴 것은 버리고, 배울 것은 배우고, 변화될 것은 변화되어
영원한 나라에서 영혼이 빛으로 우리와 함께하기를 예비하라!

너희 온 인류는 하나님의 몸이다.
인류가 아프면 하나님도 아프시다.
하나님은 한 사람의 고통도 지나치지 않는 분이다.
하나님은 너희를 위해 늘 거기에 계신 분이다.
들을 귀 있는 자는 듣고 나의 말을 전하라!
너희 모두에게 평화가 있기를……

신석기 여보세요, 여보세요? 말씀이 없으시네요. 웅 하는 소리가 잠시 들렸
는데, 전화가 끊어졌나 봅니다. 기술적인 문제가 있는 것 같습니다.
죄송합니다. 직접 말씀은 못 들었지만, 아마도 좋은 의견이었으리라
생각합니다. 지금 시간이 새벽 1시 11분을 조금 지나고 있습니다. 오
랜 시간 함께해주셔서 감사합니다. 오늘 〈신석기의 100분 토론〉은
'왜 기독교인은 예수를 믿지 않을까'라는 주제로 기독교를 새롭게 조
망해보는 시간을 가져보았습니다. 예수님과 기독교의 과거 및 현재
의 관련성을 비롯해서, 붕어빵 기독교와 짝퉁예수 등 많은 주제를 다
뤘습니다. 결론은 시청자 여러분께 맡겨드립니다. 토론하는 동안 여
러분께서 의견을 주셨는데요. '기독교는 그래도 구제불능이다'라는
의견부터 '예수님을 다시 제대로 믿고 싶어졌다'라는 의견까지 다양
한 의견을 보내주셨네요. 그중에서 재미있는 글 하나를 소개하고 마
칩니다. 토론을 보면서 생각났다고 하는데요. 〈눈물 젖은 두만강〉을
개사해서 만든 노래라고 하는군요.

요단강～ 푸른 물에 노 젓는 베드로
흘러간 그 옛날에 예수를 싣고
떠나간 그 배는 어디로 갔소
그리운 내 예수여
그리운 내 예수여
언제나 오려나～

나중에 한 번 불러봐도 재미있을 것 같군요. 오늘 시청하시면서 마
음 답답해하신 기독교인들 계시면 이 노래 한 번 부르고 주무시기

바랍니다. 마치도록 하겠습니다. 시청해주신 여러분, 그리고 방청객으로 자리한 시민논객 여러분 모두 새벽까지 시청해주셔서 대단히 감사합니다.

카메라가 멀어지자 토론자들은 하나둘 일어나 웃으면서 사회자와 악수를 하고 인사를 한다. 조금 전 예수님의 음성을 들은 소수의 사람들은 감동에 젖어 그 자리를 뜨지 못하고 가만히 앉아 있다.